当代世界德育名家译丛
杨晓慧　主编

Thomas Ehrlich
托马斯·欧利希
文集

美国大学政治
教育目标与课程设计

Anne Colby   Elizabeth Beaumont
[美]**安·科尔比**   [美]**伊丽莎白·博蒙特**
Thomas Ehrlich   Josh Corngold
[美]**托马斯·欧利希**   [美]**乔希·康戈尔德** | 著

刘 志 | 译

生活·讀書·新知 三联书店

Simplified Chinese Copyright © 2024 by SDX Joint Publishing Company.
All Rights Reserved.
本作品简体中文版权由生活·读书·新知三联书店所有。
未经许可,不得翻印。

图书在版编目(CIP)数据

托马斯·欧利希文集/(美)托马斯·欧利希主编;王小林等译. —北京:生活·读书·新知三联书店,2024.7
 ISBN 978-7-108-07520-8

Ⅰ.①托…　Ⅱ.①托…②王…　Ⅲ.①社会科学—文集　Ⅳ.①C53

中国版本图书馆 CIP 数据核字(2022)第182153号

总　序

一

马克思说:"一个时代的迫切问题,有着和任何在内容上有根据的因而也是合理的问题共同的命运:主要的困难不是答案,而是问题。"比较思想政治教育的兴起既是世界多极化、经济全球化、社会信息化与文化多样化背景下的必然之举,也是学科发展到一定阶段进行观念反思与议题创新的应然选择。

历史从哪里开始,思想进程也应当从哪里开始。和平与发展是当今时代的主题,世界多极化不可逆转,经济全球化深入发展,综合国力竞争日趋激烈。实现中华民族伟大复兴是近代以来中华民族最伟大的梦想,随着中国特色社会主义逐渐迈入新时代,社会矛盾发生深刻变化,提出并推进人类命运共同体思想是在新时代的历史方位中实现中国梦的战略需要。通过挖掘和利用国际合作与交流工作的基础性、前瞻性和引领性的潜力和特点,努力加快宽领域、高层次国际合作与交流步伐。

思想政治教育理应与时代同行,与实践同行,思时代之所思、问时代之所问、急时代之所急,并在最新的实践命题中提取理论命题,在最新的社会实践中检验理论生命力。值此百年未有之大变局,思想政治教育需要从本学科视角出发审视时局并明确自身的使命担当。加强对学生思想政治教育的重视,是立足于新时代教育对学生德育教育的重视的教育内容,是学生成长和发展的重要基础。对于学校而言,思想政治教育的有效开展是促进学校教育改革的重要方式;对于国家及社会的发展而言,思想政治教育有利于保障人才培养的品德修养,是培养德才兼具型人才的重要教育内容;对于学生自身而言,思想政治教育是保障其符合新时代社会发展需求的重要方式,是促进其身心健康、持续发展的重要保障。

拥有宽广的国际视野,对思想政治教育研究者和工作者来说,是不可逆转的发展要求,也是比较思想政治教育在新的发展态势下找准生长点、走特色人才培养道路的必然选择。在对外人文交流中确立比较思想政治教育研究的角色既是实践经验的总结,也是发展模式的探索。开展国际间思想政治教育比较研究对于认识和把握人类社会发展规律具有重大意义,可以指导人们更好地进行社会实践活动;比较的目的在于辨别事物的异同关系,谋求背后的一般规律,以服务于社会现实需要;进行比较要以共同点为前提,立足各国事实情况,不能回避和掩饰问题的实质;在具体的比较过程中,既要以联系的眼光综合运用纵向比较与横向比较,又要以整体性思维处理好比较中的整体与部分、一般与特殊的关系。

二

思想政治教育学是一门研究思想政治教育现象、问题并揭示思想政治教育规律的科学。在这个"历史向世界历史转变"的时代,只有通过比较的研究方法对思想政治教育研究进行时间与空间双重维度的拓展,深入解析不同历史时间和空间地域下的思想政治教育实践的具体样态及其生成发展规律,才有可能深刻把握思想政治教育演变发展的一般规律,为思想政治教育创新发展提供理论基点,探寻现实进路。

党的十八大以来,思想政治教育理论研究与实践创新取得很大成绩。但随着国际形势深刻变化和国内经济社会发展,新情况新问题新挑战层出不穷。思想政治教育要跟上形势变化、更好发挥作用,必须强化人本意识、问题意识、实践意识,不断开拓创新。思想政治教育比较研究的价值追求不止在于寻找异同,更在于透过现象看到其背后蕴含的本质性规律,深入理解、借鉴和反思世界各国思想政治教育实践活动。思想政治教育的比较研究进行得越是深刻和精准,我们越能接近思想政治教育的本质规律。以深入开展思想政治教育比较研究为主要切入点,我们亟待提升以"比较思维"为核心的思想政治教育研究格局,超越单一视域的思维阈限,拓宽传统思想政治教育学的认识边界,进一步强化思想政治教育在理论上的学理性和在实践上的适用性。

思想政治教育学自 1984 年确立以来,其主干学科逐渐由"三足鼎立"(原理、历史、方法)的结构体系演变为"四维驱动"(原理、历史、方法、比较)的发展态势。为了使国际比较研究与其他基础理论研究形成正反馈机制,就必须更加全面、深刻、科学、高效地借鉴。基于此,根据学界业已形成的丰富成果与思想观点,从认识论与方法论的视角体察探究思想政治教育国际比较的借鉴问题就显得至关重要。只有积累了一定的国别研究成果和比较研究成果,才能进一步探讨借鉴问题。当比较思想政治教育学科发展到一定阶段后,只有探明借鉴问题,才能更好地展现出其对于促进思想政治教育学科议题创新与观念反思的重大价值。在对外人文交流中确立比较思想政治教育研究的角色既是实践经验的总结,也是发展模式的探索。

总之,无论是从时代背景、文化背景,还是学科背景出发,思想政治教育国际比较的借鉴问题研究都势在必行。

三

我国比较思想政治教育兴起于 20 世纪 80 年代中后期。经过多年的建设,比较思想政治教育的发展已经初具规模。2016 年 5 月 17 日,习近平在哲学社会科学工作座谈会上指出:"观察当代中国哲学社会科学,需要有一个宽广的视角,需要放到世界和我国发展大历史中去看。"2019 年 3 月 18 日,习近平在学校思想政治理论课教师座谈会上又强调,教师的视野要广,包括知识视野、国际视野、历史视野,要能够通过生动、深入、具体的纵横比较,把一些道理讲明白、讲清楚。拥有宽广的国际视野,对思想政治教育研究者和工作者来说,是不可逆转的发展要求,也是比较思想政治教育在新的发展态势下找准"生长点"、走特色人才培养之路的必然选择。比较思想政治教育学的研究成果丰硕,包括著作译介、事实描述、要素比较与因果分析,对于比较后借鉴的可能、立场、内容与方略等问题的研究则显得相形见绌。

新时代背景下,开展思想政治教育比较研究具有很强的指导意义,同时也极具挑战。首先,"比较"应当甚至必须作为一种科学的研究方法,应用于哲学社会科学和自然科学研究领域之中。其次,"比较"不仅是一种具体的研究方法,还具有重要的方法论意义。比较研究为人们分析不同历史时代和不同社会的意识形态及其教育提供了科学的认识工具。最后,"比较"更是一种思维方式,这种思维方式理应贯通于整个思想政治教育研究的过程之中。"比较"不单从方法工具层面,更是从思维方式层面赋予了思想政治教育比较研究重要的价值意蕴。

从思想政治教育的时代背景和学科立场出发,我们精选国外思想政治教育相关领域较具权威性、代表性、前沿性的力作,推出了具有较高研究价值与应用价值的系列翻译作品——《当代世界德育名家译丛》(以下简称"译丛")。该译丛是东北师范大学思想政治教育研究中心(以下简称"中心")推出的"比较思想政治教育研究"系列成果之一。我们秉承"以我为主、批判借鉴、交流对话"的基本原则,"聚全球英才、育创新团队、塑国际形象"的建设理念,对国外著名学者的研究成果进行了深度透视与全面把握,意在拓展原有论域,进一步深化学术研究、强化学科建设、服务国家需要。

译丛作品的原作者均在全球范围内享有学术盛誉,具有深厚的理论功底和丰富的实践经验,将这些国外德育名家的研究成果集中翻译并结集出版,高度体现了中心以全局性、世界性的眼光认识问题,致力于推动人文社会科学研究的范式创新与人文社会科学的繁荣发展。

译丛主要面向四大读者群:一是教育学、政治学、社会学、思想政治教育学等领域的科研工作者,二是教育主管部门决策者、高校辅导员、政府相关部门等行政人员,三是思想政治教育、道德教育、比较教育等相关专业的本科生与研究生,四是广大对相关主题感兴趣的学者、教师,以及社会各界人士。

译丛在翻译过程中特别注意原作者真实观点的阐释,同时立足于马克思主义根本立场、观点和方法,坚持中国特色社会主义道路的行动指南,对所选书目及其内容进行甄别。译丛在翻译过程中,由于需努力精准呈现原作者的思想,难免涉及国外的价值取向和意识形态,请所有读者在研习的过程中加以辨别,批判性地进行阅读和思考。

杨晓慧

2024 年 1 月于长春

中文版前言

一

1979年1月1日,中美建立外交关系,这一天对两国来说都是一个重要的日子。当时我在吉米·卡特总统领导下的政府工作,负责直接与总统对接美国的双边和多边对外援助政策。担任这一职务时,我并没有涉足中美关系,但我确实亲身体会到了卡特总统是一位多么杰出的领袖,特别是他在外交领域的作为。

在任期间,我访问了非洲、亚洲、拉丁美洲和南美洲的许多发展中国家。在访问过程中,我看到中美两国为了改善贫困人民生活,特别是在农业、粮食、能源、卫生和人口等领域所做的诸多努力。

我记得曾经在其中几次访问中设想过,如果中美两国能够开展合作,对发展中国家的贫困人民会有多大帮助。多亏了邓小平先生和吉米·卡特总统的领导,两国才走向了合作之路,我衷心希望今后两国之间的关系能够更加牢固。

1985年,在中美两国建交六年后,我和妻子埃伦访问了中国,出席上海交通大学和宾夕法尼亚大学的一个联合项目的庆祝仪式。在那次访问中,我们看到了中国是一个多么了不起的国家,包括它的规模、人口、经济以及历经几千年历史的文化。

二

在我第一次访问中国之后的几年里,中国逐渐在世界舞台上占据一席之地。当我和女儿伊丽莎白再次访问中国时,看到了中国取得非凡进步的有力证据。这次我是应东北师范大学校长的邀请,前来与生活·读书·新知三联书店签订协议,出版我在过去几十年里撰写、合著或编著的11本书,所有这些书都将被翻译成中文。主导这件事的是博学而亲切的蒋菲教授,她是东北师范大学思想政治教育研究中心道德与公民教育比较研究室的主任。

这11本书,连同几十篇文章,承载了我一生在诸多领域的学术研究成果,也反映了我在四所高校担任行政人员和教师以及在美国政府担任四个职位的多年经验。

我一生中担任14个不同的职位,我妻子开玩笑地说我工作永远做不长久。我的第一份工作是担任勒尼德·汉德法官的书记员,他后来被公认为是美国在世最伟大的法官。当时汉德法官已经八十七岁,和我写这篇序言时同龄。他是一位极富经验的法官,在法官的岗位上工作了五十年,同时也是我的良师。

在担任汉德法官的书记员后,我曾短暂地从事过法律工作,因为我认为在担任法律专业教师前,最好先了解一下律师的日常工作,这也是我自己一直想做的事。但在从事法律工作不到两年之后,我认识的一位前哈佛法学院的法学教授艾布拉姆·查耶斯邀请我加入约翰·F.肯尼迪政府。查耶斯教授是当时的国务院法律顾问,是我的另一位优秀导师,我们后来共同编写了一本关于国际法的三卷本著作,主要是根据我们在肯尼迪政府和后来在林登·约翰逊政府的经历撰写的。

查耶斯教授回到哈佛大学后,我和副国务卿乔治·W. 鲍尔一起工作,他是我的另一位宝贵导师。像汉德法官和查耶斯教授一样,鲍尔先生向我传授了有关公共服务的宝贵经验,这些经验到现在仍使我受益匪浅,也引领我将公共服务视为一项崇高的使命。

幸运的是,斯坦福大学法学院邀请我做教师,讲授国际法,我不假思索地接受了,因为学校为我提供了我正想要的教学和写作的机会。五年后,我被选为学院院长。在任期间,我发现自己对一样事物十分享受,我称其为"制度架构"——有机会成为一个机构的领袖并使其发展壮大,且在机构中工作的人们可以得到所需的支持,以充分发挥其能力。

作为一名院长,我观察了美国各地法律服务的提供情况,发现在美国有相当一部分人在需要民事法律救助时孤立无援。杰拉尔德·福特任总统期间,美国正在组建一个新的政府实体——法律服务公司,我被选中担任这个机构的负责人。在这个职位上,我有机会学到了一门重要课程——领导力。与我做院长时一样,这份工作同时也让我了解到了美国贫困人口现状的严峻形势。为卡特总统工作的这几年,让我从全球视角进一步丰富了自己的经验,这有助于我理解发展中国家的严重贫困问题。

这些经历使我确信,我想为领导一所高校贡献力量。宾夕法尼亚大学给了我这个机会,校方选聘我为教务长,即首席学术官。这个职位让我了解到了一所优秀的大学是如何对教学、研究和服务提供支持的。在工作中,我也致力于培养学生具备公民参与所

3

需的能力,这一承诺在我之后担任的职位上一直延续着。

在宾西法尼亚大学工作多年后,我开始意识到,如果有机会,我想领导一所著名的公立大学。当我被聘为印第安纳大学校长时,这个机会来了。印第安纳大学有8个校区,有超过10万名学生,其中位于印第安纳州布卢明顿的主校区有4.3万人。幸运的是,布卢明顿校区有一个规模巨大的亚洲研究项目,使我对中国及其邻国有了进一步了解。

在我担任印第安纳大学校长时,乔治·H. W. 布什总统选择我作为委员会成员加入一个临时的政府实体——国家和社区服务委员会,主要负责为美国所有年龄段的公民参与他们社区的公民工作提供支持。

后来我成为该委员会的主席,并帮助威廉·克林顿总统的政府制定法律。我在该委员会工作之余,又建立一个永久性的新政府组织——国家和社区服务公司。迄今为止,国家和社区服务公司最大的项目"美国志愿队",每年在全美21 000多个地点招募约75 000名男女公职人员参与公共服务。我在这个组织的委员会工作了八年,这份工作进一步加强了我鼓励每一个美国人参与公共服务的决心,无论是作为一份职业还是作为业余爱好。

我和妻子于1995年返回加州,我以杰出学者的身份在加州大学系统任教了五年,还帮助完善了该系统所有23个校区的社区服务学习项目。长期以来,我一直大力倡导将学术学习与社区服务联系起来的课程,如果能把这门课讲好,学术学习和社区服务都会得到加强。我在一个名为"校园契约"的全球性协会担任领导职务,并协助创立了另一个协会——美国民主项目。这两个项目都注重教育大学生积极参与公民活动,以改善其所处的社区。服务学习课程是这类教育的主要组成部分。

由安德鲁·卡内基创立的卡内基教学促进基金会于1997年迁入斯坦福大学校园,我以资深学者的身份加入了这一组织,并获得了与一群亲密的同事一起撰写学术书籍和文章所需的支持。

最后,在卡内基基金会度过了11年美好的时光后,在这个系列的第6本书出版时,我回到了斯坦福大学。这次是在教育研究生院任职,在这里我讲授高等教育领导与管理、高等教育中的教与学、慈善事业、美国民主等课程。我还为许多学生提供了咨询,包括一些中国学生。其中一个学生是我上一本书《公民工作,公民经验》的合著者,她的父母来自中国,但是她出生在美国。这本书在蒋菲教授的帮助下译成中文,并由该系列图书的出版社出版。

三

我坚信美国"公共参与奖学金"的重要性,这是一项学术工作,直接关系到未来公共政策和实践的形成,或对过去公共政策和实践的理解,包括教育学生具备在了解这些政策、参与这些实践中需要的知识、技能和素质。

我所有的书都在试图帮助美国政府决策者及其工作人员,或大学政策制定者及其教师和学生。这些书也反映了我在美国政府和三所不同大学——我先后成为院长、教务长、校长的大学里——收获的经验和见解。

这些书分为四大类。首先,有两本书是关于国际法的影响,其中包括我从美国国务院的职业生涯和斯坦福法学院的教学经历中获得的见解。第二,有两本书是关于法律教育的,借鉴了我在斯坦福法学院担任院长的经验。第三,有三本书是关于高等教育的,反映了我在大学教学和管理方面的职业生涯。第四,有两本书侧重于讲授道德、公民和政治责任,基于我自己在这个领域的教学、领导校园契约协会和美国民主项目,以及我任职国家和社区服务委员会委员和国家社区服务公司的经历。最后,有两本书是关于慈善和教育的,不仅反映了我的高等教育经历,而且也反映了我在美国两大慈善基金会董事会的工作,这两个基金会分别是公共福利基金会和理查德罗达·高德曼基金会。

四

我非常感谢东北师范大学和杨晓慧教授、高地教授、蒋菲教授,他们给了我很多殊荣。首先,他们邀请我去东北师范大学进行学术访问。第二,经由他们安排,我的著作得以被译成中文,我也非常感谢为此做出努力的生活·读书·新知三联书店王秦伟先生和成华女士,以及诸多译者,他们的辛苦工作保障了这项工作得以顺利进行。我希望这些做法有助于加强中美两国间的关系。我现在,以及会永远感受到,我与中国之间有一条特殊的纽带相连。

托马斯·欧利希,2021 年

目 录

序 *1*
前言 *1*
致谢 *1*
作者简介 *1*

导论 *1*
第一章 公民、政治和公民参与 *30*
第二章 高等教育在公民培养中的作用 *54*
第三章 开放性探究势在必行 *74*
第四章 创设开放性探究环境 *95*
第五章 教授政治知识和理解 *133*
第六章 教授民主参与技能 *149*

第七章　培养政治动机　*172*

第八章　通过讨论和协商进行学习　*192*

第九章　通过政治研究和行动项目进行学习　*216*

第十章　借助政治演讲嘉宾和导师进行学习　*246*

第十一章　通过课程实习、就业实习以及服务学习进行学习　*277*

第十二章　通过结构性反思进行学习　*311*

第十三章　总结　*342*

附录　课程和项目概要　*368*

参考文献　*384*

人名索引　*416*

主题索引　*424*

序

曾经有 36 个人,被称为"隐义人"。在《塔木德》(*Talmud*)这本书的记载中,这 36 个无名的"隐义人"用美德使处于动乱中的世界幸免于上帝的震怒,他们与生俱来的善良足以保护周围所有的人。这个传说成为安德烈·施瓦茨-巴特(Andre Schwartz-Bart)关于大屠杀的小说《最后的正义者》(*The Last of the Just*)的基础。这个传说也深深地迷住了南美作家豪尔赫·路易斯·博尔赫斯(Jorge Luis Borges),他在自己的著作《想象的动物》(*Book of Imaginary Beings*)中写道:

> 在地球上,一直以来都存在着 36 个正义之士,他们在上帝面前执行公断世事的任务。这些人就是跛子伍夫尼克们。他们是彼此不相识的穷人。如果一个人意识到他是跛子伍夫尼克(Lamed Wufnik),那么他会立即死去,而在地球某个角落的另一个人,就会接替他的位置。跛子伍夫尼克并不了解这个秘密,他们就是这个世界的支柱。要不是有他们,上帝可能灭绝了人类。他们自己也不知道,他们就是人类的救星。

这个传说可能起源于《创世记》中亚伯拉罕(Abraham)为阻止罪恶之城所多玛(Sodom)和蛾摩拉(Gomorrah)被毁灭而与上帝讨价还价的故事。亚伯拉罕问上帝,如果他能找到50个正义之士可否不让这些城镇毁灭?上帝说可以。如果40呢?谈判的门槛被降低,到10个时谈判终止了。一个正派的社会需要一定数量的美德,当美德总量低于某一阈值时它就难以为继了。由此,"36隐义人"的形象便作为保护整个世界所需的美德下限而浮现出来了。

我为什么会在阅读本书时提到"隐义人"的传说呢?因为它或许就是该书开篇时提到的韦恩州立大学(Wayne State University)已故教授奥托·范斯坦(Otto Feinstein)的故事。作为大屠杀的幸存者,奥托在他的学术生涯中致力于创造能够教育学生利用自己的知识和技能培育和引领民主社会的大学环境。奥托所在的范斯坦家族曾遭受纳粹德国的屠杀,而该国的高等教育体系一直是美国高等教育改革的榜样。一些受过良好教育的德国人积极地参与了暴行,其他人则对这一切的发生袖手旁观。我们需要问自己,维持一个民主国家需要多少积极参与的灵魂?谁负责确保社会所需要的参与和认同水平得以达成?本书认为,在我们的民主政治进程中,应该有尽可能多的公民成为有知识和负责任的参与者,大学是让学生为这些重要角色做好准备的最佳时机。

那些为政治参与服务的教育者所面临的挑战是让尽可能多的学生将自己视为民主的"隐义人"。他们必须要认为社会民主的命运由他们是否有意愿和能力以某种有效方式推进并参与政治生活来决定,并以此为指导生活。在极端情况下,如果没有人愿意在选举中投票会发生什么？或者如果好人不愿意作为候选人站出来会怎样？这些可能是极端情况,但它们是不可想象的吗？是否存在进入和参与的门槛,低于这个门槛民主国家就根本无法运行？是否存在关键的政治参与标准,低于这个标准民主社会就会完全瓦解？

虽然我们不能想当然地得出上述问题的答案,但我们的确知道,一些高校项目已经担负起培养学生民主参与的责任。因此,在卡内基教学促进基金会（The Carnegie Foundation for the Advancement of Teaching）,这方面工作的研究策略就是寻找已经做出这种努力尝试的教师和项目案例,认真记录他们如何开展工作和学生面临此类经历时如何反馈,从而提供上述努力可以顺利实现的切实证据。本书围绕全国正在进行的该项工作的"可能愿景"以及可从中汲取的、以供借鉴的经验教训展开论述。

过去10年间,卡内基基金会的大多数工作都围绕教育在促进大学生和教师参与、认同和责任方面发挥的作用展开。我们已经认识到,性格和价值观的形成作为对知识和技术成就的一种必不可少的补充真正引起了教育者的关注。在我们对法律、工程、牧师、护理和医学等专业的教育进行研究时,我们强调了伦理和道德维度对专业发展的重要性。相对于"认知"和"表述行为"这前两个学徒期,我们把这种学习称为"第三个学徒期"。在博士教育工作中,我们特别强调学者作为"学科管理者"的作用,与此同时我们也同样重视"学者的形成"。因此,毋庸置疑的是我们在本科教育工作中,也应该密切关注培养具有社会参与性、道德责任感和个人责任感的公民。

仿佛培养认真的政治参与和认同的挑战性还不够足似的,作者们规定了一个更加苛刻的标准。人文教育必须自由,而不是灌输。也就是说,教师必须教给学生成功参与所需的工具,让他们对政治过程及其复杂性有深刻的理解和领悟,教师绝不能根据自己的政治信仰来塑造学生的政治信仰。实际上,其中一个最大的考验是培养学生认真且有礼貌地听取别人意见的政治能力和性情,尤其是对那些持有不同意见的人。这种倾听是进行对话和辩论的必要条件,而对话和辩论则是民主进程的智力支柱。这便是政治与教学的交汇之处。

当约翰·杜威(John Dewey)把"教育"和"民主"联系在一起时,他并不是为了方便而将二者并列。在杜威看来,民主和教育之间存在着一种内在的相互作用,从社会层面到课堂环境都是如此。教室是民主互动和参与的缩影,是学生与他们的学科问题、同学和老师紧密接触的环境,这在杜威看来并非偶然。尽管让学生管理并参与学校政策制定很重要,但民主互动并不仅限于此,它们是理解历史、生物学、数学和文学的核心。"真理"只能通过思想、观察、解释和价值观的公开交流来确认,没有什么主张是不允许交流的。探究是在对立观点的民主碰撞中进行的,没有任何限制。这些不仅是政治参与的规范,也是教育教学的准则。对约翰·杜威来说,《联邦党人文集》第10篇(*Federalist 10*)既是一份教育教学宣言,也是一份公民宣言。从这个意义上说,所有的教育教学都是潜在的政治参与教育,它塑造有效民主参与和领导所需的思维和情感模式。

前　言

本书是为那些意欲帮助本科生在公共生活领域变得更富教养且更多参与的教育工作者而写作的,同时它的目标读者群体也是那些痴迷于"为了政治发展而进行教育"(educating for political development)这一主张,却又不完全了解它的确切实践意义或其是否确属智慧、有效且公正的人。这是一本实践性著作,它以人们深度参与促进大学生政治理解和参与时获得的见解和经验为基础,其主体在于分享应用于课堂、辅助课程和其他校园活动之中的具体策略。

本书构思之初,我们正致力于完成一项关于大学生道德与公民发展教育的早期研究,该项目在 2003 年出版了《公民教育:培养美国大学生的道德和公民责任》(*Educating Citizens: Preparing America's Undergraduates for Lives of Moral and Civic Responsibility*)一书。在该书的研究过程中,我们为当前对政治参与教育的关注之匮乏感到震惊。在全国各地的校园里,我们看到促进更多公民参与的诸多努力,但是即便基于更宽泛的政治定义,我们看到的对政治的关注也相当少。如果美国意欲拥有其所需的具有渊博知识、娴熟技能、积极进取的公民和领导者——如果新生代想要拥有足够的资源,从而以反映其价值观与目标、在参与中带来诸多益处的方式来参与公共生活,那么这对我们来说将是一个亟待关注的严重缺陷。为此,我们设计了一个项目,并将其命名为"政治参与项目"(the Political Engagement Project,简称PEP)。PEP师生们的工作为本书提供了素材。

的确,本书在素材方面得到了与我们广泛合作的教师和项目负责人群体的大力支持,这些人不仅教授学生政治参与的能力,也教导他们了解当代世界的政治背景和问题,以此让学生们了解其日后作为社区成员和公民时的工作与个人生活。这些教育者的自我表述以及我们对他们思想与实践的解释,构成了本书基础且显见的内容主线。

参与本项目的教师和项目负责人从一开始就非常明确并强烈认同致力于政治理解和参与教育。对其中一些人来说,这种认同源于他们的生活经验,而另外一些人则源于为其个人与职业生活奠基的核心信仰。

在我们的第一次会议上,受一位小组成员的鼓舞,与会者分享了他们如何以及为何有兴趣促进学生开展政治参与的故事,这引发了一系列引人入胜的故事。虽然当时我们大多数人都没有意识到,但事实上正有一位团队成员因为癌症而病危。韦恩州立大学政治学教授奥托·范斯坦在此后不到一年时间就去世了。他的故事也让我们理解了为什么他会选择花费余生大量的时间和精力来帮助我们探究优质的教学以促进负责任的政治参与。

第二次世界大战之前,奥托还是一个在奥地利犹太家庭长大的孩子。他的父母带着他和他的兄弟们一起逃到美国,赶在无法离开之前逃离了大屠杀。他家族中的许多人被杀害了。在战争期间,奥托试图加入美国军队以对抗恐怖的法西斯,但因为太年轻而未能成行。战争结束后,他和父亲一起回到了欧洲,并在布鲁塞尔找到了一些表亲。这些表亲的青少年时期在集中营中度过,他们正参与寻找和惩罚臭名昭著的纳粹帮凶,奥托想加入他们的行列。他的表亲们拒绝了,并且告诉他不具有参与的权利,而是应该尽一切努力防止文明再次遭受此种摧毁。奥托认识到他作为教育工作者的毕生使命就应该是为实现这一点。

碰巧,在会议上和奥托·范斯坦挨着坐的是移民到美国的德国人西格伦·弗莱斯(Siegrun Freyss),她在加州州立大学洛杉矶分校教授政府和公共管理课程。她在接着奥扎的发言中悄悄地解释说她的父亲在战争期间是一名纳粹军官,她正致力于凝聚一些来自低收入家庭的大学生开展积极的民主参与,这是因为她希望能够为补偿她父亲及其同僚以纳粹意识形态名义造成的破坏尽绵薄之力。

其他教师和项目负责人的理由尽管没那么奇幻,但也都令人叹服。他们工作的根本原因都是帮助年轻人成为公共生活中更有知识、思想、能力以及献身精神的参与者。在我们开始列出负责任民主参与的教学内容亦即本书的主题时,我们很庆幸能够吸收到这么多杰出教育工作者的努力成果。

我们很清楚,不同的学院、大学和其他教育项目都有着不同的使命,要服务于不同的学生群体。这些差异会影响他们教育中关于什么样的政治教育合适以及教育应该如何开展这些方面的理念。我们不认为每个校园都非有同样类型或同样范围的努力来促进学生的政治发展,也不觉得每个教师或项目负责人都应该参与关于政治学习的教育。然而,我们的确建议大学的建构性经验目标之一应该是帮助学生具备更多的政治知识和政治参与,而且所有大学都应该着手考虑促进这种发展的最佳、最合法以及最有效途径。我们希望本书能够对实现这一目标有所贡献。

致　　谢

事实上,PEP 中的课程和项目负责人也是我们写作本书的合作伙伴,对他们提供的合作深表感谢(附录中列出了他们的名字以及他们课程和项目的简要介绍)。尽管他们中有的人不会完全认同我们所写的内容,但的确从他们每一位身上我们都有所学习。同样,也十分感谢在这些课程和项目中完成我们调查问卷并与我们分享经验的同学们,从他们身上我们也收获良多。

在我们研究的三年期间,约翰·布洛克(John Bullock)、舒巴·达特特里(Shubha Dathatri)、马里维克·迪宗(Marivic Dizon)以及哈赫里·汉(Hahrie Han)一直在担任研究助理,感谢他们所做出的诸多贡献。卡内基基金会的同事在作为本书基础的整个研究期间以及在本书的准备过程中为我们提供了帮助:主席李·舒尔曼、副主席帕特·哈钦斯(Pat Hutchings)和财务总监安·菲茨杰拉德(Ann Fitzgerald)以及盖伊·克莱伯恩(Gay Clyburn)、玛丽·休伯(Mary Huber)、亚历克斯·麦科米克(Alex McCormick)、比尔·沙利文(Bill Sullivan)和鲁比·卡拉瓦拉(Ruby Kerawalla)。我们在《公民教育》中合作过的同事詹森·斯蒂芬斯(Jason Stephens)也在这项工作的早期阶段提供了帮助。

感谢我们的同事,马里兰大学(University of Maryland)的朱迪思·托尼-普尔塔（Judith Torney-Purta）和她的助手杰夫·格林（Jeff Greene），他们在设计和实施学生调查以及分析结果数据方面提供了卓越的帮助。

一路走来我们收到了很多人的建议，特别感谢比尔·戴蒙（Bill Damon）、比尔·高尔斯顿（Bill Galston）、利兹·霍兰德（Liz Hollander）、斯科特·基特（Scott Keeter）、莱斯·伦科夫斯基（Les Lenkowsky）、彼得·莱文（Peter Levine）、乔治·梅哈菲（George Mehaffy）、卡琳·麦克泰格·穆西尔（Caryn McTighe Musil）、费利斯·努德尔曼（Felice Nudelman）、克雷格·里默曼（Craig Rimmerman）、卡罗尔·吉尔里·施耐德（Carol Geary Schneider）以及劳拉·斯托克（Laura Stoker）。也非常感谢埃伦·沃特（Ellen Wert）在手稿编辑方面的出色工作。

最后，向支持我们工作的基金会表达感谢：大西洋慈善基金会（the Atlantic Philanthropies）、纽约卡内基基金会、公民学习和参与信息和研究中心（CIRCLE）、福特基金会（the Ford Foundation）以及威廉和弗洛拉·休利特基金会（the William and Flora Hewlett Foundation）。

作者简介

安·科尔比是卡内基教学促进基金会的资深学者,她在其中负责共同指导 PEP、专业课程准备和一个关于商业、创业与人文的新项目。在 1997 年加入卡内基基金会之前,她曾担任拉德克利夫学院亨利·默里研究中心主任,该中心是拉德克利夫学院的跨学科社会科学研究中心和跟踪研究数据档案馆,现位于哈佛大学。她之前出版了六本合著,分别是:《一项关于道德判断的跟踪研究(1983)》(*A Longitudinal Study of Moral Judgment*)、《道德判断的测量(1987)》(*The Measurement of Moral Judgment*)、《有些人真的在乎:当代生活的道德责任(1992)》(*Some Do Care: Contemporary Lives of Moral Commitment*)、《公民教育:培养美国大学生的道德和公民责任(2003)》、《律师教育:法律专业的培养(2007)》(*Educating Lawyers: Preparation for the Profession of Law*)以及《工程师教育:理论、实践和想象力(即将出版)》(*Educating Engineers: Theroy, Practice, and Imagination*)。她是《人种志与人类发展:人类探究中的语境与意义(1995)》(*Ethnography and Human Development: Context and Meaning in Human Inquiry*)、《贯穿一生的能力与品格(1998)》(*Competence and Character Through Life*)和《关注生命:美国的二十世纪纵向研究(2002)》(*Looking at*

Lives: American Longitudinal Studies of the Twentieth Century)的合编者。她是一位发展心理学家,先后获得加拿大麦吉尔大学(McGill University)的文学学士学位和美国哥伦比亚大学(Columbia University)的心理学博士学位。

伊丽莎白·博蒙特是明尼苏达大学政治学助理教授,也是该校法学院法律与政治学会高级研究员。此前,她在卡内基基金会担任研究员,期间她帮助领导基金会关于公民教育的工作。同时,她也是PEP的共同负责人,并且是高等教育以及道德与公民责任发展项目的合伙人。博蒙特的研究和教学聚焦于民主与宪法理论实践的交叉领域,包括政治理论、公民参与和宪法的发展。她参与合著了《公民教育(2003年)》以及一些关于公民教育的论文和著作章节,是美国政治学会的公民教育和参与委员会(American Political Science Association's Civic Education and Engagement Committee)成员。她目前研究的项目包括政治效能研究以及与宪法权利相关的公民参与研究。同时,她获得了斯坦福大学政治学博士学位和波莫纳学院(Pomona College)英国文学学士学位。

托马斯·欧利希是卡内基教学促进基金会的资深学者,他在其中负责共同指导PEP、基金会与教育项目和一个关于商业、创业与人文的新项目。此前他曾先后担任印第安纳大学校长、宾夕法尼亚大学教务长以及斯坦福大学法学院院长。他还是华盛顿特区法律服务公司(Legal Services Corporation in Washington, DC)的首任总裁,也是直接对卡特总统负责的国际发展合作署(International Development Cooperation Agency)首任署长。在加入卡内基基金会之前,他是加州州立大学的特聘学者,并定期在旧金山州立大学（San Francisco State University）任教。他独著、合著或合编了11部著作，其中包括《高等教育和公民责任（2000）》(*Higher Education and Civic Responsibility*)、《公民教育：培养美国大学生的道德和公民责任（2003）》以及《重新建立教育与基金会的联系：将良好的意愿转变为教育资本（2007）》(*Reconecing Education and Foundations: Turning Good Intentions into Educational Capital*)。他是米尔斯学院的理事，也一直是宾夕法尼亚大学和贝内特学院（Bennet College）的理事。他毕业于哈佛大学的哈佛学院（Harvard College）和法学院（Harvard Law School），并获得了五个荣誉学位。

乔希·康戈尔德是斯坦福大学在读教育哲学博士。他的博士论文考察的是民主社会中管理与资助宗教学校的道德和政治基础。作为卡内基教学促进基金会的研究助理，他曾投身于PEP和商业、创业与人文项目。他获得了哈佛大学英语和宗教研究专业学士学位（1998）和斯坦福大学政治学硕士学位（2005）。他曾是一名高中英语教师，与跨越加州到新英格兰广阔区域的各类青年开展着广泛的合作。

导　　论

许多高校的政治理论入门课程都以柏拉图《申辩篇》(*Apology*)中对苏格拉底的审判引入。柏拉图著名的老师苏格拉底的命运众所周知：雅典的牛虻，被其500名同胞组成的审判团处以死刑。他喝了毒药，宁愿被判死刑也不愿交罚款，或被他所深爱的政治组织放逐。随着课堂讨论的深入，一些学生将《申辩篇》看作是过度民主的警示故事，认为正是它导致这位英明的批判家被处决；另一些人则觉得看到了这位哲学家所主张的未经审视的生活不值一过的范例；还有人认为这正是政治与热爱真理相冲突的教训。但我们也可以对《申辩篇》作这样的理解和讨论，即一个民主国家应该为其成员提供何种教育，这种教育应该（或不应该）开展，以及应该怎样开展。我们认为这在大学校园内，无论课堂内外都应是一个重要的讨论，之所以写这本书也正是想对这一讨论有所贡献。

苏格拉底审判引发的思考给课堂讨论带来丰富的可能性和取向，正如它也给公民教育学术反思带来同等丰富的可能性和取向一样：民主面对内部批评和外部威胁时，保持合法政治秩序遭遇的挑战；保持对一系列基本价值观和美德的忠诚与认同对这些价值观进行理性审思之间的潜在冲突；就自己珍爱的政治信念与他人进行讨论时给双方带来的启示和怒火。它还引出这样一个问题：在民主政治中，对我们自己和他人（包括那些政治领导人在内）的价值观和行为进行有意识地检视到底意味着什么？这种苏格拉底式的实践不仅可以被看作是一种获得启示和学习的重要方式，也可以作为一种影响价值观和行为的方式，一种使我们自己和那些被授权对我们信奉价值观负责的人得以把持住的重要方式（Brickhouse and Smith, 1994; Euben, 1997; Ober, 1998）。

当然，柏拉图笔下的苏格拉底并没有就他引发的问题给出明确的答案，而是把这一任务留给了我们这些教育者和学生，让我们去创造性地想象、讨论、比较和评估我们的最佳尝试，从而确定民主政治所需公民教育的类型以及这一教育如何实施。尽管我们相信民主参与教育可以作为大学阶段经历中的一个富有价值、合理且可实现的目标，我们也的确认为不能解决实现这一目标遭遇的所有难题。事实上，我们这本书希望在提供来自教育者的实践建议的时候，引起人们对政治参与教育系列目标、条件和模式的关注。

一、高等教育的公共与民主目标

高等教育服务于很多不同的目标，其中一些在学生（和他们的父母）的头脑中印象深刻，有的则不然。尽管在大学的宗旨、筹资攻略和宣传材料之中随处可见宽泛的教育目标，但真正让学生甚至大多数教职员工认真考虑其承担的包括公共和民主职能在内的多重使命的高校实在太少。这实属遗憾，因为高等教育机构在保持文化和民主系统多样性和发展方面肩负着重要使命，把学生培养成有思想、负责任和创新型公民正是其中的基本要素之一。我们知道,即便是以间接的方式,良好的高等教育也可以对此做出突出贡献(比如,参见 Kuh, 1993; Nie and Hillygus, 2001)。但这方面就像其他教育目标一样,如果我们真想给学生创造最好的学习机会,那么准备得越充分,成功的可能性才越大。

在《公民教育:培养美国大学生的道德和公民责任》(Colby, Ehrlich, Beaumont, and Stephens, 2003)中,我们提出这样的观点:道德和公民学习在本科阶段教育中至关重要,并且无须以牺牲其他教育目标为前提来实现。本书在此基础上更进一步,集中关注多元民主中支撑公民参与的政治学习。

基于政治参与的发展这一视角,我们认为大学阶段和青年时期是政治学习的形成期。这一观点的核心在于认识到负责任的政治参与需要一个多维度的意愿、能力和行为系列——我们称之为政治理解、技能、动机和参与——它们与生活经历彼此塑造。我们还有足够充分的民主与教育依据来证明,为什么应该将帮助学生全面发展这些意愿和技能作为高等教育的重要使命。

二、民主教育契合大学阶段学习目标

许多教育工作者都认同培养负责任公民的重要性,但他们想知道的是,在大学教育已经有那么多材料需要涉及、那么多知识技能和能力需要培养的情况下,它怎么还有可能成为一项优先完成的教育任务呢?幸运的是,正如苏格拉底审判的例子所表明的,如果处理得当,政治理解和参与教育是可以同许多其他重要的专业学习目标交叉进行的,比如创造性分析、知识的新情境中应用、其他不经常在本科阶段获取的深入探究品质的培养。在近期一份关于美国高等教育所面临严峻挑战的报告中,五家最具影响力的全国教育协会组织指出了"高等教育某些不能也不应该改变的基本点:本科教育应该坚持的最基本目标依然是培养思考、写作和清晰表达能力;理性批判能力;协同工作能力;获取特定领域知识的能力;获得判断、分析能力和用以支撑持续、自主、终生学习和公民活动参与的独立思考能力(American Council on Education and others, 2006)。正如本书中所描述的,政治发展教育对于获得这些教育成果都可发挥直接促进作用。

已有专家小组研究提供的确切证据表明,青春期末期至成年初期是获取和整合政治价值观与政治行为习惯的关键期(Jennings and Stoker, 2001)。我们还知道,本科学习期间的某些经历,诸如主修某一专业或修习某一需要与政治发生联系的课程这些课内元素,以及志愿经历等课外元素,都会影响公民和政治发展(Astin, Vogelgesang, Ikeda, and Yee, 2000; Eyler and Giles, 1999; Keeter; Zukin, Andolina, and Jenkins, 2002; Kuh, 1993; Kuh and others, 1991; Nie and Hillygus, 2001; Pascarella and lerenzini, 1991, 2005; Sax, 1999)。

在此基础上,我们实施了PEP这一研究项目,它的研究对象是一些专注于政治理解培养的、进行中的本科课程与项目。我们的研究表明,高质量的政治发展教育在促进诸多常规学术训练目标实现的同时,还能提升学生的政治理解、技能、动机和参与。基于多方面原因,这种政治学习意义重大。了解当今世界的政治环境和事件,既可以让学生对日后的工作和个人生活有所了解,也可以帮助他们更懂得如何作为社区成员和公民而生活。我们的确认为,当说到某人受过教育时,至少意味着他应该对其生活、工作所处的政治和政策环境有个基本了解。

写作本书的目的是想对本科阶段政治学习的高质量教学进行探究,它提出了一些基本原则,不过这对一般意义上的好教学来说其实已属司空见惯。因此,本书把重点放在详细阐述这些原则对有效教学来说意味着什么,而这个有效教学是指在政治发展和民主公民领域对包括知识、理解、技能或方法、多维动机在内的系列复杂而交织的教学目标进行明确解读。

三、当前对政治发展教育的忽视

意识到美国高等教育对大学生政治学习缺少关注是促使我们实施PEP的动因。美国在籍大学生超过5 000万,这一群体越来越多样化,同时研究还表明,大学阶段是提升民主能力和促进民主参与的良机,可是这一机会却被我们错失了。造成这种忽视的原因很复杂,本书并不会对其历史和现实影响力进行正式讨论。(参见 Bennett and Bennett, 2003; Schachter, 1998; Snyder, 2001; Talcott, 2005)我们只能分析少数几个正在发挥作用的原因。

其中原因之一无疑是由于政治参与培养并不明确隶属于高校某个特定的部门、领域或项目,而大学教育又正是依托它们来展开的。政治学或政府管理学相关机构看上去像是明确负责学生政治发展的场所,但过去半个世纪主导政治学的焦点问题是对政治制度和政治行为的客观、量化研究,而不是公民教育规范目标的制定或应用。与此同时,政治参与也不是其他常规大学教育的中心目标,原因我们在《公民教育》第二章进行了讨论。尽管对具体的政治参与不甚关心,但当前许多大学和学院的确已经对社区参与和公民参与的诸多方面给予了高度关注。

一项关于服务学习项目——这一美国高校发展最快的公民教育形式——的综述研究显示,600个项目中,一半以上项目涉及为收容所提供食物、辅导、献血、房屋翻修或园艺等直接服务活动(Robinson,2000),略低于一半(42%)的项目涉及计算机培训等这类教育和技术援助,仅有1%的服务学习项目聚焦政治关注和问题解决,比如创建或加入一个代表社区利益的团体。

另一个原因是这种公民教育的常见形式与政治参与方面的努力往往没有相关性,这超出了学术界一些通常的机构性和历史性的特征,可能也会阻碍教育者和教育机构触碰政治学习问题,担心政治参与教学需要承担其他公民教育方式未有之潜在风险。这些风险包括许多政治问题具有敏感性,许多教育者对某些主题有效教学经常引起的强烈反应和分歧表示担心。另一个特别的风险最近引起了热议:政治灌输。一些教师担心,为促进学生政治发展而做的努力是否会(即便只是无意中)使学生偏向或反对某一特定的思想观点或意识形态。有人认为,绕开所有政治问题是避免被质疑或指责带有政治偏见的唯一办法。我们觉得这些风险是真实存在的,在应对包含这类潜在风险的问题(比如怎样为政治忧虑营造无偏见氛围)时一定要谨慎行事,本书第三、四章将对这些问题进行讨论。

在这些章节中,我们没有解决既不向学生灌输特定意识形态又培养学生政治学习这项任务带来的所有棘手问题。但是,我们的确就这些问题提出了经过审慎思考的观点。我们认为,要想在民主多元化形势下负责任、合理合法地开展我们所倡导的公民教育,就必须正视这些问题。这些问题包括:偏见是由什么构成?教师专业精神与学术自由之间有什么关系?对被视为不文明的言论是否应当加以约束?等等。

我们很清楚有些读者不会认同我们的某些观点。事实上,一些参与PEP的教师对某些问题的看法也与我们截然不同,但这也正是PEP的题中之义,即显著分歧是客观存在的。在许多这类问题上存在着观念合理差异的空间,我们认为能给理性差异保留一定空间的开放氛围非常重要。尽管从项目参与教师身上受益良多,但我们在本书中呈现的观点也仅代表作者本人,并且这些观点还是在尊重和欢迎持续讨论的前提下提出来的。

四、我们对公民概念的理解

想为政治参与教学确定一个基本原理和理论框架,除了要提出其教学伦理这类高度敏感问题外,还需要我们就公民需理解什么和做什么这一棘手问题做出某些假设。本书采用了一种独特、规范的公民概念吗?答案是有条件的"是"。我们的研究显然基于这样一个假设,即为促进民主蓬勃发展,使公民在公共事务中能够有效地识别、表达和追求对其意义重大的价值观和理想目标,他们至少应该有适当的训练和参与。也就是说,我们认为公民不是天生没有能力做出明智的政治判断,因而应该有意或无意地将尽可能多的政治权力让渡给政治精英。

同样,我们也反对一些政治激进分子的观点,他们认为任何形式的选举或主流政治无疑都是事与愿违的,因为它必然掩盖或强化现有体系中某些人的无力感或不平等,进而阻碍他们认为必不可少的变革。最后,我们也不赞同诸如自由主义者们的观点,他们认为任何形式的公民教育在自由主义的多元社会中都不具合法性,因为应该让公民基于他们的私人生活和自我选择经验来自主决定发展或不发展自身政治价值观和能力。

如果说我们有一个特定的好公民概念的话,那它就是:对多元民主和公民自身来说,尽可能多的人拥有这样一系列能力非常重要,这些能力具有内在的价值,通过帮助人们审慎评估政治选择和有效贡献于政治成果来促进其成为负责任的公民。负责任公民的概念意味着,我们的政治选择和参与应该具有这样的基础,即,掌握了知识、获得了技能、有成熟的政治价值观和认同作指导。因此,我们集中关注政治参与的多维性质是以这样的信念为前提的,即,负责任的民主公民不应仅被当作个体常规或定期参与基础性选举或党派活动来理解或研究。

从这个角度看好公民或负责任公民的概念,并非每个公民均需学习关于政治问题的专门知识或对其抱有热情,并尽可能频繁地参与政治活动,也不必在可能产生政治影响的渠道或行动中都有参与。尽管政治权利、政治价值观和政治选择支撑和框定了我们生活和社区的诸多要素,进而需要我们的关注并为我们带来价值,但培养负责任公民这一目标不必也不应排斥其他给我们生活带来意义感、成就感与愉悦的休闲和志愿服务活动。

然而,除了这些基本假设之外,本书没在更加特别的意义上定义好公民内涵,因此我们的公民教育目标与代议制民主和代表广泛利益的政治团体强调的理想高度契合(Dahl, 1989; Verba, Schlozman, and Brady, 1995),同时它们与各种协商民主也相吻合

(Fishkin, 1995; Gutmann and Thompson, 1996; Mansbridge, 1983),也与各种参与式民主和强调广泛且直接参与、社会化运行或大规模动员的强势民主保持一致(Barber;1984;Lummis, 1996;Pateman, 1970)。同样,我们认为,与通常主要发生在正式政治途径之外、朝向共同目标的合作性公共事务有关的政治和我们培养负责任公民的教育目标是一致的(Boyte, 2001a)。因此,尽管我们的好公民概念内涵多少有一点点特殊性,但其应用是基于民主理论的宽广视域来实施的。

正是基于这一宽广视域,我们对许多有关公民理想的质疑和争议保持开放。我们并不奢望完全解决"如何才能完全了解公民在民主中的作用"这些由来已久的老问题。相反,我们对其中一些问题提出粗略意见,希望我们的讨论能够引发一些供教育者和学生自主探究的问题。参与任何形式公民教育的教育者都将直面民主和公民概念的规范性问题,以及怎样最好或最合法地实现这些目标所涉及的伦理问题。我们相信,与来自同类学校的人讨论这些问题,对教育者和他们的学生来说都是有益的。但与那些来自不同学校、在当前问题相关方面与自己意见不同的人讨论将会更加有益(例如,可以把来自这样一些学校的人聚集在一起:教会学校和世俗学校、自由倾向性学校和保守倾向性学校、招收特定背景学生的学校和招收不同职业兴趣类型学生的学校)。

五、政治参与项目

正因为想要更好考察何种学习经历和教育实践是政治参与质量提升的关键,政治参与项目(PEP)将核心目标定位于记录和探究系列有发展前景的教育实践(教学干预措施)对大学生政治发展的影响。我们对学生政治发展的这些核心维度特别感兴趣：政治知识、技能、动机和参与，我们将其整合和概称为"负责任的政治参与"。

正如关于理想公民这一概念的理论假设一样，我们对政治这个概念的理解尽管不可谓无限宽泛，但也的确是有意保持开阔和包容性。我们关于政治概念的界定包括对政治价值、公共事务合作、社区和公民参与的讨论，其中社会和公民参与是指具有系统性要素、多样性形式特征的在公共政策问题和各级选举政治中的参与。

1. 参与课程和项目

PEP 记录了 21 门课程的教学目标与策略、学生在这些课程或项目中的经历及其对政治发展关键维度的影响。(这 21 门课程或项目的概况参见附录 A)。从论及的众多颇具影响的课程或项目中我们选出一个符合以下六项标准的系列：

- 课程或项目集中关注政治学习，以提升学生政治参与的重要素质(理解、动机、技能和参与)为目标。
- 课程或项目至少包括一种能够促进政治学习的、积极且互动的教学模式或参与策略。其中包括：广泛的学生讨论或反思，通过邀请作为演讲嘉宾或其他方式与政治领袖或活动人士进行互动，开展与政治相关的实习、社区实习、服务学习以及研究或行动项目。
- 课程或项目在 PEP 开始时已实施一年以上(其中大部分已实施数年甚至更长时间)，并且项目负责人为增加其在与项目互动中获益的可能性希望能够未来继续留任。

- 课程或项目代表不同高校背景:大规模与小规模,公立与私立,教会与世俗,社区学院一所与四年制大学若干。参与项目的学校有的经过严格挑选,有的经过中等程度的挑选,还有几所根据便利性抽样原则选定。
- 课程或项目代表多样的学生群体。正因为项目参与学校的多样性,参与课程和项目的学生也呈现出明显的多样化。这个样本在绝大多数方面都能代表庞大的高校学生群体,涵盖了所有层次的父母受教育程度(我们认为这代表社会经济地位)和绝大多数族群。其中少数族裔超过三分之一,父母中至少有一方从其他国家移民至美国的占30%,学生本人就是移民的占13%。像高等教育的总体情况一样,PEP中女性多于男性(61%:39%)。一系列教学干预吸引了许多本来对政治生活不太感兴趣也不太积极参与的学生群体,比如,少数族裔、一代大学生和女性(参见附录B的表1和"测评量表和结果")。政治学、政府管理或公共政策等专业的学生在PEP中占比最高,不过也只有三分之一左右,其他学生则来自更广范围的人文和职业领域。
- 课程和项目代表不同的课程和项目类型,它们在专业内容、学习活动与教学方法、规模、持续时间和强度上各不相同。尽管我们微薄努力的探究范围有限,无法涵盖所有情况,但选取在诸多方面有所不同的项目类型可以提升我们研究结果的广泛代表性。有的是强化性课程或项目,招收本来就对政治感兴趣的学生;另外一些则是比较典型的专业课程,包括两门大学必修的美国政府导论课程和其他一些很少要求学生自身政治兴趣的课程。课程和项目涵盖从"暑期学院"到"华盛顿特区实习项目",从暑期、学年实习到几个院系的学分课程,从课外项目到年度生活学习项目。

大多数课程和项目都涉及与政治直接相关的领域,尽管它们并不是根据这个来挑选的:政治学、政府管理、公共政策、美国研究、城市事务、历史学和一些促进领导力发展和社区服务的跨学科项目。聚焦这些学科便于确定那些高度关注政治参与的课程[3]。

2. 研究方法

我们采用了多种方式对 PEP 的课程和项目进行记录和学习借鉴。我们对所有参与教师和项目负责人进行了采访,对教学大纲、作业布置和学生作业进行了调查,并在学生参加项目前后分别进行测量(我们称之为"前测"和"后测"),对学生的采访分为"随机选择"和"教师指定"两种,主要了解他们参与课程和项目的经历[4]。我们还在项目开始和接近尾声这两个时间点上与所有项目参与教师和负责人分别进行了为期数日的会面。

本书以对教师、项目负责人和学生的深入访谈等质性材料为基础。在阐明论点时,我们多次引用师生访谈的内容,但因为这些引用并非来自已经发表的文献,所以并未进行标注。除了这些质性材料以外,我们还提供了一份"前测"和"后测"的结果概要,作为 PEP 课程及项目成功达成目标的证据。

3. 学生政治学习的相关发现

调查结果显示,几乎所有学生(略低于95%)都感觉到自己参与到了课程与项目的活动之中。另外为数极少的5%为大一新生。更为重要的是,调查表明精心设计的大学课程和项目对政治参与相关的知识、技能、动机和参与等方面产生了显著影响。

PEP课程及项目对政治学习有促进作用。"前测"和"后测"数据分析表明,这些课程和项目确实在许多维度上促进了政治学习,包括我们研究的四组结果中每一组的多个指标:政治理解、技能、动机和对未来政治行动的预期[5]。

在对整个样本的分析中,我们研究的大多数结果变量在课程和项目开始和结束之间都呈显著增长,效应值表明这种增长实际上与统计学意义上的增长一样显著。(见附录B,"测评量表和结果")这些结果包括政治参与认同、内在政治效能、媒体兴趣、几种类型的政治知识、政治影响和行动技能以及参与政治建言活动的意愿。

政治学习不会改变党派认同或意识形态。党派认同和意识形态(它也和其他调查一样借助被试关于"自由或保守"的自我评价来进行)是跟通常发现的参与学生获得的发展变化有显著差异的地方。学生参与PEP时就有原有的、各式各样的政治信仰,虽然其中有些人会向某个方向变化,但党派认同和意识形态的总体分布并未因参与项目而发生显著变化[6]。这一发现十分重要,因为它回应了某些教育者关于政治灌输风险的担忧和对高等教育中存在政治偏见的指责,它清楚表明这类政治发展教学不会将学生引向某种特定的党派认同或意识形态。

对政治问题本无兴趣的学生获得了显著的学习成果。调查结果还表明学生参与这些课程和项目的原因多种多样。部分学生是源于原有的政治兴趣而另一些学生则不然。约有一半学生参与课程和项目的主要动机就是政治兴趣。另一半则是出于其他原因,其中四分之一是因为这门课程符合大学的相关要求,还有一些学生是因为某位教授讲课生动,或者希望其中诸如实习或会见政治领导者的经历能够提升其简历的质量,抑或希望该项目能够带来一个不同寻常的学期。

为了理解这两类学生的经历,我们把对政治不那么感兴趣的人看作政治不参与现象的相应代表群体,这种不参与现象在大学生群体和其他许多年轻人群体中都很常见。相较而言,那些初始政治兴趣较浓厚的人虽然只占少数,但往往代表诸如潜在政治创业者、沟通者和领导者等有影响力的群体,他们如果被鼓励持续参与政治,将尤其适合从事动员工作并担任各种领导角色。

初始政治兴趣较低和较高的群体,在政治参与评价的许多关键维度上都取得了明显进步——包括与政治机构和理论相关的基础政治知识、时事知识、内在政治效能以及政治影响和行动技能[7]。正如许多有关民主参与的研究所预测的那样,在前测中,对政治不感兴趣的学生几乎在所有政治参与的重要因素变量上得分都较低。而在后测中,他们的分数虽然没与那些更积极参与政治的朋辈达到同等水平,但相较于初始政治兴趣较高的对照组,他们在政治参与的多个维度上都得到了显著提升,包括政治参与认同感和在未来参与选举或进行政治发声的可能性,其因为参与而得到的收获也更加引人注目(初始政治兴趣较低的小组的效应值始终大于初始兴趣较高的小组)。

总体来说,参加课程和项目明显有利于那些初始政治兴趣较低的学生,能够提升其作为负责任的民主公民所需的多种能力和素质。这些结果带来了希望,因为普通大学生往往政治兴趣较低,与政治相脱节。他们的进步说明普通大学生可以通过高质量的政治参与教学在政治发展的重要方面获益。对初始政治兴趣较高的学生来说,这些课程和项目的成效在于提高多方面的政治知识和技能。他们在采访中表明,所参与的课程或项目增强了他们的政治兴趣、激励其进行政治参与,并进一步提升了他们成为政治领袖、创新者和活动家的强烈意愿。

4. 教育者的政治发展目标

在项目开始之前,我们与教师和项目负责人详细讨论了他们希望学生在其中学到什么以及如何实现。在项目推进过程中,我们通过对负责人的深入访谈、考察课程和项目的相关材料继续进行深入探索。尽管在许多领域仍存在分歧,但我们在21项教学干预措施中确定了许多共同目标,并且发现教师提出的大多数具体目标可以轻松归入我们认为对政治参与至关重要的三个发展维度,即理解或知识、技能、动机。

政治理解。提升政治理解是所有PEP课程及项目的核心目标,通常在教师看来也是最重要的目标。在专业课程中,它包括通过许多主题来帮助学生提升的政治知识。

能否制定政治目标、做出明智决策以推动目标达成的能力,也即能否保持政策稳定并督促代表履职尽责的能力,都受制于我们是否具有丰富的政治知识。研究表明,当人们普遍拥有较为丰富的政治知识时所做的政治或政策抉择会与信息匮乏时不同(Althaus,1998;Bartels,1996)。针对政治知识进行的全国性调研通常能够出人意料地揭示人们对一些重要基本问题的无知程度。美国人基本如此,而年轻一代尤甚。例如,在近期一项针对美国年轻人的研究中,56%的年轻人不知道只有美国公民才能在联邦选举中投票（Lopez and others, 2006）。而对负责任、有效的政治参与来说，关于政治机构、进程、概念和问题的实用性知识和理解又恰恰非常重要。

关于哪些知识应被当作为基础（核心的知识基础）来看待则更具争议，尽管很显然基础政治知识（政治理论、机构和组织知识）和时事知识（当前国家、州、国内外政治经济问题）对民主公民来说都很重要，我们也无意尝试消除所有这些争议。

以上两方面知识正是 PEP 进行教学干预的明确目标。我们在对学生进行的前测、后测中区分了这两种类型的知识，并对它们进行了研究。从前测到后测，学生在基础知识和时事知识方面都有显著提高，并且初始政治兴趣较低的学生提高更多[8]。（见附录 B，"测评量表和结果"）

PEP 课程及项目涉及的内容极具多样性，这促使我们将本书的重点定位在它所呈现的丰富主题之上，而不是聚焦于某些特定的政治知识领域，尽管它同样很重要。这些教师希望学生学习的关于政治环境和活动的功课可能没有正规的课程主题那样明确，但它们对形成复杂的政治理解来说极为重要。

这些主题表明我们所研究的课程及项目的任课教师们在乎的是难忘的实用性知识，而非信息的短期掌握。除安排讲座和布置阅读材料外，教师都会使用一些鼓励积极参与的教学方法，因为他们认识到尽管学生可能学习了美国历史、政治事件和机构的相关知识，但除非他们能看到这些信息如何与实际问题相关联，并能理解其对个人生活的重要性，否则这些内容会很快被忘掉或在真实的政治情境下无法给人以启迪。

政治技能。负责任政治参与所需的技能跟政治知识一样范围很广。其中一些技能比如注册投票或游说当选官员乃政治领域特有,另一些技能的应用范围则更广阔,比如分析政治广告、撰写新闻稿、团队合作或组织会议。获得政治技能通常需要有机会进行密切观察并最好参与社区或政治生活开展亲身实践,例如进行协商、表达政治主张、组织和参与竞选。大多数人并没有充足的机会在日常生活中获取政治技能,因此将这种学习纳入政治参与教育当中至关重要。

PEP 的许多课程和项目都注重提升这些技能。通过参与一系列活动,包括选举政治(参与投票和竞选志愿活动)和更直接的民主参与形式(与当地校董会合作、组织解决社区问题等),这些项目和课程使推动形成有效民主参与的以下四类技能得以提到。

● 政治影响和行动技能:比如知道应与谁联系来解决某个社会或政治问题和说服他人支持自己的政治立场

● 政治分析和判断技能:包括写作政治主题文章、权衡不同政治观点利弊的能力

● 沟通和领导技能:例如模拟领导小组并在公开会议上发表声明

● 团队协作技能:比如帮助人员组成多样化的小组开展合作并处理发生的冲突

在前测中,学生在四类技能上表现最差的是政治影响和行动技能,其次是政治分析和判断技能,他们对自己的沟通和领导技能最自信,对此我们并不惊讶(见附录 B,"测评量表和结果")。从统计数据上看,学生在四类技能上都取得了明显进步,在政治影响和行动技能方面的进步最大,而最初他们在这方面的得分最

低。这一结果尤为令人振奋,因为和政治分析技能、沟通技能和团队协作技能不同的是,学生通过其他教育领域或生活经历获得这类特定技能的可能性比 PEP 要小。

此外,我们对特定学习经历如何影响学生在政治参与方面的收获进行了分析,结果表明,注重政治行动技能的教学可能有助于其他关键成果的取得。我们发现,在其他因素不变的情况下,与缺乏这一重点的教学干预相比,强调政治行动技能的干预措施更有可能提升学生的内在政治效能和他们在报纸上阅读政治相关内容的兴趣。

由于学生在 PEP 课程及项目中获得的政治技能类型会随课程所授知识的变化而显著变化,因而本书集中关注旨在培养实用技能的一般性教学原则,而非如何通过教学掌握某些特定技能。本科教育尤其是通识教育通常不以技能教学为重点,因此其教学方法必然与知识传授方法有所不同。

政治动机。许多政治学研究表明,人们对政治越了解越有可能参与投票或以其他方式参与民主进程。政治知识有助于使公民形成稳定观点,不会时常感到迟疑,同时还能够帮助他们在投票以及其他有意义的政治活动中展现个人立场(Delli Carpini and Keeter, 1996)。

然而,政治知识的关键作用很难脱离政治兴趣这种强烈的动机。比如,政治兴趣较高的人更有可能去寻找和记忆政治知识,也更有可能在政治上积极表现。反过来,知识也具有促进作用,更具知识素养的人也更能理解政治问题对其个人生活、对其关心的人或价值观的重要性。因此,他们更倾向于想要对相关的政策决策施加影响。同样,具有政治动机的人会寻求和利用学习政治技能的机会,并将有机会去实践这些技能,从而比缺乏政治动机的人更容易在政治活动中获得专业知识。最终,政治理解、技能和动机就形成了一种意愿和能力相互关联的综合体,所有这些都是我们所说的作为负责任公民开展长期、积极、知情的民主参与的构成要素。

PEP教师及项目负责人都认为,政治动机在为积极的政治参与提供动力和认识前提方面发挥着关键作用。教师对政治发展教育的投入很大程度上源于他们想激发学生对政治的兴趣、关注和兴奋感;他们想帮助学生认识到政治对其生活的重要性,意识到其想法和行为对政治有重要影响;他们想培养学生的政治参与意识。

政治动机在包括上述品质的同时,还包括希望、同情、愤怒等情感以及我们力图通过选择来展现或驱动我们采取某种行动的价值观。在这些教学干预之中我们看到,通过帮助学生发展抵抗犬儒主义这种负面情绪的建设性方法强化其政治动机。这些负面情绪会阻碍没经验的学生参与政治,不过一旦有了政治参与的开端,学生也会被引入政治参与这个坎坷的行动世界。

在质性和量性分析中,我们特别注意到政治动机的两个方面,也即影响民主参与长期投入的两个重要因素:政治参与认同和政治效能感。在许多关于公民和参与的讨论中,政治认同也被用于指对特定群体(如妇女、退伍军人或墨西哥裔美国人)的认同,或被看作是党派或意识形态(如对"绿党"或保守主义的认同)的同义词。我们认可这些要素的重要性,但我们认为政治认同的一个核心方面——作为一个关心政治、参与政治的人的总体认同,在很大程度上被忽视了。要培养负责任的公民,就应要求其政治知情或至少能够认识到积极参与的重要性,这应当成为核心要求,这样一来,他们就完全不会觉得政治参与是可有可无的,不会只在需要较少投入或无需投入时才参与,也不会为追逐潜在的较大利益或特定利益时才参与。我们所说的政治参与认同涉及人们把自己看作是关心政治并对政治参与有首要认同的人。这类人至少对自己的政治价值和政治见解有着生成中的感知,即便其政治参与总体认同相对稳定,这种感知也会随着时间推移而逐步发展。

在学生调查中对政治动机进行测量时,我们发现初始政治兴趣高低不同的学生之间在政治参与认同感方面存在差异。初始政治兴趣高的学生在进入课堂时自我意识的核心是参与政治、关心政府决策和政策、关心国际事务,另一类学生则不然。低初始政治兴趣学生的政治参与认同感前、后测比较提升显著,高初始政治兴趣学生的提升却不明显,这可能由于他们在"前测"中分数已经很高。与之相反,这两类学生的道德责任认同感(他们在何种程度上将公平和公正、对各类人都富有同情心和关心、诚实或真实置于身份认同的核心)在前测中没有明显差异,参加完PEP课程及项目之后变化也不显著。

我们还仔细研究了学生的内在政治效能感或政治自信。在该维度上,初始政治兴趣高低不同的学生干预前后都有所不同,两组的内在效能水平都有显著提升($p<0.001$),我们的测量方法与全国性调研相同,采用的是"我认为自己具备良好的素质来参与政治环节"和"在讨论政治问题时,我总有说的"这样一些题目。我们的研究表明,某些特定课程和项目,比如注重强调教授政治行动技能的课程,能极大提升内在政治效能。

我们还对"环境政治效能"(即,人们在校园、社区和政府机构等特定政治情境中对自身目标实现能力的信念)的几个维度进行考察。校园环境效能通过提问关于与他人合作实现目标,如"在校园里解决问题的难易程度"这类问题来测量。社会环境效能测评量表则包括诸如"要实现像为城市公园组织年度清扫计划这样的目标有多难""要提高公众对政治问题的认识有多难"等题项。最后,我们通过一些问题来测量政治机构环境下的效能感,这些问题包括:让市政府建立一个老年中心有多难,影响地方的选举结果有多难。这些关于特定环境效能感的研究表明,经过政治参与教学的干预,学生校园和政治机构情境下实现集体目标的效能感普遍提高[9]。

5. 助力政治发展的教学策略

在调查促进政治参与的有效方法时,我们发现五种教学策略特别重要:政治讨论和协商、政治研究和行动项目、邀请演讲嘉宾和项目相关导师、外出实习和结构化反思。当然,这些方法在高等教育中都很常见,尽管应用范围没达到讲座和研讨会那样的广泛程度。我们发现,这些学习活动可以专门围绕助力促进政治参与的目标进行设计。

其中两种方法——实习和结构性反思——考虑到了服务学习对公民学习和专业学习的重要性。聚焦政治的服务学习确实是一项关键的教学。但并不是所有的服务学习都包含政治维度,也不是所有的实习都能构成服务学习。整体来看,这五种教学方法表明服务学习是多种方法中有价值的一种。这意味着教师不只有进行公民教育相关讨论这一种教学策略可选。

其实，PEP教师所使用的策略远不只这五种，但这五种是尤为重要的。除了这五种策略以及对其他大多数教师来说相对陌生的策略，如与课程本身相关的民主决策，几乎所有的PEP课程及项目都开展了某种形式的讲座。PEP教师强调讲座对课程和项目的重要性，我们对学生的调查和访谈也证实了讲座对学生学习的确具有重要作用。

讲座几乎在所有课程中都扮演着重要角色。有意思的是，在调查数据中我们发现讲座对学生政治发展诸多方面都有着积极作用，其中最重要的方面是学生们都有将来参与政治讨论的意愿。在其他同等条件下，使用讲座传授政治知识比例越高的课程和项目，其学生计划在未来参与政治讨论的意向明显越强。学生访谈有助于解释这种现象。他们经常说需要感觉自己对一些政治要素获得操作性的理解，或者需要用比课本学习实用性、关联性、参与感更强的方式来理解政治概念和问题，尤其在他们对政治话题尚未有足够兴趣或惯于和朋友们讨论政治话题的时候更是这样。好的讲座还能给学生提供一种范式，让他们学会如何在政治对话中构建议题、提出问题并进行权衡。

6. 政治学习的主要场所

我们发现PEP中专业课程与其辅助项目在目标和教学策略上高度一致，尽管它们的表现形式会随项目结构不同而有所差异。这些课程和辅助项目都致力于帮助学生增进政治知识和理解，培养政治相关技能，激发兴趣、效能感等政治动机。政治协商、行动计划、嘉宾演讲、实习和结构性反思在专业课程和辅助课程中都很常见。

大多数校园里专业学习和学生事务项目之间通常泾渭分明,所以上述共同点可能令人意外。PEP中二者之所以出现如此多的共同点,可能是由于我们所选择的课程不仅能让学生参与到课堂中,还能让他们参与到由教职员工主导的辅助课程中,而同时这些教职工还具有很强的领导力。我们相信,尽管由学生主导的课外项目也可以成为政治学习的宝贵资源,但是由教职工参与并领导的项目一定能让学生获益更多。

不过课程和项目中的相似点不能掩盖这样一个事实,即PEP涉及的是大学生在两个不同场所的经历。二者尽管有一些共同目标,但所面临的机遇和挑战却有所不同,二者对创设最佳学习情境都不可或缺。如果将这两个场所进行有意识的结合,大学生的政治参与学习效果将得到显著提升。

第三个能够产生强大影响的场所在PEP中体现得不多,那就是校园文化或校园环境。它包括许多规范、仪式、社交和其他文化实践活动;共享的故事、价值观和思想观点;校园具有文化意义的物质符号、布置和特征;还有其他一些或明或暗地帮助打造学生和教职工体验的信息。恰当的校园文化可以广泛促进道德和公民发展,我们相信它也能促进学生的政治参与和成长。

在PEP中我们看到了创设开放思维与文明礼貌相结合的校园政治氛围的重要性。许多偏狭和争论事件发生在校园层面而非特定的课程或项目之中,因此,为创设有益的参与环境,应着重关注项目所在机构的氛围。此外,课程和项目在一定程度上是由其所处的机构氛围所塑造的,这也是我们要确保项目涵盖多种机构的原因。

即便如此,我们对政治发展教育目标和教育策略的讨论并未明确涉及学校背景。这很大程度上是因为我们单独对课程和项目进行研究，希望从特定的教学干预和机构中提取能够被其他机构和教师应用的基本元素。此外，我们也没发现哪所高校的校园文化中含濡浸润着政治发展机会。然而，如果教育者想对学生产生持久显著的影响，使学生进行负责任的、有效的民主参与，我们所倡导的正是这种"含濡浸润"。我们相信，PEP 课程及项目之所以能成功促进学生的政治发展，是因为他们对这一目标至少给予了一个暑期或一个学期的持续关注，这也是大多 PEP 教学干预的时间长度。我们相信，如果本科项目能使学生获得多样化经历，尤其是建立了课程、辅助课程和校园其他维度彼此关联、互为促进关系的经历，其教育效果会更好。

本书的目标读者群不仅是那些希望在教学中更多关注政治问题的教师，也包括构思通识教育和专业教育的学术部门和课程委员会。如果学术部门或课程委员会通力合作，规划安排一系列以积累、发展为基础的政治学习计划，那几乎可以断定它将获得比任何一门孤立的课程更大、更持久的影响。此外，学生事务负责人也可以帮助协调和建立课外项目间的协同，可以跟任课的教师同事一起将学生的课堂学习和其他参与活动联结起来。同样，机构负责人也可以与负责学术和学生事务的教师和管理者合作，共同营造培养合格公民的校园环境。

六、本书的目标与架构

本书分为四个部分：第一部分（第一章至第四章）讨论了本科教育中政治学习的基础理论和概念问题。第二部分（第五章至第七章)讨论了高等教育应完成的核心政治发展目标。第三部分(第八章至第十二章)聚焦政治学习的教学策略。第四部分(第十三章)提出结论和建议。

第一章讨论了美国民主对公民的要求,其中包括一定程度的知情参与,能够接受诸如尊重"少数服从多数"原则并尊重少数人权利等这类基本民主价值观。在第二章中,我们对政治参与进行了广义界定,但将其与非政治性公民参与进行了区分,证明要直接针对学生开展政治教育而非依靠公民参与来支持政治发展。

本书的一个关键前提是,除非政治发展教育方式符合高等教育机构的核心价值观,比如知识多元化、理性表达、智力独立、开放思维和文明礼貌,否则在高等教育中开展政治教育是不具合法性的。第三章讨论了这意味着什么以及为什么这很重要。第四章对创建和而不同的校园环境提出一些建议。

第二部分论述高校政治发展目标。对教师如何在实践中实现这些目标进行详述,并对政治学习在实践中如何进行良好推进提供经验教训。

第三部分着重分析政治教学的五种主要策略。我们用具体的专业术语描述每种教学法需要如何操作,以及教师为何要使用这种教学法——其目标和潜在益处是什么——以及如何进行最大限度地利用。

我们对大学生进行政治学习持乐观态度,但我们知道,能否取得成功取决于是否有高质量课程。因此在最后一章也即第十三章中我们回顾了有效开展政治发展教学的原则及其面临的共同挑战,这些都源于我们对PEP师生的访谈。这些原则来自教学研究中一些已得到认可的成果。我们还提出一些构建多维教育目标的建议,以期增加大学政治学习在毕业后能继续发挥作用的可能性。

七、PEP 线上资料库

本书旨在成为一种实用资源。为此,我们从 21 门 PEP 课程及项目中汇编了一套资料,目的是使具体实施更加容易,方便读者了解我们所推荐的教学策略在实践中如何发挥作用[10]。我们将这些资料称为"PEP 线上资料库",可以在网站上下载,网址为:http://www.carnegiefoundation.org/educating_for_democracy/docs. 我们还在书中添加了尾注,向读者介绍每部分相关的补充材料。这些资料并不能展示课程的全貌,选择它们也并非出于此目的,而是因为它们是可以在原课程和项目之外得到更好借鉴和迁移的内容。

我们将补充资料分为八个部分,首先是对政治参与项目进行描述的预备单元,然后是"入门"部分,包括一些 PEP 教师在课程之初向学生介绍政治领域时使用的活动。例如,在其中一个介绍性练习中,学生分享了他们对政治事件的最初记忆。接下来的四个部分与书中概述的四种主要教学方法相对应:协商与讨论、政治研究和行动项目、实习、反思。这部分包含的材料多种多样,比如进行模拟练习的说明和与实习机构签订的合同样本。

接下来的部分聚焦于课程、项目或其组成部分的评估。这部分资料主要包括我们在教学干预起始和结束时开展调查的问卷和访谈时使用协议条款。这些资料中附有相关调查工具的变量、量表和心理测量属性,可供其他研究者使用。

最后一部分包括遴选的学生报告、论文和其他书面作业,作为一些课堂任务的高质量反馈。这些学生作业也表明高等教育中政治学习在学术上是严肃的,对教师和学生的要求都很高。

注释:

1 这些组织是美国教育委员会、美国州立学院和大学协会、美国社区学院协会、美国大学协会、全美独立学院和大学协会,全美州立大学和赠地大学。

2 尼米(Niemi)和琼(Junn)(1998)基于他们对高中生公民知识重要影响因素的分析,建议除了传统的讲座形式,还应增加互动教学,比如对政治时事多加讨论。"参与教学法"一词有时用来描述促进提高公民素质以及批判性思维和问题解决能力的一般性教育实践。提高公民性的相关教学法通常具有以下显著特征:供讨论和分享观点的开放性课堂氛围、学生间的合作、积极的学习项目和活动、及时广泛的反馈以及教师的高期待(Amadeo and others, 2002; Chickering and Gamson, 1987; Ehman, 1980; Pascarella and lerenzini, 1991)。

3 我们知道在其他领域中也有许多涉及政治和政策问题的课程。在《公民教育》中我们就介绍了将公民和政治问题纳入社会学、教育、艺术、科学、护理和其他卫生保健课程的一些尝试。许多特定的政策问题可能与学生的专业相关,如商学、工程和其他专业领域以及通识教育相关学科。

4 对研究问题、调查工具、分析方法和研究结果更详细的描述已分别发表,包括发表在《政治学教育》(*Journal of Political Science Education*)特刊上的一组初步研究结果(Beaumont, Colby,

Ehrlich, and Ibrney-Purta,2006）。

5 调查对照组回收率高达 70%,远高于调查研究的一般标准:863 名学生完成了前测,回收率占全部课程和项目招生的 86%;732 名学生完成了后测,回收率为 76%;680 名学生同时完成了前、后测,占比 70%。由于从两个长期项目中剔除了部分学生,因而我们进行回归分析(HLM)的样本量稍小,共包含 626 名学生,他们在"前测"和"后测"中的回答并未反映教学干预的实际开始与结束。重复测量方差分析(ANOVA)是基于 481 名学生的样本:其中一门介绍美国政府的课程有 200 余名学生,为防止同一教学干预影响过大导致数据扭曲,我们从中随机提取了 60 名学生样本。

6 对意识形态的重复测量方差分析表明,学生前、后测中在自由或保守的选择上并无明显变化。

7 高初始兴趣组取得的进步较小,他们在改变方面的指数数量和效应值都可以通过一些事实得到解释,这些学生在前测中就已经是分数的峰值,从而显示出一些天花板效应。但是,正如一些高兴趣组学生在访谈中提及的那样,他们中的许多人正在发生变化,而这些变化通过调查中的一般问题是无法察觉的,尤其在未来进行政治参与的意向方面更是如此。

8 由于各项目的专业内容相差悬殊,我们不得不借助自陈方式对政治知识进行间接评估,而非直接考察知识性问题。已有研究表明,对于包括知识水平在内的多种学习成果,只要认真编写自陈问题,为自我评级提供明确参考点和专门主题,那么自陈成果与实际收获之间就能保持高度一致（例如,参见 Anaya, 1999; Dumont and Troelstrup, 1980; Kuh, 2005; Tbmey-Purta, 1998.）。

9 方差分析表明,影响大学生项目参与前后变化的主要因素是校园情境下的效能感(显著性水平 $p=0.002$)和政治机构情境下的效能感(显著性水平 $p<0.001$)。社会情境下的效能感的影响离统计学意义的显著水平只差一点点(显著性水平 $p=0.061$)。

10 如欲了解将公民教育融入本科教育的其他有益观点和策略,请参见《直击公民教育:获奖教师的成功策略》(Perry and Jones,2006)。

第一章　公民、政治和公民参与

很显然,民主是一项尚未完成的创造性工作。在亚伯拉罕·林肯(Abraham Lincoln)葛底斯堡演讲将"民有、民治、民享政府"称为"未竟事业"七十余年后,约翰·杜威认为,在"当今严峻且复杂的形势"下,民主建设仍是"吾辈之使命"(Dewey, [1939] 1988, p. 225)。在承认民主面临纳粹主义等外部敌人的同时,杜威强调民主的最大威胁仍在自身:未使公民将民主理解为一种涉及个人认同及其践履的生活方式。杜威强调,民主的存续最终绝不有赖军事保护或选举机制,而是仰仗对理想的追求(比如林肯提出的"民有、民治、民享政府")和"人们在日常生活种种情境与人际关系中展现给彼此的态度"(p. 225)。

民主国家无论新兴抑或老牌,其内部斗争都印证了杜威这一观点:民主制度只有当公民、行动和目标受到激励时方能完善。民主国家需要一种支持公民参与和控制社会选择及其方向的理想和实践文化,也需要一种负责任的参与文化,这种文化能够建立并支撑公平、可信、尽责的政治机构——包括立法、司法及执法机构。虽然民主对于不同的人来说有着不同的意蕴,但我们认为民主从根本上讲是一项为共同未来而共担责任的实践。做出社会选择并朝公共目标努力从而改变我们大家生活的事业将始终是一项"未竟事业"。

一、民主国家对公民有何要求？

我们首先假设,民主国家要繁荣发展必先拥有知情程度高、能力强、积极参与、有公德心的公民。有人可能认为这理所当然,但事实上这一观点在政治学领域饱受争议,就连"民主繁荣"的概念内涵都未成共识。不过,很多学者认同一些隐含在民主活力概念之中的成分,比如:降低领导人陷入暴政和腐败的风险;提高社会系统对公众和公共利益的响应能力;提高政治决策过程及结果的质量或公平性;扩大公民视野、机会和总体福祉;努力维护制度的整体合法性,避免政治不公或政治危机。

1. 公民参与

即便政治学专业的大学生对完善民主的特征有基本共识,他们对公民在促进民主健康发展方面应当扮演什么角色仍有不同理解。有人认为,政治精英的控制不仅不可避免反而颇有裨益,平等主义和活跃的民主文化并非健康民主的关键要素。另一些人则认为,无论明智的政治参与原则上是否有益,普通公民尚未具备明智政治参与所需的政治知识或公民意识(Campbell, Converse, Miller, and Stokes, 1960; Converse, 1964; Neuman, 1986; Truman, 1971)。二战后,部分学者出于对极权主义和大众民粹主义的恐惧,认为广泛的公民参与可能带来危险,或许应当加以阻止(Berelson, Lazarsfeld, and McPhee, 1954; Huntington, 1975, 1981; Lipset, 1962; Truman, 1959),比如,戴伊(Dye)和齐格勒(Ziegler)就指出,"群众的政治冷漠和不参与有助于民主的存续"(1970,p.38)。学界对"民主公众"和普通人具备胜任政治参与潜质深表怀疑。著名奥地利经济学家约瑟夫·熊彼特(Joseph Schumpeter)警告称,"选民除了蜂拥而至以外别无用处"(Pateman,1970,p.5)。

尽管对"民主公众"的怀疑尚未完全消退,在许多重要的现代民主学者看来,相对广泛的参与是民主之所以称之为民主的典型特征(Hanson and Marcus,1993;Pateman,1970)。它通过显示主权在民而为民主政权提供根本合法性——它不是寡头政治,也不由技术型官僚或专制型精英进行统治,而是基于相对包容与平等参与的规范和实践的人民统治。政治学者还指出,广泛的参与有助于维护社区健康运行并提升其决策质量。理论和实证研究都表明政治参与以及其他形式的公民参与都对支撑民主的合作取向有益,这些取向包括社会信任、互惠主义以及超越个人利益或思维局限而感知更远大公共目标的能力。

比如关于协商民主的新近研究表明,参与政治协商能够引导人们摆脱对事实的模糊认知,抛弃固有的政治观点,对政治决策的整体合法性有一个更为全面的认识,即便对政治决策有异议也依然能接受最终结果(Barabas,2004;Ferejohn,2006;Fishkin,1995;Rosenberg,2007)。多样化的公共生活参与还可以产生更为直接的切实效用,比如降低犯罪率和税率、强化教育等。(参见Gutmann and Thompson[2004]and MaiisLidge[1983]在民主协商方面的理论观点;参见Putnam[1993,2000],Schlozman[2002],and Schlozman,Verba,and Brady[1999]所做的实证研究。)

莫里斯·菲奥丽娜(Morris Fiorina,1999)等人进一步论证了鼓励公民开展更广泛、负责任政治参与的合理性,他们指出,当前政治参与的范围狭小且日益走向两极分化,这给民主规范和政治文化带来负面影响。如今许多美国人不热衷参与政治,而那些参与者却表现出近五十年来最强的党派性及意识形态性(Bartels, 2000)。选民和政治领导人的日益"极化"导致许多令人不安的民主政治格局:政治猜疑和政治疏离增加、求同存异的可能性逐步减少、以"文化战争"为名义的虚华辞藻大行其道、针锋相对的场景随处可见、公众判断力日渐扭曲,以及从影响舆论的新信息中学习的能力下降(King, 1997; Mutz, 2002; Mutz and Mondak, 2006; Shapiro and Bloch-Elkon, 2006; Uslaner, 1993; Wolfe, 2006)。

菲奥丽娜认为,尽管普通美国民众参与政治的机会增多,但"持极端观点的人"却大幅增长,并且他们政治参与动机更强,这就导致产生"一种似乎远离普通人观点的政治"(1999, p. 418)。反之,如果我们鼓励更广泛的政治参与——菲奥丽娜建议找寻新的方式来降低政治参与所需的时间与精力成本——那么政治观点不同、更温和的人就有可能被吸纳进来。这样一来,政治参与范围的扩大就可以对日益极化的政治体系产生缓冲。如果民主政治的基本前提之一在于人们对不同的政治观点进行考量和评判意义重大的话,我们就该警惕选择性政治参与这一趋势,因为它背离了上述前提,破坏了公民对多种不同政治观点进行开放性、有礼节的探究。

2. 知情的、负责任的公民

尽管政治领域的学者对公民参与的价值和目标尚未完全达

成共识,但即便是相对简单或程序化地聚焦选举的民主概念,也都或隐或明地以人们的政治知情为前提。公民政治知情的先决条件是:具备理解问题、把握事件情境、对官方或媒体提出的政治主张做出理性决策的能力,以及保持基本警觉的动机。

事实证明,政治知情与开展政治参与息息相关。因为民众政治上知情就意味着公民需要具备帮助其参与投票或其他政治活动的政治知识和反思性判断,这也就意味着需要人们对政治有足够的关注或兴趣,愿意投入精力去收集、解释和应用相关信息。

多数政治学者同时指出,公众认同某些基本民主价值观念,哪怕只是机械遵守也都是非常重要的。这些基本道德价值观念包括:尊重个人价值、人人平等和个人权利;愿意遵照宪法支持少数服从多数原则;支持多元主义和政治宽容,愿意以非暴力方式解决分歧。"负责任的公民"还蕴藏着这样的含义,即我们能够超越自身局限去思考涉及更高利益或共同利益的问题、考量价值观或长远目标的重要性、对我们的承诺和行动负责。

显然,对民主概念的界定将制约人们关于民主需要何种公民、教育机构在培养公民方面应扮演何种角色的思考。我们对美国民主制度下好公民什么样、他们应该做什么的界定相对宽泛,但我们的确不像有的人那样相信民主在没有广泛的公民参与、仅仅依靠精心设计的制度或专业精英的支持就能健康运行。政治平等主义要求使尽可能多的人具备基本的民主能力,负责推进民主发展的相关机构也应设法为积极推进这一基本目标做贡献。这种观点不仅和我们对民主的看法一致,也与一些重要教育政策的立场相吻合。例如,1994 年颁布的《2000 年目标:美国教育法》(*Goals 2000: Educate America Act*)设定的国家教育目标就包括成人识字和终身学习,该目标指出每个美国成年人都要拥有行使公民权利和履行公民义务所必需的知识和技能(Center for Civic Education, 1994)。

二、什么是政治性?

有些政治学家认为,广泛的政治参与对民主和参与者本人都有利,至少当这种参与是经过深思熟虑、知情程度高并符合核心民主价值观时是如此,我们显然是赞同这种观点的。但是这种观点确切回答这样一个问题:当谈及具体的政治参与时,我们指的到底是什么?——如何理解?有何技巧?动机为何以及如何参与?

诸如投票、参加竞选或党派活动、联络当选官员、竞选公职等选举性政治活动当然是政治活动的重要组成部分,事实上许多政治学家的政治活动概念正专门聚焦于选举政治和代议制民主这两类活动——意欲影响公职人员选举及其政治主张的行动(Brady, 1999)[1]。早期政治参与研究对民主的界定也从选举角度出发,通常将全国选举中投票情况作为衡量参与程度的主要指标(Campbell, Converse, Miller, and Stokes, 1960)。

广义的政治参与则包括直接、本地及非传统的政治活动,比如公民本人参与社区决策及非正式的政治讨论,并借此完善自身想法或影响他人观点(Barber, 1984; Boyte, 1980; Mansbridge, 1983; Pateman, 1970)。参与式民主和协商式民主既强调政治互动的过程,也重视其结果,这些政治互动就包括在工作场所或社区团体等场合探究重要选择和目标的集体决策。协商式民主还特别重视在包容、尊重、利于理性思考的氛围下商讨公共事务,并且这么做的前提是参与者愿意对他人政治观点持理解态度,愿意围绕共同利益完善自身政治价值观并制定彼此接受的解决方案(Bohman and Rehg, 1997; Dryzek, 2000; Elster 1998; Gutmann and Thompson, 1996)。

我们赞成这些相对宽泛的政治参与定义,比如哈里·博伊特(Harry Boyte, 1980)等人基于杜威教育观提出的"公共事务中的公民政治"。约翰·杜威([1927]1988, p. 212)认为"分担公共事务"是人类生活的重要组成部分,即公民齐心协力调和分歧以便确立并实现提升公众利益的共同目标。此种形式的政治参与看上去会试图影响政府行动,但事实上通常不会这样。因此,它超越了韦尔巴(Verba)、施洛茨曼(Schlozman)和布雷迪(Brady)(1995)提出的聚焦选举政治和代议制民主的政治参与概念。此种观点认为,政治行动不应仅仅局限于选出代表,影响其决策并敦促其尽职尽责,还应在不同的社会层级上,借助各种信息交流渠道或社会网络,使用多种策略来实现政治表达和产生政治影响。

三、广义的政治参与

这种相对广义的民主概念将借助非正式或非政府组织的努力参与和对公职人员或政府机构施加影响的积极尝试都囊括其中。概括起来,政治参与可以包括这样一些内容,即:以非正式的方式与他人合作来解决某一社区问题;服务于重要政策制定或政治决议的各类社群组织和团体;为政治事业或候选人提供财力支持;参加探讨社会问题的大众论坛;与家人、朋友讨论政治话题或试图影响同事的政治观点;为某候选人或政治议题助选;撰写快报类或政治性电子期刊文章(博客);签署请愿书和参与各类政策宣传与游说活动;提升大众的社会问题关注度,动员他人介入这些社会问题或直接借助集会、抗议、静坐、街头演艺或群众宣传运动等方式采取行动;参与具有政治指向的集体消费行动,比如购买或抵制某些特定产品,或做出支持某些社会政治事业的投资决策;当然,(政治参与)也包括参与地方或国家选举投票,甚或直接参与公职竞选。

在更宽泛地理解人们政治话语和意愿表达的多样形式后,人们会认识到政治的形式和内容都在与时俱进。比如,20世纪60年代关于早期民权抗议活动的电视节目不仅使人们认识到美国黑人经历的可耻不平等,也帮助人们看到政治抗议的效率以及政治信息与目标获得公众关注后的强大力量。因此,20世纪50年代末民权运动引入的静坐和其他公民反抗形式成为美国许多社会运动(从生存权行动到同性婚姻支持活动)的普遍策略(例如,参见 Gorney, 1998; Moats, 2004)。

广义政治活动还包括穿着印有政治信息的T恤、参与静坐或街头演艺等活动,因此,政治行动不能仅以在竞选中追逐政治利益这一工具性目标来定义。在这一广义概念中,政治活动往往涉及这样一些目标和行动,即澄清共同原则或关切,挑战或塑造他人政治见解,表达或完善自身政治理解与看法(Chong, 1991)。

四、PEP中设想的政治参与

PEP中设想的政治参与将选举作为代议制民主的核心,但同时也强调对民主活动的模式、背景及其倡导的政治活动目标有更广泛的理解。尽管政治可以通过一些典型特征进行描述,包括特定的情境(投票站、候选人筹款早餐会)、活动(请愿、游说、抗议)或行动对象(大学理事会,市镇议会),但"政治"这个词的核心内涵并不完全是某些特定范畴、行动或要点的集合体。更确切地说,其核心定义特征——是什么使一个活动具有政治性——取决于激发该活动的目标或出发点是否具有政治属性,即目标是否与个人和集体的价值观、政治力量、抉择或行为表现相关,出发点是否涉及保持或改变共同的价值观、实践以及用于规范集体生活的共同政策。

五、政治观念的代际变化

在涉及大学生的研究和干预中,从广义角度看待政治领域特别重要,因为就参与政治而言,许多年轻人似乎更倾向于直接参与公共领域的政治活动而非选举政治。比如,90年代初参与凯特林基金会(Kettering Foundation)研究的学生表示,传统政治与他们无关,他们只有兴趣参与这种像在社区中一样,将人们凝聚在一起的"不一样的政治"(Creighton and Harwood, 1993)。现如今的大学生也表示出类似的这种对传统政治的犹疑(Longo and Meyer, 2006)。

技术变革使当代青年体验、理解和参与政治的方式越来越丰富(Rimmerman, 1997; Zukin and others, 2006)。在近年来的大选中可以看到,互联网不仅是政治信息的重要来源,也是政治行动的纽带(Zukin and others, 2006)。在积极参与政治活动的青年人当中,网站、博客、MySpace 页面、电子请愿书和在线讨论组成为重要的政治表达渠道。青年"网根"活动家(通过互联网参与政治的草根活动家)的工作被认为在最近几年帮助了许多候选人,尤其是民主党候选人(Schneider, 2005)。电子邮件和短信等技术也应用于动员人们参与真实或虚拟的抗议活动,比如反对美军介入阿富汗和伊拉克的示威活动(Associated Press, 2003)。因此,尽管这类现代示威活动的源头是 20 世纪 60 年代的抗议政治,但其形式和焦点正受到现代技术和政治事务的重塑。

还有一些政治参与方式也尤其吸引当代青年——有人称他们为"网络一代"或"千禧一代"(或"M 一代")——比如,消费者政治,即因为商品生产者的内外部政策缘故而抵制或购买某些特定商品(Zukin and others, 2006)。此外,与普通大众不同的是,高中生和大学生更愿意选购或自制某种服装或配饰来吸引人们关注其社会与政治价值观,比如通过佩戴"身份手镯"和穿着 T 恤来表达对某些社会事业的支持与拥护。

1. 更丰富的参与形式,更低的参与率

系列丰富多样的政治行动新策略明确昭示这样一个事实:部分年轻人具有高度政治参与性,大学阶段也有可能成为培养学生此类兴趣和习惯特别有效的时期。许多参加我们 PEP 课程及项目的学生就属于这种情况。尽管如此,拥有这些积极性和机会的学生仍然为数不多,包括在校和毕业数年大学生在内的美国青年,积极参与政治特别是选举政治的依旧属于个例而非常态。虽然并非所有证据都同时指向这一点,但已有足具说服力的研究表

明,与前几代同龄人相比,当代青年的政治知识掌握度、政治兴趣和参与程度都有所下降(Putnam, 2000)。

当前大学生总体政治参与率比早些年的同龄段大学生低。20世纪60年代后,大学生的政治关注和讨论度已经下降。虽然2000年以来略有回升,但即便连各种广义政治活动都计算在内,政治兴趣和参与率也尚未达到(20世纪)六七十年代的水平(Sax, 2004)。虽然之前有研究指出这种政治疏离常常伴随出现对传统政治的强烈质疑和不满(参见 Walker, 2000),但新近研究表明,大部分政治上不活跃的年轻人并说不清自己缺乏参与的原因(Zukin and others, 2006)。

2. 公民参与作为一种非政治的替代选择

最近一项研究表明,当前大学生(参与)非政治性活动的兴趣比政治性活动更高。或许出于对传统政治的不信任,许多大学生觉得志愿服务是贡献自身力量的更有效途径。比如,在一项全国性调查中,大多数学生表示在服务于有需求之人的组织担任志愿者可以给社会带来诸多改变,而只有少数人认为传统的政治活动可以做到这一点(Peter D. Hart Research Associates, 2001)。加州大学洛杉矶分校高等教育研究所(Higher Education Research Institute at the University of California, Los Angeles)开展的一项调查结果也与之类似,它显示,虽然近年来政治参与度在下降,但大学新生中有过社区志愿服务经历的人数比例却高达80%以上(参见 Sax, 2004)。

同样,在诸如哈伍德集团(the Harwood Group)研究等这类质性研究中,学生们也认为直接的志愿服务比传统政治活动更能给社会问题带来影响,也就是说社区服务可以作为追求政治或准政治目标的特定策略(Creighton and Harwood, 1993)。27 所高校的学生领袖在参加完一次公民参与论坛后发表了题为"新学生政治"的声明。在这份充满激情的声明当中,他们指出,"社区服务是一种替代性政治活动,而非对政治本身的替代。可以将参与社区服务看作是一种能够引发社会变革的非传统意义政治活动形式"(Long, 2002)。有研究表明这种观点在高校中流行程度甚高,哈佛大学政治研究所 2005 年民意调查显示:超过四分之一的学生认为在社区组织做志愿者就是一种政治活动。

显然,公民参与和政治参与是相互渗透的,二者间界限并不明显。公民参与本身就很有价值,并且某些形式的社区活动也具有重要的政治意义。不过即便如此,我们也认为不是所有的社区服务活动都能算作政治活动,或者说它天然等同于政治活动。我们认为区分政治参与和非政治性公民参与非常重要,它们代表一个整体的两个不同方面,二者在诸多方面相互促进,但也有必要将二者尽量区分,因为非政治性公民参与并不能确保都是政治参与(Galston, 2001)。这两种参与形式的动机来源往往不同,各自所需技能虽有重叠之处,但并不完全一致,二者发生的机构环境也存在差异。

六、公民参与和政治参与的关系

我们对政治的定义的确比较宽泛,但它也无法囊括全部的公民参与。我们的确认为重视年轻人的政治理解非常必要,但也绝不认同二者可以等量齐观。政治范畴的概念边界并不僵化封闭,但其强调的重点始终是聚焦于这样一些方面的政治目标和动机，即权力和责任系统、公共决策和公共事务、社会问题在政策和宏观层面的事务（这些事务能帮助我们对具有近似背景或行动的政治和非政治事务做出区分）。

照此标准，许多常见的社区服务形式都不能算作政治活动，比如辅导儿童功课、清理公共海滩、在老年中心做志愿者或在食品储藏室摆货架等。我们的定义也将一些关乎社会资本和个人满意度提升的有组织社会活动和公民活动排除在外，比如读书俱乐部、体育联盟或宗教组织等，除非这些组织具有政治目标。

我们的政治概念也不包括涉及个人生活方式和个人承诺的活动，比如节约能源、（垃圾）回收、有机食品消费或种植等，除非这些活动致力于有目的、有组织地促进社会变革或制度变迁，比如参加各类相关主题活动、加入相关团体组织、支持相关事业，或支持在这些问题上持积极态度的候选人当选。

例如，在阿尔·戈尔关于全球变暖的电影《难以忽视的真相》(*An Inconvenient Truth*)的一次放映会上，一些年轻人在影院外向观众发放介绍适度改变生活和驾驶方式以帮助缓解全球变暖的小册子。虽然他们并未试图影响决策者，但我们认为这些年轻人的活动属于政治活动范畴，因为他们不仅试图提高公众对这些问题的认识水平，还意欲直接改变他人的行为。相较而言，如果观众采纳了小册子里的建议，比如改用了节能灯，我们也不认为这个行为属于政治活动，除非他们还去参加了某个旨在帮助广泛改变公众行为的大型活动。这一点在佐金（Zukin）及其同事2006年关于政治参与的研究中体现得十分明显，他们的研究发现，在参与过消费者维权活动的人中，90%认为这仅是个人行为而非有组织运动的组成部分。

1. 志愿服务有助于促进政治参与吗？

想要制定引导学生开展高质量政治参与的工作方案必先理解公民参与和政治参与的复杂关系。如果公民志愿服务能够帮助学生为今后的政治参与做好准备并储备意愿，我们就不必为当代青年过分担心，因为他们中很多人会直接参与志愿服务工作。问题只是在于，志愿服务的高参与度是否会在他们长大成人的过程中转化为高度的政治参与。

理论和实践两个方面我们都有理由相信上述情况可能正在发生。韦尔巴、施洛茨曼和布雷迪所指的"公民社会中非政治组织的政治活动嵌入性"（1995，p.40）得到许多政治学家的验证。政治学家和发展心理学家都指出，公民的志愿服务经历对其政治参与有显著帮助（Putnam, 2000; Verba, Schlozman, and Brady, 1995; Youniss and Yates, 1997）。

上述关联的形成有这样几方面原因。首先，公民加入的志愿服务组织就像是政治活动的招募点，参与者更容易收到参加竞选、集会或其他政治活动、捐款或写信等这方面的邀请。参与公民活动还会把人们联结成社会关系网络，在其中他们被鼓励或邀请参与政治活动、就某些政治问题采取特定立场或行动。

公民参与还经常使参与者接触政治知识或政治刺激物，"比如部长就一个政治议题发表讲话或者组织成员在会议上进行非正式的政治讨论"（Verba, Schlozman, and Brady, 1995, p.40），从而潜在激发了他们对政治问题的兴趣和关注。或者正如理查德·布罗迪（Richard Brody）所说，尽管正常来说保龄球联盟自创立之初就是无关政治的社会组织,并可能始终保持这种状态,但如果镇政府试图利用土地征用权购买其领地来兴建公共停车场,那它可能马上就会变得具有政治性,就像如果州政府决定变更森林使用条件,那么麋鹿狩猎俱乐部或越野跑俱乐部就很可能参与联名起草抗议信一样(引自Brody于2001年9月17日写给本书一位作者的电子邮件)。

另外一个重要的关联点是,青少年和成年人喜好的诸种公民参与方式可以帮助参与者发展其沟通、组织或宣传技能等公民能力,而这些公民能力又正是个体开展政治参与活动的重要资源,它们可以有效地消减政治能力缺乏造成的障碍(Battistoni, 1997; Mann and Patrick, 2000)。个体具备这种可通过参与俱乐部和社区组织而获得的各类政治技能的程度是其公民参与最重要的预测指标之一(Verba, Schlozman, and Brady, 1995)。与这些关于公民参与和政治参与关系的理论构想相一致的是,学者们通过实证研究也发现,政治活跃的个体通常比不活跃的同龄人在高中时期有更多参与社区服务、俱乐部和其他有组织活动的经历(Smith, 1999; Verba, Schlozman, and Brady, 1995; Youniss, McLellan, Su, and Yates, 1999)。

2. 发展政治能力的必要条件

事实上,非政治性公民参与和政治参与之间的关系远比上述分析中所谈及的内容复杂得多。我们清楚地知道,组织参与可以培养公民技能,让参与者接触政治问题,并成功招募成员参与政治活动,但我们同样非常清楚,这些都只有在满足某些特定条件时才可能发生。组织参与能在何种程度上影响公民关键政治能力和公民技能的培养和发展,既取决于组织自身或其他参与环境的性质,更取决于参与者在组织或环境中所扮演的角色。

如果组织参与想要达到培养个体重要政治技能的目的,那么应该使个体在组织中扮演角色要求的技能与个体所需培养的技能保持一致,而这个角色正好有利于通过实践培养这些技能。促进重要政治技能(Identified by Verba, Schlozman, and Brady, 1995)提升的关键性活动包括写信、参与有关机构事项决策、规划或主持会议以及做展示介绍等。有些志愿工作、组织参与和职场活动要求参与者发展或锻炼这些方面的技能,而许多志愿工作和组织参与则不需要它们。

情况类似的是,有些组织会用比其他组织更加显著的方式提出政治议题,从而提升其成员的政治知识水平、政治兴趣和政治关注度。塞拉俱乐部(Sierra Club)和全国步枪协会(National Rifle Association)这类有明确政治议程的组织就比花艺俱乐部或自助团体更有可能吸引一定程度的政治参与。

如果志愿服务活动能帮助参与者提升政治知识、高水平组织能力和沟通技能,并进而带来更强的政治效能感,那么这些公民参与活动将更有可能导致政治性参与。如果某些活动能够把参与者的注意力吸引到政治或政策问题上来,那它们将十分有助于增进参与者的政治兴趣和政治关切,而这些又正是政治动机的关键要素。

遗憾的是,这种情况在高中生、大学生惯常参加的志愿服务活动中并不经常发生。在所谓的路过式志愿活动中更是如此,在这些活动中许多学生花费一天的时间只是在清洁公共海滩或在施舍处提供食物。相关研究也发现了与上述分析一致的结论:青年人开展的公民参与常常与政治参与脱节,并未减弱其与政治的疏离(Gray and others, 1999; Mason and Nelson, 2000; National Association of Secretaries, 1999)。

七、PEP 教师对政治参与和公民参与的几点反思

在对 PEP 师生的访谈中,我们询问了他们关于弱政治性志愿活动或社区参与跟政治参与关系的看法和个人经历,其回答进一步强化了我们之前的认识:公民参与能够潜在地促进个体的政治发展,但其本人往往并未意识到这一点。

PEP 教师认为,尽管有时很难准确划清二者的界限,但对政治参与和非政治性公民参与进行区分非常重要。基于对项目参与学生的持续观察,教师们十分清楚这两种活动有着重要区别,社区服务未必能够培养学生政治方面的兴趣或专长。

正如课外项目"民主关系重大"(Democracy Matters)的前任负责人亚当·温伯格(Adam Weinberg)所说:"当我想让我的女儿学习游泳时,我不会带她去上自行车骑行课,而是带她去游泳培训班。"温伯格指出了许多教师在访谈中都提到过的一个问题:某些政治技能可以在社区服务中得到锻炼和提升,但大部分社区服务并不能做到这一点。或者说,至少目前大多数学生所参与的那些社区服务对此并无作用。如果你想培养学生的政治技能,让他们参与公开的政治活动要比寄希望于那些可能与政治完全无关的活动要有效得多。

许多教师指出,将社区服务与政治学习直接联系起来可能非

常有效,但这种联系很少能自发产生。要建立有效的联系,教师需要有意识地引导学生去理解他们所从事的服务活动与相关的政治政策问题之间的联系。[2]

许多老师还指出,如果建立了这些联系,社区服务和政治参与就可以很好地相互促进。如果能够引导学生了解并参与到和他们正在从事的社区服务直接相关的政策问题,这些服务活动就可以为这些政策所针对的社会问题提供形象的例证,这样学生就能够直观感受到这些问题在日常生活中是如何体现的。让他们看到这些问题在现实生活中到底是什么样子,通常能带给他们强烈的情感冲击。在布朗大学(Brown University)讲授"儿童和公共政策"课程的罗斯·凯特(Ross Cheit)也是 PEP 的参与者,他表示,将这些社会问题的具体表现与对相关问题的系统性政治分析联系起来,"能将微观问题上升到宏观层面",反之亦然(参见附录 A:课程和项目概要)。这些与身边人一起思考宏观社会问题的具体经历,通常会增加学生对政治政策层面分析的兴趣和动机,否则这些分析可能看起来相当遥远和抽象。

八、PEP 学生对政治参与和公民参与的理解

PEP 参与学生对二者关系的看法与教师群体非常相似。与当今的大多数高中生和大学生一样,多数项目参与学生都曾参加过社区服务(Sax, 1999)。他们都认为,在服务学习、志愿工作、学生俱乐部或学生组织中,学生通常不会自行建立公民参与和政治参与之间的联系,而指导教师或项目负责人也很少帮助他们去建立。但他们发现 PEP 和他们之前参与过的志愿服务和社区服

务形成了鲜明对比,在这里,老师努力地建立这些联系,而学生普遍认为这给他们带来了非常大的启发,效果极佳。

此外,直接的服务活动通常与地方或国家的非营利组织有关系,而这些组织要么与政治倡议或目标直接相关,要么其处理的问题与政治和公共政策间接相关。教师深思熟虑后引导学生重点关注非营利组织在美国内外部更广泛的政治经济中的作用,以帮助学生更加清楚地了解事实及其影响。正如参加迪克·雷塔诺(Dick Reitano)教授的"模拟联合国"(Model United Nations)课程的一名学生所说,"在参加'模拟联合国'之前,我从未认为小型组织真的可以产生巨大影响。"

在谈及非营利组织针对的需求这一话题时,学生们经常提到,如果解决导致这些需求的系统性问题或缺陷需要全面性处理,则需要政治的介入。这表明,学生对社区服务针对的眼前需求与给引发需求的社会问题带来深远影响的政策环境这二者关系的认识日趋走向成熟,这既有进步性也有局限性。对那些直接投身志愿服务却对此缺乏深层认知的学生来说,认识到这种关系的重要性显然是一种认识上的进步,因为他们之前不了解个体遭遇的挑战困难背后是更广泛的社会现象,也不了解政治工作对这些现象可能产生的影响以及政治机构和政治行动在改变这些社会现象方面所具备的潜力。尽管如果学生们相信政府决策对每一个社会问题都能够有效、广泛地予以解决,那他们的想法显然仍具有局限性,但至少对政府应该扮演一个什么样的角色才算合适,这种观点代表了某种特定立场(National Association of Secretaries of State, 1999),只不过这种立场尚未得到学生,或者在某些情况下也没有受到老师们的认可和检验。

值得注意的是,这种关于立法和政府行动该发挥何种作用的观点与美国青年一代公民概念的研究结论有一点共通之处,即认为公民应获得广泛的权利和利益,但只需承担非常有限的义务。许多研究发现,青年人期望公共机构能够满足民众的需求,但对政府角色及其概念边界却并未做出慎重思考。在我们看来,这表明有必要在更宽广的视域下与学生探讨复杂的政治经济中职能共担的各种私人组织、非营利组织和公立机构之间的复杂关系。此外,这种对话还可通过关注诸种促进系统变革的力量而获益,当然,它们包括但不仅限于政府行动。比如,环境保护运动就涉及多方力量,从游说政府制定公共政策到试图改变消费者行为(如对高油耗汽车的需求),再到提高社区及个人在其他方面(如回收利用)的环保意识。

但从 PEP 学生的反馈及全国性调查的结果来看,似乎很少有人鼓励学生对能够解决他们所关心问题的各种力量进行通盘考虑。在解决某个特定问题时,他们很少对公民行动和政治行动进行一体化思考,而是倾向于把他们最为熟悉和适应的志愿服务活动与政府行动分开考虑。

九、结构和激励的作用

由于公民参与并不能自动让学生为有效的政治参与做好准备,所以如果我们想要充分利用高等教育来培养有思想、有技能、有积极态度的公民,就必须更加明确地关注政治学习。事实上,这也正是 PEP 和本书的核心前提。

我们认为,如果能更好地了解为何社区服务与政治活动的参与比率相差如此之大,就能够让我们更加有的放矢地引导学生开展政治参与。于是我们向参与 PEP 的学生了解为什么他们和许多同龄人都更倾向于参加志愿服务而不是政治,许多学生的回答都与这方面研究文献的发现类似:在帮助别人时,往往更容易看到我在发挥作用,而且回报往往更加可靠、直接。但我们看不到政治与我们生活有什么关联,我们也不太信任政客或政治进程。(参见,Creighton and Harwood, 1993; Sax, 2004.)

1. 政治参与的路径

在和 PEP 参与学生讨论公民参与和政治参与的差异时,我们发现这些熟悉的回答并不是占比最高的。在对项目师生进行的访谈中,有一个观点反复出现:学生有大量的机会去做社区服务,却很少有机会也很少有人去鼓励他们参与政治。学生被强烈鼓励去做社区服务,很多高中和大学在这方面甚至有明确要求。社区服务也被融入很多大学的课程之中,而且校园里都有精心设置的相关基础设施。然而,政治参与的途径对许多学生来说却是不明晰的,它仍是一个陌生的领域,而对社区服务却已经和上学一样熟悉。正如索伦森领导力协会(Sorensen Institute for Leadership)的一名学生所说:"我们总是受到更多鼓励,也有更多机会参加社区服务。高中总是在推广社区服务活动,却从未推广过政治参与活动,在我的印象中甚至一次也没有过。社区服务对我们这代人来说是被着重强调的。"

PEP 参与教师也指出了这一点,学生在高中和大学期间接触到的社区服务机会很多,而实现政治参与的机会却很少。和许多教师一样,在哈佛大学教授社区组织课程的马歇尔·甘兹

(Marshall Ganz)认为社区服务模式有力地贯穿于学生多年所受的教育之中,它已经令人熟悉和习惯了,而从政治角度去关注社区参与对大部分学生来说仍是完全新奇的体验。

通常认为,人们参与社区服务或政治活动的动机强度不同,而参与的积极程度取决于动机的强烈程度。这意味着作为教育者,我们的任务就是激励他们,以确保他们参与进来。尤尼斯、麦克莱伦和耶茨(Youniss, McLellan, Yates, 1997)却认为这个模型具有相反的因果关系——动机在很大程度上是参与的结果而非原因。年轻人参与公民或政治机构及其进程有许多不同的原因,包括可能受到与其原本动机无关的激励。然后,在参与的过程中,他们会建立能够激发他们并对他们提出要求的人际关系,获得始料未及的满足感,并开始扩展和重塑引导他们参与的价值观和目标,在这个过程中他们的认同感往往会发生变化。

如果对于动机和参与之间关系的这一表述属实,政治参与的机会和鼓励相对缺乏,而从事非政治性服务的机会却过剩,这就可以给诸如为什么学生会对主流政治失去兴趣等这些常见的现象提供更有力的解释。年轻人高度参与社区服务而非政治,与其说是出于他们的自然倾向和选择,倒不如说是被成年人所提供的机会和激励措施引导的结果。这种不平衡可以被解读为一个另类的成功范例,鼓励年轻人回报社会的努力大获成功,而在引导他们参与政治方面却缺乏类似的努力。这与萨克斯(Sax)对学生志愿服务经历增加的原因分析是一致的,她的研究基于高等教育研究所的调查。萨克斯对大学新生志愿服务经历的增加给出了三种解释:"(1)联邦和州政府支持的服务项目越来越多;(2)中小学从事服务学习的机会增多;(3)越来越多的高中要求学生要有社区服务经历才能毕业"(2004, pp. 67—68)。

2. 创造政治参与的途径

我们知道,有组织的活动对于促进大学生及其他美国青年人进行政治参与是很有效的,这表明如果将年轻人作为潜在的强大政治代理人来认真对待,他们会做出积极回应。近年来,无党派的活动证明了年轻人投票的潜力,如与世界摔角娱乐(World Wrestling Entertainment)合作的两档节目"投票冲击波"(Smackdown Your Vote)和"网络行动峰会"(Hip-Hop Summit Action Network),在2004年及2006年的选举中都起到了吸引年轻人的作用,它们对于促进年轻人进行政治参与、增强政治意识、进行选民登记及投票都有积极影响,并且将年轻黑人等参与倾向较低的群体也成功吸引进来。(参见,例如,Student PIRGs' New Voters Project, 2006.)

我们相信,如果教育工作者和其他掌握机会和激励措施的人开始认真关注政治参与这一重要领域,那么该领域以及培养健康民主社会所需公民的事业就已经具备了取得成功的条件。这将包括创造结构性的机会、提供鼓励和其他激励措施,以减少政治参与的已知障碍并增进对政治参与的了解。

注释:

1 例如,韦尔巴、施洛茨曼和布雷迪将政治参与定义为"具有影响政府行为的意图或效果的活动——直接影响公共政策的制定或实施,或者间接影响政策制定人的主张"(1995, p. 38)。

2 关于PEP教师及项目负责人鼓励学生在服务性经历和更

深层次的政治议题间建立联系的具体例子,请参见 PEP 线上资料库中的"研究/行动项目及模拟""实习""反思及日志"以及"学生工作案例"部分,网址为 http://www.carnegiefoundation.org/educating_for_democracy/docs/。

第二章　高等教育在公民培养中的作用

有充足的理由相信应该使负责任的民主参与教育在美国本科教育中占据更重要的位置。美国正在经历一段困难期,且已历经多次。但遗憾的是,美国并非唯一有此经历的国家,无论是国内还是国际,和谐共生都很困难。要以全人类的共同利益为目标和平共处并进行卓有成效地协作,需要超越人类现有的善意、智慧和能力。民主国家的目标是使公民个体尽可能成为和谐共生问题解决方案的一部分,而非阻碍其实现的问题本身。实现这一目标自然非常困难,所以我们认为公民需要得到他们所能得到的一切帮助。

高等教育远非培养公民具备政治思维、政治技能和政治积极性的唯一路径,但的确为此提供了宝贵机会。现在接受大学教育的人比过去要多。在美国,大学的影响范围不仅比过去广得多,也比大多数国家广得多。2005 年共有 1 700 多万大学生注册入学,入学率创历史新高。尽管平等入学的问题仍令人担忧,但 2004 年全美高中毕业生中有三分之二进入了大学,且少数族裔、低收入家庭和初代大学生的入学人数也都处于历史最高水平,预计还会增长（Longo and Meyer, 2006; U. S. Department of Education, 2006）。

然而令我们担心的是,这些能够促使日益多样化的青年人群体变得更具政治思维、更积极参与政治的好机会很可能正在被浪费。虽然高等教育目前已经能够在某些方面培养学生成为负责任的公民,但它还能做得更好。正如上一章所言,大学生和高中生有许多进行非政治性公民参与的机会,但却并没有多少机会进行政治参与。如果教育工作者能够特别关注政治知识、政治技能、政治动机和政治参与这四项学习如何进行负责任的政治参与,情况将会有所改善。

这一主张现在仍然饱受争议,反对者认为促进民主学习与高等教育无关。一些人认为,如果一定要将政治学习纳入学校教育,那么也应体现在中小学的社会科或公民课程中。另一些人则认为,高等教育与政治参与之间确有强相关性,但即便政治学习目前并非高等教育的明确重点,高校却已有效发挥了这一功能。还有一些人担心,如果政治学习在本科教育中更受重视,将会背离更重要的学术目标。而最强烈的反对声音则认为,如果将提升学生的政治素养作为本科教育的明确目标,那么政治偏见和政治灌输就无法避免,而这将违反自由民主的基本规范。反对者所担忧的最后一个问题极其复杂而重要,我们先把它暂放一旁,在第三、四章中再进行详细讨论。现在,我们来解释一下为什么其他担忧并无根据。

一、中学公民课:教育基础

正常来说,培养学生成为积极、有能力的公民应该远早于上大学就开始进行,父母在此过程中往往可以发挥重要作用,但是并非所有家庭都支持孩子开展政治学习或积极的政治参与（Center for Information and Research on Civic Learning and Engagement，2002）。某种程度上，正是由于家庭中所做的公民准备不充分，公民教育的责任才一直由初高中承担，其主要形式是教授学生有关美国历史和美国政府的知识。

这些课程效果如何？过去几十年的研究都认为，公民课程对学习政治知识或政治社会化的其他方面作用并不明显（Anderson and others, 1990; Jennings and Niemi, 1974; Langton and Jennings, 1968; Torney-Purta, Oppenheim, and Farnen, 1975）。然而，最近关于公民教育影响的研究表明，某些情况下这类课程对提升学生的政治知识水平确有显著作用。

例如，尼米和琼（1998）发现，公民课的时效性和可扩展性、所讨论主题的广泛性以及课程对时事政治进行的开放性讨论都十分有助于提升学生的政治知识水平。佐金及其同事（2006）发现，对政治议题进行的开放性讨论、对公民技能的直接教授和实践使得许多参课学生的政治参与度得到了提升。尽管有证据表明，高中阶段的公民课在结合良好实践的情况下能够使政治学习变得不同，但这类教育实践远未普及，参与调研的大多数学生都表示，他们对政治的兴趣并没有因为学习公民课而增加。

其他研究也表明，对大多数学生来说，高中公民课并未使他们对政治有充分的理解以便进行负责任的政治参与。对高中毕业生的研究表明，即便是中学公民教育中效果最好的政治知识教育也在许多层面非常薄弱。比如，2005年，加利福尼亚州对高中毕业年级学生进行了一项调查，这些学生都已学完国家规定的12年级的美国政府课程。结果显示，尽管大多数学生表示会参与选举投票,但认为对如何负责地进行投票并未受到足够充分的教育(参见 California Campaign for the Civic Mission of Schools, 2005)。他们对重大政治问题或时事知之甚少,有一半学生不能正确答出最高法院的职能,三分之一学生甚至不能说出加州两位参议员中任意一位的名字,41%的学生不知道共和党和民主党哪一个更保守。这项研究结果与全国性调研的数据相当。比如,在 1998 年"全国教育进展评估"的公民课程评估(Civics Assessment of the National Assessment of Educational Progress)中,四分之三的高中毕业年级学生刚刚达到或低于基本水平,超过三分之一的学生没有达到基本水平,只有 4%的学生达到了最高的熟练水平(Lutkus and others, 1999)。

二、校外政治教育:终身政治学习的支撑

幸运的是,对政治知识、政治认同和专门技能的教育在高中毕业后也不会终止,即便对不上大学的人来说也是如此,因为在学校教育之外也有政治学习的重要资源。人们可以在生活中学到很多政治知识,如果经常关注媒体报道、政治论坛,或者愿意与他人谈论政治则更为易得。公民技能通常通过参与俱乐部、宗教组织和在工作场所获得(Verba, Schlozman, and Brady, 1995)。积极参与选举政治以及愿意在邻里间和社区解决实际问题的人都会收获政治知识和政治技能。

即使有一些人避免参与要求更高的政治活动类型,他们也会从多种渠道接触政治事件、政治信息、政治观点和解读以及政治辩论(对新闻、社会议题和候选人的电视报道);公共电台及商业

性的"谈话节目";纸媒或电子报刊及杂志;参与社区团体或活动;与熟人、朋友和家人进行非正式讨论;政治传单和其他邮件宣传物;甚至还有政治筹款人的拉票电话。当然,每个人对这些信息渠道的关注度是不同的。有些人会忽略几乎所有的政治信息,除去那些实在无法回避的信息;而有的人则是相对罕见的"政治狂",会像瘾君子一样狂热搜集政治信息。大多数人的状态则是对当地、本国乃至国际的政治环境有一些基本了解,并对当今热点问题有一些模糊认识。

这种持续的校外教育对培养知情的、深思熟虑的选民来说至关重要。媒体、书籍、公开演讲和辩论以及其他教育机会可以成为最优质的资源,并且是进行终身民主教育的必要途径。但总体来说,校外政治教育质量无论好坏,多数情况下并不充分。我们所认为的以受众为导向的政治教育,往往只覆盖到那些本来已经关注并参与政治的人,而为那些政治兴趣不高、不愿关注政治的人提供的帮助则要少之又少。普通民众的政治知识水平并不高,哪怕是在大选期间或大选刚结束之后。比如,德利·卡尔皮尼(Delli Carpini)和基特(Keeter)(1996)的报告表明,在1992年老布什和克林顿的总统竞选中,只有15%的受访者知道两位候选人都支持死刑。在堕胎(39%)、国防(44%)、总体意识形态(36%)和其他关键问题上,无法区分二者立场的人虽占少数,但比例相当高。而且,绝大多数受访者无法在关键问题或总体意识形态上对两大主要政党加以区分。2004年总统选举前后进行的调查同样显示,近60%的美国人几乎从未听说过备受争议的《爱国者法案》(*Patriot Act*),70%的人不知道乔治·布什的处方药法案——这一四十年来最昂贵的政府新项目,也是其国内政策的关键组成部分(Somin, 2006)。

让公民更容易地获取政治信息仍不足以培养负责任的公民。没有专门的知识储备,不具备以开放心态对信息进行批判性评估的能力和意愿,民众不太可能通过媒体或政治辩论获取政治方面的新信息、将国际事件置于政治情境下来考虑或受相关信息影响(Popkin and Dimock, 1999; Rahn, Aldrich, and Borgida, 1994; Shapiro and Bloch-Elkon, 2006)。大多数人不会深入寻求信息,考虑多种观点,对政治制度、程序及问题进行持续审议,或者培养广泛的政治技能。

认真理解和参与政治很耗时,很多人觉得自己本身已经很忙碌,即便只是每周抽出几个小时看报纸或电视新闻都挤不出时间。而且年轻一代对传统新闻的关注更少,尽管他们可能会依靠互联网和娱乐节目了解时事(如乔恩·斯图尔特(Jon Stewart)的新闻讽刺节目《每日秀》[*The Daily Show*]),但他们对政治的整体关注度仍然相对较低(Harvard University Institute of Politics, 2005; Sax and others, 2003; Zukin and others, 2006)。

校外政治信息的质量也值得怀疑。许多政治广告、博客及大多数商业谈话节目甚至懒得声称或假装立场公正,并且的确在有意无意地传播一些误导性的错误信息。很多电视新闻报道相当肤浅,根本无法持续吸引观众。传播学研究表明,即使是政治竞选中密集的信息轰炸也只是强化了目标听众的固有观念(Jamieson, 2000)。另有研究表明,人们可能更容易听从所谓"意见领袖"的观点,但事实上这些人既不是公共政策领域的专家,也不能公平公正地考虑相互对立的观点。例如,一项实验发现:在控制犯罪问题上,大多数自由派选民愿意遵循自由派脱口秀主持人菲尔·多纳休（Phil Donahue）的观点，而大多数保守派选民则愿意追随保守派脱口秀主持人鲁什·林博（Rush Limbaugh），即便他们根本不是犯罪学方面的专家（Lupia and McCubbins, 1998）。

三、当代高等教育与政治知识和政治参与

成为知情的、积极的公民有很复杂的要求，典型的美国高等教育能在多大程度上帮学生做好准备呢？毫无疑问，校内教育对公民政治知识、价值观和政治参与积极性有重要影响，这已在大量的研究和文献中被证明（Delli Carpini and Keeter, 1996; Nie, Junn, and Stehlik-Barry, 1996; Pascarella and Terenzini, 2005）。受教育程度，特别是是否受过高等教育，非常明确地积极影响着有效公民身份的诸多关键属性，包括对民主原则、政治领导人以及其他政治概念和信息的了解；对政治的兴趣和关注度；参与投票的频率；参与高要求的政治活动；具备诸如宽容等基本民主美德。

对受教育程度与政治知识和政治行为关系的研究表明，进行终身政治学习的众多校外渠道往往会扩大而非缩小受高等教育者和未受高等教育者之间的差距。这从民主平等的角度来看令人不安，但却表明高等教育在促进获取、处理和分析相关政治信息所需的认知技能方面能够发挥作用，高等教育既有动机、也有机会达到目的（Delli Carpini and Keeter, 1996; Nie, Junn, and Stehlik-Barry, 1996）。德利·卡尔皮尼和基特强调，"所有的教育，尤其是高等教育，能够通过培养学生的政治技能和政治倾向

对其政治知识水平产生重大影响,它使受过良好教育的人更容易理解和记忆政治信息"(1996,p.192)。尼(Nie)及其同事也同样认为,"学校教育对个人收集各种信息、有效组织证据、高效处理附加知识和相关知识的能力有显著作用"(1996,p.41)。

这些发现指出,不仅要在中学阶段加强政治学习,还要在大学阶段培养学生的政治修养,引导其关注政治,这将在其人生道路上产生多重影响。我们越努力培养年轻人去接受高质量的校外政治信息,认真评估政治信息,积极寻求机会进行终身学习,他们就越能从高质量的政治信息中受益,并免受带有偏见的、非可靠信息的影响。

然而,高校入学率与公民参与或政治参与之间的密切关联可能并非完全来自高等教育的直接影响。一方面,有证据表明,这种关系的一个重要部分可以用选择效应(selection effect)来解释——也就是说,学生越积极参与社会或政治活动,则越有可能被高校录取。对高中生的研究表明,被高校录取的人入学前就已在政治兴趣、自我效能、成熟度和知识方面具有更高水平。因此,大学会吸引或选择那些比同龄人社会参与度及政治参与度更高的申请者(Jennings, 1993; Jennings and Niemi, 1981; Torney-Purta, Barber, and Wilkenfeld, 2006)。还有部分原因可能是,准大学生更有可能来自父母本身受过教育且更重视政治参与的家庭,而非父母未受过高等教育的家庭。

尽管存在这种选择效应,但大多数政治学家认为,受教育程度与各种公民、政治指标之间在统计学意义上具有相关性,这还是部分代表了教育的真实影响,不过其中仅有部分属于直接影响,包括促进认知技能发展,比如沟通、批判性思维和形式推理;

对历史、经济和社会进程的实质性学习,它帮助个体更轻松地理解和记忆复杂的政治思想和信息。高等教育的间接影响至少是同等重要的。比如,众所周知,经济和其他资源更多的人更可能参与政治。受教育程度与收入和社会地位呈正相关,而这些资源则是影响政治参与的重要指标,因此,受教育程度与政治参与间某些统计学意义上的关系可以归因于这些资源变量的中介作用。

根据韦尔巴、施洛茨曼和布雷迪(1995)的研究,教育实现间接影响的另一重要中介是工作经验。在他们考察的所有非政治因素中,工作场所提供的学习与实践公民技能的机会最多。不过工作场所中获得上述机会的阶层差异性也比任何其他环境都大。一个人在其有偿工作中学习和锻炼公民技能的机会,如组织和领导会议、撰写有说服力的文章或者组织动员他人的机会,与其在组织中的地位以及所承担的责任(因此也包括报酬)密切相关。总体而言,显然受教育程度越低在工作中发展公民技能的机会越少,而受教育程度越高,就越有可能发展有利于进行政治参与的技能。

四、悖论

教育对政治知识和政治参与的间接影响有助于解释一个惊人的悖论:过去50年间,美国上大学的人数比例大幅上升,而民众的政治知识水平和政治参与程度却并未增加(事实上某些指标还有所减少)。比如,德利·卡尔皮尼和基特(1996)研究发现,(20世纪)40年代到90年代,尽管上大学的人数占比增加一倍以上,但国民总体政治知识水平却并未提高。他们在报告中指出,

"当今大学毕业生(在政治知识方面)与早先(20 世纪 40 年代)的高中毕业生水平大致相当"(第 197—198 页)。这并不意味着教育无用,因为研究对象中未受高等教育者的政治知识水平也有所下降。他们的报告还提到,当今高中学历拥有者的政治知识水平与 20 世纪中期高中辍学者差不多。

有人对这种悖论现象进行了多种解释。尼及其同事(Nie, Junn, and Stehlik-Barry, 1996)强调,高等教育提供的学习内容也许并不能促进政治参与程度提升,相反,政治参与程度与高等教育的分类功能有关,个人在社会结构中的地位(如高收入水平或高层次工作)通常与其占有稀缺资源的数量成正比。这样看来,产生影响的是一个人的相对受教育程度,而非绝对受教育程度,这就解释了为何美国平均受教育水平提高而政治参与度却仍停滞不前。对这一悖论的其他解释则集中在教育之外的因素上,认为是这些因素的变化导致政治参与程度下降,进而抵消了人口受教育程度增加带来的影响。这些因素包括政治疏离加重、社区参与度(社会资本)降低,以及人口结构改变所产生的代际效应。

代际效应对我们的研究尤其重要,因为它表明当代大学生比上一代大学生的政治参与度低。比如,2003 年只有 1/3 的大一新生、2005 年只有 36.4%的大一新生认为"及时了解政治动态"是必要或非常重要的;而在 1966 年这一比例则高达 60%(Pryor and others, 2005; Sax and others, 2003)。

贝内特(Bennett)和贝内特(Bennett)(2003)的报告指出,近年来,高等教育与政治参与某些要素之间长期存在的统计关系似乎有所减弱。他们将这种转变部分归因于这样一个事实,即受过高等教育的美国青年在政治方面不像他们前几代同龄人那么活跃,因此受过高等教育和未受过高等教育的人相比,在政治参与方面的优势就减弱了。"数据……显示出有无大学经历美国青年人的某些差别,但总体来说,受过高等教育的青年人对公共事务的主动参与程度和政治能动性并未给人留下深刻印象"(第9页)。

贝内特和贝内特(2003)强调,与1972年相同的是,在2000年,上大学仍对公民参与和政治参与具有显著影响,但影响变小了,这意味着高等教育的影响变小了,比如,1972年高等教育对新闻消费的影响就高于2000年。不断上升的大学入学率未能提高公民的政治知识水平或政治参与程度,这表明我们不能仅靠接受高等教育来促进年轻人在政治领域的发展。

此外,许多研究发现,即使在受教育因素保持不变的情况下,政治知识水平和政治参与程度在人口中的分布也不均衡。例如,德利·卡尔皮尼和基特(1996)发现,在政治知识水平方面存在很大的群体差异,女性、非洲裔美国人、低收入群体和美国青年人的政治知识水平最低。随着时间推移,他们之间的知识差距大多保持稳定,但在20世纪中叶,年轻群体和年长群体之间没有差距,而到1989年(婴儿潮后),群体差异与其他时期相比已变得显著。可以理解的是,对政治不感兴趣的人对政治知识的掌握程度自然也较低。

有必要指出,在这一群体差异背景下,现在越来越多的政治知识和参与程度相对较低的群体成员进入了大学。PEP参与学生的构成也反映了这一趋势,女生多于男生、初代大学生、少数族裔学生、移民家庭学生以及最初对PEP课程或项目兴趣较低的学生占比很大。正如我们在引言中所总结的那样,这些课程和项目对这些群体的积极影响往往大于以往具有较高政治知识水平和参与度的群体。

五、政治参与教育的益处：促进认知发展

目前主要反对在本科教育中强化政治学习的意见认为，这种强化会导致偏离其他更重要的学术目标（参见 Murphy, 2004）。不过有充足证据表明这种情况并不会发生。关于服务学习的研究表明，将公民参与纳入课程有助于提高而非降低学生的学业成绩（Astin, Vogelgesang, Ikeda, and Yee, 2000; Eyler and Giles, 1999），我们相信，更具体的政治参与也能带来同样的效果。

当学生接受政治理解、政治技能和政治参与教育时，他们将能够学习到许多沟通技能、人际交往技能、研究技能以及其他心智技能，还能培养一些重要的个人品质，如毅力、责任感和宽容，而这些正是优质大学本科教育的核心。政治学习能带来的教育成果在促进认知发展方面体现得尤为明显，而认知发展无疑是大学本科教育最为核心的目标之一。所有大学都希望教会学生以更巧妙的方式思考复杂问题，这是认知发展的关键方面，而政治发展教育对于达成这一认知目标非常有帮助。

反思性判断和批判性思维都是经过大量研究资料证明的认知发展目标，对二者进行深入考察有助于阐明政治学习和其他类型的学术学习是如何相互加强的。反思性判断和批判性思维对负责任的政治参与和公民参与来说至关重要，而对于理解学术领域的实质性资料、从事专业性工作以及完成在生活中所扮演的多种角色同样重要。它们几乎在每所美国大学的使命宣言和教育

目标中都有集中体现。因为认知学习在这里代表了政治学习和其他学术学习的一个重要交叉点,我们将从这里展开深入探讨。

1. 反思性判断

大学生认知能力与该交叉点最相关的部分在帕特里西娅·金(Patricia King)和卡伦·基奇纳(Karen Kitchener)(1994,2002)的大量研究中得到了说明,佩里(Perry, 1970)、科奈菲尔卡姆普(Knefelkamp, 1974)、巴克斯特·迈功达(Baxter Magolda, 1992)等人也进行了相关研究。金和基奇纳描述了被他们称为"反思性判断"的认知能力,它是指个体对存在多种可能解决方案的结构不良问题所做出的判断。当个人具有更为成熟的反思判断能力,就会在理论假设、论点与论据评估能力以及自己主张和信仰的证明方式上发生变化,而这对思考和沟通结构不良问题至关重要。

金和基奇纳(1994,2002)描述了反思性判断走向成熟的几个阶段。在最低的第一阶段,个体认为知识是确定和绝对的,即便明明知道没有人能够无所不知、权威也不一定知道所有问题的答案,也会这样认为。在第二阶段,个体认识到一些问题是结构不良的,会不可避免地包含一些不确定性因素。最后一个阶段,个体"认识到知识从来就不是给定的,而是调查、综合证据和意见、评估证据和论据的结果";他们认识到"某些判断比其他的基础更牢更合理";他们对观点的判断"是基于它们的合理性、与证据的一致性、论点的可信度以及鉴于已整合信息的可能性";他们认识到"论断可以在新的信息、观点或调查工具的基础上进行重审和修改"(Pascarella and Terenzini, 2005, p. 38)。

政治理解和政治参与课程要讨论的正是金和基奇纳所说的

这类结构不良问题。处于前反思阶段(reflective level)(King and Kitchener 1994,2002)的学生无法理解对论述起决定作用的政治讨论的某些方面,即这些问题所固有的不确定性:并没有权威答案,而是需要对证据和争论的合理性进行仔细评估。当学生达到准反思水平(quasi-reflective level),就具备了从事这些活动所必需的认知能力,而如果想要完全精通,则需要达到反思水平(reflective level)。

几乎所有大学生都需要在这一领域有所进步,因为大多数人在进入大学时对知识、理性话语和相关问题的认识都非常简单。刚入校的学生虽在反思性判断的成熟度上有差别,但大多都处于前反思阶段。他们认为知识要通过个人经验或从权威那里找到正确答案而获得,此时学生虽然缺乏合理方法处理结构不良问题,但他们越来越"认识到知识有时是不确定的,越来越需要证明自己的想法,这反映出他们区分思维类别的能力越来越强,并向更复杂的思维阶段发出信号"(Pascarella and Terenzini, 2005, p.37)。幸运的是,学生的反思判断在大学期间基本都会得到提升,大多数都能达到准反思水平。这一转变很关键,因为在这个层次上,他们能够用理性和证据来形成、评估和证明他们的判断。

2. 批判性思维

另一个与协商和判断政治议题相关的概念是批判性思维。尽管它有许多不同的定义和标准,但基本都包括学生"在论据中识别核心议题及假设、找出重要关系、从数据中进行正确推理、说明结论是否基于数据、评估证据或权威性"的能力(Pascarella and Terenzini, 2005, p.156)。和反思性判断一样,学生的批判性思维在大学期间能够获得显著发展,但到毕业时也并不能完全掌握。

一些研究人员不仅关注批判性思维的能力,还关注应用批判性思维的倾向——即倾向于保持思想开放、提出挑战性问题、随时跟踪原因和证据以及充分认识复杂性和模糊性。倾向于进行批判性思考也是高质量政治讨论的一个重要方面。幸运的是,这种倾向在大学期间也有增加,在大一升大二时就有显著提升。

马里兰大学的"公民生活-学习"项目(CIVICUS Living-Learning Program)是 PEP 中的一个项目,该项目从大一开始并持续若干年,一名参与过的学生描述了她在政治学习方面经历的变化,这种变化准确反映了金、基奇纳以及其他研究者所描述的发展阶段。尽管这名学生将大部分变化归因于项目本身,但她至少注意到了自己在反思性判断和批判性思维方面的变化。大一时,她认为像"社会资本"(social capital)和"公民社会"(civil society)这样的术语是需要记忆的"信息",后来,这些术语则代表了需要结合上下文及其含义来理解的"主题和议题":

> 第一年的细节我有点记不清了,但我记得大一时上的第一节课,课上有很多信息……但上了更多课之后,我们实际上吸收了更多信息,并能更好地将它们与生活实际联系起来。我指的"信息"是所有我们正在学习的概念——公民社会、社会资本,诸如此类。所有这些都一股脑地抛给我们,让我们觉得必须记住很多信息,但却和我们实际上做的事情没什么关系。但当我们完成这个项目时,我们对这些主题和议题的背景有了更多的理解。在第一年里,有太多的信息扑面

而来,以至于一开始我并没有真正掌握。当我们谈论这些议题,阅读更多关于它的时事和文章时,我才对它有了更好的理解。

3. 认知发展与政治学习的协同作用

尽管一般来说,大学期间学生的反思性判断、批判性思维能力和倾向都有所发展,但研究也表明,学生进步的速度参差不齐(关于这些认知维度显著发展促进因素的详细介绍,可参见2005年帕斯卡雷拉[Pascarella]和泰伦齐[Terenzini]发表的综述文章)。该研究的基本框架值得关注,因为它对政治学习和一般认知发展间的潜在协同作用做了详细说明。研究还论述了促进反思性判断和批判性思维的相关教育经验,并且其中包括的所有关键和一般教学方法在PEP教师及负责人的工作中都有体现。[1]

帕斯卡雷拉和泰伦齐在2005年的综述文章中指出,能更好提升反思性判断和批判性思维的关键因素包括:

- 学生对学校强调批判性、评估性和分析性判断的感知
- 在协商中对结构不良问题进行有目的指导和实践,并对可信度和论据等理论假设进行反思
- 就有争议的重要议题进行辩论的经历
- 建构主义以及让学生能积极参与自己学习过程的合作教学法
- 高质量的服务学习,即在服务学习中,具有挑战性的服务经历与学术课程内容紧密结合,并伴随着持续的结构性反思
- 与个人价值观、政治信仰、宗教信仰或国籍不同的同学进行课堂讨论及课外交流

- 走近学生、关心学生成长和发展的教师
- 课余时间参与各类组织和俱乐部,尤其是能够鼓励学生将课堂学习内容应用于各项活动的组织

我们发现所有这些因素都在 PEP 课程及项目中得到了很好体现,因此,我们认为这些课程和项目非常适合进行反思性判断和批判性思维的教学。

六、政治学习带给社会和个人的益处

除了有助于实现其他教育目标,政治发展本身就是对社会和学生个人来说具有重大价值的目标。为民主强盛而培养有能力、负责任的公民固然重要,但这并非是对大学生进行政治教育的唯一原因。培养积极、知情的公民性对个人也有好处——它直接使学生受益。这种鼓励和支持知情、有效参与的教育能够得到认可,是因为它可以帮助推进或实现个人政治偏好或成为更有效率的政治行动者(Aldrich,1993)。许多政治学家认为政治知识和技能对每个人来说都是不同程度的宝贵资源(Delli Carpini and Keeter, 1996; Niemi and Junn, 1998)。

拥有这些资源能够帮助个人更好地了解政治选择如何影响其真正利益,也就是说,充分了解情况就能更好地做出选择,更有效地追求这些利益。此外,富于政治技能和知识的政治行动更有可能有效取得符合行动者利益的结果,从而减少政治活动的时间成本。例如,政治参与帮助人们追求政治利益并解决问题,从社区改善到社会保障,如果纳入政治议程就能够增加政府回应的可能性(Berry, Portney, and Thompson, 1993; Campbell, 2003)。

此外,一些政治学家和心理学家指出,政治参与还能带来更广泛的个人回报。柏拉图和亚里士多德时代的人们就认为,培养政治理解和政治技能代表了人类潜能发展的一个重要方面,这一观点流行至今。古往今来的民主倡导者都强调:政治参与,特别是超越投票选举的政治参与能够产生有价值的教育、启发、创新、自我驱动或自我实现,这能够给个人带来诸多积极影响(Barber, 1984; Mansbridge, 1999; Pateman, 1970; Thompson, 1970)。

政治参与可以扩展智力,并产生一种有意义的自我满足感或认同感。卢梭、托克维尔和阿伦特等人都指出了政治参与促进个体发展的心理过程,比如提高推理能力、同情心、勇气和进取心。约翰·斯图亚特·米尔(John Stuart Mill)认为,政治参与所涉及的互动交流,通过扩展个人对自身利益的感知产生了"道德、智力和积极性"(Mill, 1862, 未标明出版商)。

一些实证研究也指出了政治参与给个人带来的回报。例如,韦尔巴、施洛茨曼和布雷迪(1995)发现受访者经常强调他们从政治参与中获得的公民和社会满足感。政治活动有时是有趣或令人兴奋的,能够提供与他人在一起并赢得尊重的机会。此外,一些政治行动本质上就能提供满足感,不仅具有工具性,更富有表现力,通过执行过程本身就能获益,而非通过达成预期结果,或者说除了达成预期结果以外,过程本身也能给人带来好处。对许多人来说,追求他们相信的东西,带着更高的目标去行动,和完成一个外在目标同样令人满足。

韦尔巴、施洛茨曼和布雷迪(1995)调查了政治活跃人士因参与政治而产生的满足感的类型。结果不出所料,受访者的满足感因政治活动性质不同而有所差异。总的来说,潜在的职业优势和其他物质利益很少被考虑在内,从事政治活动的人经常提到与他人合作所带来的满足感。在所有政治活动中,公民满足感都发挥着重要作用,许多受访者表示因为完成了个人职责或推动了所信仰的事业而感到满足。

七、政治参与教育的伦理合法性

我们主张让政治学习成为本科教育的正式目标,并主张政治参与学习应被纳入学生的课程体系和课外活动,因为我们相信,美国民主和学生本身都将因此受益。政治发展教育不仅有助于实现其他关键的本科教育目标,也是提升政治参与度的一个可行方法:学生的确能够在政治理解、政治动机、政治技能以及我们所预料到的政治参与等多方面得到提升,前提是他们参加以此为目标的课程和项目,并通过有效的教学方法来实现这些目标。

但几个至关重要的问题仍然存在:政治发展教育在伦理上站得住脚吗?实现这一系列目标是否冒着政治教化的巨大风险?它是否既符合本科教育的教育目标,又符合学术机构的价值观?这些问题目前正处于激烈的讨论之中。反对者对高校教师是否会试图向学生进行政治灌输、劝诱学生加入某党派或将自己的政治观点强加给学生提出质疑。如果在政治发展教育中不能避免类似情况,那么我们同意这些批评家的观点,即政治发展教育不应进入高等教育体系。这些问题我们将在下一章进行讨论。

注释：

1 关于 PEP 教师及项目负责人将这些关键的教学法运用到工作中的具体实例，请参见 PEP 线上资料库中的"审议、讨论和辩论""研究、行动项目及模拟""实习"和"反思和日志"，网址为 http://www.carnegiefoundation.org/educating_for_democracy/docs/。

第三章　开放性探究势在必行

要将负责任的政治教育作为一种严肃的教育目标,就必须将其融入课程以及更广泛的课外项目或校园活动中。对此,学术界内外都有许多反对者。他们认为政治问题不属于课堂,一旦进入课堂,严重的偏见就无从避免,应该寻求其他方式推行政治参与教育。然而我们相信,我们所提倡的政治发展目标与高等教育特殊性之间能够建立和谐关系。

正如我们在第二章中所讨论的,许多校外的政治教育形式,如政治广告、党派博客以及一些广播电视节目往往存在严重偏见且质量堪忧。而我们所倡导的大学课程和校园活动中的政治教育,则应像高质量的政治报道一般,公正、无党派、具有开放性视角、以深厚的知识以及慎思的协商为基础,并在文明的氛围下推进。我们相信,推进政治发展教育,必须要帮助学生理解多样观点、学习对自身政治目标有用的技能,并增强他们追求这些目标的动机。

长期以来,一直有人质疑高校是否能够以及如何能够在不施加特定意识形态影响的情况下,培养学生成为负责任的、积极进行政治参与的公民,由于一些保守派人士和活动家指责学术中带有一种普遍的自由主义政治偏见,所以这一问题显得尤为紧迫。

在这些批评者所提出的建议中,有一条是要将政治和政策问题完全排除在课堂之外。而且,一些教育者也倾向于绕开政治参与(而不是更广泛意义的公民参与)教育,因为他们担心受到政治发展教育无法避免的关于偏见和灌输的指控。我们认为,这些态度反映了对高质量政治发展教育本质以及对学术核心价值兼容性的误解。

一、学术核心价值观

只有在符合高等教育核心价值观的情况下,在本科教育中,尤其是在课程中明确纳入政治发展教育才是合理合法的。那么这些核心价值观是什么呢?虽然在其重要程度和具体解释上还有一定差异,但都基本认同高等教育中的学术、教学和学习应当遵循下列基本原则,即维护知识诚信(intelligence integrity),相互尊重和宽容,愿意去倾听并认真考虑他人的观点,思考公众争议的问题以及认同理性表达、程序公正和文明礼貌。尽管这些价值观对高等教育的核心任务至关重要,但其重要性不完全是工具性的,它们和教育事业的伦理合法性也息息相关,其代表着教育事业的核心道德认同。

1. 文化多元和观点多样

高等教育具有通过科学研究和学生教育来促进知识进步的双重使命,这一使命的核心是知识多元、思想开放和尊重观点的多样性。创新和创造力作为促进知识进步的基础,若想让其蓬勃发展,对非传统思想的自由追求必不可少。同时,多元视角也有利于营造充满活力的教育情境,加深学生的理解,提升学生的思维活力和批判能力。

约翰·S.米尔在其经典论文《论自由》中,通过讨论大学的教育角色和知识建构角色的直接联系,强调了开放性思考多样性观点的重要性。他指出,"只有冲突性观点相互碰撞","全部的真相"才能浮出水面,正确观点除非在严峻的挑战中得到捍卫,否则也将以"一种失之偏颇的方式被对待,以至于未能理解或感知其理性根据",并且,如果没有这些挑战,教学的意义将会"丢失或衰退"。(Mill,[1859]2002,p.54)正是由于开放性思考对探寻真理和加深理解的重要性,米尔建议营造一种丰富的文化环境,即后来众所周知的"思想市场"。

尊重观点多样性并开放性地思考对立观点对保障政治参与教育课程的合法性十分必要。一般情况下,教师选择是否展现或如何展现一个问题的不同观点取决于讨论主题及其在所授内容中的地位。在某些问题上存在一些可信的不同观点,并且这些观点十分重要,应该确保其被纳入课程;而在某些问题上不同观点的争议已经得到解决,至少目前是这样(也就不必把这不同观点纳入课程了)。但是,在涉及政治理解和参与的教学中,尽可能提供多种可信观点非常重要。我们发现,在这个领域中判断力很关键,我们不是建议教师对他们认为没有价值的观点也花费"同等时间"。尽管可能有例外情况,但我们通常还是认为虽然有的教师自身具有强烈政治信念并认为所有反对意见都毫无价值,但作为教师,他们有责任将其(或该领域的其他专家)认为的最好的不同观点引入课堂。在这个意义上,推动教授和思考多样观点又限制了优质教学名义下的学术自由。这还只是在开展政治理解和参与教学时需要被协调解决的众多矛盾之一。

我们建议,教学人员在承担教师角色时,应该帮助学生培养一种对新思想持开放态度的素质,以及为自身和他人观点做论证和评估的能力。这两个教学目标是相互联系的,因为学生需要一些基本的素质和能力来判断他们思考的新思想。实现这些目标的方法之一是教师做出榜样示范。如果教师想在政治领域成为思想开放的榜样,就有必要考虑自身易受意识形态偏见影响的潜在缺陷,并有意识地去培养对不同甚至对立观点的真正开放和尊重。

2. 学术自由

米尔认为,通过开放性思考不同观点来追求真理为言论自由提供了核心理论基础。学术自由是现代高等教育认同的核心价值观之一。学术自由意味着教师在形成和表达观点时被赋予广泛的自由,包括形成和表达争议性观点,其目的是追求高质量的学术,而高质量学术则取决于理性探究、知识诚信和创造力。

言论自由、尊重他人思维独立的学术核心价值观对旨在促进学生政治发展的课程具有重要意义。保守派批评者认为,许多教师把与课堂主题无关的政治问题带入课堂,这种做法既不合法也不受学术自由的保护(American Council of Trustees and Alumni, 2004; Horowitz, 2004a, 2004b)。这就涉及这样一个问题:谁有权确定一个主题是否和给定课程相关呢?

当然,教师的学术自由并不是无限的——本科课程不能仅仅是代表教师个人兴趣的松散的课程集合。但在符合学校需求的前提下,应由教师决定授课的具体目标和内容,并决定使用何种阅读材料以及如何布置作业才能更好地实现目标。这包括判断是否需要解决以及如何解决与课程相关的任何领域中的争议性问题。这不仅是教师的特权,也是高等教育中教学的基本特征。我们已经看到,政治政策问题可以与许多课程发生关联,并且学生可以通过在课程中处理这些问题而受益。

学术科目或领域内的许多争议性问题只涉及理论争辩或其他讨论,跟近年来广受关注的政治或社会问题毫不相关。学术生活中争论不可避免,观点多样性在所有学术领域(包括那些与政治毫无关系的领域)都是必不可少的。同样重要的是应该认识到,对大多数学生而言,许多社会和公共政策问题不会带来强烈情感性的、有争议的、"敏感"问题。事实上,将政治关切纳入课堂的教师往往会刻意避开像"堕胎"这种容易引起分歧的问题。造成这种情况的原因并不是害怕争论和冲突,而是认识到极具争议的讨论鲜有成效。

3. 学术表达规范

尽管对不同观点的开放性思考和无论思想指向何种目标都坚持不懈追求的学术自由这二者十分重要,但它们都并未真正掌握学术生活的特质,而这种特质正是学校政治发展教育必须具备的。这两种核心价值都与学术价值体系相关,学术价值体系为各种观点的表达建立了标准,符合标准的观点表达在学术和教学中能被认真对待并被认为具备合法性。如果没有对争议性观点进行评估,那么对不同观点的开放性思考就没有意义。如果学术自由没有以智力素质的引导作为保障,那它就是空洞的。虽然学术和科学规范具有学科特色,并经常互相质疑,但在一个更一般的意义上，它们对这一点形成了基本共识，即学术表达要求具有观点的合理论证、证据展示、关于证据的可能的其他解释和原有解释的反对意见的思考。

政治发展教育要进入学术课程体系，就必须像其他学科一样遵守这些学术表达规范。这样一来，以学术为基础的政治发展教育就和政治广告、政治灌输以及日常生活中许多非正式的政治表达形成了鲜明对比。通常，非学术形式的政治灌输为达目标不择手段，而塑造学术中的政治理解教育则必须要依靠合理的论证、观点的依据和证据、多样观点的思考以及尽可能脱离意识形态偏见的知识基础。

政治理解和政治参与教育的关键要素之一在于教学生将这些协商和论证的规范运用到政治思考和表达之中，能够批判性地分析和评价自己和他人的观点。这意味着要保持好奇，勤于思考，并对与己不同的新观点保持开放，而不是出于偏见停止对新观点的思考。提高这些基本的个人素质和智力技能是政治发展教育的最重要目标之一。

如果学生掌握了这些技能，将有助于避免在大学及之后的生活中受到不合法灌输。正如美国高等教育协会发表的《学术自由和教育责任》(Academic Freedom and Educational Responsibility)声明中提到的："培养这样的智力和个人能力是提醒学生注意灌输之不当和危险的正确方式，帮助他们看穿扭曲的宣传，使他们能够明智地评估那些强烈情感诉求带来的说服力。对分析这种素质的强调有利于帮助学生明白为什么不受欢迎的观点也需要被倾听，而非保持沉默。通过对不同观点的深思，通识教育通过赋予个体更强的能力而使其获得更大的个人自由。"

这些学术表达的共同规范就教师和学生可以对彼此提出哪些合理期待提出了许多重要要求。这些要求对几乎所有学科领域的教学来说都十分重要,尤其在涉及政治、社会和宗教等这些高度敏感的话题时更是如此。

　　划定学术自由的边界。首先,学术表达规范为学术自由设定锚点和基础,有时甚至会为教职员工担任教师和学者角色时享有的不同学术自由设定界限。这些规范对评估或论证观点的价值十分重要,并且会在过程、准则和结构等这些控制学术机会、学术表现和学术发展的维度上不断实现制度化。这些制度化的结构体意味着教师没有绝对特权,因为无论是教学还是科研都有相应的表达规范和学术规范用于评判其工作。在良好的教学中,教师们坚持自己的观点和主张,并认真对待可提出有力论据的多样观点。进行符合学术表达规范的教学意味着学生可以自由提出与教师所持立场相冲突的观点,这些观点将按其价值获得评判。

　　对学生进行约束。学术表达规范也会对学生进行限制。有时学生希望教职员工认真关注老师们认为没有价值的课程。当然,作出这样的判断选择并非容易之举,教师不应在没有认真考虑学生所关心问题的情况下,就匆忙将一个话题排除在外。但归根结底,教师不可能采纳每一条建议,因为有些观点没有有力的论证作支撑,有的观点与当前主题完全无关。如果学生的建议可信,但不是主题的核心,并没有重要到要占用整节课时间的程度,一些教师就会提供一些阅读材料或特定的项目让学生进行自主探索。不过,对于是否采纳以及如何采纳学生关于讨论主题的建议,教师必须是裁定人。

有时,不仅有必要忽略学生想要在课堂中讨论的一些话题,甚至还要纳入和布置一些让一些会让学生感觉不舒服的问题和任务。因为,要依据教师的判断来决定主题的可信度和相关性,学生没有权利坚持将令他们不快的可信观点排除在课堂之外。

《高等教育纪事报》(Chronicle of Higher Education) 2005 年 5 月的一篇文章描述了学生提出这类要求的情况。南达科他州立大学哲学和宗教学教授安·巴尔(Ann Bahr)描述了一系列这样的事件,一些基督教原教旨主义者要求她在教学大纲中纳入一些特定的阅读材料和观点,而将一些内容排除在外(Bahr, 2005)。在一个案例中,一些宗教保守主义的学生声称,巴尔布置的两本关于福音派基督教的阅读书目对宗教运动持有偏见,应该从书单中删除。其中一本书的作者是一位受人尊重的福音派学者,另一本书的作者则是一位宗教身份不明的知名学者。因为这些书并非专门针对福音派基督教进行批判,巴尔推测可能是"这些书籍客观、学术的基调让她的学生感到不安"。在她看来,这些学生似乎希望在"美国文化中的宗教"(Religion in American Culture)这门课程中对宗教持有一种更加虔诚的立场。巴尔不顾学生的抗议,将这些阅读材料保留在教学大纲中。在政治领域以及宗教和政治问题的交叉领域中也有类似报道,这是当下在校园中特别关注的一个领域。

引导学生理解并尊重巴尔的学生所反对的那种"客观、学术的"的观点——一种以理性和证据为规范的表达,是高等教育的核心教育职能。许多学生刚入学时都对学术生活的这一确定性特征知之甚少。无论他们有多抵触,都要引导他们认可并熟悉这种表达,这是一大挑战。在高等教育中,进行理性表达不是可以自由决定的。从本质上说,选择回避学术事业的基本特质就是回避学术本身。

学生进入大学时很可能会遇到让他们感到不安的讨论、阅读和观点。当他们面对新观点、新思维和新的交流方式时,不平和与不适应几乎不可避免。当学生被要求用其不熟悉的思维模式来严肃对待关于重要学术、社会、政治和宗教问题的新观点时,他们可能尤为不安。但这种不适是不可避免的。

作为对政治观点多样性之争的回应,2004年,时任杜克大学校长的纳恩·基奥恩(Nan Keohane,2004)督促师生都去理解使学生走出舒适区的教学价值:"如果不鼓励教师或学生进行多样观点的表达,那我们的教室将是贫瘠的……与谨慎地表达那些会让人感到不舒服的想法相比,表达清晰、具有挑战性的观点会激发更深层次的思考和更多的讨论。"

4. 文明礼貌

当课程确实涉及争议性话题挑衅性观点和不同视角的严肃讨论时,学生之间、师生之间的观点往往截然不同。在这种讨论中保持尊重和文明的语气是基于学术的政治沟通的另一重要标志,但遗憾的是这与学术外(有时甚至是学术内)的政治沟通形成了鲜明反差。尽管有时会被破坏,但这一核心学术表达价值观无论在课堂上还是在平常的校园环境中都十分重要。我们相信这一目标是可实现的,因为我们看到有许多教师和学生共同努力创造相互尊重的课堂氛围,为参与者激烈冲突的对话提供了一种支持性环境。保持礼貌和尊重差异的氛围需要教师监控和管理课堂气氛,也需要教师为彼此、也为学生树立文明礼貌的榜样。

这包括要展现和坚持对学生群体不同观点的敏感性,特别是对少数学生观点的敏感性。

我们之前曾经提及,一些评论者批评教师将无关的政治问题带入课堂,而我们认为学术自由赋予教师权利来决定哪些问题和话题适合纳入课程。但对最近被新闻曝光的校园爆发性事件的归因分析发现它们都和政治问题有关,是因为教师没有谨慎思考如何将政治理解和政治参与教育融入教学中,而是更多地使用一些旨在使课程轻松或个性化的随意的旁白、笑话或评论。学生通常喜欢轻松的内容,这没人反对。但当这种评论和笑话是和政治、宗教或其他高度敏感话题有关时,就有可能因为冒犯到一些人而达不到任何教育目的。从根本上讲,当教师的言论与持相同信念的人建立同志情谊而产生排他时,就没有做到尊重和礼貌地对待学生。这与在课程中提出并仔细论证并非所有人都认同的观点截然不同。

我们并不是希望每一次关于政治的谈话、每一次参与政治的经历都是死板严肃的。讽刺是一项历史悠久的政治策略,应该作为让学生喜欢和练习的技能之一。激发学生政治兴趣的途径其中之一就是让他们知道政治参与是多么有趣,而幽默无疑在政治兴趣中扮演着重要角色。喜剧中心频道推出的《每日秀》(*The Daily Show*)电视节目对民主党和共和党都进行公开讽刺,其受欢迎程度正表明讽刺在激发年轻人的政治兴趣方面可以发挥多么强大的作用。在政治参与教学中,教师面临的诸多挑战之一就是既帮助学生认真对待彼此,避免将与其意见相左的人妖魔化,又不将整个过程搞得太严肃而丧失其中的愉悦感、荒谬感和风趣性。

教室和校园的氛围在某种程度上正是由一些动作虽小但意义重大的举动催生的。所以,学生更加注意自己的举动是让其他人理解为尊重还是不尊重非常重要。允许学生跨越政治立场和其他重要差异进行对话,谈论什么行为意味着不尊重或不宽容,这对所有参与者来说都是非常宝贵的学习经历。但过于强调人际关系的敏感性也存在风险。风险之一就是学生可能会在他们认为受到轻视时变得高度警觉或过于敏感。尽管需要相互尊重,但如果学生想要持续参与政治,变得"厚脸皮"也有益处。班级中普遍的善意和团结有助于提高礼貌和韧性。

　　言论准则。令人遗憾的是,有些不文明行为远远超出了不礼貌和人际紧张的限度。比如大学校园里经常发生种族歧视、宗教及其他偏见方面的丑闻事件。为了维护尊重和礼貌,许多机构制定了正式的言论准则,用以对某类言论进行限制,并对违规者处以重罚。比如,1988年,密歇根大学出台了一项政策,禁止"基于种族、民族、宗教、性别、性取向的歧视或伤害"等类别的言论(Gould, 2005)。到20世纪90年代末,数百家高等教育机构设置了言论准则——据统计,占比高达一半以上。

　　但事实证明,这个办法并不太管用,至少不像最初设想的那样奏效。正式的言论准则招致了诸多麻烦。依据《宪法第一修正案》(First Amendment),大学中的言论准则受到合法性的质疑,许多州由于其含糊不清、过于宽泛而予以废黜。在1992年的一项判决中,尽管没有直接提及言论准则,但美国最高法院裁定,公共机构(在本案中是一个城市)不能"对那些就'种族、肤色、信仰、宗教或性别'等不受欢迎的主题发表意见的发言者施加特别的禁令"(Gould, 2005)。言论准则在执行中也面临诸多问题,因为想要在仇恨言论和令人反感的言论间划清界限几乎不可能,存在问题的互动往往会导致多种相互矛盾的解释。如果强制执行言论准则,冲突的性质就会发生法律性和程序驱动性的演变,进而弱化彼此尊重是我们所有人都必须履行的道德义务这一个方面。用法律强迫遵守文明无法产生善意,也无法解决隐藏在这些事件背后的真正问题。

在1992年最高法院作出判决后,美国大学教授协会(American Association of University Professors)发表了"关于言论自由和校园言论准则"(On Freedom of Expression and Campus Speech Codes)的声明。这份声明指出了敌视言论十足的令人厌恶性及其对机构和个人的破坏性。但声明同时声称言论准则不可避免地限制言论自由(这是"学术事业的重要先决条件"),因此其在高等教育系统中无法实现合法化(1994)。声明建议用其他方法来处置"无礼、偏狭、攻击性言论和骚扰行为",认为高等教育机构应采用"一系列措施,比如出台针对财产损毁、人身威胁和骚扰或校园破坏活动等的规章制度来处罚相关行为、举动而不是言论。"声明还呼吁各学院和大学加强对学生进行关于这些问题的教育、强烈谴责"严重违反文明的行为"。

一些机构遵照美国大学教授协会的建议修改了其关于不歧视和偏狭的政策,其中一些是为了应对诉讼,另一些则没有这些压力。例如,宾夕法尼亚州立大学对原有政策进行了修改,明确界定了校园中何为骚扰、何为受保护言论。正如《高等教育纪事报》所报道的,"基于对骚扰的新定义,针对个人的基于种族、宗教、性取向或类似个人特征的肢体或语言行为,必须是'足够严重或普遍到妨碍了他人就业、教育或大学课程、活动和机会的准入资格'。这种行为还必须是'既对本次当事人产生了不利影响,也会对处在同等境况下的其他正常人产生不利影响'"。(Jacobson, 2006)

尽管最高法院作出相关判决,美国大学教授协会提出了建议,重点的私立、公立高校也形成了取消言论准则的决议,仍有许多高等教育机构继续采用或保留言论准则。不过其在实践中并非作为真正的监管机制存在,而更多被当作一种期许的表达和校园规范的表述。相关研究表明,言论准则在当代高等教育中鲜有执行(Gould, 2005)。因此,虽然保留言论准则的高校看上去为数不少,但事实上遵照美国大学教授协会建议的情况还是多数。

我们认为,从正式的言论准则到对文明和互相尊重的明确声明是一种积极的发展,这反映了对文明礼貌无法被精确定义或立法限定的认知。我们认为最有效、最符合基本学术价值观的方法是管理人员和教师所经常强调的预期阐明,正如宾夕法尼亚州立大学制定的新规定一样,明确提出会对犯罪行为(如毁坏财产或暴力威胁)或严重干扰大学课程和资源使用的行为进行处罚。对尊重和文明的预期越是通过建立校园中的广泛共识而强化,这些规范的约束力量就会越强大。

约束课堂中的言论。并非所有教师和管理者都认为制止学生发表令人反感的言论有何不妥。比如,芭芭拉·艾普尔鲍姆(Barbara Applebaum)2003年在某杂志《社会公正、民主教育,使人受伤的话语沉默》这篇文章中讲述了一件有意思的事情,在她的研究生课程"民主教育与多样性"中,一名基督教学生在课堂讨论时说她能够接受同性恋成为未来的学校管理者,因为她已经学会了"恨罪行,但爱罪人"(p.151)。讲完故事之后艾普尔鲍姆评论说,这位基督教学生的言论"既是其个人观点的表达,也是其基督徒身份的附属品"(p. 157)。她认为这样的言论不仅伤害了同性恋学生,也会让异性恋学生印象深刻,从而强化以蔑视同性恋者的异性恋主义者为主导的这种习俗。

艾普尔鲍姆认为,"只有当所有观点都有平等的表达机会时,言论自由和思想市场的自由信仰才具有说服力"(p. 159)。为使"异性恋习俗所创造和维系的特权和剥夺制度"失去作用,教师应采用"平等权利的行动教学法"(p. 160)。回到她之前的例子,艾普尔鲍姆写到,"如果有必要的话,我会压制这些占主导地位的声音"(p. 161)。

尽管艾普尔鲍姆照顾同性恋学生感受的愿望可以理解,但她实现这一目标的方法是要去压制基督教学生的观点。因此,如果这位基督教学生认为,她感到在这种学术情境下自己的同性恋观点不代表"主流声音"而没有受到同等对待,也就是意料之中的事情了。艾普尔鲍姆承认,这名学生确实试图声明自己有表达个人宗教信仰的权利,但这一声明只是一个让艾普尔鲍姆"惊讶"于其"厚颜无耻",却无法说服她相信其正确性的声明(2003, p. 152)。

约翰·彼得洛维奇(John Petrovic)对艾普尔鲍姆的文章进行了评论,他倡导"对沉默的监管"这一评论将对这种监管的争论更向前推进了一步。彼得洛维奇指出:"艾普尔鲍姆只是对明确的'话语'和'信仰表达'给予关注,这一做法还是过于狭隘,因为她忽视了沉默,尤其是学校课程中关于性取向的沉默。沉默也是一种作为权力衍生品的言语行为,它也像艾普尔鲍姆监管的其他言语行为一样会造成伤害。所以说她回避了这样一个问题:在反对异性恋对同性恋的歧视斗争中,我们能忽视对沉默的监管吗?"(p. 163)。我就在想,如果听从彼得洛维奇的建议,还会有哪些沉默需要我们来监管呢? 如果有这类关于沉默监管的阅读材料,我们会毫不迟疑地将其引入课程之中。在我们看来,艾普尔鲍姆和彼得洛维奇都错误地提倡对学生的观点进行监管。他们代表的行为在学术界没有立足之地。

很显然,言论准则、监管以及是否应该压制某种声音这些问题本身就极具争议性。这种困境意味着真正的挑战,因为正如许多其他的伦理困境一样,是在积极的价值观之间产生了冲突,而判断何为恰当解决方案又依赖于个人的判断。摆脱这一困境无法倚仗程序公正或尊重和容忍他人这样的价值观。不过我们断定,在这些困境中存在的相互对立的价值观之间并不是不可调和的,我们应当努力争取调和这种矛盾。

关心全体学生的福祉当然很重要,但我们认为艾普尔鲍姆和彼得洛维奇关于监管制度的论述对说明清楚强调照顾学生感受所带来风险很有益。我们认为一般情况下教师不必为了礼貌或保护弱势学生而牺牲课堂上的言论自由和观点多样性。通过努力帮助学生真正理解彼此的观点可以更有效、深入、持久地实现这些目标,而当不同意见被压制时这些显然无法实现。最后,观点对立的双方都可能经历一些不适,但从发展的角度看,如果处理得当这种经历是具有积极意义的。

比如,在上述艾普尔鲍姆描述的案例中,紧随基督教学生的评论之后可以展开许多富有成效的讨论。我们并非建议应该全班讨论同性恋是否有罪。但是当学生、家长、教师或其他同事的价值取向或认同和自己存在根本差异时,一场关于作为学校管理者专业精神意蕴何在的讨论对所有学生来说可能都很有意义。艾普尔鲍姆学生所描述的情景尽管涉及的内容宽泛,但却很可能会出现在课堂上许多人未来的工作生活之中。

需要压制表达自由并不是过分强调文明礼貌的唯一风险。一个更为普遍的问题是,学生变得十分害怕彼此冒犯而拒绝进行激烈争辩。学生常常搞不清尊重和开放对待他人观点跟认为所有观点都一样正确的区别。当这种情况发生时,道德和政治考量就无从谈起了,学生也不太可能再认真对待它(Ricks, 1999; Trosset, 1998)。这在政治领域特有的一个问题,因为有时混乱的政治世界需要我们去忍受一些冲突,忍受对立的议程、价值观和信仰之间的相互拉锯。正如 PEP 教师马歇尔·甘兹所说:"冲突很重要。学生往往更喜欢相对主义而非多元主义,但我想让他们做的恰恰是摆脱相对主义而进入多元主义。其实人们真的都不太愿意挑战不认可自己的人。我的课堂也没有妖魔化倾向,每个人都害怕与他人针锋相对。但他们需要去挑战,因为充满活力的多元化就是需要互相挑战。"

对教授政治发展课程的教师来说,重要的是找到方法,在不让学生厌烦冲突的情况下创造文明和尊重的氛围。第四章提出了实现这一目标的策略。

二、教师角色和专业精神

在政治发展教育里,学术自由的价值观、观点的多样性以及理性表达和礼貌的规范对教师角色和专业精神来讲意味着什么呢?尊重学生观点的多样性和学术自由并不意味着教师必须在政治立场上保持中立。

在衡量教职员工发表的政治主张时,非常重要的一点是要考虑其当时所扮演的角色,看他是普通公民、学者、专业团体成员还是教师。作为普通公民,他们可能参与投票、为政党和竞选活动捐款、撰写政治观点文章等等;作为学者,他们有时会谈论与研究相关的社会或政策问题;作为经济学家,他们可能会写作针对主流经济理论的女权主义批判文章;作为教育研究者,他们可能会准备支持择校和付款凭证的政策简报;作为政治学家,他们可能会提倡增加公众对重要政策问题的协商;作为一个专业团体的成员,他们可能会支持或反对在高等教育中进行高风险试验,支持或反对将胚胎用于医学院的干细胞研究等等。这些角色都跟教师这一角色有很大不同,而不同角色发表的主张需要有不同的规范来约束。

1. 教师的多重角色

近来一些关于大学教职员工政治问题的公开讨论未对他们的教师角色和其他角色加以区分。目前,对自由派或左倾教师的保守批判往往聚焦于他们的个人性政治活动(特别是政党归属与竞选捐款)、学术研究中发表的犀利与煽动性言论以及在自己学科组织中学术的主张。(参见,Horowitz, 2006b; Jones, 2006a, 2006b; Zinsmeister, 2005. For examples of responses to these critiques, see Free Exchange on Campus, 2006; Jaschik, 2006; Makdisi, 2006.)

这些批判基于一个我们认为毫无依据的假设——教师在其他角色中参与的政治活动必然会影响其教学。对我们来说,重要的不是教师作为普通公民或学者时做什么,而是他们作为教师时会做什么。这是一个至今几乎从未被探讨的经验问题,我们将在第四章中对其进行讨论。

教学中表达政治主张的方式。然而,对作为教师在教育活动涉及自己的政治信仰和主张时应该怎么做还是有理性共识的。哲学家小罗伯特·牛顿(Robert Newton Jr.)就对这些规范提出了自己的看法。牛顿对政治主张的不同表达方式进行了区分,他认为这些方式都各具合理性。跟我们类似,他也对作为教师在教学中的合适政治主张表达方式与作为学者或普通公民的恰当政治主张表达方式进行了区分。牛顿着重强调了教学中两种政治主张表达方式的合理性和有效性,即,"批判性表达",这种方式下教师和学生都可以对讨论的问题自由发表自己的观点;以及"对话性表达",这种方式旨在使对话进一步拓展或深化——比如,对学生进行质疑,从而促使其重新考虑未经证实的观点或者为其本人并不认同的观点作论证;或扮演"魔鬼代言人"以确保各种立场都得到兼顾;或去质疑一种未有效针对反对意见的、过于简单的表述(Newton,2003)。对话性表达应用于课堂中的目的在于教授表达政治主张的技能。

牛顿(2003)将这些在教学中表达政治主张的方式与滥用教化和灌输进行了对比,灌输和教化都试图使学生认同某人观点,使用的手段不是去开放性地接受挑战和质疑,其目的也不是为了增强独立判断的能力。灌输和教化当然可能发生在与政治相关的课程中,但也很容易发生在与政治无关的领域,比如在涉及对立理论构想或其他激烈争论的学科或研究领域。"稻草人谬误"已远远超出了政治领域,无论出现在教学领域还是学术领域都令人反感。在课堂上合理表达政治主张的关键在于,无论是政治问题还是非政治问题,都应该向学生展现多种观点,鼓励他们表达不同看法,引导他们对当前问题做出自主判断,根据自己的价值观来对老师和同学提出的观点加以判断。

PEP 教师表达政治主张的经验。自己的政治信仰是否该向学生隐瞒?PEP 教师对此进行了认真思考。他们认为只要教师谨慎地展现个人立场,并鼓励多样观点甚至是他们个人不认同的观点,那么任何一种选择都符合开放的课堂氛围。有的教师选择不告诉学生他们本人的政治主张,学生直到课程结束也不知道老师的政治信仰,但他们对此表示欣赏和尊重。

其他教师出于种种原因更倾向于告诉学生自己在这些问题上的立场及其原因。这样做的目的在于他们想要为学生提供关于某一立场表达与论证过程的示范,在于他们想将自己的信仰和可能存在的偏见坦诚相告,在于他们想避免为极端道德相对主义背书。这些教师认为,只要注意不把自己的观点强加给学生并努力确保对立观点都能得以呈现,那么呈现自身立场和观点就能和尊重多样性观点和谐共存。正如甘兹所说:"(我致力于开放性探究)是受'广告的真实性'启发而开始的。我需要和学生们说:'我从这里来',我无法回避这一点,因为(政治组织——这门课程的主题)是以价值观为基础的,其中价值观很重要。但这门课程的目的在于将价值观转化为行动,而这又遍及政治的各个领域。"

2. 专业精神的应用:评级和其他评价

显然,当教师对学生发表个人政治见解的文章、演讲和其他作业进行等级评定时,不应该基于他们的政治观点而歧视学生。同时我们还认为当涉及评价时,公平的内在实质和外在形式同等重要。学生抱怨教师心存偏见通常是指他们认为自己在评级时受到了教师的不公平对待。由于学生往往不太了解老师的评分标准,他们可能认为教师的评级是基于作业表达的政治观点而非质量,即便这并非事实。出于这样那样的原因(常常是一些关涉良好教学的原因),有必要对评分标准明确进行明确,并以优秀作业为例详加说明,还要就作业中与标准有关的方面给学生提供尽可能多的反馈。

要确保评价是对质量的公正判断,其中一个挑战就是许多评价在本质上是相对主观的,这类评价包括诸如对学生论文、演讲和其他开放式作业的评价等。这就意味着教师需要时刻警惕他们在评判学生表达自身政治信仰的作业时可能存在细微偏见。心理学研究表明,人们倾向于抵制那些挑战自身政治信仰的观点,他们会对这些对立观点的内容与表述进行更加严苛的审视,而对与自身信仰一致的观点则不会这样做。比如,一项研究要求参与者对支持和反对死刑的文章进行评价,结果发现相对于自身认可的观点,被试更容易识别那些表达了与自身不同观点文章的缺陷(Lord, Ross, and Leeper, 1979)。据我们所知,该研究未包括受过训练的知识分子和学者的样本,他们接受的训练是将对陈述或论证的批判性分析或证据的可信性与对结论的个人性评价区分开来,因此还不清楚教师是否像普通人一样存在这样的弱点。尽管如此,这项研究还是应该被作为一种警示,它告诫教师们在努力消除对反对观点的任何可能偏见时都应保持自觉和警醒。

三、多维要素的交错

将学术生活中的核心价值观作为政治教学的指导原则在根本上是有意义的,它代表了一种广泛的共识,具有多样政治观点的人们,无论是学术的批判者还是辩护者,都可以围绕这一共识走到一起。人们普遍认可观点多样性、学术自由、理性表达和文明礼貌的重要性以及这些原则在保护教育过程免受偏见干扰时发挥的作用。2005年6月,美国教育委员会(American Council on Education, ACE)发表声明,对大学生校园政治偏见问题的持续争议进行了回应,随后,美国高等教育协会也在2006年发表了声明。我们自己对这些问题的思考也受到了这些深思熟虑声明的启发和影响。许多学院、大学和教育相关组织的领导者已经签署了ACE的"学术权力和责任声明",一些直言不讳的保守派组织已经督促高等教育机构执行声明中提出的原则。这在当前高等教育存在关于政治教育激烈辩论的背景下是一项重大成就。遗憾的是,这种对指导原则的统一共识并未能真正解决问题。在处理政治这种有争议且影响深远的问题时有必要就一些复杂之处进行商议,这是我们第四章将要讨论的内容。

第四章　创设开放性探究环境

尽管学术核心价值观要求具备开放性探究环境,但创设这样的环境确实极具挑战性,尤其是与政治问题相关时。高等教育、政治以及政治发展的多重特征使其变得更加复杂。第一,教师和学生所处的专业学科以及所持有的政治观点中都夹带着或明或隐的意识形态前提。这种无法避免的情况就引发了一系列问题:这些假设在多大程度上被承认、被挑战、代表了广泛的观点,与鼓励学生在争议性问题上发表多样观点的教育目标的兼容性又如何。第二,营造激烈的辩论和用开放性思维追求真理的氛围,在很大程度上需要所有参与者具备成熟的认知理解水平和发展良好的心智技能。但许多学生的认知技能还没有发展到能够有效论证自身观点的水平,也不能理解为什么需要对他人的主张进行评估。第三,强调逻辑缜密、深思熟虑的分析,这是开放性探究中最为核心的内容,但如果学生要为积极进行政治参与做准备,这却可能成为进行决策性判断以及激情投入的阻碍。第四,社会上蔓延的极端化政治环境也可能会侵蚀校园文化,影响教师和学生的态度。

上述四种挑战使得创设和保持开放性探究环境变得极为复杂,在这章中我们将对其进行细致分析。然后我们将进一步在校园整体层面,以及课程和专业项目层面提出应对这些挑战的建议。

一、对学术界政治同质化的质疑

选民对文化和意识形态多样性的重要性有普遍认识,但学术界中政治观点的多样性现状到底如何,目前还饱受质疑,至少保守派是质疑的。保守派的批评者指出"市场上售卖的都是同一品牌的商品"。他们认为,学生并没有机会充分接触多样化的政治观点,事实上,更倾向于自由派的失衡现象,无论是否有意为之,都在某种程度上改变着学生的政治信仰。

研究数据清晰表明,大多数高校教师自认为是自由派而非保守派。然而,提供这些数据的研究(或是提供了高校教师民主党和共和党占比数据的研究)大多只对部分高校进行了调研,且研究结果彼此差异较大(参见 Klein and Stern, 2004; Klein and Western, 2004; Rothman, Lichter, and Nevitte, 2005)。据我们所知,目前关于教师政治认同的最新研究是由加州大学洛杉矶分校高等教育研究院主导的,该研究具有大规模的全国性样本。

自1989年起,高等教育研究院每隔三年就会开展一次关于高校教师政治态度和信仰的大规模调研。在2004—2005年的最新研究中,共调研了来自421所高校的40 670位全职教师(Lindholm, Szelenyi, Hurtado, and Korn, 2005)。尽管结果显示高校教师中自由派的人数的确高于保守派,且在某些学科中尤为明显,但这种失衡却远未像小型研究显示的那样离谱。

在高等教育研究院调研的所有高校的教师样本中,51%的受访者认为自己是自由派或偏左派，29%的受访者认为自己处于中立，20%受访者认为自己是保守派或偏右派。该项数据在不同的高校类型上还有一定差异，私立高校中自由派教师的占比要高于公立高校，四年制高校中自由派教师的占比要高于两年制高校。例如，在两年制高校教师中，有38.6%的受访者自认为是自由派或偏左派，26.3%的受访者自认为是保守派或偏右派。考虑到这些指标，我们需要认识到，大多数学生是进入到了两年制高校或公立的四年制高校，只有少部分学生进入到了自由派教师占比极高的学校学习。

尽管这些数据反映了高校教师的政治认同情况，但却未能显示出高校中文化多样性对学生产生影响的情况。正如一些大学校长所指出的那样，高校作为教育机构，最主要的问题不是教师把票投给谁，而是他们如何开展教学。基奥恩（Keohane）在任杜克大学校长时写道："真正的问题不是教师本人的政治观点，而是他们的学识和教学质量，这其中包含了他们是否在课堂上欢迎多样、甚至相矛盾的观点。"（2004）如果教师不试图改变学生的政治信仰或进行思想灌输，相反，还尽可能地保障多样性观点的展现并尊重这些观点，这样一来他们属于哪个政治党派就不那么重要了。

1. 课堂上教师政治态度的影响

遗憾的是，关于在课上讨论政治问题的教师能够在多大程度上支持或鼓励学生表达不同观点的研究十分罕见，也未成体系。我们能够找到的一个相关研究是"课堂上的政治"（Politics in the Classroom），这项研究是由保守派"美国受托人和校友理事会"

（American Council of Trustees and Alumni，ACTA）中的"调查研究和分析中心"（Center for Survey Research & Analysis）开展的。该研究在很多方面存在缺陷,但的确让我们大致了解到政治课堂上开放性探究环境的现实情况。

然而,在探析研究结论之前,了解研究的缺陷问题也十分重要。第一个问题就是样本。这项研究对《美国新闻和世界报道》（Center for Survey Research & Analysis，2006）给出的排名前50的高校的学生进行了调研。因为高校中自由派教师的比例与对高校息息相关（Astin and Denson，等）,同全国平均水平相比,这项研究的样本所代表的高校,其教师更有可能自称为自由主义者。该研究中学生问卷的回收情况未被公开,所以我们不知道这一样本是否来自所有这些高校的受访学生。同时,这项调研在2004年总统选举前匆忙开展,因此时间压力也可能影响学生参与调研。

除去样本和时间的问题,题项设置形式也存在一定缺陷。调研中的题项遵循了一种标准模式:"在我校,一些教授（是不容忍……）";"在我校,一些课程（用一种不公平的方式展现问题……）";或者"在我校,一些专题讨论会和讲座（似乎是一边倒的……）"。每个题项都要求学生评估自己对这种表述赞成或反对的程度。由于这些题项的表达方式,当一个学生赞成"一些教师在课堂上对保守派做出了负面评论"这一表述时,我们不知道她是亲自听到了教师的这种言论,还是从与朋友的交谈或是一些关于所谓政治偏见的新闻故事中推测出来的。而当学生赞成那些带有"一些教师"或"一些课程"的表述时,我们也不知道这到底意味着什么,它所指的教师或课程是多是少。但能够推测的是,当学生否定"一些教师做了……"这种表述时,这说明题项中的现象在校园中不存在或几乎不存在。

该研究结果在很大程度上说明尽管有少数学生认为在校园中有一些存在政治偏见的教师或课程,但大多数学生不这么认为。例如,超过四分之三的受访者不认为"有一些教师不能容忍某些(政治性或社会性)观点"。而超过三分之二的受访者否认了"一些社会或政治问题以一种不公平的、一边倒的方式呈现"。尽管比重稍高,但仍属少数派的48%的学生认为,在校园中一些解决政治问题的专题研讨会以及讲座"似乎是一边倒的",尽管这不意味着这种一边倒是倒向同一个方向。

在评估针对学生的调研数据时,一定要认识到学生并不是教师政治行为的客观观察者。阿普里尔·凯莉-韦斯纳(April Kelly-Woessner)和马修·韦斯纳(Matthew Woessner)(2006)研究了学生对教师政治立场(自由或保守、民主或共和)的认知,还研究了学生对教师的评价与二者政治观点是否一致的关系。凯莉-韦斯纳和韦斯纳发现,如果学生意识到自己与教师的政治观点不同,那么他们对该教师的课程及教师本人的评价会相对消极,而当学生意识到自己与教师是政治同盟时,评价则可能相对积极。

学生自身的政治观点会影响他们对教师的评价,所以我们需要谨慎运用"美国受托人和校友理事会"的调研结论。实际上,该调研报告的作者也意识到了"自认为是保守派的学生中有很大一部分都认为校园中存在偏见"(Center for Survey Research & Analysis, 2006, p. 3)。尽管如此,这一数据显示,在这些高校中虽然不是大多数,但确实存在一部分学生认为,在他们的校园中至少存在少数教师在课堂上发表了具有党派立场的言论,或者并未做好接纳多样观点并确保在课堂上展现多样观点的表率。

依据我们前期对优质教学原则及其在政治教学中的适用性的探讨,如果这些学生的观点能够准确反映其所在学校的实际情况,那说明教师需要更加尊重观点多样性,并更敏锐地感知持不同政治观点的学生的感受。即使学生对校园内是否存在偏见的认知并不十分精准,高等教育机构也需要重视学生的看法。

2. 教师政治取向对学生的影响

另一个重要问题是教师的政治取向会对学生的政治取向有何影响。

PEP 的调研数据给出了初步回答。PEP 调研评估了学生在参与 PEP 前后的政治取向与政治党派认同的变化。这些数据显示,学生对自身属于自由派还是保守派、倾向于民主党还是共和党方面没有净增长。PEP 调研的学生在进入课堂和参与项目之初有多样的政治取向,而 PEP 教师则与全国教师的整体状况一致,大多数都是政治自由派,如果教师的政治取向能够影响学生的政治取向,那么我们应该看到学生整体转向政治自由派的情形出现。

但 PEP 的课程和项目并非贯穿大学始终,除极特殊情况外,大部分课程和项目仅持续一学期到一学年。那么,在一个大部分教师都是自由派的学校中,四年的经历会给学生带来怎样的影响?学校中的学生会不会逐渐倾向于政治自由派?

幸运的是,阿斯廷(Astin)和登桑(Denson)近来针对这项议题完成了一项严谨的跟踪调研,研究名为"大学对学生政治取向的长期影响"(Long-Term Effects of College on Students' Political Orientation),旨在关注教师和朋辈的政治取向在毕业时及毕业六年后会对学生的政治取向产生何种影响,以及整体的大学经历在这两个时间节点上对学生产生的影响。

在这项研究中,阿斯廷和登桑运用大型全国性跟踪数据库对一些本科生进行追踪,从他们 1994 年入学到四年后毕业,再到 2004 年毕业六年后。在所有的时间节点上,学生都要对自身做出评价,是偏右派、保守派、中立派、自由派还是偏左派。该研究显示,这些学生在毕业时有轻度转向左派的情况出现,但这种影响在毕业后的几年中很快就消失了。随着时间推移,受访者的自身政治取向认同越来越两极分化,但整体上在研究追踪的十年内在政治取向平衡问题上没有明显变化。

阿斯廷和登桑的研究也说明,到目前为止,对大学毕业后学生政治取向影响最大的先决因素是学生进入大学时的政治取向,剩下影响相对较小的变量是学校的特点和学生的大学经历,包括教师和朋辈的政治取向。此外,学生入校时的平均政治取向与所在大学师生的平均政治取向高度相关。事实上,大学毕业生的政治取向与其朋辈和教师的政治取向之间的关系大多是自我选择的结果,而这种关系在学生进入大学时就已经存在了。

但并非所有影响大学毕业生政治取向的变量都能靠自我选择解释,多元分析能够帮助我们将大学期间朋辈和教师的政治取向对毕业生的影响区分开来。这些分析表明,教师的平均政治取向并不一定影响毕业生的政治取向,而朋辈的平均政治取向对毕业生的确有影响。也就是说,如果将朋辈群体的影响考虑进去,教师的政治倾向对毕业生其实并无影响。

对参加过 PEP 的学生进行的访谈能够为我们提供一些笼统的数据,可能有助于我们了解为何教师不会对学生的政治取向产生影响。尽管许多 PEP 的教师确实选择了向学生明确展现自身的政治取向，但他们却十分谨慎地在课程或项目中展示多样的立场观点。即便学生偶尔会感到课堂内容有一边倒的倾向，但他们并不是被动的接受者，不会机械地接受老师所布置的阅读材料和授课内容。学生能够思考和评估他们所遇到的政治观点。尽管课堂上授课的是自由派教授，但由于学生找到了其他具有吸引力的阅读材料，或接触了一些演讲嘉宾或参与了实习，或者与大量朋辈进行交流互动，一些学生在政治态度上可能还会轻微地转向右派。相反，一些在保守主义项目中的学生也同样可能倾向于自由派。然而，任何向更自由或更保守方向的转变最终都会相互抵消。

此外，当学生感觉到政治倾向不均衡时，他们会倾向于后退。大多数参与 PEP 的学生并未感到他们是作为某一派，但在为数不多有此经历的学生中，我们看到他们会对自己认为倾向更保守或更自由立场的活动进行批判，同时这两种政治倾向都存在后退的情况。

这些研究表明，几乎不用担心大学教师政治取向的不平衡会构成"灌输"，从而导致学生政治取向的系统性转变。然而，在我们看来，这些发现不应使高等教育机构自满于能够确保学生接触到各种各样的政治观点。即使不考虑教师观点是否会影响学生的意识形态问题，采撷多种观点、开放性思想和探索性研究本身也极为重要。

3. 专业学科中隐含的价值前提

由于周围人与自己的信念想法都较为一致，教师和学生有时会意识不到在其处理问题的方法中就隐含着自己的价值观和信念。而由于信念相似或至少在学科中具有普遍性,尽管在外人看来他们已经承载了一定的意识形态,但一些教师仍认为他们的假设是政治中立甚至实事求是的。因此,他们可能并未将自身的假设提升到被认知和检验的显性层面。

这种情况可能发生在政治范畴的各个点位。在近期关于校园自由主义偏见的讨论中,极端个人主义是在众多学科中普遍存在的一种价值观。经济学和政治学的优势建立在理性选择的模式上,这种理性选择的模式认为个人主义能够最大化人们可以感知到的利益,并且认为社会现象是个人追求自身利益方式的集中体现。社会生物学和心理学的一些分支也具有类似的个人利益至上的人性观。经济学、公共政策和商学(近期大学中较为流行的专业之一)的课程都假设自由市场的资本主义是社会问题的最好解决方式,却没有考虑过任何代替这种意识形态的可能。在政治范畴的另一端,一些其他领域的课程(包括社会学、人类学)则天然地认为,经济上的不平等都是某些群体受到其他群体压迫和被边缘化的结果。

我们并不是提倡每门课程都要将该领域内的认识论和价值观前提上升为学生的主要学习目标,或者教师必须在每门课中都囊括基于不同前提假设的研究和理论的不同内容。但我们确信,尽管对于这些前提的思考不符合一些学科的本质属性,但使教师认识到他们的意识形态前提也十分有益。同时,这对开设关于认识论和价值观问题的课程也是有益的。

当课程涉及公共政策和政治问题时,花费时间考虑可能存在的隐性价值观就显得十分有价值。当这种隐性的前提假设没有被意识到也没有接受检验时，教师将不会意识到多样性观点的缺失。旨在推动政治理解和政治参与的课程就会遇到这样的特殊问题，因此教师需要特别注意，不要为了某种特定的意识形态而去改变学生的政治信念。一种有效方法是让教师与并未公开自身价值前提的同事进行沟通，让这些同事在开放性探究的视角下检验他们的授课目标和作业。

　　承载意识形态的语言和未被检验过的前提假设在大学课程中反复出现会使学生很沮丧。比如，有一种观点认为，当代社会分为剥削群体和被剥削群体，学生必须意识到他们属于哪一群体。一些学生在其行为表现中根本无法找到他剥削他人的证据，但却经常感到自己被划定为剥削者，这使他们很沮丧。一所著名的自由派大学的 PEP 参与者这样描述了他在大学时的经历：

　　　　无论我们何时谈论到政治话题，最终都会绕到白人是多么邪恶这个话题上。我和我的朋友们都是白人，而班级同学好像不会把我们和 1870 年、1890 年的那些白人殖民者区别开来，我们就都是"白人"。在一次关于政治问题的讨论中，一个同学突然举手说"你知道听到这些我十分鄙视白人和他们所做的一切"。当被羞辱时，是无法进行良好、冷静、理性的讨论的。这是一种校园现象。举个例子，在我入学第一年有一门必修的写作课程，在课堂上他们的关注点在我看来就是在鼓励种族歧视和性别歧视。许多教授想让我们去描写白人是如何压迫西班牙裔的，以及男性是如何压迫女性的。这真的让我感觉，要么你就要去恨白人，要么如果你是白人男性，那你就要恨自己，因为你和那些白人男性没有任何不同。

这个年轻人对他同学的陈述可以开启一场非常有启发性的对话,内容涉及刻板印象、集体责任的概念及其局限性、如何最好地利用对历史的理解来阐明当代问题等等。但当涉及敏感的种族和阶级问题时,上文所述的这种学生就很难有勇气,也很难用精确的语言和思想来表达观点,特别是还要以一种有说服力、发人深省、而非对抗性的方式。所以,挑战就在于要营造这样一种校园氛围,即在政治范畴的各个点位做到对带有意识形态色彩的语言和概念有自我觉知,并抵御所有形式的狭隘和极端化。

二、学生的发展局限

在确立学术性政治教育的指导原则时,以下内容十分重要:心智独立;对复杂问题的多种观点进行开放性思考;为评估和确立观点的价值和可行度而进行多重论证的能力;学生勇于挑战彼此的观点立场,敢于挑战教师和其他权威;通过判断材料或主题与课程的相关性和可信性对其进行增删;在评定学生作业时,不考虑意识形态是否与自身一致,而是将作业本身的论证质量作为评判对象;培养学生的思辨能力,以及在面对差异时仍旧愿意保持开放心态和文明素质。我们还概述了我们(以及他人)对教师主导是否具备合理性的看法,并对一项关于学生对教师主导是否公平、是否带有偏见的研究进行了介绍。

这些原则、目标和注意事项中的每一项内容都假定主体心智成熟。如果我们所制定的原则主要是作为教师和高等教育管理者的指导方针的话,那么这种心智成熟的假设应该不成问题,但现实情况却更为复杂。如果学生想要理解教师关于授课内容、成绩、是否或如何发表关于政治问题的个人观点的基本逻辑的话,学生也需要去理解这些原则和目标。

如果学生要通过合理表达来挑战教师或其他人,他们也需要考虑证据的可信度,而非被挑战者的角色或地位(老师、专家或其他权威人士),并且学会鉴别什么才是可信论证。学生除了展示出礼貌、开放以及逻辑严谨这些政治教育中的基本要素外,还要在一定程度上具备心理学家所称的"批判性思维倾向"。

这些任务都非常艰巨。对大学生认知发展(包括反思性判断、批判性思维的能力和倾向)的研究对其心智发展提出了严肃质疑,至少在大学早期,他们还不能理解这些复杂且困难的问题。正如我们在第二章中提到的,许多学生,甚至包括那些重返学校的成年人,他们带着简单的认识论假设进入大学,而这并不足以支撑他们找到合理方式去解决结构不良问题。这表明我们在本书中所概括的学术性政治理解教育思想面临的问题极具复杂性,但同时也表明政治教育能够为促进心智发展带来丰富而有利的机会。而去判定如何才能更好地减少问题的复杂性并利用好这个机会对于教育者来说也是一种真正的挑战。

正如我们在反思性判断的讨论中提到过,极少有学生在进入大学时就对学术表达的本质具备一种理解和领悟,包括学术过程以及规范学术自由,判定哪些观点需要严肃对待,以及形成理性协商的基础,包括对政治问题的协商。弄清楚学生是如何理解这些问题是十分重要的,同时要注意他们的困惑、误解和理解的缺乏。

众所周知,学生认知成熟的局限也影响了他们的心智独立。原则上讲,尽管教师就课堂上讨论的问题(包括政治问题)发表并提出自己的观点,但只要也鼓励学生质疑和提出不同意见,就完全是符合教师职业精神的。但对大学生认知发展的研究强调了一个事实,那就是当需要口头表达以及为观点立场找例证时,学生与教师就处于一种不平等的状态。因为即便学生被鼓励发表不同于教师的观点,他们也难以像教师那样去捍卫自己的观点。

1. 为学生阐述自身立场提供支持

许多教师认识到这意味着要经常教学生如何为自己的观点寻找最佳例证,为帮助学生进行有效论证提供指导和框架,甚至当学生观点与自身珍视的信念相悖时也是如此。认识到学生在观点论证中的弱势地位后,许多教师极尽所能帮助学生举例论证,即使他们并不认同学生的观点。当没有学生愿意在课堂上表达不同观点时,这样做就显得尤为重要。

但是,为自己并不认同的观点列举出强有力的证据不是那么容易的。甚至当教师想要通过吸引持有少数意见的学生来鼓励开放性讨论时,有时却会被自己的政治立场所说服,以至于想不到如何才能为反面观点做出具有说服力的例证。这使得他们也无法为那些不知如何阐述自身观点的学生提供有力的指导。由于这种指导十分重要,这就需要老师付出一些额外的努力,去研究可能会涉及的观点,并为其找到最好的阐述方式。

有时,当教师或善于表达的学生为自己的观点做了一次有力论证时,其他学生可能会有一种强烈的直觉,觉得他们得出的结论不正确,但却说不出原因,他们不能准确判断证据或论证中到底哪里出了问题。尽管持不同意见者有责任去说明例证中的缺陷,但是教师却很难意识到这一点,尤其是对大学生来说,他们需要指导。如果学生感觉到一个观点有缺陷,就要鼓励他去寻找证据,并与持有相同观点的专家进行讨论,这是非常有利的学习机会。

有时,学生的认知发展水平还未成熟到足以应对这些挑战,这就引发了一个问题,在学生不愿意去接受一些教授提出的看起来合理的批判背后,是否隐含着学生对于认识论问题的理解还不成熟的情况。

参照安·巴尔的经历,她的保守派基督教学生要求把福音派基督教的书籍从课程大纲中剔除(2005)。在她的另一门课程中,她通过综述多样的学术理解来阐述《圣经》中关于同性恋的观点立场时,学生表现出了更强烈的反对。巴尔应学生要求评价了一本书,她认为这本书关于《圣经》谴责同性恋这一问题得出的结论质量不高,这使学生们十分愤怒。巴尔说尽管她理解作者的分析和语言表述,但她不认为该作者的观点经得起仔细的推敲,并解释了具体原因。但学生的怒火还是爆发了,尽管巴尔邀请学生在课后或办公时间进一步讨论这个问题,但没有学生接受她的提议。

如果考虑到学生可能将知识看作是绝对的,并且只能被权威者传播,我们就能够更好地理解,当他们最重要的信仰以一种他们无法理解的方式被质疑时他们所产生的强烈反应,但其实这只是对本质上不确定物质的多重合法性解释、论证的合理性评估等诸如此类。这种认识论知识的缺乏,加上对学术界普遍存在的保守派对自由主义偏见的指责的不成熟理解,学生可能会站出来谴责老师,而不是尝试理解学术辩论的复杂过程。

但好消息是,只要学生努力去理解,他们的反思性判断与批判性思维能力就会不断趋于成熟。当学术机构、项目、部门及教师有意、明确地为学生提供指导、实践及反馈,当学生学习评估证据并做出批判性论证、参与协商过程,他们都会从中受益。高质量的政治理解和政治参与教育正涵盖了这些经历,体现了支持认知发展的多重维度:服务学习和其他参与性教学、对有争议问题的协商、跨差异参与。这样一来,政治教育不仅能够培养知情的公民,也可以达到通识教育促进心智发展的核心目标。

2. 过度分析会带来阻碍

政治参与教育更像是一种职业教育。与职业工作一样,政治领域内也经常需要在没有充分了解相关背景和因素的情况下做出行动。在形成判断和采取行动前做出成熟、完整的分析是不可能的。在公共生活中,无论是职业工作还是政治参与,都经常需要在面对大量不确定性时做出判断并采取行动。

高质量的政治思考与协商是政治参与教育的目标,它要求学生具备认真思考与协商、深层次认识、开放吸纳多种观点的能力和意愿。但是,强调智力发展会带来思想与行动脱节的风险。

对于想要支持政治参与的教育工作者来说,一个重要问题是如何帮助学生在保持开放性思维和批判性思考的同时,坚定、热情地投入行动。这意味着要帮助学生去平衡信念坚定和保持开放性思维的关系,因为二者有时可能相互矛盾。

不久前,哥伦比亚大学爆发了一场危机,原因是据称教师对亲以色列学生存在偏见。校长李·博林杰(Lee Bollinger)发表了"卡多左学术自由演讲",其中强调了学术自由的重要性以及对教师的需要,"学术自由的标准不应由外界人士决定"(Bollinger, 2005,未标明出版商)。在阐述学术自由的合理性时,博林杰提到了学术对确定性问题深层次质疑的倾向。他强调,尽管质疑和对不确定性的认识在学术生活中十分重要,但学术的专业精神还应包括学术开放性、想象力、勇气精神,他认为学术不仅仅是"深层次的质疑"。

这些言论都指出在质疑与投入、激情和行动之间存在着矛盾。可能在某种程度上,深层次的质疑阻碍了许多深思熟虑的人投入行动。我们需要慎重考虑,那些确定性问题是否还需要我们质疑,以及行动领域中质疑的界限在哪里。

尽管存在矛盾,但开放性思维与坚定、热情和投入行动可以协调统一。在一项对过去几十年里表现出卓越道德水平和社会责任感的人物的调研中,安·科尔比和威廉·戴蒙(1992)发现这些人正是结合了这些品质。这些人多年致力于支持实现公民权利、抵抗贫困、宣扬和平和宗教自由,他们展现了一种卓越的品质,就是他们坚信自己的坚持,但却不教条和死板。这些道德典范人物倾向于听取批评,认真思考不同的言论,并尝试去理解完全不同的观点。尽管最终他们还是会说,我不认可你的核心假设。

举这些例子是为了强调,教授学生如何去严谨地协商、将开放性思考不同观点与对热情投入相结合是十分重要的。为此,要使学生能够熟练分析政治问题的话语方式,但也要使他们认识到其他形式的表达也是适切并有效的。政治参与通常包含了个人的见证和论证、有吸引力的描述、语言性的讲述、温和的抵抗、群众抗议,以及沉默抵抗。政治教育的目标之一就是要帮助学生理解政治参与的多种表现形式。

三、极端化的政治环境

高校领导者都认为高等教育应在开放性思维的探究实践中推进,而大多数领导者也都认识到政治问题不能也不应该被排除在外。但是,营造一种真正对多种政治存疑问题都保持开放的氛围确实很困难,这无论在自由主义还是保守主义的校园中都是客观存在的。遗憾的是,大部分情况下,政治观点强硬的人通常都是排外的,他们只与观点相同的人进行探讨。大学校园应该成为例外,但通常却并非如此,学生和教师都不习惯于跨意识形态分歧进行交流。当今"妖魔化"持不同意见者的风气如此彻底地侵蚀着美国政治,也就难怪学生会担心自己如果说出一种不受欢迎的观点时会受到严厉批评。

营造鼓励开放性探究并支持投入的课堂环境本就艰难,师生们还都置身于比校园环境更为复杂的校外文化之中,并同样受其影响。在课内和课外项目中,极端化和低容忍的大环境使得帮助学生形成尊重开放性思维、尊重不同观点的价值取向变得更难,这不仅需要帮助学生在认识层面上看到这些价值取向的重要性,而且要改变他们根深蒂固的偏见和习惯。遗憾的是,如果学校不重视开放性探究,那么教师就不太可能自觉关注这些问题,一些教师可能会在学生还没有意识到的情况下,没有过多考虑教学灌输的意识形态前提,就给他们提供了有失偏颇的观点。

四、制定《学术权利法案》?

过去的一两年中,该问题的一种解决策略得到了广泛关注,那就是呼吁立法,这将要求高校遵守《学术权利法案》(Academic Bill of Rights),并采用一定的机制保证落实。法案已被许多州立法机构提上日程,但都尚未通过。该法案将要求高校主动采取程序,发起人声称这将鼓励教师、校园演讲嘉宾和学生组织政治观点的多样性。

《学术权利法案》(Horowitz, 2006a)的一些具体规定与美国教育委员会(2005)和美国高校协会(Association of American Colleges and Universities)(2006)发布的声明在很大程度上是一致的。例如,其中包括"应基于学生的推理结论和他们对所学学科知识的理解程度来严格考核学生"以及"教师不应利用其课程来完成政治、意识形态、宗教或反宗教的目的"。正如我们之前提到的,这已经包含在教师的职业准则之中,本就获得了高校和教师的认可支持。

尽管《学术权利法案》中的大部分条款并无争议,但我们还是认为,为确保学术自由和尊重观点多样而进行立法有些误入歧途。或许最重要的是,这种立法形式威胁到了受立法保护的学术机构不受外界政治干预的这一历史悠久的传统。正如博林杰在他演讲(2005,未标明出版商)中说到的那样,"学术领域的职业规范应由教师制定,而不是外界人士,这是学术自由的基本原则"。与博林杰观点相似,威廉·鲍恩(William Bowen)(1987)和其他学者也撰写了极具说服力的文章,说明高等教育自由不受外界干扰的重要性,所以针对这一问题我们就不再赘述。

即使不考虑高等教育独立这一最基本问题,我们也相信立法的解决方式不会奏效。用立法方式来保障开放性探究的问题在于,这是一种通过监督教师、监督学校来杜绝"灌输"的消极方式。而鉴于政治话语和学术表达的复杂性和模糊性,这种监管几乎无法实施。同时,从消极角度看,这种尝试将瓦解原本跨意识形态礼貌交流的目标。相比之下,使持不同观点的管理者、教师和学生联合起来为实现积极的开放式探究出谋划策则是较为积极的方式,这本身也是在创设一种开放性思维、尊重和合作的氛围。

五、创设开放性探究环境的策略

普遍认为,政治理解和政治参与教育必须在符合学术核心价值观的情况下才具备合法性和有效性,这些价值观包括学术自由、逻辑严谨的表达、对不同观点的开放性思考及文明礼貌。而一旦到实际当中,这种共识就会被打破,因为现实中的问题困难、复杂并存在争议,仅靠这一简单原则并不能解决。这需要教育者通过不断地监测和调整,将一般规律适用于具体、动态的变化过程,并牢记以下几点。

1. 平衡好几对矛盾

在一些维度上,教师和管理者要平衡一些内在的矛盾。这需要深思熟虑、明智的判断以及教学技能。为创设开放性探究环境需要巧妙平衡哪些矛盾?

文明礼貌及其风险。政治教学经常要处理矛盾冲突。学术规范要求无论在课堂内外都要在参与过程中保持文明礼貌。而要在争议中保持礼貌需要同时在多个方面维持平衡。如何才能在不压制自由表达的同时要求互相尊重？如何坚持文明礼貌却又不被规则束缚？如何在鼓励学生变得坚强、不被轻易冒犯的同时，帮助其敏锐地感知他人的感受？如何强调多样观点的重要性而不是将学生推向相对主义和对立？如何在意识到问题太过尖锐很难达成共识的情况下却不回避那些应该被探讨的尖锐问题？这些都是在政治发展教育中教师需要达成的平衡。

反思和行动。将政治理解和参与教育引入到本科教育中是很重要的，这在很大程度上是因为它能帮助学生形成一种深思熟虑、知识广博、推理严谨的思考政治问题的方法。但谨慎的探究和协商可以无止境地进行下去，模糊性和不确定性也会一直存在，而政治参与依然需要行动，且往往要求在不确定的情况下就展开行动。那么，我们如何才能培养学生谨慎思考、慎重判断的习惯，同时又能果断采取行动呢？如何在避免教条主义的情况下培养热情和坚定的信念？我们又如何将对新观点或对不同思想的开放态度与坚定的决心和毅力结合起来？

严肃投入与享受乐趣。最终，我们该如何确保政治在严肃的同时又充满乐趣，至少在某些时刻是有趣的。轻松的笔调，一些幽默感，或一些有意思的小玩意儿就能调节课堂氛围，使大家能更轻松地就一些内部矛盾问题进行沟通。对某些参与者来说，热情和好胜心就会使政治变得充满乐趣。有时，将对手甚至是我们自己的观点荒诞化也能让大家捧腹大笑。问题在于如何将享受乐趣与善意的慷慨结合起来，如何确保即使在一些至关重要的问题上也不过分严肃。

2. 实施全校性策略

近年来,高校围绕政治问题产生的冲突大多发生在校园层面,所以创设开放性探究环境不应只停留在部分课堂上,而是要在全校层面推进,这就需要重视校园文化建设。校园文化在每一所高校中都是多元且动态的,蕴含于一系列的文化符号和学生积极参与的文化实践中。[1] 这其中最为重要的是公共空间和校园的其他物理特征,口口相传的代表性故事、一致的想法和处世哲学、各种仪式以及新生和新教师等学校新成员的社交实践。创设真正重视开放性探究和尊重意识形态多样性的校园氛围可以对所有这些文化实践加以借鉴。这里提供一些我们在 PEP 以及以前的研究中看到的全校性策略。

全校公开讨论"开放性探究"这一问题。这就意味着,首先学校的教师和行政领导应该有意识地将开放性探究提到一定高度,形成关于开放性探究是什么,为什么要开展这种探究,以及在实践中开展开放性探究的原则是什么的讨论。这样做的目的在于要对这些问题进行深入讨论,使大家认识到意见会有分歧,但却能够求同存异,这将会让对开放性探究的尊重成为高校的一个明显要素。尽管这不应该是一项自上而下开展的工作,但学校最高领导层的态度至关重要,学校领导者应该利用多种机会来阐明和支持这些目标。

正如我们提到的,一些高校的校长为回应近期在校园中出现的关于政治问题的危机而做出了强有力并且鼓舞人心的声明(参见,Bollinger, 2005; Keohane, 2004; Stewart, 2005)。这些声明在校报或其他媒体上公开发表,并在校内外传播。而如果高校能够找到方法鼓励学生积极理解声明中的关键思想,那么它们所解决的问题就能被凸显出来。校园遭遇政治问题危机的氛围会使师生对这类声明的兴趣大大提升,这为"教学时刻"提供了有利机会。但是,学术自由和开放性探究等价值观的切实表达不需要等待危机到来。只要能找到方法将这些问题生动地呈现出来,学校领导就能在各种常规场合就这些问题开展富有成效的对话,并将其融入学校的各种活动和仪式中。

关注新生社交。关注新生的社交问题也十分地有效。每年发给新生的入学材料应该使其对学校抱有一种期待,即校园是一个讨论社区,他们将接触到关于许多问题的不同观点。开展开放性讨论可以体现思想的灵活性和对新思想的开放性,也能够为新入学和返校的师生营造一种开放性探究的氛围。

如今许多学校要求新生在入学前的暑假阅读同样的书籍,并在迎新周共同讨论。这些书籍往往传达了十分明显的意识形态信息,书单的制定者似乎并未考虑过这些信息的片面性。但如果所选书籍能够激发学生对探究的热情投入和对真理的不懈追求,而不是体现特定的(隐性甚至显性的)政治取向,或是仅表达平淡无奇的"一方面……另一方面……"的内容,那么学生就能够在入校前就对学术生活的关键点有所了解。还有些高校要求学生阅读一系列具有较强吸引力的文章,而不是一本书,这也能够将多样性观点更加广泛地涵盖进来。

邀请持不同观点的演讲嘉宾和文明礼貌的典范。在对演讲嘉宾的选择及引导中也能体现在全校范围内建立尊重多样性观点的氛围。高校管理人员并不能对所有邀请活动进行控制,但却

第四章 创设开放性探究环境

可以通过对一些邀请活动进行设计来体现学校对不同观点的开放性。例如,支持在争议性问题上有不同立场的代表人物间开展辩论就是一个生动有效的方法。这往往是一个很好的选择,但并不总是最佳选择,因为辩论往往强化问题的两面性,而非多面性,并且辩论中的表述并不是宽容和文明的典范。

根据待解决问题的特点,有时开展令参与者能够听取关于一个问题的"多方观点"而非"双方观点"的讨论可能更为有效。这让我们更加关注到一个事实,诸如移民政策的许多问题,在不同党派内部也产生了大量不同的观点。受邀演讲嘉宾应该涵盖一些将政治参与看作社区公共合作的代表人物(无论其意识形态如何),以及那些难以简单通过左派右派对其观点和成就进行区分的代表人物。与全国性问题相比,许多地方性问题不太能够被简单地划分为左派右派,因此这对帮助学生减少从意识形态出发来思考政治问题也十分有效。

如果学校想推动建设尊重多样观点的校园文化氛围,演讲嘉宾也应该涵盖开放性思维和文明礼貌的典范(尽管他们自身政治观点各异),这些人要真正相信能够有效进行政治参与的公民需要善于与人沟通,并能够与观点不合的人结为同盟。

2006年4月,国家公共广播电台《新鲜空气》(Fresh Air)播出了民主党参议员泰德·肯尼迪(Ted Kennedy)在接受特里·格罗斯(Terry Gross)采访时的内容,佐证了这一观点。肯尼迪在谈话中强调了尽管存在政治冲突,但两党协同合作,保持幽默也十分重要。

> 肯尼迪:我们在移民和移民改革问题上持续与议员麦凯

恩（McCain）合作。这之后，我们将与议员斯佩克特（Specter）在投票权力扩展问题上进行合作……我已经与奥林·哈奇（Orrin Hatch）在关于瑞恩怀特的艾滋病立法问题、在 CHIP 项目以及儿童健康保险项目上进行了合作……所以，我们尝试去合作并取得了一些成功。

记者：我想知道，在如今的华盛顿建立信任关系是否十分困难。

肯尼迪：我经常与共和党议员艾伦·辛普森（Alan Simpson）和奥林·哈奇开玩笑，如果我们互相支持对方的立法，那么通常是我们其中有人连读都没读。但是你知道，我发现，比如早上我还在参议院与奥林·哈奇就胚胎移植的基础研究和 NIH 基金争论不休……下午我就和他一起研究《宗教复兴法案》（Religious Restoration Act），我们最终扫清了各州和联邦政府在宗教实践方面的阻碍，并通过了法案……因而，即便你们在一个问题上存在分歧，也要去寻找在其他问题上合作的方法。我认为，除非你本就性格暴躁，否则如果你对反对你的人只会感到不悦，那你就错了。

一些人相信极端和刻薄具有极强的破坏力，且毫无吸引力，他们并不是因为缺少成为强势政治角色的强硬态度和坚定信念才这样认为，而是因为他们意识到解决复杂的社会经济问题需要听取多样观点，而不是用简单化的、说教的方式（Boyte，2004）。丰富的政治参与教育应该邀请的正是这样的人。

学生对一些来校的演讲嘉宾进行选择，所以帮助学生思考如何选择以及接待演讲嘉宾也非常重要。事实上，在高校中引发政治争议的一个常见原因就是邀请了颇受争议的演讲者。汉密尔顿学院(Hamilton College)在2004—2005学年邀请当时科罗拉多大学一位直言不讳、易引发争议的演讲嘉宾沃德·丘吉尔(Ward Churchill)来校做关于监狱问题的讲座,作为"情境中的课堂"(Class in Context)校园系列活动中的一部分。在他来校演讲的前几个月,一名汉密尔顿学院的教师注意到丘吉尔在"9·11恐怖袭击事件"后不久发表过一篇鲜为人知的文章,在文章中丘吉尔试图替恐怖分子辩护,甚至将世贸中心的受害者称为"小艾希曼"(Eichmanns),此人曾与美国外交政策造成的压迫有关。汉密尔顿学院时任校长琼·H. 斯图尔特(Joan Hinde Stewart)、教务长与负责邀请丘吉尔的工作小组针对这一事件展开了专题研讨,丘吉尔对"9·11事件"的态度也受到了质疑。但当全国性媒体开始对此进行报道时却引发了一场风暴,甚至还有许多暴力威胁。虽然校长斯图尔特相信也仍然坚持学术言论自由的原则,认为邀请一旦发出就必须要受到尊重,但最后出于对安全的考虑,她遗憾地取消了这次演讲活动。

斯图尔特对这一事件的慎重回应凸显了学术的核心价值观,这为处理类似事件提供了有利指导,包括受邀演讲嘉宾的反对者该如何采取行动的问题。正如斯图尔特(2005)指出的那样,言论自由的学术价值观既肯定了演讲者发表不同言论的权利,也肯定了反对者抵抗或抵制演讲者的权利。但是言论自由与剥夺演讲者被倾听的机会相矛盾,如果学校要创设一种尊重观点多样性的环境,就不能允许抗议者阻止与他们观点不同的演讲者发言。

学术规范所展现的价值观也能够在饱受争议的校园演讲嘉宾——这一高度敏感的问题上发挥作用。斯图尔特校长在回应汉密尔顿学院的这次争议事件时,着重强调了学术自由的原则,即全体教职员工和受邀演讲嘉宾可以自由表达不同的、甚至是不受欢迎的观点。然而,她也指出,"学术成就必须与学术多元化携手并进",同时她建议邀请这样的演讲嘉宾——"他们能够发人深省,而不只是在言语上挑衅的人,他们要在学术问题上提出质疑,而不只是粗暴无礼的人"(Stewart,2005,未标明出版商)。帮助学生理解和领悟这种区别并尊重他们的自主权是一个宝贵的教育机会。

支持校园组织,鼓励合作。与在课程中教授政治不同,旨在关注政治问题的课外项目是可以在其关注重点或成员中带有党派色彩的。一些组织具有明确的党派色彩——"青年共和党人""青年民主党人"这两个校园组织就是最明显的例子。一些团体可能代表巴勒斯坦或以色列对中东持续冲突的立场。还有一些组织为特定宗教派别或国籍的学生服务。只要代表了广泛的观点立场,这些党派性在课外领域是完全合法的,且有利于提升学生深入参与的热情。学校领导也可以鼓励各类组织的创办,并鼓励他们跨越意识形态进行合作。

学生可能对其所在团队在解决的问题具有强烈的情感,但当利益冲突时,团队成员通过专题讨论、辩论或对存疑问题进行沟通等方式达成合作也是一种有力的学习经历。这在一定程度上是有规律可循的,比如,青年共和党人和青年民主党人在竞选活动中会共同发起候选人辩论。如果学生团体希望走向合作而非冲突就需要确定一个共同议程,共同议程显然比让他们产生分歧的议题重要。

我们在PEP的"民主关系重大"项目中,在分析资本在美国政治中的作用时就看到了这样的情况。这一项目有多校参与,且没有明显的党派性,但一些学校的参与者主要是民主党人,另一些则主要是共和党人。一名来自自由派倾向学校的学生谈到,他们与一个保守派学生团体的合作取得了宝贵的学习成果,因为他们都对竞选资金改革非常感兴趣。[2]

"民主关系重大"是众多无党派性课外项目的一个代表,至少从创设意图来看这类项目不涉及党派问题。尽管其中有些项目存在政治同质化倾向,但另一些则吸引了具有不同视角的学生,他们对环境可持续性等特定问题有共同的关注。这些学生团体实现政治多元化的程度越高,他们就越能促进开放性思维发展以及对多样观点的尊重。

3. 实施课程及项目层面的策略

在学校层面强化开放性思想及尊重观点多样性的文化氛围固然重要,但如果在课堂上探讨政治问题时教师不把这些理念作为教学基础,那学校层面的呼吁就只是空谈。鉴于当代政治话语的复杂性与动态性,做到这一点并不容易。这需要付出大量的努力,而且如果教师没有意识到这一点就根本无法做到。在研究中我们发现大多数PEP教师都意识到了这一点,并运用了许多策略来帮助学生进行更广泛地思考,跨差异合作,以平和的心态处理冲突,避免敌意和激烈的对话。下面我们就介绍一下他们的策略和经验。

展现多样性观点。多数教师致力于使学生广泛接触政治政策问题的多样观点。他们通常一开始就与学生明确探讨接触不同观点的意义。在亚当·温伯格担任"民主关系重大"项目负责人时,他从一开始就告诉学生:"政治不是向唱诗班讲道"。杜克大学"领导力服务机会"项目负责人阿尔玛·布朗特(Alma Blount)告诉她的学生,许多关心政治的人会将自己孤立在一个小圈子里,其实更重要的是要"让自己处在一种各种利益、兴趣、价值观和观点融合的环境中"。她鼓励学生养成与和自身观点不同的人交流的习惯。

为追求观点多样性,一些教师通常通过讨论来吸引不同观点,或是创造机会让持少数意见的人发言。另一些教师则采取更积极谨慎的方式,从精心设计教学大纲开始,在课堂上引入代表各种观点的材料。精心设计的课程大纲可以通过选择授课和讨论主题、阅读和书面作业、项目或其他活动来确保观点的多样性。

保障观点多样性的一个最直接的方法就是选择包含不同观点的阅读材料。学生乐于学习不熟悉的观点,并十分欣赏教师在阅读中引入他们不熟悉的政治观点的举动。比如,米尔斯学院"公民领导力研究院"项目(Institute for Civic Leadership)的一名政治自由派的非裔美国学生说,她从阅读知名黑人保守派人士的著作中学到了很多。

由于课程聚焦于政治观点的特殊性,想要确保所布置的阅读任务能够呈现不同视角的多样观点确实十分困难。无论是在政治领域还是非政治领域,识别与自己观点一致的高质量的内容,要比识别质量较高的不同观点的表述容易得多。正如我们提到的,在阅读不太了解的作品时人们通常会有意无意地带有一种批判的眼光。建立教师在校园内和校际间分享书目清单的机制将会对此十分有益。

邀请各种演讲嘉宾也是呈现不同政治观点的良好方式,这种方式生动有趣并能促进展开讨论,学生经常会乐于谈论他们从这些演讲嘉宾身上学到的东西。然而,要挑选出能够很好地代表各种观点的演讲嘉宾是很有挑战性的。教师们会发现,他们有时需要跨出自己的交际圈才能找到一些与他们观点不同的人,高校可以在这方面为教师提供具体帮助。

不同的观点也可以来自学生。由于学校、课程和项目的不同,学生之间也存在政治多样性。参加某些 PEP 课程和项目的学生在政治上非常多样化,而在其他一些项目中则不然。不论多样性程度如何,充分利用现有多样性的关键是要尽可能吸引那些在任何给定主题上都似乎与大多数人持不同观点的学生,并为其提供支持。在某些课程和项目中,学生观点同质化是一个特殊的挑战,因为学生的观点覆盖面不广,那些从不同角度看待问题的学生只占少数,并且天然地不愿意发表自己的不同观点。

对 PEP 学生的访谈清晰地表明,他们大都非常珍惜接触多样观点的机会,往往会对涉及重大意见分歧的生动讨论充满热情。是否只有当在课程中涉及党派问题时才会产生多样观点和激烈辩论?事实往往并非如此。普罗维登斯学院的一名学生讲述了一场没有左右两派对抗的辩论:

> 当我们在讨论参与式民主时,巴蒂斯托尼(Battistoni)博士提出了一个问题:"你认为投票选举有多重要?"有些人认为,投票只是一种流程化的工具,没有任何实际意义。我站出来说:"这显然不正确"。我谈到了我们多么需要参与式民主,以及投票选举是如何成为政治上的一种主要形式,以及它多么必要。我们来来回回辩论了几轮,最后找到了一个折

中点,并达成了共识。

参与多样性项目的学生认为他们从团队内多样的观点中收获颇多,团队同质化程度较高的学生也经常渴望接触到更加多样性的观点。正如波特兰州立大学(Portland State University)的一名学生所说:"我认为在课堂上如果一半是民主党人,一半是共和党人,这门课将会十分有趣。更高的多样性意味着更多的能量"。

事实上,相较于教师观点上的偏见,朋辈间观点的局限和意识形态的僵化更容易使学生不满。学生们说,他们有时会不听那些从不考虑他人观点的同学发言,因为他们对每个问题都做出同样的反应,这显然是受下意识的僵化的意识形态影响。不过值得注意的是,极少数情况下,学生们也会感觉课程有"一边倒"的倾向,教师不允许课堂中出现不同观点,这时学生们会抱怨。当同学或教师的思想处于封闭状态时,学生们能够很快注意到,而且他们认为这令人非常反感,这也是他们很少被说服去接受反对派观点的一个原因。

建立文明氛围,有效管理冲突。为形成开放式探究和多样性观点的氛围,明确开放性思维、文明礼貌、相互尊重的意义十分重要。

当然,并不是所有学生都具备开放性思维并尊重他人观点。有些学生在刚参与项目时不能容忍与自身不同的观点,并习惯于表达对这些观点的憎恨,在一些倾向于吸引或明确选择政治立场坚定的学生的课程中,这种情况就更为常见。这些学生可能来自于任何一个阶层,他们甚至没有意识到自身礼貌的缺乏,甚至把这看作是热情和投入的表现。遗憾的是,这样的学生即使只有极少数也会破坏课堂气氛。一位教师讲述了他与这样一伙学生斗争的经历，成败参半："我们的团队是学生自愿报名组成的，去年就真发生了类似的事。真的出现了一个'政治正确警察'队伍，他们只是由 22 名同学中的 5 人构成，但他们带给整体的伤害却很大，这对我和学生来说真的太可怕了……他们待人粗鲁，当较为温和的学生发言时，他们会翻白眼……我在课上和私下里都对他们的行为提出了批评……今年我们改变了选拔团队成员的方式，我们寻找的是那些我们认为愿意向与自己不同的人学习的学生。"

为保持互相尊重的氛围并发挥学生的力量，许多教师会在讨论中为学生设立一些正式的课堂角色。在我们研究的一些项目和课程中，学生扮演了"调停者"和"监督员"的角色，他们负责调节讨论的气氛和效率。例如，在普罗维登斯学院，里克·巴蒂斯托尼（Rick Battistoni）在每次讨论中都让一名学生担任"调停者"，另一名学生担任"气氛观察员"，他们可以让参与讨论的同学意识到何时需要冷静一下并注意一下自己的语气。[3] 学生们轮流扮演这些角色，许多同学都说设置"气氛观察员"十分有意义。设立这样的课堂角色本身就会使学生注意到有成效的讨论的过程和特点，而引导学生成为合格的调停者也会起到同样的作用。

当讨论过于激烈时，学生和教师都能找到用幽默来打破紧张气氛的方法。学生经常说，他们非常欣赏他们的教授用幽默的方式"让事情轻松起来"。PEP 的教师经常强调要帮助学生理解何种程度的冲突是可以接受的，政治生活经常涉及介入和处理冲突。马里兰大学 CIVICUS 项目中休·布里格斯（Sue Briggs）的一名学生描述了布里格斯是如何在一场十分激烈的讨论中向他们证明了这一点:"她并没有说太多,这让我们很沮丧。当矛盾已经很尖锐时她依然没有叫停,这也让我们感到很沮丧。但在接下来的两节课上,她向我们解释说,在政治领域内这样的问题每天都在发生,如果你去参加市议会、镇议会,这种剑拔弩张的气氛会经常出现。她起初对我们放手不管,但后来她帮助双方进行沟通,并解释了她的想法"。

马歇尔·甘兹在描述他在哈佛讲授的课程时说:"在民主政治中惧怕冲突是行不通的,多元主义包括挑战彼此的立场"。一些PEP教师指出,他们可以通过在课堂上建立团队意识,让学生避免发生冲突,以此来营造文明礼貌的氛围。当学生互相了解并具备团队意识时,就更容易在不敌对的情况下提出不同意见,也更敢于进行对抗而不用担心对方会生气。

根据学生和教师的说法,最有可能让大家变得剑拔弩张的问题涉及种族、宗教、性取向以及个人核心认同的其他方面。当讨论涉及这类问题时,要保持礼貌并进行有效协商就变得非常困难。有时学生会选择远离这些极端的热点话题,因为他们意识到讨论这些问题只能停滞不前而无法取得成效。托尼·佩里(Tony Perry)(原韦恩州立大学"城市议程"项目教师,现任职于亨利·福特社区学院)在描述这一过程时说道:"学生经常觉得需要将堕胎、同性恋婚姻这样的问题搁置一旁,因为要为他们关心的其他问题留出空间,如教育、伊拉克战争、医疗保健、经济等。他们不希望去讨论那些大家基本不会改变立场观点的问题,那只会分散精力。"

当涉及种族、宗教或其他敏感问题而导致气氛紧张时,如果团队中存在基本的信任和友善,并且教师能够有技巧地适时干预,讨论就会变得富有成效。讨论存在较大分歧的话题是一项高风险的工作,这可能导致建立起的文明气氛轰然崩塌,或让学生感到受伤或愤怒。杰拉德·申克(Gerald Shenk)在加州州立大学蒙特利湾分校任教期间的一次经历,虽然很难但令人难忘。那是由我们最明显、最具争议的政治象征——美国国旗所引发的强烈情感问题的讨论。

> 在我一门课的政治行动项目中,我的一个学生想要焚烧国旗。我们走到外面时没有人知道他要做什么,当他一手拿出打火机,一手拿着国旗时,其他学生吓得脸都白了。我拦住他并建议我们回到屋里谈谈。这可能是我和学生进行的最成功的一次讨论。当他们谈到或听到国旗对自己的意义时,几乎每个人都哭了。有些人从国旗联想到战争中亲人的牺牲,有些人则联想到早期移民的祖先的自由。这是我见过学生们进行的最宽容、最尊重、最有力的讨论。最终,讨论在什么是合法以及什么是道德或道德行为之间做出了区分。他们认为,虽然学生有权利焚烧国旗,但这样做会伤害全体同学或社区中其他人的感受。

打破刻板印象,避免将对手"妖魔化"。尽管矛盾冲突是政治进程中不可避免的一部分,但这并不意味着参与其中的公民需要屈从于对手的极端化和"妖魔化",而"妖魔化"对手恰恰是当今选举政治的特点。PEP 的许多教师和项目负责人的一大目标就是要和学生共同努力消除政治团体之间毫无根据的刻板印象,减少将对手"妖魔化"的倾向。许多人直接向学生提出了这一问题。通常,当学生在一些棘手问题上与自己对立的人初次打交道时,就能够感知到他们的人性。

索伦森协会采用了一种有趣且特别的方式来消除刻板印象,这种方式很可能也适用于其他项目。这个为期30天的暑期集训项目包括一系列课程,学生会学习关于弗吉尼亚州政治的实质、技能、社会、伦理和历史背景。活动的高潮是"模拟州议会",会上学生们组队模拟通过立法。在该项目的开幕式上,负责人格雷格·沃克海泽(Greg Werkheiser)要求学生在会前不要透露自己的政治立场(如果他们有的话)。令人惊讶的是,学生们能够遵守这个要求,并且在大多数情况下,在他们多次的讨论过程中,学生们也并没有推断出彼此的党派立场。对许多学生来说,先隐藏再揭示立场这个经历很特殊,他们对此的评价也普遍是积极的。许多课程和项目的一个重要目标就是要向学生展示,简单地用或左或右的方式来思考政治问题是不够的。PEP的课程和项目通过很多方式来传达这一信息,包括在多种情境下表明,大多数政治和政策问题都有两种以上的可行观点。索伦森协会的一名学生说,在她看来,这能够避免辩论过于激烈。正如她说:"从来没有什么极端的感觉,我认为这些问题本来就不是黑白分明的,总是有很多不同的群体,人们的想法也有很多不同"。

在韦恩州立大学的"美国政府导论"(Introductory American Government)课程中,学生们参与了"城市议程"项目,教师奥托·范斯坦和托尼·佩里向学生们讲述了密歇根州的选举政治是如何挑战人们对自由派和保守派的刻板印象的。佩里向学生们详细展示了"密歇根州选民之间存在严重分歧,民选官员往往不会在每一个问题上都与国家党派保持一致……是一种显而易见的

第四章 创设开放性探究环境

表达观点的机制"。

另一个能够说明简单地用或左或右的方式来思考政治问题具有局限性的好方法,就是聚焦于地方问题。比起带有党派色彩的全国性问题,地方问题往往更难形成刻板印象,致力于关注地方政治的课程尤其能够做到这一点。比如,伊利诺伊大学芝加哥分校迪克·辛普森(Dick Simpson)讲授的"芝加哥的未来"(The Future of Chicago)政治课程中,学生们经常就直接影响到自己社区的当地问题展开激烈的辩论。尽管会有人将这些问题与更广泛的意识形态范畴联系起来,但似乎学生对这些问题的亲身经历越多,他们的辩论就越不受党派立场的局限。[4]

提倡非对抗性的参与。一些 PEP 课程和项目所使用的教学方法特别适合让学生参与政治活动,而且也不会导致意识形态的严重对立。比如,"城市议程"项目要求学生去研究地方性问题,以小组形式找出他们认为对当地公民和民选官员来说最重要的问题。然后这些小组一起参加大型讨论会,达成共同议程,并以此为基础与高中生、其他基层团体、候选人和媒体进行互动。[5] 这种方式令学生十分兴奋并充分感受到了自主性,却并不要求他们就不同的解决方案进行争论。

模拟的形式也有助于提升政治知识和技能,同时还能避免有争议的意识形态分歧。比如,"模拟联合国"项目就吸引了来自世界各地的学生。每堂课都分配一个特定国家,学生从该国家的角度制定议程、观点报告、决议等等。学期结束时,来自美国各地的学生和一些外国学生聚集在纽约,参加模拟联合国大会。

这种方法能够帮助学生从另一个国家的角度去理解国际问题以及该国的内部问题。由于他们并未从美国外交或美国内政的角度来看待这些问题,其行事受意识形态分歧影响的情况就可以减少。通过模拟,参与者还可以与代表其他许多国家的学生接触,从多个角度理解问题,从而对问题有更深入、更全面的认识。学生还会接触到关于联合国本身的多种观点。虽然课程一开始就假定国际合作是积极的,但也没有忽视一个事实,即联合国本身往往是争议的目标和来源。

第三种方法是由明尼苏达大学的哈里·博伊特和同事共同开发的"公共事业"模式,它与通常的党派对抗政治形成鲜明对比。博伊特认为"公共事业中的公民政治"与政治和公民行动中的主导概念在根本上存在差异(2001a,未标明出版商)。主流观点集中在选举政治上,而选举政治会导致形成善与恶的对立,需要围绕预定议程进行动员,有明确的赢家和输家。这种观点自然会导致将对手"妖魔化",而这往往被视为动员大量民众的必要环节。公共事业政治承认主流的政治观点,即个体和团队在民主中存在差异,这种对立通常是利益冲突,却不是一输一赢的对立,公共事业政治包括权衡这些不同的利益和立场观点,这样公民可以为公共利益达成一致的目标共同努力。在公共事业政治中,"建立联盟,学习理解他人的经验、利益和世界观,包括那些我们完全不认同的观点,这些都是最基本的技能。政治能力产生于应变能力、尝试新事物和发展新关系的能力,把世界严格地划分为好人和坏人是不现实的"(Boyte, 2001b)。

这些弱化党派分歧的教学方法往往具有明显的实用主义色彩。正如明尼苏达大学的吉姆·法尔(Jim Farr)所说:"我是一名实用主义民主党人"。佩里用相同的词汇来描述"城市议程"项目的方法:"这种方式是实用的。让我们想想如何才能更好地解决这些问题"。

六、为开展民主教育奠定基础

我们花了相当多的时间来讨论,如何以符合学术核心价值观并具有伦理合法性的方式来开展本科阶段的政治教育。我们之所以这样做,是因为我们相信任何为政治参与教育付出的努力都不应带有严重偏见,也不应与基本的学术价值观脱节。我们知道,政治参与教育有时难免有失偏颇,但我们坚信,政治教育不需要也不应该存在偏见。

我们的基本假设是——政治发展教育只有在特定情境(即开放式探究的情境)下开展才具合法性,这也是全书的基础。现在我们将讨论这些教育实践的具体学习目标,即教授政治发展课程的教师如何理解其目标,对于实现目标有何见解,以及有效促进大学生政治发展的五种关键教学法。

注释：

1 相关深入讨论请参见《公民教育》(Colby, Ehrlich, Beaumont, and Stephens, 2003), pp. 83–95。

2 有关"民主关系重大"的更多信息,请参见PEP线上资料库中的第27、28、29号文件。可登录网址 http://www.carnegiefoundation.org/educating_for_democracy/docs/。

3 有关巴蒂斯托尼课堂上"调停者"和"气氛观察员"角色的简要描述,请参见PEP线上资料库中的第8号文件。网址参见注释2。

4 有关学生在辛普森课程中处理地方性问题的案例,请参见 PEP 线上资料库中的第 19、20 号文件。

5 有关议程设置过程的详述,请参见 PEP 线上资料库中的第 11 号文件。

第五章　教授政治知识和理解

政治知识和理解是构成负责任政治参与的关键要素。我们确认并明确表达自身政治利益和目标的能力，深思熟虑之后做出决策并采取明智行动的能力，理解政治沟通、判断和监控政策公正以及监督议员的能力，全都建立在我们对政治的充分理解之上（Nie, Junn and Stehlik-Barry, 1996）。政治知识和理解不仅会影响人们政治判断的质量，还能够帮助人们将想法转化为多种形式的有意义的政治参与，并使其能够更好地对政治参与中的各类情况进行预测（Althaus, 1998; Delli Carpini and Keeter, 1996; Popkin and Dimock, 1999）。

对政治了解得越多，就能越好地对接触到的新信息进行分类、诠释和记忆（Bennett, 1994; Fiske, Kinder, and Larter, 1983）。而对政治了解得越少，理解新闻或参与政治对话就变得越困难，对政治的兴趣也会降低。由此可见，对政治了解程度的正负反馈会随时间推移而产生累积效应。跟踪研究表明，在学生的发展形成期（比如高中和大学阶段）获取政治知识尤为重要，因为这一阶段为其今后的持续发展夯实基础（Jennings, 1996）。

政治知识和理解在公民教育中发挥至关重要的作用，因而普遍将其视为公民教育最重要的目标。PEP 的课程和项目也不例外:当教师和课外项目负责人被问及教育目标时,他们都首先提到了传授实用知识。学生也将在政治知识和理解方面的收获视为课程和项目的重要成果。

一、基础知识和时事知识

学习政治知识同学习其他内容一样,都需要持续关注并付出努力(Lupia and McCubbins, 1998; Luskin, 1990)。人们开始关注政治通常是因为发现政治是有趣或有益的,或是因为觉得有责任了解时事政治(Delli Carpini and Keeter, 1996)。基于此,PEP教师集中精力培养学生对政治知识的渴求。他们希望让学生体会到政治非常重要、容易理解且与自己切身相关,并通过关注与课程相关的时事提升政治兴趣,从而乐于在课程或项目结束后继续进行政治学习。PEP课程旨在为学生将来形成更深更广的政治理解奠定基础。

在激发学生政治兴趣的同时,大多数PEP教师还致力于培养学生习得两种类型的政治知识——基础政治知识和时事政治知识(Delli Carpini and Keeter, 1996; Gilens, 2001; Zaller, 1992)。基础政治知识包括对各种理论、概念和制度的理解,这些理解可以帮助人们组织和解释新的政治信息,并能够基于对制度的形式、目的和进程的把握做出相应判断。美国政府的相关知识作为基础政治知识的一部分,通常在初高中的公民课上教授,包括诸如政府的主要架构及其职能,三权分立的概念及其重要性,或者州政府与联邦政府的职能区别等内容。然而,尤其在大学阶段,基础政治知识还涉及将这种对美国政府相对静态的理解与一系列有语境的、历史的和比较的知识联系在一起。这种联系可以帮助学生正确认识这些基本概念并进一步加深对其含义的理解。

"有语境"的基础政治知识能够加深学生对公民制度的理解。比如通过讲授麦卡锡时代如何诠释公民自由受美国宪法保护,以及对公民自由的保护为何以及如何与他国不同,从而让学生对像《权利法案》这样的公民制度有更进一步的了解。这类政治知识也会涉及政治团体或政治运动如何运作,比如了解在美国南北战争之前宗教及其他反奴隶制团体是如何运作的。

促进时事知识的学习也非常有价值。研究表明,如果公民教育包含对时事的讨论,效果会尤为显著。经常讨论时政问题可以提升政治知识和民主价值观的整体水平,并提高政治参与倾向(Niemi and Junn, 1998; Torney-Purta, Lehmann, Oswald, and Schulz, 2001)。如果对时事政治没有一点儿了解,公民就难以对切身相关问题提出观点并做出回应。如果说学习基础知识就像是在了解比赛规则,那么学习时事知识则像是在跟紧比赛节奏——紧急的问题和争论会让我们充分感到我们与之相关或置身其中,并有能力参与。

PEP课程重视将真实课堂学习与相关时事学习结合在一起。例如,在布朗大学的"儿童和公共政策"课堂上,罗斯·凯特使用电子公告栏张贴报纸上的文章以及其对文章重要性的个人评论,同时也会附上一些其他资源的链接,这些资源都与学生正在研究或课程实习中遇到的政策问题相关。凯特同时使用地方性报纸和全国性报纸(比如《纽约时报》)来帮助学生了解当地问题。他告诉我们,时政期刊的使用是这门课程最吸引人、最有成效的一点:"举例来说,纽约法院曾经就受虐妇女的监护权做出了一项重要裁决。我就此张贴了《纽约时报》上关于这一案例的文章,并附上了这项裁决的链接。许多学生正在研究与监护权和家庭暴力有关的问题,因此他们对这个案例非常感兴趣。而我的评论则有助于他们联系课堂上的概念并提出问题,我们还就此案例展开了精彩讨论。"

PEP所有的课程和项目都致力于传授基础政治知识,比如向学生讲授像州众议院、联合国、地方政府以及教育委员会、少年法庭或市场这样的机构如何运作,或是讲授建国史、进步运动或民权运动史,又或是不同的道德思想和政治理论对政治选择的影响。由此可见,PEP课程帮助学生掌握美国政治以及国际政治的一些基础知识,其中重点涉及政治的结构与制度、政治进程、政治理论以及政策的制定与实施。

无论是所涵盖的具体内容,还是对两种知识(即基础知识和政策导向或时事知识)的平衡理念,都在PEP中有意体现得极为丰富。PEP课程和项目所涵盖的主题十分广泛,包括儿童和家庭政策、竞选财务改革、芝加哥和旧金山的地方政治以及弗吉尼亚州在州级层面的政治、古典与当代政治理论、自由市场经济体制、联合国以及加州的环境历史。(参见附录中我们对PEP的21个课程和项目的总结。)

尽管PEP覆盖面很广,但与本科教育的范围相比,这个覆盖面其实十分有限。如果能够将大多数学科和职前项目课程,如教学、工程、商业或护理这些领域的主要议题与相关公共政策及其他公民关注的问题联系起来,那么这些课程都将有助于对学生的公民教育。在大多数校园里,许多通常不会与公民教育联系在一起的学科的教师也试图促进学生的政治理解。他们将本学科领域（无论是生物、艺术还是护理领域）涉及的核心问题置于更广泛的制度或历史框架之中,询问学生它们如何与政治机构和社会问题互动或受其影响,以此来提升学生的政治理解。

我们的测量结果显示,政治知识是受干预措施影响最大的一项:学生在基础政治知识和时事知识两方面基本都有显著提高。政治兴趣低是许多大学生和美国年轻人的典型特征,这通常与政治知识水平低有关,但政治兴趣最低的学生在接受干预后两类政治知识都取得了显著进步。此外,测量结果也表明,当干预对象为社会经济状况（根据父母受教育的平均水平）较低的学生时,干预措施可能对提高其政治基础知识尤为有效。

二、教授政治理解的目标

当我们与PEP师生谈论教授与学习政治理解的过程时,我们发现了五个共同的目标。一些目标着重强调基础知识和时事知识的重要性,并强调要注意理解民主政治的复杂性和偶然性。另一些目标则着眼于政治理解与政治动机的交互作用,比如,如何帮助学生发现政治知识的趣味性和关联性,或是如何帮助学生将政治领域的关注点与他们自己所关心的问题和价值观联系起来。我们可以认为这些交叉目标既与学生们的政治知识和理解本身有关,也与其对政治知识和理解的思考、概念化、框架化以及反思的方式有关。

1. 增加政治知识的深度和广度

实用知识的深度对有效的民主参与非常重要,为践行这一理念,许多 PEP 课程和项目的选题范围都非常广泛。凯特的课程用一个学期的时间来研究有关儿童的公共政策。亚当·赖克(Adam Reich)选修了这门课并在课堂上担任助教,他解释说,通过"儿童和公共政策"课堂,他意识到政策问题"值得用一周以上的时间讨论……课程强调花时间处理复杂问题的重要性。"

另一些项目和课程对其他问题也进行了类似的深度研究。"民主关系重大"项目让学生有一年或更长时间参与到竞选资金改革及相关问题中。在伊利诺伊大学迪克·辛普森的课程中,学生们则深入探究影响芝加哥市的政策问题。在杜克大学的"领导力服务机会"(Service Opportunities in Leadership)项目中,学生选择自己关注的问题,并就这些问题建立大量的"社会问题研究档案"[1]。这类项目强调了社会和公共政策的实质特殊性,以及对特定问题进行深入了解的价值。

帮助学生建立广泛的政治知识基础也很重要。涵盖广泛议题的课程和项目会让许多学生感到对政治有了更多的了解和兴趣。正如一名参加索伦森政治领导力协会(Sorensen Institute for Political Leadership)的学生所说:"今年回到学校时,我才逐渐真正意识到当问题出现时我想要表达什么。我之前知道得太少,对一些问题甚至不能试着提出自己的观点,现在我对这些问题则有了自己的看法。我们在一个月里讨论了我在弗吉尼亚理工大学(Virgina Tech)三年都从未讨论过的话题……过去我不看新闻,但现在我开始看了,因为我想知道发生了什么……这对我来说很重要。"

尽管教师会采用许多不同方式帮助学生对一些领域进行深入了解,但精心挑选阅读材料并组织讨论几乎是必选策略。在许多案例中,阅读材料不仅用于讨论,还会与书面表达联系起来。学生常说在学习一本书或文章的基本内容和概念时,也会被这些令人难忘书或文章深深打动。来自伯里亚学院(Berea College)的一名学生在梅塔·门德尔-雷耶斯(Meta Mendel-Reyes)的课堂上发表的评论很具有代表性:"我印象最深的是我们读过的杰米·希尔伯特(Jamie Hilbert)的一本书,实际上只是一本小册子,它被称为'歌颂世界的存在'。里面有一句话引自甘地,'欲变世界先变其身',我会一直记得它。"

除阅读之外,PEP 教师还会通过讲座和间歇性的"小型讲座"来教授实用性知识和理解。从这个意义上说,旨在培养学生具备知情民主参与的教学材料与一般性教学材料没什么区别。然而教授民主参与的教师和项目成员同时也意识到,传授"实用的"知识不仅要激励学生应用知识,还要鼓励他们进行相应的实践练习。这就涉及将学术性知识和理解与学生个人兴趣和关注点结合起来。

实现这一目标有很多方式。奥托·范斯坦和托尼·佩里为韦恩州立大学学生创建了一个问题议程表,旨在让学生自己讨论他们认为对底特律当地社区至关重要的问题。学生可以通过思考对他们而言哪些政策问题比较重要,进而学习如何对这些问题的不同观点进行最优处理。当学生自己确定事务的优先级时,他们就会在推进问题解决的进程中衡量自己的投入。

传授"实用的"知识还要求学生将正在学习的实用材料切实地付诸行动或应用到研究项目、实习工作、模拟活动或其他的教学参与中。这会增加他们对学习的渴望并教会他们如何在实际情境中应用学术知识。学生还谈到了一种紧迫感,这种紧迫感与他们需要使用学习到的材料去开展他们真正关心的行动有关。推动学生之间进行合作能够增强这种紧迫感,这种合作会让许多学生感到需要跟上同伴,不能让他们失望。正如参加模拟联合国课程的一名学生所说:"我觉得我的搭档比我做得更好,所以当他提出有趣的观点时,我就会想去查一下,以便我们能够顺畅地交流。"

除常见的阅读、讲座、讨论和写作外,一些教师还发现通过政治专题研究来帮助学生获得民主知识和理解特别有效[2]。有些专题研究是典型的学术课程式的,比如就某一特定政治主题做一篇研究论文,有些则更为耗时。比如,在阿尔玛·布朗特的"领导力服务机会"项目中,许多学生结合暑期实习,开展了布朗特称之为"以社区为基"的专题研究[3]。这些专题研究针对学生所在实习组织的实际需要,形成对组织真正有用的报告、调查数据、纪实文章和可行性研究。

辛普森的课程与芝加哥市有关,在这门课程中,学生要对某市或某州的政府部门或组织进行研究,并据此创建一份关于组织职能的详尽报告[4]。一名学生说他们的报告事无巨细,包括"从对其使命和起源的陈述,到当前和上一预算周期的情况,到运营成本与资本成本的对比……主要议题和焦点……以及决策方式。"学生都觉得这些专题研究是课程中最有价值的体验之一。

2. 理解民主参与的广义概念

许多PEP教师的共同目标是帮助学生从更广泛的意义上理解民主参与,民主参与不仅仅是党派竞争和大选投票[5]。超过半数的PEP学生表示,"拓展或重新定义"政治观念对他们的学习非常重要。许多人认为这对他们而言是一个重大的启示,他们对成为积极公民的多种途径有了新的认识,这些途径包括参与地方政治、基层参与、在政府中担任各种与选举无关的职务以及参与各种政策相关工作。拓展学生的政治观念与发展他们的政治动机密切相关,因为这些参与形式往往不像国家层面的选举政治那样遥远和令人印象深刻。

鲁迪·希尔德雷思(Roudy Hildreth)与吉姆·法尔一同组织明尼苏达大学的"实践民主教育"(Practicing Democratic Education)课程,他将拓展学生对民主参与概念的理解视为这门课程的关键目标。在课程中,学生担任哈里·博伊特和同事创建的"公共成就"(Public Achievement)项目辅导教师。希尔德雷思强调,将课堂教学与实习相结合,有助于围绕博伊特的公民政治概念重构学生对政治领域的看法。在这样的视域下,普通人共同努力以追求集体目标,实现公共价值或完成公共事务。希尔德雷思说到,"在课堂上,我们把政治的场域扩展到日常生活中去,我们所谈论的不只是正式机构中的政治,也包括日常生活中的政治。实习课可以帮助我们达成这个目标。"

3. 培养协商和反思能力

政治知识和理解的许多方面都会逐渐转化为对民主参与至关重要的心智技能,如反思性判断和批判性思维。所有的政治判断、评估及决策都与我们对政治的了解,或者自认为对政治的了解密切相关,同时也和所谓的"元认知能力"有关,"元认知能力"是我们思考关于知识与世界、与目标之间关系的能力。举例而言,为进行负责任的民主参与,学生需要学会评估他人呈现的证据,识别并评估自己和他人论点中的隐含假设。还需要学会查找信息,并利用这些信息评估政治政策问题上的不同观点,从而表达和捍卫自己的立场并对他人立场做出评价与回应。

学生还需要具备从不同角度看待和评估问题的能力。创造机会让学生与具有不同视角的同伴建立密切联系对促进能力提升非常有效。一名参加模拟联合国课程的学生说道:"当我读到(反方的)观点论文时,我开始能够理解为什么他们决定支持某事。这让我意识到,除了我自己的观点之外还有其他观点。"

用这种方式让学生对相互矛盾的观点进行评估会让他们更努力地思考那些从前认为是理所当然的事情。这往往会促使他们改变对问题的看法,或是让他们采纳更微妙更适切的观点。事实上,在我们的调查中,88%的人表示在参加PEP课程或项目期间他们对某些政治问题的看法已经发生了改变。学生通常把他们思想的转变归功于与持截然不同观点的同学之间的讨论。当学生为自己的观点提出有力且令人信服的论据时,他们就能够影响班里的其他同学,即使是在那些会引发强烈反响和激烈情绪的问题上。

有时,新观点的产生来自于阅读而非与同学的交流。米尔斯学院"公民领导力研究院"项目的一名学生谈到,撰写关于黑人保守主义的研究论文让她对一些与政治意识形态和政治党派联盟相关的重要问题有了不同的理解。她在阅读和撰写有关黑人保守党的文章时,被他们自力更生和赋权的理念所打动,同时她发现自己一直因为自身的政治认同(作为一名年轻非裔美国人)而片面抵抗这些思想。

如果课程能够提供实践机会利用实用性知识进行判断和讨

论,就能够帮助学生养成新习惯并形成新的理解。正如模拟联合国项目的一名学生所说:"这门课改变了我与他人交流的方式,我可以引用数字、具体协议,我可以给出理由。因为这门课,我总是想要详细了解为什么我要相信我所相信的。"奥托·范斯坦"美国政府导论"课的一名学生在谈及他所养成的思维习惯时也同样指出:"我的教授教给我思考和审时度势的方法——我将它带入到其他所有课程以及生活的各个方面之中,这种方法是审查事物的某种方式,不要只是接受专家说了什么,而是要试图找出其潜在的、根本的原则是什么。"

4. 对政治有更现实的理解

尼米和琼(1998)在对高中阶段公民知识的研究中多次强调,接受公民学课本上的传统知识意味着学生对政治制度持有天真的看法。这种天真的看法"掩盖了民主政治实际上到处都是关于分歧且试图以和平的、令人满意的、有序的方式解决争端的事实"(1998,p.150)。与此相反,PEP课程和项目则特别注重帮助学生了解政治是如何"真正奏效"的。尼米和琼注意到,这让学生能够发现政治切身相关、富有趣味,同时更易理解。在PEP课程和项目中,我们看到实现这一目标的三个重要途径:一是帮助学生认识政治问题和社会问题的复杂性,二是帮助他们认识到政治和政策的选择需要权衡,三是帮助他们体验民主进程"真正运作"的方式。

帮助学生认识政治问题和社会问题的复杂性。在帮助学生深入了解政治知识、具备多维政治视角的同时,也要帮助学生认识政治和社会政策问题的复杂性,这也是政治和社会政策问题之所以重要和有趣的部分原因。正如迪克·雷塔诺在谈到他的"模拟联合国"课程时所说,"这些问题很复杂,很难解决,也不能简单地回答。这门课程激发了学生对认知复杂性的更多认识,从而能够理解国家的运作方式以及为什么会在全球政治中如此行事。"

能够理解这种复杂性是理解力走向成熟的一种标志,而这种成熟的理解力是负责任的民主参与的基础。门德尔-雷耶斯也把对复杂性的理解作为其"服务、公民和社区导论"课程（Introduction to Service, Citizenship, and Community）的一个目标。她说:"我希能够帮助学生消除他们（对社区、服务和政治）的预先期待或刻板印象,这样他们才能学到更复杂、更现实、更具激励性的方法。

帮助学生认识到政治和政策的选择需要权衡。一些 PEP 教师这样处理政治的复杂性:他们强调政策的制定和实施需要调和各种价值观和利益,这些价值观和利益看似都是可取的,但事实上必须要进行权衡并做出取舍。另一些教师则强调,在多元民主中以"零和"或者"全或无"的方式看待政治目标和价值观会走入绝望的僵局。即使是为迎合更多人而精心制定的政策也会带来意想不到的后果。更复杂的是,政策的制定和执行都是由真实的人来完成的,他们在工作中难免会受到个人动机、个人能力以及各种约束和限制的影响。举例来说,在描述"儿童和公共政策"的课程目标时,凯特说道:

> 有时我觉得我所有的课程都有一个相同的目标——理解复杂性。我想让学生明白,凡事都要权衡利弊——这是公

共政策中的一个关键概念。他们需要了解权衡的是什么。比如,在青少年司法中存在着一些相互冲突的目标:对青少年进行惩罚、改造,同时又需要保护社会等等。在儿童保护方面也无法做到两全齐美。这里会产生两种类型的错误——一种是当孩子应该被留在家里的时候却把他们带出去了;另一种则是当他们应该被带出去的时候却把他们留在了家里。如果想刻意减少其中一种错误的发生,把更多的孩子留在家里,以避免他们被不必要地带出,那么与此同时,也会错误地把更多该被带出的孩子留在家里。

帮助学生体验民主进程是如何"真正运作"的。与许多中学的简化版公民课不同,PEP 课程向学生介绍政治过程的模糊性、不规则性和偶然性(通常被称为"混乱性")。亚当·温伯格认为这是"民主关系重大"项目的一个重要目标:"我们想要帮学生弄清楚修改法律的真正意义到底是什么。"

美利坚大学参与"华盛顿学期"(Washington Semester)项目的里克·塞米阿廷(Rick Semiatin)也同样表示,他的课程是关于政治是如何真实运作的:"我希望学生从内部体验政治的实际情况……去理解政治是混乱的。它不适合安放在盒子里,而且往往过程大于形式"。辛普森"芝加哥市"课程的一名学生呼应了这一观点,他说这是"我上过在真实性方面做得最好的政治学课程",他所学的其他课程更倾向于"在抽象的和学术的层面探讨问题"。

遗憾的是,向学生展示民主进程混乱的实际情况在带来好处的同时也带来了风险。有些人说,你永远也不应该看制定法律的或制作香肠的过程。对现实政治环境的生动介绍有时确实会增加学生的犬儒主义,降低他们的效能感和参与欲望。正如恩加里捷夫研究所(Engalitcheff Institute)的一名学生在谈到她在华盛顿的实习时所说:"在来之前我为自己是一个美国人而自豪,但到了华盛顿之后这种自豪感可能就被削弱了……因为你看到的那些人并不能让你很自豪地为之工作。"另一个学生说:"我猜在国会山工作一定很令人失望,因为我认为很多政治活动都是政治机制在发挥作用,而且实际上与选民的意愿完全脱节。"尽管没有一位教师和项目负责人认为让学生变得如此愤世嫉俗、选择退出政治是有益的,但也有一部分人确实觉得某种程度的挫败感或幻灭可能是提高政治知识水平、走向政治成熟的必经之路。

然而,大多数教师都在有意减轻或弥补一些学生在体验政治活动时所产生的更极端的政治犬儒主义。许多教师认为让学生对令人困惑的体验进行反思能够使其更生动地了解民主的真正运作方式,但又不会让他们失望和沮丧。有些矛盾的是,如果处理得当,向学生揭示真实的民主进程其实有助于缓和一些学生的犬儒主义。例如,波特兰州立大学的道格·摩根(Doug Morgan)教授说,上过他课的学生都应该更好地理解当选官员必须要调和的互相矛盾冲突的价值观。他认为,如果学生能更好地理解妥协在政治中的必要性,他们就会理解当选官员所面临的艰难选择,并认为这个过程具备合法性,即便它并不符合自身的理想化观念。

5. 即使知识有限仍要采取行动

当学生变得更加博学且对社会问题和民主进程的复杂性有

了更好的认识时,他们也会更加意识到自己在理解上的局限性。有时,深化对知识的理解可能会让他们感到不知所措、停滞不前,而不是充满力量,这些知识潜在地影响着他们对某个问题的思考。当学生看到专家花费数十年甚至整个职业生涯来研究一组特定问题时,有些人可能会开始怀疑,他们如何能奢望掌握足够知识以做出选择或采取行动?

一个参与由城市事务高等教育联盟(Higher Education Consortium for Urban Affairs)赞助的"都会城市研究学期"项目(Metro Urban Studies Term)的学生谈到在面对经济问题时会感到沮丧,他认为他和同伴们都无法博学到能够对项目中的城市贫困问题做出真正明智的判断:"我有一些经济学基础……但当面对整个经济体系的时候,我会觉得自己仿佛没有接触过经济一样,因为这些问题太复杂了。这是一件令人沮丧的事情——为了对我们该做什么有实质性认识需要再学习很多新东西。"

在致力于促进学生积极进行民主参与的课程和项目中,教师需要对这一陷阱保持敏感并帮助学生认识到知识和理解总是片面的,但我们必须采取行动,不仅在政治领域,在其他领域也一样。当课程或项目涉及针对议题采取行动或担任公众发言人时,就能够帮学生明白与博学多才同等重要的是即使无法全知全能但依然要采取行动。

注释:

1 有关社会问题研究档案的各部分信息和案例,请参见 PEP 线上资料库中的第 26 和 56 号文件,网址为 http://www.carnegiefoundation.org/educating_for_democracy/docs/。

2 比如,"研究/行动项目及模拟"的相关内容请参见 PEP 线上资料库中的相关部分,网址见注释 1。

3 关于完成基于社区研究项目的步骤信息和案例,请参见 PEP 线上资料库中的第 23 和 55 号文件。

4 有关此项目和模型的信息,请参见 PEP 线上资料库中的第 19 和 20 号文件。

5 关于 PEP 教师鼓励学生更广义地理解民主参与的部分案例信息,请参见 PEP 线上资料库中的"入门(什么是政治?)"部分。

第六章　教授民主参与技能

民主国家有许多政治活动可以让人们表达个人观点并推动实现政治目标。从基本的选举参与(比如获取信息和投票)到高层次的选举参与(比如参加竞选和游说),还有议题倡导、组织社区以及其他直接参与民主的形式,这些活动都要求公民具备不同水平的主观能动性和专门技能。做好每项工作都需要具备一些特定技能。即便是基本的选举政治活动,要负责任地参与也需要具备起码的专门技能,比如知道如何进行登记投票并找到投票站、查找并了解有关候选人或决议的信息等等。而更为复杂的政治活动则需要协作能力、多方面的领导能力以及许多具体技能,比如撰写新闻稿、组织他人支持候选人等等。

多数大学生都很少有机会学习政治活动中的重要技能,比如像主持会议或公开演讲这样的一般技能,以及联系当选官员或游说立法机关这种专门的政治技能。但政治技能对民主参与而言至关重要,已有研究表明政治技能是影响政治参与的重要预测因子。与政治知识一样,拥有一"工具箱"的技能对政治参与而言是一种宝贵资源,可以让学生的政治参与变得更加简单有效。当学生有机会学习具体的政治技能时,他们会感到既新奇又满足。正如伯里亚学院的一名学生所说:"我参加过许多活动,也参与过很多团体,但我以前从未有过这种体验——'这里有你需要的工具,这里让公民行动变得富有力量。'"

一、获取必要技能

政治技能无法脱离政治理解和动机而存在,这三类目标通常以相互促进的方式动态地交互在一起。学生对政治技能的掌握会支撑其政治参与动机,反过来政治参与通常也会促进其政治技能的提升。

传统观点认为,对政治的疏离和冷漠是年轻人不参与政治的原因,然而相比之下,对政治参与感到不知所措或许是年轻人(以及其他人)在政治参与中更大的障碍。比如我们知道,尽管一些年轻人对政治非常怀疑且不感兴趣,但还是有一些年轻人的确关心政治事务并认为政治行动能够带来积极成效。近来针对大学生的调查显示,尽管有30%的大学生认为"政治参与很少能够带来实际成效",但大多数大学生并不赞同。相反,他们认为政治参与可以成为解决问题的有效方式(Harvard University Institute of Politics, 2003)。许多美国青少年表示他们打算参与公民活动和政治活动,比如投票、为请愿书收集签名或是参与非暴力抗议游行。尽管当前参与率表明他们对政治参与的渴望并不总是能转化为将来的参与(Torney-Purta, Lehmann, Oswald, and Schulz, 2001;表明美国14岁的人中计划参与投票的占85%,计划为请愿收集签名的占50%,计划参与非暴力抗议的占39%)。

年轻人对政治参与的渴望与实际参与间的脱节部分归因于

政治技能的匮乏。如果学生不仅能够获得技能，还能够意识到自己具备技能，并有能力学习未来所需的新技能，他们就会更具政治效能感。我们的调查显示，旨在提高政治行动技能的课程能够显著增强学生的内在政治效能感并提高其政治兴趣（具体来说是阅读报纸上政治新闻的兴趣）。

政治技能和政治理解也密不可分。事实上，技能一定要以理解为基础，才能避免成为盲目、机械的应激性行为。这种智力基础在协商、谈判、书面表达、公开演讲以及其他形式的说服技能中体现得尤为明显。这些技能都要求对当下考虑的问题有丰富的知识基础以及一系列的智力技能和人际交往技能。

PEP 课程及项目所涉的大多数技能在不同学科的学术论述、多种专业实践形式以及其他人生追求中都是重要组成部分，只是经过政治性改造，在形式上略有不同。如果能够以坚定灵活的方式学习民主参与的相关技能，那么这些能力就能够被调整和转化，以助力学生在其他领域的发展。

与政治参与中的其他要素相比，研究人员历来较少关注公民和政治技能在政治参与中的作用。但在过去的十年中，韦尔巴、施洛茨曼和布雷迪（1995）在"公民参与调查"中所做的开创性工作使人们对获得公民技能的方式有了更多了解，尤其是在发展形成阶段，这些方式可能会使人们走上更宽的政治参与轨道。该研究及其他研究都表明，许多人在青年时期最初是在家和学校（尤其是课外项目）获得公民参与的重要技能，而在成年阶段通过工作及参与公民和政治团体这些技能会进一步得到发展（Glanville, 1999; Verba, Schlozman, and Brady, 1995）。年轻人参与有组织的团体对预测未来的公民参与特别重要，或许因为早期经历让年轻人学习并锻炼了实践技能,比如各种沟通与组织技能,而这些技能也会促进其日后参与社区和政治事务(Yates and Youniss, 1998)。

除韦尔巴、施洛茨曼和布雷迪(1995)外,还有人指出参加团体组织能够比其他活动更好地提升政治技能、促进政治参与。比如,在一项全国性的跟踪研究中格兰维尔(Glanville, 1999)发现,在高中参与"促成性"或致力于达成集体目标的团体组织,如学生会、政治俱乐部、校报或社区中的青年组织,与参与合唱团、体育运动或是荣誉协会这样的"展示性"活动组织相比,更能促使学生在成年后参与政治(投票、参加政治集会、为竞选活动奔走或为竞选活动捐款)。

尽管参与公民团体是学习和练习相关技能的重要方式,但这还不够。志愿活动的参与情况在不同人群中并不均衡,且具有高度的自主选择性。因此,不能认为只有参与公民技能培养组织的年轻人才能获得未来进行民主参与时所需的政治技能,这既不明智也不公正。而在范围更大、更有代表性的青年人群体中通过教育干预来培养公民技能也并不是一个新想法。事实上,这正是不同种类的公民课程要求有志愿和服务学习项目的原因,也是"美国服务队(AmeriCorps)"和"美国志愿服务队(VISTA)"这样的国家项目存在的关键原因。

已有证据表明,教育项目可以提供类似参与公民团体而获得的技能培养的机会。针对青年人公民和政治参与的全国性调查发现,在高中或大学阶段学习过书信写作或辩论等技能的学生,比没学过的学生更积极参与政治。事实上,学习这类技能要比参与和政治有关的常规学术活动(如密切关注政治时事和国家事务等)更有助于后期的政治参与(Keeter, Zukin, Andolina, and Jenkins, 2002; Zukin and others, 2006)。

一些研究已经表明,在一项复杂的技能中,习得高水平专业技能的最大单一预测因子就是练习这项技能的时间(Ericsson, 1996; Ericsson and Charness, 1994; Ericsson, Krampe, and Tesch-Romer, 1993)。研究也表明,人们非常善于发展新技能,包括他们自认为并不具备天赋的一些技能,比如拥有超凡的记忆力等(Ericsson, 2003)。同关于参与公民组织作用的研究一样,有关专业行为和技能获取的研究也表明,如果给予合适的学习机会,政治参与技能是能够被普遍掌握的。

二、PEP课程对技能获取的影响

我们想知道PEP课程及项目能否以及如何促进学生各类政治技能的提升,因此我们对学生的调查涉及了四类重要且不同的公民和政治技能:

○ 政治影响与行动技能

○ 政治分析与判断技能

○ 沟通与领导技能

○ 团队合作与协作技能

研究表明,适当条件下,关于一些成果(比如技能和知识)的自我报告与直接评估高度相关(Anaya, 1999; Dumont and Troelstrup, 1980; Kuh, 2003),并且,鉴于无法直接对各类政治技能进行评估,因此我们采取了学生自评的方式。研究者要求学生对量表中每项特定技能的水平进行自我评估,量表采用6点计分,范围从"能够完成得很好"(6分)到"无法完成"(1分)。

这四类技能我们都针对全体样本的调查数据进行了分析,并对初始政治兴趣高低程度不同的两组学生的干预成效进行了比对。我们发现在针对全体样本的分析中,学生在四类技能上都有统计学意义上的显著提升。当我们根据对政治问题初始兴趣的高低将学生分为两组时,我们发现学生在四类技能上的表现有些相同也有些不同。在前测中,政治兴趣较高的学生四类技能的水平也更高,且在课程和项目结束后,其政治技能的自评成绩也仍高于政治兴趣较低的同伴,但政治兴趣较低的学生却在四类技能中表现出了更大的进步。

1. 政治影响与行动技能

值得注意的是,聚焦于政治问题的技能在前测与后测的对比中增幅最大,即政治影响与行动技能。在干预之初,学生在政治影响与行动技能上的水平要低于其他类别的技能,但这类技能在初始政治兴趣高低的两组学生身上都有显著增长。初始政治兴趣较低的学生变化极大,而初始政治兴趣较高学生的增长水平相对较小。提高这类技能对学生而言尤为重要,因为他们从其他课堂或一般的生活经历之中很少能够学习到这种高水平的、特定领域的技能。

2. 政治分析与判断技能

政治分析与判断技能也可以说是对政治问题形成理性观点和明智判断的能力,在这方面我们也看到了实质性增长。初始政治兴趣较低的学生增长十分显著,而政治兴趣较高的学生增长幅度则相对较低(但幅度仍然明显)。

3. 沟通与领导技能

人际交往、团体过程和集体决策的技能在许多公民和政治环境中都很重要,在学校、工作场所和其他环境中也很有价值。其中,沟通与领导技能在民主参与的很多方面都很重要,尤其是在直接民主和基层民主相关的参与中。比如,如果在向他人公开表达政治观点和意见时让人感到不舒服,就很难实现政治目标。初始政治兴趣高低程度不同的两个小组在这类技能上都得到了明显提升,但其提升幅度要低于政治分析与判断技能或政治影响与行动技能。

4. 团队合作、协作与妥协技能

与团体过程和决策制定有关的技能对多元文化社会的政治生活来说特别重要,尤其是需要通过集体行动来实现政治目标时。不同的优先事项和相互冲突的利益可能存在于组织内部和组织之间,因此,同他人合作或达成一致的能力便是在面临差异和分歧时顺利推进政治行动的关键。

与我们测量的其他三组技能不同,只有初始政治兴趣较低的学生在这组技能上取得了进步,而且进步幅度很小。这可能是由于这组政治技能比其他技能更难学习或更难提升。针对大学生的研究表明,他们宁愿避免冲突,也不准备在多元民主的政治环境中驾驭冲突(Hurtado, Engberg, Ponjuan, and Landreman, 2002)。因此,相对于其他让学生感觉个人风险较低的政治技能,学生某种程度上可能不太愿意练习这类技能。

总体而言,测量结果显示,这些课程和项目在促进学生有意识地掌握各种与政治相关的技能方面非常有效。而且初始政治兴趣相对较低的学生发生了巨大改变,这尤其令人振奋。当然,对于初始政治兴趣较高的学生而言,要取得实质性进步较为困难,因为他们一开始在这些指标上的得分就比同龄人高很多。但即便如此,这些学生在其他三类技能上也取得了明显进步。

三、民主技能的教学目标

教授复杂技能的一个常见模式就是学徒制。学徒制指的是师父——在某一领域具有高水平技能的专门人才——搭配一个新手。新手负责观察师父的熟练表现并尝试重复,师父给予纠正反馈,并基于一些指导原则进行解释。学术领域对技能的教学也采用了较为类似的模式。教授复杂技能的相关研究以及我们与师生们的讨论都表明,无论在政治领域还是其他领域,对专门技能的有效教学都包括三个关键要素:技能的呈现、实践以及有效的信息反馈。和这些关键要素一样,学习技能的过程应该具体、有特定情境并以概念为基础,尽可能与学生的真实目标相关,并有助于目标实现。这些共同的学习原则适用于我们测量的四类技能,也适用于PEP课程及项目所涉及的各种具体技能。师生们描述了多种政治技能的培养方式,这些方式将专门技能的呈现、实践以及有效的信息反馈结合起来,并置于具体情境之中。

1. 向学生呈现专门技能

我们谈及"技能"是指其可以通过或多或少的专门知识来实

现。帮助学生提高政治参与技能意味着帮助他们向更有能力、更有经验、更得心应手或更专业的方向转变。这看似显而易见,但的确需要着重强调,因为一些教师在使用"技能"这个术语时十分不严谨,比如当教师谈及"倾听技能"时,他们往往指的是花更多时间倾听而不是培养倾听方面的专门技能。

对某项技能来说,究竟是什么构成了专门技能并非总是明确、无争议的。因此,教授民主技能的首要步骤,往往也是被忽略的第一步,是向学生展示精通这项技能是什么状态。这意味着不仅要明确学生应该发展的技能,而且要清晰地表达、构建模型,或以其他方式在或低或高的能力水平上向学生呈现技能表现的关键维度。

继续刚才那个"倾听技能"的例子,教授这一重要的民主技能需要向学生生动地描述和传达有效倾听需要什么。许多 PEP 的课程和项目都将倾听技能作为教学目标之一,因为教师意识到良好的倾听在政治活动(比如谈判、社区参与和政治演讲)中发挥着关键作用。教师赋予"学会倾听"以不同的内涵,这些内涵不需要所有人一致,关键是要向学生传达他们对于"熟练倾听"这一概念所理解的主要维度。尽管并非全部,但 PEP 中的一些教师确实在这样做。

加州州立大学蒙特利湾分校"加州环境史"课上的一名学生指出,他在课程中学到了有效倾听的两个重要维度。一是在倾听他人时将自己强烈的最初判断和情绪反应置于一旁的能力。这一能力对于充分理解他人观点并形成有思考、有礼貌的回应非常重要。这个学生说,与许多人一样,他通常会难以倾听那些"我不认同的评论或信息,这会让我感到心烦意乱,不是生气,但真的会影响到我的情绪……但我还要保持镇定并以专业的方式做出回应"。这门课帮助他学会"接受别人对你说的话,倾听他们的意见,在他们讲完之前不要形成自己的观点,你要听清楚他们说的每一句话"。这种态度帮助学生"退一步思考并处理我们得到的信息,形成对它的感受,并将其转化为回应"。

学生指出,课程中强调有效倾听的第二个维度是准确理解并复述他人所说的话。正如他所说,课程中的几个练习"让我们意识到,我们大都不能认真倾听他人,而我们绝对需要这样做"。他还提及课程中对这一技能有很好的练习,其中一项练习让学生结对儿针对一个政治问题发表自己的观点,每个人都重申他或她同伴的立场,然后同伴对其复述的准确性做出反馈。观察他人在练习时的状态让学生了解到人们准确表达他人观点的能力是有差异的。

2. 创造机会并鼓励实践

除了理解专门技能的构成要素之外,在任何领域学习技能的关键都是实践,许多PEP教师在教授政治技能时都会着重强调实践的重要价值。比如,在明尼苏达大学"实践民主教育与公共成就项目"的课程中,吉姆·法尔强调了"辅导"方法的价值,即让大学生在指导儿童参与社区行动项目的过程中练习民主技能。正如法尔所说,"我们的教育理念是在做中学"。学生也认识到了实践的价值,他们非常感谢这些课程和项目提供了实践政治技能的宝贵机会,很少有大学能够提供类似机会。

3. 进行多方反馈

尽管实践很重要,但仅通过实践并不是获得专门技能的最有效方法。就像一个人不能仅通过无指导的练习就成为技艺高超的钢琴家,而是要通过练习与专家的指导相结合才能实现,学生在练习民主公民所需技能时也需要得到指导。正如"民主关系重大"项目前任负责人亚当·温伯格所说:"学生学习的唯一方式就是上手做,然后得到指导并真正解决问题。在某种程度上,这是一种训练,更像是一种体育训练模式而非课堂教学模式。"

这种有效的信息反馈或指导可以来自多个方面:教师和项目成员、其他有经验的人、同伴,以及自身成功和失败的经验,即把自己的表现作为重要反馈。理想状况下,项目可以包含所有这些反馈类型中的要素以帮助学生发展技能。参与"民主关系重大"项目的学生在提到他们从来自多方的反馈循环中获得政治技能时谈道:"与人交谈、获取新观点并和他们一起工作真的很有帮助。我们总能从别人身上学到一些东西,这就是我的感受。没有人是无所不知的,你可能是某方面的专家,而他们可能是其他领域的专家。会议过程中你们可以交换意见,并不断向新来的同学提问,他们对于会议有什么想法?他们认为我应该怎样做得更好?他们希望看到什么?"

对学生表现做出专家性反馈的最易得资源或许就是教师、项目工作人员和助教。所有这些反馈在 PEP 的课程和项目中都很重要。这正是"民主关系重大"项目中的情况,温伯格描述道:

> "民主关系重大"作为一个持续型项目,项目负责人基本每周都会坐下来和大家讨论各个校园分会的情况,比如进展如何?哪些工作有效哪些无效?我们试着和每个校园一年至少联系一次……最近我到其中一所学校准备就竞选资金

问题发表演说，但在我演讲的同一时段临时安排了一个反战教学宣讲会，所以当天的演讲活动并没有很多人出席。于是我利用这个时间和同学们讨论——在最后一刻临时取消一个活动是可以的——而他们为什么没那么做，然后我们试着把这个经验应用到其他分会中。

温伯格和其他项目负责人会在每月的时事通讯和电子邮件中传达这种反馈，并在反馈中分享解决这些问题的障碍和想法。比如他们发过一篇探讨如何回应批评的文章，起因是一个校园分会的学生提到："我们不知道该对批评者说什么"或"我们不知道该如何对此做出回应"。

从教师和学生身上可以清楚地看到，提供有意义的反馈更像是充当"教练"而不是"啦啦队"。这种反馈在具有批评性时是最有用的。参加模拟联合国课程的一名学生描述了他和其他人从这一反馈中得到的强化学习："整个课程中我们都被塑造为外交场合应有的状态。这个过程非常紧张严肃。每当有人没有使用外交辞令就会被立刻纠正……我们从教授和助教那里得到了大量反馈，而且这种反馈是毫不客气的。"

遗憾的是，提供强化反馈有时会带来组织和资源方面的挑战，也会为政治参与项目的理想规模设置障碍。温伯格谈到，"民主关系重大"项目旨在进行广泛指导的"指导模式"为校园协调员带来越来越多的烦恼，甚至考虑暂停扩张分会："如果有人让我用两句话描述我在做什么，我会说我们正在开展关于民主和组织的辅导课程。如果没有真实、丰富、深入的接触，你无法做到这些。"近几年，项目已经在限制参与年度峰会学生的数量，以确保来自项目成员的高水平的、有教育意义的反馈："我们有一个练习,会谈论学生在学校里所付出的努力和获得的成功。但是除非'民主关系重大'项目的负责人与他们坐在一起,否则练习就是无效的。"这种指导要求的是那种真正深入、丰富且具有反思性的反馈。[1]

正如这类例子所表明的那样,技能培养的结构性指导可以采取由项目负责人和教师对学生的实践或活动进行直接反馈的形式,也可以让外部专家参与进来,针对学生面临的具体情况,或学生为实现政治目标采取的措施提供建议。有时教师甚至学生自己也会找一些外部专家来提供这种类型的反馈。"民主关系重大"项目的一个学生在谈论向外部专家寻求指导时,生动地描述道:"我们已经找到了。我们邀请了康奈尔大学(Cornell University)的说客向我们传授如何进行游说,还邀请了一位前任州议员教我们如何与州议员对话。这非常有价值……我们能够从中了解获得专门技能的方式,而且通常拥有这些专门技能的人也非常渴望去分享它。"

在大多数 PEP 课程和项目中,朋辈间的相互反馈也同样重要,尤其当它与教师或专家的反馈相结合时尤为重要。法尔的课程将朋辈间的反馈作为促进民主技能发展的主要方法。学生参加每周一次的简要汇报会,在会上介绍他们所取得的成就与面对的挑战,并相互帮助。法尔这样描述这种汇报会:"我们正在探索这一方法的理论意义和实践运用,对于这一模式的建模我们有时可以做的事情是有限的。有些人非常懂得如何适应官僚主义。我们问他们'你是怎么做到的?''你是如何研究的?''让我们花些时间谈谈'。通过分享最优秀的实践案例和最近的好事儿,我们可以提升相关技能。有些学生非常善于表达这些观点。"

马歇尔·甘兹在哈佛大学开设的社区组织课程也依赖于类似的朋辈反馈。学生会定期汇报自己的政治项目,然后由同伴来评估哪些地方进展顺利,哪些地方需要注意。这样的练习会同时促进朋辈评估者和汇报人的技能发展,包括学习客观分析政治目标和策略,并有效给出实用反馈。正如甘兹所说:"评估者会学着让自己的评估中少一些评判,多一些信息。汇报人也学着将反馈作为信息而不是评判。"

当学生参与政治行动、模拟活动、课堂协商等活动时,他们也可以通过关注自身行动的结果来获得反馈。比如,当学生学习说服技能时,通常能从同学的反应中看出自己在多大程度上说服了他们。从该意义上讲,如果学生能够学会评估自身的行动结果,那么反馈便内嵌于任务之中。

政治方面的努力有时会有一定成效,有时却不如预想般顺利。师生们都强调,失败即使带来一些始料未及的结果,闹得人尽皆知且令人痛苦,但却和成功一样,能够让人从中汲取养分。"民主关系重大"项目的一名学生给我们讲述了他从上周"搞砸"的事情中所吸取的教训。校园分会策划了一个包括乐队演奏的大型信息和招聘活动,但是"乐队却爽约了","那让我们非常受挫……我们其他的工作人员都很抓狂。他们开始谩骂,因为投入了大量心血。我们能做的只有坐下来与人们交谈。但最后我们还是在请愿书上得到了大家的签名……由此可见,重要的是要接受你已经搞砸了的事情,然后继续前行,争取在下次做得更好。所以下次的活动,我们说,好,我们要从一些小事做起……或许可以放映电影《布尔沃斯》(*Bulworth*)……我想这就是类似受到伤害然后再痊愈的事情吧。"

关注政治技能方面的增益会让学生发现自己正在进步,从而树立自信心和效能感。另一名"民主关系重大"项目的学生说:"看到有那么多人来参加会议让我非常振奋,能够高效地举行会议也让我非常激动。回头看看我以前做过的事情,就会发现我现在做得更好了。"

4. 认识元认知的价值

前面的例子与研究结果相吻合,都表明从经验中学习可以增强学习的深度、持续性以及在新情境中的适用性,通过这些活动学生能够有意识地回顾自己的学习情况和掌握程度。正如一名学生所说,"犯错误,然后在下次做得更好。我认为当你第一次开始做某件事时……在做的时候对自己进行评估,就会发现有哪些事情你没有做对,下次就会把它做得更好。"

认知科学家将这种对"哪些有效以及哪些需要提升"的自我评估与反思用术语称为"元认知"(Bransford, Brown, and Cocking, 2000, p.12)。没有这种反思,人们几乎无法从自己的经验中学习。

我们看到发展学生评估自身经历的能力和习惯这一目标贯穿于许多PEP课程和项目中。在甘兹的课程中,批判性反思论文要求学生使用从课堂阅读中获得的概念视域去评估自己的所作所为。甘兹解释了如何要求学生对自己的经历进行批判性分析才能帮助他们明白"如何从实践中学习"。

引导学生对所学进行反思或自我觉知也能够帮助他们将政治技能运用到新情境中。任何政治参与的干预措施其实都只涉及民主参与众多技能中的一小部分,而对学生的引导能够打破这种局限。如果学生在学习技能的同时,能够明白他们也在学习获得政治技能和专业知识的"过程",他们就会发现所学到的核心学习原则不仅适用于在课程中获得的特定技能。他们可以学着去研究复杂的政治问题和目标,并认识到要在当时的情景中取得成效还需要掌握哪些特定技能,其中的许多技能通过认真观察相关专家或与他们进行讨论就可以习得。学生还需要认识到,大多数专门技能都是后天习得的,并不需要拥有超出常人能力之外的特殊天赋,只不过我们总是认为"我就是不擅长公开演讲"或者"我就是不擅长领导团队"。

四、在具体情境中培养政治技能

学习政治技能需要获得具体、明确、情境化的专门技能,而不是高度抽象和概括的一般性能力,如"批判性思维"或"沟通技能"。在更广泛的学术背景下,近来的教学努力都以上述观点为基础,比如教授特定类型的写作(如撰写科学报告、论文或新闻报道),而不是对所有写作一概而论。PEP 教师和项目负责人十分清楚这些技能在政治领域的特殊性。格雷格·沃克海泽在我们研究期间担任索伦森政治领导力协会的指导,与许多项目负责人一样,他强调真实的政治参与必须要在具体的情境中进行,以具象的方式构想和教授民主技能是有效推进政治行动的最佳方式:

所以我们教授的是如何游说弗吉尼亚州议会(Virginia

General Assembly），而不是一般意义上的"如何游说"。我们教授的是如何在弗吉尼亚与媒体共事，所有的授课内容都有这样的情境限定。而如今，在那里学到的经验可以在一定程度上迁移到不同的情境之中。比如，对有关福利政策的学习仅在国家层面上进行是没有意义的，因为每个州的情况都截然不同。如果想要真正理解它，首先应该在州级层面了解它，然后吸取经验并尝试思考如何能够在其他州或国家层面以不同的方式呈现。

迪克·雷塔诺向瓦萨学院（Vassar College）和达切斯社区学院（Dutchess Community College）的学生强调不同政治活动所涉技能的特殊性。他引导学生了解，并非所有从其他政治经历中获取的技能都同样适用于模拟联合国的活动，比如行动主义或赢得辩论。一名学生描述了他和同学们是如何认识到，要想在模拟联合国中取得成功，尤其是要形成各方都能达成一致的折中方案，需要的是外交技巧而不是行动主义或赢得辩论："对外交来说，倾听是关键。让双方都保持倾听……如果你认真寻求解决方案，那么总会找到有效的解决办法。这是一个很大的改变。看到辩论队做出这样的转变非常有趣，他们从想要赢得争论转变为想要找到解决方案。"

学生意识到在别处学到的技能需要适应当前情境的具体需要，这种意识表明他们敏锐地洞察到了特定情境中有效行动的重要特征。正是这种对之前所描述行动的具体反馈与反思帮助学生提升了这种意识。

1. 增强学生的紧迫感

我们的采访案例表明,PEP 的学生乐于学习政治技能,有些人甚至会主动寻求这些机会。这些课程和项目都有一个共同点,它们要么涉及真实的政治行动,要么具有让学生们感到非常真实、想要强烈参与的模拟活动,比如"模拟联合国"或索伦森协会"学院领袖项目"中弗吉尼亚州议会的模拟练习。[2] 这样的学习氛围会让学生迅速产生学习相关政治技能的强烈动机。学生会发现需要掌握这些技能才能在他们关心和想做的事情上取得成功,并因此更加关注如何才能获取政治技能,认真练习并为获得技能而寻求帮助。

一些项目还包括组织相对严密的讲习班来讲授特定技能,比如演讲稿的撰写或政治竞选的各分支事项,通常是由专家来讲授。如果学生觉得所学的东西能让他们完成想做的事情并有机会相对较快地使用这些技能,那么这种技能讲习班就特别有用。

2. 运用概念框架构建实践性政治技能

为获得重要的专门技能,学生必须学习与特定公民或政治背景有关的具体技能。我们想让学生能够将所学运用到新情境中,但特定情境中的学习会与这种意愿产生冲突。幸运的是,教师可以使用一些策略来帮助学生将政治技能运用到新情境中,比如基于概念框架学习具体技能,从而使学习更加深入,并更易迁移(G. L. Blasi, 1995; Bransford, Brown, and Cocking, 2000)。

如果在直接体验的同时能够明确关键原则,并对原则进行多种例证,那么学生从经历中学习的效率就会更高。明确可操作性原则或重要政治技能的关键要素——比如我们之前提到的政治倾听技能的两个关键要素——可以通过经验丰富的实践者、考虑周详的指导方针或精心阐释的概念框架来有效实现。一个通俗的例子是《走向成功》(*Getting to Yes*, Fisher, Ury, and Patton, 1991)这本书,它总结了"哈佛谈判项目"(Harvard Negotiation Project)提出的基本谈判原则。概念化在促进技能发展方面所发挥的作用更强调了我们称之为"理解"和"技能"这两类目标的不可割裂。

一项令人印象深刻的研究彰显了使原本深嵌于经验而无形的东西变得清晰起来的价值。这项研究的对象是那些负责分辨雏鸡性别的工作人员。在鸡蛋产业,尽早知道哪只小鸡是公鸡,哪只小鸡是母鸡非常重要。但对二者进行区分非常困难,因为公鸡和母鸡在是雏鸡时看起来几乎一模一样。一直以来,"雏鸡性别鉴定员"掌握这门手艺都需要经过很长的学徒期,他们不断将自己的判断与这一领域的专家进行对比,然后逐渐变得越来越准确。人们原本认为他们没办法学得更快。但当一个研究者让有经验的雏鸡性别鉴定员清晰地阐述他们进行判断的基本原则,比如注意什么、忽视什么,由此产生的原则和指导方针大大缩短了新学徒的学习时间(G. L. Blasi, 1995)。

同样,许多 PEP 课程和项目都是通过结合政治参与经历和实践中的关键原则及概念来教授民主技能。为确定政治参与的重要主题,他们通常会借鉴已得到广泛认可的文献或教师同行及其他政治领域专家的经验。比如,在杜克大学的"领导力服务机会"项目中,学生会针对领导力的概念开展广泛阅读,并结合自己的暑期实习经历展开讨论[3]。项目负责人阿尔玛·布朗特强调了文献中的一个核心观点:

> 我想让学生对领导力是什么有全新的理解。我提出领导力的概念框架并让他们自己去检验。他们将面临的是一个复杂而混乱的世界,没有什么是明确的。在领导力的主导范式中,领导者是有远见且能使他人追随自己的人。这一概念对于在组织中进行的实际工作而言是不充分的。相反,我将领导力视为一种活动去讨论,而不仅是一个人。不同人在不同时间扮演不同的角色都能够发挥领导力。这需要与具体的任务相匹配。

与其他许多教授政治参与的教师一样,布朗特也集中关注政治权力的概念,并力图理解权力对于成为一个有效的政治行动者的重要性。正如她所说:"我试着帮助他们理解权力是如何发挥作用的……在工业区基金会(Industrial Areas Foundation)(她的工作单位),他们强调权力从来都不是抽象的,它总是和真实的人联系在一起。问题是'谁有权力处理某个具体问题?谁有权力帮助我们?'"这种关于权力的思考方式对她的大多数学生而言都是新颖的。而且学生发现,当他们为实现政治目标进行策略规划时,这种思考方式非常有用。

3. 进一步分解复杂技能

通过将宏观层面复杂的技能集合(如"领导力")分解为更小、更可控或更熟悉的部分来加强经验与概念框架之间的整合——这是一种模块构建的方式。格罗斯曼(Grossman)和康普顿(Compton)将其称为"实践的分解"。他们对专业教育的观察表明,这种实践对在神学院、临床心理学项目以及师范院校中训练专业的实践技能非常重要(Grossman and Compton, 2005)。同样,教授政治技能的教师和其他导师通常也会帮助学生将复杂的、可能对他们而言过于庞大的任务分解成更可控可学的几个步骤,或是分解为学生已经知道如何去完成的事情。

通常情况下,一项高水平或复杂的政治技能或任务经过仔细研究通常都可以被分解为一系列更具体的技能,而每种具体技能都能通过适当的指导、实践和反馈来习得。比如,社区组织就包括许多分支任务,如围绕共同目标与他人建立联系、策划和开展有效的会议、为宣传工作制作材料、确定有能力协助工作议程的人选等等。由于分支任务相对更为具体,因此要比那些更大、更不明确的宏观层面的社区组织技能更容易教授。

"民主关系重大"项目的学生对如何解决问题的描述表明了模块构建方式的有效性。他想让他所负责的关于竞选资金改革的工作获得媒体报道。一开始,他对这个目标感到困惑甚至不知所措。"我当时在想,'我们该怎么做呢?'之前我从来都没处理过这样的事情。"他的导师和几个经验丰富的研究生帮助他将任务分解为更可操作的几部分。他需要了解该联系哪些可以在出版社、电视和广播中进行报道的媒体人,还需要一些具体的联络名单。而且他必须学习如何撰写新闻稿,因为涉及报道内容和表达方式。他的导师还建议,给新闻记者发邮件往往不如谈话有效,无论是面对面的交谈还是在电话中交谈都比邮件有效。所以他需要学习如何在口头上向记者表达自己的想法。最后他说:"现在,我知道如何获得媒体报道了,这是我学到的一件让我以后也能受益的事情。"

在明确政治技能或任务的基本要素时,谨慎确定这些要素并为其命名也能够帮助学生了解这些要素与更广义的概念框架间的关系。为一个复杂、宏观的技能的关键要素命名，要显示出该要素相对于其他要素的中心地位以及在其他情境中的潜在适用性。我们在甘兹的社区组织课堂上所采访的学生都表示他们非常高兴能够学到一种"一对一"的组织实施方式，或者说建立私人关系，它在社区组织中是一个关键步骤。正如一名学生所说，"（我学到的一件事情）是'一对一'的这种理念，你可以单独和人们见面，去了解他们、了解他们的兴趣是什么，了解如何基于这些兴趣趋近共同的目标……如何开展一个活动……我认为这是一项非常实用的技能"。

五、进行制度化整合

促进政治技能发展所面临的一个巨大挑战是这些复杂技能需要花费很长时间才能够看到成效，即便是非常有能力的人，甚至专家也是如此。在奥托·范斯坦"美国政府导论"课程的"城市议程"部分，学生可以学习民主公民的几项关键技能[4]。但在一学期中这门课每周只有四小时，而且这种体验在学校的其他地方都无法得到加强。完成课程的学生会对政治更感兴趣同时也会变得更加高效，但这种短暂的接触只能让他们有民主技能实践的一个开始。在这方面，"民主关系重大"这样的课外项目则具备相对优势，学生可以根据自己的时间集中参与，时长不限。

对学习复杂技能所需时间投入的现实观点表明，制度化整合与规划对促进政治理解和参与非常重要。为了对学生的民主技能产生持久影响，学校应设法为学生提供多样的、交互的机会以学习关键的政治技能,并在不同情境中进行运用或实践。可以通过制定规划的方式实现这一目标,规划一系列与进行中的课程、项目或活动相关的民主技能。一些掌握民主技能的候选人在政治目标和政策方面具备令人信服的写作能力和公开演讲能力,比如,政治观点的呈现要基于调查、选择、提供证据并对政治争论进行分析,或是就政治观点的逻辑、事实的论证以及修辞的使用进行批判;他们也具备人际交往能力,如与政治问题或目标相关的合作与协商等。

这种规划与整合能够在通识教育、学术专业、学生事务以及它们之间潜在联系的背景下进行。比如,教师可以共同确定符合主修或专业课程核心目标的几个关键民主技能,然后明确哪门课程中已经教授过这些技能,或"可能要"教授这些技能,并确定如何利用或结合课外经历来培养相关技能。

注释:

1 有关"民主关系重大"项目和校园协调员所发挥作用的更多信息,请参见 PEP 线上资料库中的第 27、28 和 29 号文件,网址为 http://www.carnegiefoundation.org/educating_for_democracy/docs/。

2 关于"研究/行动项目和模拟"的信息请参见 PEP 线上资料库中的相关内容,网址见注释 1。

3 关于领导力的探究是如何融入"领导力服务机会"(SOL)项目的各部分,请参见 PEP 线上资料库中的第 21 号文件。

4 关于"城市议程——公民素养"项目的更多信息,请参见 PEP 线上资料库中的第 11 号文件。

第七章 培养政治动机

我们都知道一些受过良好教育但不太关心政治、甚至不关心投票的人。不管有多渊博的知识和多突出的技能,如果没有相应动机就不会参与政治。每个人的时间和精力都很有限,而政治参与又很难带来明显回报,比如我们很难看到自己的行动会对政治结果产生何种影响。这就意味着,人们即使有能力、有机会参与政治,但如果没有更多的内在动机(包括政治兴趣、政治热情、政治承诺或公民责任感)也不会始终如一地进行政治参与(Barry, 1970; Gamson, 1968; Riker and Ordeshook, 1968)。

民主参与的动机包括多种品质,如对公共事务感兴趣、有集体责任感,或是认为有义务进行积极参与。个体参与政治行动可能因为许多特殊、特定的利益,比如希望某位候选人竞选成功;或出于对与民主制度和进程相关的更长期的且更广泛的价值和承诺的认同,比如尊重个人权利和人人平等、认为知情选举对民主至关重要,或希望通过行动来帮助提升社区福利。长期动机有一些重要的表现形式:对民主理想忠诚、将某些民主参与视为个人自我认知的重要特征之一、信任政治体系的整体合理性或基本回应能力,对政治赋权或对本人能够进行有效行动抱有信心。

民主参与动机还包括诸如对未来充满希望以及对不公正感到愤慨等情感。人们可以通过对其所认同的群体产生积极感受而得到激励,或是通过同情或关心他人来得到激励(Hoffman,1981)。对某一特定问题和困难感到愤怒或热情有时也能够激励政治上从不活跃的人变得积极参与(Dahl, 1961)。相反,反对现有体制的态度和愤世嫉俗、对政治怀疑或疏远等情感则可能会使人们减少参与(Levi and Stoker, 2002)。

一、政治动机的影响因素

在任何特定时间,影响政治动机的许多因素都是情境性的,是不断变化着的文化、社会和政治环境中的一部分,而不是个人的稳定特质。其中一些因素与政治领域的偶发事件有关,比如对一场特定竞选的预测,或是媒体对政治丑闻的集中报道。对政治行为最明显的情境性影响,便是被政党及其他团体、朋友或家人明确要求以某种方式参与政治(Huckfeldt and Sprague, 1992; Leighley, 1996; McAdam and Paulsen, 1993)。研究表明,大学生和年轻人在动机方面尤其会受朋辈影响(参见 Green, Gerber, and Nickerson, 2004)。

遗憾的是,这些情境性因素并不是长期政治动机的必要来源。比如,在对大学生进行的一项跟踪研究中,萨克斯发现许多在大学期间参与政治较为积极的人,在大学毕业后并没有再继续保持积极参与,他们显然都是激进主义的支持者(Sax, 1999)。由此可见,为了对政治参与产生持续影响,受情境性因素影响产生的参与必须成为习惯,或者通过影响他们的政治承诺、自我认同感、根深蒂固的价值观或政治效能感,进而促使其在个人性格特征方面做出改变。

好消息是持续的政治参与能够使这些相对稳定的习惯、态度以及性格发生改变。比如,无论学生出于何种原因参与政治活动,在参与过一段时间后,便会养成继续进行政治参与的习惯。许多研究都已表明习惯的形成对政治参与影响巨大,尤其是青年时期形成的习惯(Gerber, Green, and Shachar, 2003; Miller and Shanks, 1996; Plutzer, 2002)。

参与政治活动和政治教育项目也能提升学生的政治兴趣、政治价值观以及政治承诺。通过朋辈团体、社会网络、公民志愿服务和动员工作参与到政治活动中,可以使学生对自己的政治目标以及更普遍的民主价值观有更深入的了解,并使其进一步得到强化。参与者会在一定程度上学习到政治问题重要性的评价方法以及关注社会问题的方式,并通过与这些团体互动而获得心理上的满足,这样就能够拓展他们的政治兴趣与政治关切,并使他们更加关心他人福祉。

可见,政治社会化始于人生的早期阶段(Easton and Dennis, 1967; Hess and Torney, 1967),但促进政治参与的动机却并不是完全受我们的家庭或其他早期经验影响形成的,而且还会随时间推移发生显著变化,尤其是在成年早期(Jennings and Stoker, 2001)。近来一项研究表明,一些最重要的民主心理倾向,在青少年和成年早期都很容易受到影响,而且可以通过公民教育项目等相对短期的经历进行强化,如政治效能感和对政治的信任(Brehm and Rahn, 1997; Finkel, 2003)。

二、政治动机的关键维度

政治动机的两个关键维度分别是"政治认同"和"政治效能感"。这两个维度在理论研究和实证研究中都占据着核心地位，而且我们发现这也是许多 PEP 课程及项目的普遍目标。

1. 政治认同

作为一名政治参与者的自我意识在个人的公民或政治价值观与行为之间起着关键的中介作用，同时也有助于公民和政治承诺的长期稳定（Colby, Ehrlich, Beaumont, and Stephens, 2003; Conover and Searing, 2000; Flanagan and Sherrod, 1998; Verba, Schlozman, and Brady, 1995）。比如，尤尼斯和耶茨（1997）发现，青年时期的服务经历会对未来的政治参与和社区参与产生长远影响，最好的解释便是这些服务经历有助于创造一种持久的自我意识，让人们认为自己是一名政治参与者和社会关注者。人们之所以进行后续的政治参与和社区参与，部分便源于这些重要的自我定义。

当与民主参与有关的价值观、理想和承诺处于个人自我意识的核心，我们就称其具有"政治参与认同感"[1]。具备政治参与认同感的人需要视自己为关心政治活动并有责任致力于某种政治参与的"那种人"。具有政治参与认同感的人至少会对自己的政治信仰和价值观有一种新的认识，尽管这些特定信念可以而且可能也应该随着时间推移而发生改变。对于这些人来说，成为政治知情并至少在某种程度上积极进行参与的人对其自我意识而言相当重要。这让他们总是更倾向于采取行动,即便可能需要付出巨大代价甚至不会产生实质影响。

2. 政治效能感

政治参与的另一关键动机便是具备强烈的政治效能感。这并不意味着相信政治行动总是会产生立竿见影的效果,或者必然会产生预期效果,即使耗时很久。参与公民行动的人通常是被改变的"可能性"所驱使,而不是成功的确定性(Harwood Group, 1991)。但如果人们要进行政治参与,就必须相信自己的政治判断和行动很重要、能够带来某些改变,并相信之所以能够取得积极成果与自己的行动有关(Bandura, 1997)。一项长期研究证实了政治效能感对促进民主参与的重要作用,及其与影响参与的其他预测性指标之间的联系,包括受教育水平、政治知识、政治兴趣、公民信任以及关注政治新闻等(Abramson, 1977; Almond and Verba, 1963; Easton, 1975; Iyengar, 1980; Langton and Karns, 1969; Madsen, 1987)。

近来人们越来越清楚地认识到,政治效能感不应被视为一种单一结构,将它分为"内在政治效能感"和"外在政治效能感"(或是对政府回应能力的信心)是很重要的。内在政治效能感是指"关于某人对自己能够在政治活动中理解和有效参与能力的信心"(Niemi, Craig, and Mattei, 1991, p. 1407)。相反,外在政治效能感或是对政府回应能力的认知则代表对当前政府机构或当权机关回应公民需求程度的评估。这两个概念具有相关性,但也可能存在某些个体在具备强烈内在政治效能感的同时也认为当前的政治体系相对难以受公民影响的情况,或是认为政治组织和政府会受到公民影响,但却认为自身不够知情,不具备足够的技能或力量去影响政治。

有关政治效能感的研究表明,个人的内在政治效能感相较于对政府回应能力的认知或外在政治效能感而言是一种更为稳定的个人特质(Niemi, Craig, and Mattei, 1991; Pollock, 1983)。而且,内在政治效能感对某些类型的政治参与也具有更强的预测作用。根据这项研究,我们便可以理解为何PEP课程和项目基本并未将提升外在效能感作为目标,而是一致地将学生的内在政治效能感作为他们希望促进的政治发展的一个关键维度。帮助学生认识到自己有能力掌握复杂的政治政策问题、有能力在公共领域做出贡献,并有能力做出某种改变是所有PEP课程和项目的一大目标。

三、PEP课程对政治动机的影响

PEP学生调查评估了民主参与动机的几个维度,包括政治兴趣及关注;公民身份的标准;对教育、国防、种族关系等多种公共问题的普遍关注;内在政治效能感以及政治参与认同感。

1. 影响政治兴趣与关注

对公共事务的"兴趣"(Verba, Schlozman, and Brady, 1995)无疑是政治参与动机的一部分。而许多大学生又恰恰对政治不感兴趣,所以他们基本不希望自己能够变得更加知情或更积极进行政治参与。然而,当学生了解到政治问题是如何影响自己的生活时,当他们将政治参与同自己的关注点和价值观联系在一起时,当他们变得更博学和更积极参与时,他们对政策和其他公共问题、政治活动以及民主进程的兴趣便会得到提升。

事实上,许多学生都提到参与 PEP 课程及项目使他们对公共事务的热情得到了提升。所有初始政治兴趣较低的学生,在参与 PEP 课程和项目后对阅读报纸的兴趣(线上或纸媒)以及整体的政治兴趣水平都得到了显著提升。而政治兴趣原本就较高的学生则持续保持。他们谈到每周至少会有六天阅读报纸——这是自发的,而不是作为任务去完成。

2. 影响政治参与认同感

培养学生的政治参与认同感,即政治参与对个人自我认知的重要程度(Hitlin, 2003),是大部分 PEP 课程及项目的一个目标。与我们预想的一致,初始政治兴趣较高的学生在项目之初便已经带有一种非常强烈的政治参与认同感,因此他们在这方面并没有呈现出巨大变化。显然,政治兴趣和作为参与公民的强烈的自我认知是相互促进的两个动机,而且彼此倾向于相互强化。

而初始政治兴趣较低的学生,在项目之初也表现出了极低的政治认同感。但在参与 PEP 之后,他们的政治参与认同感明显增强。对这部分学生来说,关注并参与政治已经成为其自我认知中更为重要的内容。但即便如此,这一增长幅度也还不足以让其产生作为政治行为主体的强烈的自我意识,而这种意识恰恰是那些参与 PEP 前就表现出高政治兴趣的学生的性格特征。

3. 影响内在政治效能感

我们对内在政治效能感或政治信心的测量，与政治学研究中通常使用的测量措施相似（Craig, Niemi, and Silver, 1990）。测量通过具体题目对学生的政治信心进行评估，包括他们认为自己能够理解重要的政治问题、政治知情并具备参与政治的能力。我们发现，初始政治兴趣较低学生的内在政治效能感也整体比初始政治兴趣较高的同伴低得多，但他们在项目中的收获更大，在内在政治效能感方面表现出了巨大进步。而初始政治兴趣较高的学生在政治效能感上也保持着较高水平，但并未表现出明显提升。与之前的研究一致，我们发现内在政治效能感也能够预测公民参与一些重要民主活动的意愿，包括投票和传统选举政治的其他活动，以及政治讨论和参与社区团体等活动。

学生的内在政治效能感在包含与政治相关的服务学习或社区实习的课程和项目中增长得最多，以及那些更注重培养政治行动技能的课程（Beaumont, Greene, and Torney-Purta, 2007）。这些结果表明几种不同类型的公民教育模式在增加学生的政治效能感方面非常有效，且对政治兴趣较低的学生尤为有效。

在课堂活动的所有成效中，重视政治行动技能的活动带来的成效最为显著。这非常重要，因为教授政治技能在公民和政治教育活动中经常受到忽视。这不仅是对政治专门技能的严重疏忽，也是对政治动机的严重疏忽。正如我们在上一章中所讨论的，发展知识和技能与在政治领域有效能感，二者之间存在着重要的相互促进关系。政治效能"感"（某人对自己具备处理政治问题等能力的信心）区别于"实际的专门技能"（技能和知识，因为能够从更客观的角度进行测量），但二者又密切相关。获得政治技能和知识，不仅会增强学生在这些重要领域的能力，同时也会促进其动机发展，让他们更强烈地意识到自己有能力参与政治进程，并能够做出重要贡献。

四、政治动机的培养目标

我们从 PEP 课程及项目的教学设计和教学过程中都看到了培养学生政治动机的明确目标，包括政治参与认同和内在政治效能感。我们将依次探讨这两个目标。

1. 培养政治认同

PEP 教师针对学生的"政治认同"强调了两方面内容。第一，他们希望一种或多种模式的民主参与能够成为学生自我认知的重要组成部分。第二，他们希望学生可以围绕政治价值观、政治目标、政治习惯和政治品质等方面提升自我认知。在这方面，PEP 教师着重注意通过借助榜样和导师的力量来达成目标。

使政治参与成为自我认同的核心。PEP 教师传达了他们对将负责任的公民身份塑造为学生自我认同核心的关注。比如，阿尔玛·布朗特希望杜克大学"领导力服务机会"项目的学生去"发展公共自我。我谈到这个时候学生觉得很奇怪。我指的是拥有典型的个人生活是不够的。"克丽丝蒂·舒特杰尔-曼斯（Kristi Schutjer-Mance）则提出公共自我的另一个方面，她期望参与米尔斯学院"公民领导力"项目能够"帮助学生培养更强烈的领导力认同"。

我们采访的学生也提到,基本民主价值观和民主参与成为其自我意识的中心是他们参与 PEP 课程及项目的一个重要结果。"民主关系重大"项目的一名学生告诉我们:"我之前就已经了解到什么是政治或者进行政治参与意味着什么。但'民主关系重大'项目帮我'实现'了我所认为的政治参与的意义。"马萨诸塞大学(University of Massachusetts)"公民学者"(Citizen Scholars)项目的一名学生提出的观点略有不同:"可以说,我已经有了一种强烈的政治认同,或许比别人期望的程度还要深。"

进行政治的自我探索与自我认知。通过挑战既定的假设并鼓励对所有的可能性进行开放、慎重的考虑,许多 PEP 学生对于他们是"什么样"或者想成为"什么样"的民主参与者,以及他们所认同的重要价值观有了更清晰的认识。比如,在韦恩州立大学奥托·范斯坦的"美国政府导论"课上,当学生为影响底特律地区的政策议程确立优先事项并展开辩论时,他们"开始认识到自己的价值观"。[2] 范斯坦会告诉他们,"这不是关于辩论技能的课程,而是关于你们的课程。"

学生经常提及自我认知是其参与一系列项目和活动的宝贵成果。米尔斯学院的一名学生说到,"我认为我成长了很多,而且……这种成长大部分与完善自我并有信心成为自我有关。"有时自我探索会涉及抵制过分简单化的分类和标签。米尔斯学院的另一名学生在谈论培养强烈的政治认同时,也谈到她之前未加思考便使用的标签现在看来已经不再适用了。她说:"我不必强迫自己去适应一个感觉不真实的盒子。"在其他案例中,学生也逐渐清醒地认识到他们是或不是哪种类型的人,正如杜克大学的一名学生所说,"我并不是一个'嬉皮活动家'或'草根组织者',那不是我的强项。我是那种享受宏观层面、喜欢撰写政策大纲和演讲稿的人……甚至可能喜欢担任公职……我认为这种参与坚定了我作为一名现实的理想主义者的自我认同。"

使学生与榜样和导师建立联系。为了增强学生的政治认同，PEP教师经常把学生与榜样、导师以及能够使学生认同或受到启发的其他人联系在一起。如果学生认同这些榜样是心理学家黑兹尔·马库斯（Hazel Markus）所称的"现实自我"（"她像我"）或是"理想（渴望的）自我"（"我想成为他"），那么这种经历便能够改变他感受自我的方式，使他们感到有力量、信念坚定并备受鼓舞（Markus and Nurius, 1986）。通常情况下，PEP课程及项目会通过邀请演讲嘉宾、实行导师制以及协作性政治行动等方式使学生与政治人物直接建立联系，但也有一些课程和项目会使用传记和自传的方式吸引学生投入到鼓舞人心的政治生活中。

当学生了解并与认同的参与者建立联系时，他们就会发现民主参与不像之前想的那样拒人于千里之外，反而非常容易接近。学生通过认同所遇到的人，找到思考自己作为参与者的新方式，会对自己做贡献的能力变得更有信心，进而使政治效能感得到提升。

与嘉宾的互动通常能够让学生更具体地感受到政治参与意味着什么、拓展他们对政治行动模式的理解，并为学生提供与他们背景相似且在他们所关心的问题上有所作为的榜样，以及学生能够认同的榜样。迪克·辛普森"芝加哥的未来"课程上的一名学生评论到："演讲嘉宾真的是……振奋人心——看到活生生的他们，我会想象自己在未来的某一天也能和他们一样。迈克·奎格利（Mike Quigley）是库克县（Cook County）的一名行政长官，他帮我认识到政治生涯不一定有宏伟的计划,而是由一些小步骤组成。我想那只是为了给政治领导人树立形象。"

正如前面所说,许多学生与嘉宾或导师建立起联系是因为这些榜样看起来比想象的要普通得多——这些人更像他们自己。一名加州州立大学蒙特利湾分校的学生说到,"我和马里纳市(Marina)市长一起坐在教室里,而且我意识到她和我们一样只是普通人。而卢佩·加西亚(Lupe Garcia)过去只是一个还在上学的孩子的妈妈……现在她掌握着萨利纳斯(Salinas)较大的政治话语权。"还有一些学生认同演讲嘉宾或其他榜样是通过将这些人与他们希望在未来某天能够成为的人,即"理想自我"联系在一起。这些学生通常认为导师和榜样是鼓舞人心的,正如米尔斯学院的这名学生那样:"我的导师让我同芭芭拉·李(Barbara Lee)共同参与政治筹款活动,而且我还在其他活动中看到了多洛蕾丝·休尔塔(Dolores Huerta)、迪伊·麦金尼(Dee McKinney)和其他几位在公共服务领域非常有实力和影响力的女性。看到她们让人感到信心倍增、充满力量并引人深思,'是的,我想变得像她一样!'我离开与芭芭拉·李共同参与的活动后便开始浮想联翩,'我想成为这样的女士。'她身在政坛却能坚守自己的理想,她是如此的振奋人心。"

2. 培养内在政治效能感

增强学生的内在政治效能感是所有 PEP 课程及项目的一个重要目标,包括培养学生对于能够理解复杂政治问题和进程以及参与政治能力的信心,还包括努力促进学生与政治领域相关的包容感和归属感(这对于来自低收入家庭或新近移民的学生而言可能尤为重要），通过个人行动或（更多时候是）集体行动让他们感觉到能够完成政治目标或能够在某种程度上为政治变革做出贡献，以此来抵消犬儒主义并提升面对挫折的适应力，使其不会因令人失望的短期成果而却步。

PEP课程及项目会使用多种不同策略来实现这些目标。阅读、课堂讨论和讲座都能够帮助学生更好地理解政治进程、重要的社会和政治问题以及个人和群体在地方和国家的政治行动中所发挥的作用，从而增强政治自信。同样基于社区的教学或其他积极教学法对技能和理解的培养也能够增强学生在政治领域的效能感。教师基本会使用四种策略来实现此目标：转变学生对政治参与及其效能的理解、使学生参与政治行动、帮助学生获得政治的专门技能、缓和学生的政治犬儒主义。

转变学生对政治参与及其效能的理解。教师增强学生政治效能感的一个途径是改变他们对政治参与的思维方式，即在概念上重新定义它。我们观察到在PEP中教师尝试用三种方式去转变或重新定义学生对政治参与的理解：

拓展学生对政治、领导力以及"有所作为"含义的理解。教师们经常探讨帮助学生广义理解民主参与概念的价值。[3] 如果学生能够看到有意义的参与还包括一些相对可接受的活动，那么就更可能认为自己有能力参与。布朗特将其视为项目的核心目标："如果能拓展学生对领导力的概念并使之更容易接受，他们就更有可能获得效能感。"学生的评论强化了这一见解。"都会城市研究学期"项目的一名学生评论到："我曾认为政治是高高在上、虚无缥缈的。现在我意识到任何人都可以参与其中……而且政治参与并不仅仅意味着参加竞选或是与政府有关的事情。"

揭开政治的神秘面纱,使政治参与更加透明。除了提供一个更宽泛的民主参与的定义,教师也强调需要让学生更具体地了解政治是如何运作的,从而揭开政治参与技能的神秘面纱。比如,布朗特就强调让学生理解政治变革是如何发生的、掌权意味着什么以及"权力是如何运作的"等问题十分重要。旧金山州立大学的一名学生谈到她所经历的转变,她开始理解政治参与是什么样的,她说:"课程结束时我认为我一定能有所作为,与政治有联系是很容易的。比如项目中的一名学生就在市政府实习,我以前觉得必须要非常积极才能做到这件事。但事实上机会就在那里,这些是我亲眼看到的。"

与学生直接探讨政治参与的效能问题——为他们提供思考政治参与重要性的新方式。教师也会直接向学生呈现政治效能的问题,与他们探讨为什么民主参与很重要。教师拟定问题的方式通常让学生觉得新鲜并且印象深刻。加州州立大学蒙特利湾分校的杰拉德·申克就说道:"我试着让他们明白,无论是否有意为之,他们始终是塑造历史的政治行动者。"[4]

学生们说这类说法让他们对作为积极的民主参与者应承担责任的思考方式发生了变化。"民主关系重大"项目的一名学生指出自身想法的一个重要转变,即"有所作为"意味着什么,为什么政治参与能够潜在地产生甚至比社区服务更重大的长期影响:

> 花在社区服务上的时间是"西西弗斯"(Sisyphus)式的努力。把一块石头推到山上,如果不改变山的坡度,它就会掉下来。这就是为什么对我来说从事竞选资金改革等基础性工作比在救济站为人们提供食物更有吸引力。虽然在救济

站工作可能非常令人欣慰,而且对一些人来说比游说州立法机构更令人满意,而且不那么可怕。但对我来说,有一件事非常重要……那就是全力以赴地进行政治行动。

使学生参与行动项目。另一种培养政治效能感的有效方式是让学生参与到多种多样的政治行动项目当中。[5] 行动项目能够提供民主参与的经验,而且通常能够让学生感到所做的努力能够被认真对待并可能产生影响。但要让学生感到有价值和有效并不容易,因此教师需要引导和支持学生,使他们从参与中获得的收益达到最大化。PEP 教师在提升行动项目对政治动机的促进作用方面提出了几个建议:

帮助学生设立可实现的目标。帮助学生变得更加成熟,对自己所处的位置和不可能成功的事情有更清晰的认识,这对防止学生丧失信心和产生懈怠情绪非常管用。如果设定的目标切合实际,学生就不太容易丧失信心。杜克大学的一名学生就谈到了这一点对她学习的重要性。

> 我想我只是能够更好地意识到事情的哪些地方看起来有希望,哪些地方似乎没有太大希望。比如在我的福利改革项目中,导师明确指出我对福利改革的某些设想不太实际。(老师)这样说道:"嗯,这些事情在政治上是不可能的,是不可能发生的。"意识到有些事情无法改变的确让人很难过。但再想到还有一些问题可以为之努力还是很振奋人心。

帮助学生在小成就中获得满足。指望通过一门课对学生的政治参与带来显著影响并不现实。即便在课程或课外项目中浸润多年,学生也很少能够在真实的政治环境中取得成就。确保这些经历发挥作用的一个方法是帮助学生认可并享受哪怕是很小的成就。亚当·温伯格举例说明了这一点：

> 如果我们可以让学生把一些微小的事情也看作是进步,那么我们就对他们产生了巨大的影响。而且这可能是他们能一直参与政治的最好指标之一,因为他们对成功有了新的理解。(如果你让他们描述成功,)我想他们会说,"我们让金钱政治成为校园里的一个热议话题,让'民主关系重大'项目在校园里无人不晓"。他们会列出具体的事情,比如我们去了当地的一所高中、到立法机关进行游说、举办了一场成功的夜间活动、在报纸上发表了一篇优质文章等。

学生很喜欢这种方式,这会让他们获得很大的满足感。米尔斯学院的一名学生说道："很多小的事情、小的成就就能让我感到很兴奋。就连拼布项目(她在一个青年艺术项目中的实习)也需要策划并执行才能完成,这个过程让我感到满足。"

认真对待学生在项目中所从事的工作。我们看到,PEP教师会尽力确保学生在项目中所从事的工作能够被认真对待,并使学生意识到这种关注和体谅,从而最大限度地发挥积极进行民主参与的教育价值。这种努力具有双重价值,如果学生的项目旨在为实际需要服务,它便是一种更真实、更好的学习体验。而如果项目从一开始就为实现现实目标而设计,那么工作中的不同受众就更有可能认真对待学生所作出的贡献。布莱恩·墨菲(Brian

Murphy)在"旧金山政治"(The Politics of San Francisco)课程中将其作为学生项目的优先事项,他指出:"首要的事就是我们要创造真实服务于社区的实践项目。我们想产出有公共价值的东西。"

帮助学生体验集体行动的力量。通常情况下,有效的民主参与往往需要人们共同努力,但许多学生并不理解,帮助他们认识到这一点通常有助于提升效能感。即使学生无法想象通过自己的努力会带来什么改变,但他们能够看到通过合作可以产生影响,因此许多教师帮助学生获得集体行动的体验。[6]一些学生告诉我们,即使是看其他人一起努力走向成功都让人充满力量。伯里亚学院的一名年轻女性说道:"我意识到你可以成为集体中的一部分,而集体的力量可以带来巨大的改变。我认识一些社区人士,他们共同努力修改了一项法律。"我们问她"这对你有什么影响?"她回答说:"世界并没有那么大,与其他人通力合作能够带来改变。"

帮助学生获得政治的专门技能。我们观察到,PEP教师也注重通过帮助学生获得政治技能和政治知识来提高政治效能感。当然,感受到政治的效能与自身具有效能密切相关。毫无疑问,当学生掌握民主参与的技能和知识时,他们对自己做贡献的能力也会更有信心,从而更有可能进行政治参与。这非常重要,因为即使学生对政治感兴趣并且想要积极参与,如果他们缺乏政治技能和政治知识,那就不可能实现。培养更高水平的专门技能以促进政治动机的发展是索伦森协会的核心目标。格雷格·沃克海泽说道:"了解政治体系如何运作能够帮助人们减少恐惧、树立自信、坚定信念,并相信自己具备竞争所必需的技能。我们试着在我们的项目中提供所有这些东西。"

缓和犬儒主义并使学生对政治参与抱有希望。我们能够看到,PEP教师在培养学生政治效能感的过程中面临着诸多挑战,学生对政治的普遍怀疑便是其中之一。这种怀疑在某些学生群体中尤为强烈。加州州立大学洛杉矶分校的西格伦·弗莱斯经常教授来自墨西哥和中美洲的新移民,她说,"对于和非法移民有关系的学生而言,政府在他们眼中就是敌人。"

政治参与教育不应该鼓励天真、肤浅或全盘接受现状。同时,政治参与教育需要面临缓和对政治极端犬儒主义的挑战,也要培养愿意保护自己和他人利益,愿意保护民主价值观、制度和进程的公民。应对这种紧张局势的一种方法是,既要对我们的民主体系充满希望,相信民主尚未实现但绝非无法实现,又要对哪些方面没有实现有清醒认识,并相信我们值得为之奋斗(Gutmann, 1996; Rahn, 1992)。实际上,当人们觉得具备政治效能感,但同时又对政治制度抱有一定程度的怀疑时,他们往往会特别投入。因为他们相信政治的"影响是可能的也是必要的"(Gamson, 1968, p. 48)。但是,一定程度的怀疑并不等同于放任自流的犬儒主义,如果要激发学生参与政治的动机,就必须要解决犬儒主义。

有时,当学生更加积极地参与政治活动时,犬儒主义也会开始加剧。他们带着不切实际的理想主义进入PEP课程或项目,当面对政治生活的残酷现实时,他们会变得不再抱有幻想。布朗大学教师罗斯·凯特说到,"有些学生带着不切实际的期望来到这里。如果没能在一学期的时间里改变世界,他们就会感到沮丧。"学生也会在处理非常复杂的问题时显得不知所措,一旦采取的行动不成功,他们就会丧失信心。范斯坦等人指出,"一些学生致力于(政治)竞选活动,如果他们支持的候选人失败,那么他们也会跟着灰心丧气。"

教师会使用许多策略来缓和学生的政治犬儒主义,其中一些是我们在第五章中提到的。比如帮助学生了解社区和国家层面的公众生活、了解并逐渐认同社区或政治组织,并对公共服务带来的困境和制约有更细致的理解。此外,我们还观察到了两种方法,能够帮助学生在进展艰难的情况下提升耐力和毅力:

确立充满希望的基调。尽管 PEP 教师和项目负责人在政治领域有着成熟的见解,认识到实现变革非常困难,但他们致力于传递一种充满希望和现实主义的乐观精神。教师和项目负责人会有意识地传递两方面信息,比如,让学生认识到困难不可避免,但也有成功的机会。相较于过度乐观的信息,这更能对学生产生积极影响。正如亚当·温伯格在"民主关系重大"项目中谈道:"尽管我们(对当前的竞选财务体系)持批评态度,但我们并不希望灾难真的发生。学生也是如此,他们在希望与失望之间不断斗争。"

帮助学生与长期进行政治参与的榜样建立联系。提高学生的政治效能感会面临这样的挑战,即有效参与是一项长期任务,在过程中会不可避免地经历失败和成功。耐力和毅力对长期坚持而言至关重要但却很难维持。让学生接触那些长期参与政治行动并走出失败阴霾的人,可以帮助他们避免失去信心,还能让学生体验到这些人在长期面对挑战时所展现的毅力。由此可见,对学生而言,与一些前辈进行沟通交流极为重要,因为他们已经找到了在面对挑战时保持活力和决心的方法。温伯格在提及"民主关系重大"项目中与学生合作的一些导师时说,"有经验的人会教导新人,这是一场马拉松,而不是冲刺。"

注释:

1 这里对政治参与认同感的定义区别于政治学家通常使用的定义,他们倾向于将政治认同感与基于群体或类别的身份认同(即一个人作为美国人、女性、印度教徒、残疾人、自由派、保守派等等身份认同)联系在一起。当然,这些特定群体的身份认同将会通过影响其采取的具体政治行动或关心的具体问题来影响一个人总体的政治认同感。

2 关于该政策议程发展的更多信息,请参见PEP线上资料库中的第11号文件,网址为 http://www.carnegiefoundation.org/educating_for_democracy/docs/。

3 关于PEP教师鼓励学生广义思考民主参与的一些案例,请参见PEP线上资料库中"入门(政治是什么?)"的相关部分,网址见注释2。

4 有关申克和同事戴维·塔卡斯(David Takacs)鼓励学生将自己视为政治行动者的相关案例,请参见PEP线上资料库中的第3号文件。

5 比如,可参见PEP线上资料库中"研究/行动项目与模拟"的相关部分。

6 有关PEP教师和项目负责人帮助学生在集体行动中获得经验的相关案例,请参见PEP线上资料库中的第11、14、15、27、28、29及54号文件。

第八章　通过讨论和协商进行学习

讨论和协商在各级教育中普遍存在,在高等教育中更是尤为重要。讨论与协商不仅是一系列有价值的教育活动,更是一组重要的学习成果。同样,对于慎思的政治参与而言,包括各种协商技能在内的心智技能和具体的实质性知识一样重要。

具有较强政治协商技能的个体能够听取不同的意见,从多个角度审视问题,探索和评估对立的观点,识别和评估隐藏在自身与他人论证中的潜在假设前提。他们知道如何提供和评估证据并且知道如何做出判断,这种判断推理充分并有符合理性表述规范的论证作支撑。他们能够找到可靠的信息并用以评估在政治或政策问题上的不同立场,明确和捍卫自己的立场以及评估和回应他人的立场。他们还懂得如何积极倾听,以确保他人能够理解他们的观点,并且在不放弃自身立场的情况下做出让步,在互相尊重的前提下达成共识。

缺乏协商能力的个体不仅在政治领域内不占优势,在他们的学习、工作以及生活的其他方面都会处于劣势。例如,高等教育的育人核心是教会学生进行理性的论证,因此一旦缺失这种重要能力学生就很难得到提升。实际上,协商本质上体现了本书第三章中所提到的学术规范,这些规范与学术专业的整体结构是完全一致的。

在这章中,我们将聚焦在一些教学策略上,其中就包括慎思的政治讨论与协商,这将帮助学生学习政治协商所需要的各种技能,因为协商训练是提升协商技能的最佳方式。同时,在教师精心的组织指导以及信息的有效反馈下,这种训练效果是特别突出的。

一、政治协商的多重技能

一般而言,参与理性而广泛的讨论意味着当我们面对复杂的政治问题时,能够停下来去倾听、去反思、去讨论可能不同的结果,去考虑我们周围人所持的观点,并努力形成一种充分综合了多样视角的观点。为此,学生需要从学习以下几个方面的基本能力入手。

1. 理解什么是真正的论证

为提升政治协商技能,学生需要学习理性论证的基础知识,即公共话语的基本规则。对大多数学生来说,论证规范是一个全新的概念。在我们对PEP课程及项目的研究中,教师和学生都指出他们对论证的形式和运用缺乏基本的了解,同时也没有认识到增进理解什么是理性的论证本身也是一种重要的学习成果。波特兰州立大学的道格·摩根在其"领导的道德规范"(The Ethics of Leadership)课程中,直接关注到这一教育目标。

在课程之初,学生并不太擅长协商……不经反复思考一有想法就马上表达出来,这并不是公共空间所需要的。协商不是让每个人都站出来发表意见的论坛,[学生]不理解公共话语的独特性质……公开演说是有"游戏规则"的,去理解这些规则是什么以及为何存在是很重要的。我这样做是为了强化这样一种观点,即政治参与和讨论是需要一套特殊能力和技能的特殊活动。

在更深入的层面上,学生需要认真学习论证的逻辑以及列举多样的证据,包括实证数据、历史分析以及个人经验。他们需要理解协商通常包括挑战他人推理的基础,对那些被看作是可以接受的起始假设、有效的支撑性证据或任何给定的政治问题的合法权威性提出质疑。以故事和个人经历为基础的叙事性论证,可以运用于包含政治协商在内的慎思的政治讨论中。但这种方式的运用要本着相互尊重的精神,并且只能将其视为一种仍需要被讨论的例证,而不是将它视为一种理性论证的方式。学生需要懂得在遵循协商规范的情况下,他们基于道德诉求和个人经历的论证是不具权威性的,与其他论证一样,这种论证也将接受批判性对立观点的质疑。

对学生来说,理解某些形式的论证是无效的可能更为重要。他们常在电视或电台中听到的那种辩论不能构成理性的协商。理性协商不包括人身攻击、刻板印象和一概而论,也不包括那种夸夸其谈、咄咄逼人的哗众取宠,有时这也被称为是"火药味"十足的争论,而在这种争论中,参与双方竞相议论但却没有真正交换意见。当学生认识到刻意的一面之词或误导性的主张显然是不可取的,他们还需要学会使用尊重和有说服力的修辞形式进行论证。也就是说,他们必须认识到在教育项目中进行的讨论和协商必须体现本书第三、四章中所强调的学术话语的核心价值观。

2. 认真倾听

积极地倾听是政治协商的一项重要技能。摩根一直坚持要求他的学生要互相认真倾听,这样一来他们在回应他人观点之前能够准确理解他人的表述。他指出:"协商的一个关键要素是要倾听他人并且'正确理解'他人,这看起来简单但其实并非如此。'正确理解'他人意味着准确的理解和概括他人的论证"。协商过程中的这一步骤一经提出,通过大量的简单训练学生就可以更自觉地去学习如何真正倾听他人的观点。在调研和访谈中,PEP的学生经常提及积极倾听是他们学习到的最有价值的能力。

3. 审视对立观点

慎思的政治协商中的一个方面是审视对立或冲突的观点。正如一名参与迪克·辛普森"芝加哥的未来"这一政治课程的学生所说,在回忆他们在这些课程中的经历时,他们清楚地意识到"要在做出决策前考虑多种不同的观点"。杜克大学"领导力服务机会"项目的一名学生也阐述了这一能力的重要性:"(我们学习到了)使用这些技能去坚定自己的观点,迫使自己发展自己的观点,让对立的观点相互竞争,反复推敲……以便得出一些好的观点,并在未来一直坚持下去。"

4. 为观点寻找知识基础和证据

高质量的协商、论证和判断不仅需要严谨的推理,而且需要丰富的实质性知识作为基础。当参加PEP课程及项目时,学生虽然在如何能在一个问题上形成观点并进行支持性论证方面学到了很多,但他们普遍缺少这些实质性知识的基础。例如,迪克·雷塔诺"模拟联合国"课程的学生对他们在模拟联合国会议上代表的国家和相关的议题十分了解。如一名学生所说:"这一课程改变了我与他人的交流方式。我可以引用数据、具体协定来给出理由。正是因为学习了这一课程,我更加愿意去弄清楚为什么我相信我所相信的。"

当然,学生在单一课程或项目中所能达到的理解深度是有限的,学生有时也提到他们意识到了这些局限。尽管如此,他们仍然十分认可自己为参与协商而进行了充分的准备。正如索伦森协会的一名学生所说:"尽管我们中没有人是专家,但是当讨论某一个问题时,我们是真的对这个问题进行过深入的思考。"

5. 评估潜在的假设、前提以及偏见

政治协商的另一个重要方面是揭示和评估假设的能力,包括自己或他人的前提假设,这是论证展开的基础,也能代表论证所服务的利益。这种能力对于评估信息,尤其是网络信息以及对于课程阅读或课堂讨论中提出的论证的理解和有效回应至关重要。

理想状态下,学生应该对自己及政治对手的观点都进行这种批判性评估。当学生认为是理所当然的观点受到挑战时,他们需要更深入地思考自己的信念基础。在索伦森协会的一个项目中,一名学生在和一位与她意见相左的演讲嘉宾交谈后,开始更深入地审视自己的前提假设:"一名来自'家庭基金'(Family Foundation)(一个支持家庭观的游说组织)的工作人员来到学校并发表演讲。她讲了很多内容,例如关于同性恋和堕胎问题,她的观点在我们中间引起热议和辩论。我认为这真的让我们很多人去思考,我们为什么会形成这样的观点。"

如果学生不仅培养了批判地评估所遇到的观点和论证的能力,而且培养了这样的习惯的话,就能够在许多领域提升思维的严谨性。奥托·范斯坦"美国政府导论"课程的一名学生说道:"教授教给我思考和审视一种情况的方法,我自认为我将这种方法带入了我所学的其他课程和生活的方方面面。这是一种检验事物的方法,教会我们不只是要去接受专家的观点,更要找出这些观点背后的潜在原则是什么……并找到在这些原则上确立的不同观点。"

以礼貌尊重的态度对待不同观点。高水平政治协商的其他特征不仅包括严谨的分析和实质性知识,还涵盖个人素质在内,例如即使在激烈的意见交换过程中,也愿意表现出礼貌和尊重。PEP中几乎所有教师都强调礼貌参与和尊重他人观点的重要性。"公民生活——学习"项目(CIVICUS)的休·布里格斯说道:"在给对手一个公平的倾听机会前不要去简单地回击他们的观点。"

对于索伦森协会的学生来说,这是他们特别认可这一经历的一个方面。例如,"在同学们进行交谈时,可能存在尖锐的分歧,但是大家在表达方式上都非常成熟。他们会说:'你知道,我非常同意某某或某某的观点,但我不同意的是……'所以我认为这是解决分歧的一种十分具有建设性的方法"。

寻找共识。在对一些具有挑战性的问题进行小组协商的过程中,学生不仅学会了互相倾听和保持礼貌,而且学会了如何在大量分歧中寻找共识。为教授学生这种寻找共识的能力,让持有

161　不同观点的学生共同合作学习是十分有效的。正如雷塔诺谈到他课堂上的学生:"合作学习是教授协商技能的主要方式,例如学生在模拟联合国委员会上的合作,一些学生一开始对每个事件都持有不同意见,这可能会造成干扰,但通常在长时间的讨论后,他们可以发现其实他们之间确实存在共同点,并可以尊重彼此间的差异。"

真诚开放地审视自身的观点。有时,这种认真、尊重的倾听会让学生改变对某一问题的看法,或者会让自己的观点变得更细致、质量更高。一位索伦森协会的学生讲述了她关于一个热点问题的观点是如何发生转变的:

> 我某些观点的改变是由于我尊重那些与我持相反意见的人,我给予他们足够的尊重,认真倾听并试图理解他们的观点,有时我最终会同意他们的某些观点……(比如)我曾认为平权法案是一个伟大的解决方案,现在我仍然认为它是一个解决方案,但并不那么伟大。对于某些人来说改变观点立场是非常大的事……这发生了……通过课堂上的辩论。一开始我会对他人很生气,我记得当时非常生气,心想"他们在说什么?他们怎么能这么说?"但后来我开始理解他们的观点,因为他们确实很好地论证了自己的观点,我不得不同意他们的某些批判。

在充满热情的开放思想与责任感之间寻求平衡。在政治协商中,保持开放思想和一定程度的谦逊是很重要的,同时培养学生的热情和责任感也是很重要的。热情为协商增添了精神能量,激发了学生的灵感,像索伦森协会的一名学生所说:"其他同学的热情和参与度真的给讨论带来很多东西。"此外,很多 PEP 课程的项目帮助学生去区分哪些信仰和价值是他们不可能做出让步的,而哪些通过他人理由充分的论证可以改变。

二、培养政治协商技能的价值

政治讨论的研究显示,没有对开放性思维以及倾听多样观点的鼓励,仅仅与他人就如"社会保险改革"这类复杂政治问题进行交流,几乎不会有助于参与者依据更加广泛的信息加深他们的思考(Barabas,2004)。研究表明,无论是以直接的方式还是用一种委婉的方式,教育项目需要特别注意帮助年轻人理解和重视那些与自身不同的观点。在我们的研究中,我们发现所有的 PEP 课程及项目都将其看作为最核心的教育目标。

当然,建议学生在每次谈论政治时都要遵循严格的协商规范是不现实的,也不明智。应该鼓励他们参与其他类型的政治讨论,这也是很有意义的,包括与家人、朋友和同事间的非正式谈话(Huckfeldt and Sprague,1987; Mutz,2002; Young,1996,2000)。例如,与朋友或家人谈话讨论的规范并不像正式讨论那样会期望充分包容不同的观点。然而,非正式的谈话可以鼓励学生去表达自身观点,有助于提升他们的政治兴趣并让他们意识到政治关系着他们的生活,也关系着他们所关心的方方面面。

对 PEP 学生和教师的调研表明,教师和项目负责人在政治讨论上花费相当多的时间,包括对课程主题、材料以及时事的讨论。教师说他们平均花费近三分之一的课程时间在政治讨论上,这使其成为这些课程和项目中最持续和集中使用的教学技能。通过调查结果以及对学生和项目负责人的访谈我们了解到,对政治讨论的重视具有重要价值。

参加这些以政治为重点的课程和项目的学生,在一系列与政治讨论和协商有关的成果上取得重要进展。

1. 提升多重技能

分析表明,无论学生在参与项目之初政治兴趣高低,学生都在学习的过程中在政治分析和判断技能上获得显著提升。例如,他们可以衡量"不同政治观点的优势和劣势"、"识别政治利益的冲突",这些技能与政治协商高度相关。这两类学生在与沟通力和领导力相关的一些能够支撑协商展开的技能上也表现出明显的信心,例如,"向他人阐述自身观点和信仰"的能力以及"讨论例如种族问题等社会壁垒"的能力。

2. 提升政治兴趣,改变政治态度

我们的数据表明,相较于那些在刚开始参加课程和项目时就对政治较为感兴趣的同学来讲,那些初期政治兴趣较低的学生表示,他们一周中与他人谈论政治的次数较少,在"向他人解释自己的政治观点""说服别人支持我的观点"以及能够"与他人达成共识"的能力上信心较低,在未来"与朋友讨论政治问题"的可能更低。那些政治兴趣较低的学生在这些能力上取得较大的提升,同时,具有较高政治兴趣的学生在这些能力上保持着与预调查时相同的高水平。两类学生都将政治讨论视为在干预过程中的一种更为重要的政治活动形式。无论兴趣高低的学生都取得了显著进步,他们更加坚信一个好公民是那些能够"参与政治讨论"的人,学生也更加认可通过讨论可以更有效地促进政治变革。

三、讨论与协商的教学策略

在我们对 PEP 的专业课程和课外项目的研究中发现,教师使用了不同的教学策略来展开慎思的政治讨论与协商'。同时,我们也看到了教师为确保活动和任务有效所采取的具体实践环节。本部分将介绍我们观察到的一些主要的教学策略,分享 PEP 教师的实践方法,讨论教师在运用政治协商这一教学工具时所面临的挑战。

我们所见的教学策略主要包括面对面的讨论与协商、模拟性的讨论与协商、强技术类的协商,以及理性思考或通过写作来进行的"内部协商"。

1. 面对面的讨论与协商

在课堂上以及课外项目中,我们最常见的方式就是一些面对面讨论形式,这种讨论可以通过对阅读材料、演讲嘉宾、老师同学或者是通过电影等其他媒介方式展示的问题和案例研究进行反馈与回应,以此构建起来。布朗大学"儿童和公共政策"课程的罗斯·凯特谈到运用丰富的案例作为讨论基础的重要性,他说到:"一般而言,我在教学中使用案例法并且行之有效。我从现实中的实际情况出发。我们使用的书籍包括了一些故事,并能够与学生的服务经验很好地联系在一起。大多数时候我们从案例着手。"

有教师发现运用电影或其他多样的媒体手段作为引入是十分有效的。例如,芝加哥伊利诺伊大学迪克·辛普森教授的助教说道:"在一堂关于芝加哥政治问题的课堂上用《苍蝇王》(Lord of the Flies)这一电影作为引入,那次的讨论是惊人的。在讨论这个电影时,学生能够真正运用政治协商这一工具去讨论民主是如何形成的,如何能够促进民主繁荣等等"。

在很多层面上,学生间面对面的讨论都是一种丰富的学习经历。首先,面对面的讨论要求学生具有现场口头表达的能力,而当前高等教育却更重视对学生书面表达能力的培养。学生似乎特别喜欢直接面对面地与他人讨论问题,而不是只通过教授作为交流的中介。

"美国政府导论"课程的一项内容"城市议程"为这种互动提供了更广泛的机会,在研讨中他们共同讨论当地社区面临的政治问题并制定解决这些问题的策略[3]。这种方式的参与可以帮助学生学会认真倾听,回应那些对其观点的批评,管理自己的情绪反应以及礼貌地与他人交往。面对面的讨论是组织学生参与讨论的最常见方式,所以这个项目中总结出的许多有益的实践经验都与这种讨论模式有关。

在干预措施中,大多数的政治讨论需要学生陈述观点以回应一些提示,例如一个问题、案例陈述、演讲嘉宾或阅读材料。学生需要阐述观点、给出证据、并把问题论证清楚。在这些讨论中,大多数情况下学生会论证自己确实认可的观点和立场,但有时在辩论中学生必须论证两方观点或者论证指定一方的观点,或扮演反派角色,这时他们可能会被要求为他们不赞成的观点和立场进行论证。

2. 模拟类的讨论与协商

一些课程和项目中通过分配角色和自选角色来进行模拟讨论。"模拟联合国"项目就是一个特别有趣的例子,因为基本上每一门课程都是一次丰富而广泛的协商经历。与一般的"模拟联合国"项目类似,瓦萨和达切斯社区大学雷塔诺的课堂上的学生在模拟联合国大会上作为国家代表介绍相关的决议,并在模拟委员会会议中为所代表国家的观点立场进行论证。

更为常见的是将这种模拟协商只作为课程或者项目的一个部分。例如,理查德·塞米阿廷负责的"华盛顿学期"项目中的学生扮演候选人和政策制定者的角色,他们尝试了在演讲、阅读材料或项目的其他经历中所学到的决策制定的整个过程。

3. 强技术型协商

在课堂上展开协商,科学技术是一项重要的教学工具。例如,许多教师使用一种简单的"手柄"设备,这种设备看起来像电视的遥控器一样。在讨论一个问题时,教师会要求学生在五个选项中做出选择,他们在手柄上按下按键来进行选择,结果就会立刻展现在教室前面的屏幕上。

许多教师也运用线上的互动和讨论方式,以此代替面对面的讨论和辩论,或者是作为一种提升协商技能和批判能力的方式,进一步支持面对面协商的开展。这种意见交换的方式拉开了学生之间的情感距离,并在做出回应前留出一定的思考时间。这种方式有时被看作是课堂讨论的一种迁移,因此在学生提出或论证自己较为冒险的观点时能够感觉更加自由。另一个好处在于这种方式对于那些容易害羞的学生来说更加容易，它提供了一种不受限制的"开放时间"，而在课堂讨论中那些善于表达的学生总是会占用其他人的发言时间。例如，摩根就在课堂中运用线上讨论并认为这给学生提供了一个很好的途径，使得他们能够从他人那里得到关于自身观点和自身论证质量的相关反馈。

4. 书面写作任务

写作是学习怎样谨慎协商和说服他人的一个有效途径，也有利于提升口头论述能力。PEP的许多课程和项目中既包括书面论证也包括口头讨论。书面写作需要理性思考多样的观点进而形成书面的研究报告、政策分析报告、意见书或论文。与口头协商类似，书面写作任务能够最直接地体现学生的观点，学生通过为两种或更多的对立观点进行例证以此形成辩论。写作任务也是一种模拟，学生会创建一些相关文件，在其中作为代表政治进程某些方面角色扮演的一部分。

在杜克大学"领导力服务机会"项目中，学生建立了一个政策问题文件集，包括了政策建议书和规划书，在其中他们确定了这些政治问题中的关键角色，潜在的结构以及体系，思考了现存的政策和政治观点，讨论了最可行的观点，说明需要哪种类型的领导力并提供行动建议[5]。"模拟联合国"是在模拟的情境中展开书面协商的一个例子。除其他事项外，"模拟联合国"课程的学生需要就下发给他们所代表的国家的委员会和理事会的主题撰写相关的观点意见书。

四、PEP 的经验总结

我们发现 PEP 的教师不仅仅只是简单地布置一些任务或开展一些活动,为确保教学的有效性他们花费大量的时间进行了一些实践:

1. 在课程或项目最初期制定讨论的基本规则并始终遵循。
2. 直接教学生如何准确地表达彼此的观点。
3. 在小组中构建团队意识。
4. 帮助学生站在讨论之外来反观这一过程。
5. 教学生调节讨论。
6. 直到学生对待讨论问题有所了解后再展开讨论。
7. 既以班级为整体,又具体设置小组来进行协商讨论。
8. 尽可能组建多样性的讨论小组。

1. 建立基本规则

教师和学生都谈到在讨论和辩论中建立基本规则的重要性,强调用实质性的论据来证明自己的观点,避免预先判断、贴标签或人身攻击类的辩论的出现。一名索伦森协会的学生说道:"我们的质疑只针对问题而不针对个人,这一点很重要。"另一个学生也发表了这样的观点:"我认为最初我们坐在一起为讨论和辩论制定规则对我们的帮助是最显著的,我们要去尊重他人,可以表达自己的观点,但也要尊重他人。我们可以大胆地发表自己的观点,并且我们知道这些观点不会影响别人对我们个人的评价,他们会尊重我们的观点,我们也要尊重他们的观点。"

2. 教会学生如何准确凝练他人观点

摩根向学生展示了如何确保在他们做出回应前,能够准确地理解对方的观点。一个学生要进行一番论证,摩根会将这一论证概括出来并写在黑板上展示给全班同学。接着他问学生他代表的是谁的观点:"这是你表达的意思吗?"这给学生时间去反思自己说了什么,然后看一看这些总结是否与自己的观点相一致,有没有被曲解?是否需要一个机会重述自身观点,修改陈述?

3. 建立团队意识

如果教师能够在小组中建立起团队意识,那么学生在表达自身观点时会更加轻松。尽管学生的观点并不相同,但强烈的团队意识能够促进他们之间相互的尊重和关注。一些学生会长时间在一起参加某个项目,这通常为提升团队意识提供了很好的机会。这些项目包括集中夏令营、生存学习小组、"华盛顿学期"项目。在这些长期项目中,学生们像朋友般相处,所以他们很少会不受控制地去反击自己不认同的观点。像这样能够在一段时间内建立起包容的团队的项目给学习协商技能提供了非常丰富的机会,因为讨论在正式会议外还会继续进行,允许学生更深入地协商以及在相互尊重的前提下进行意见交换。索伦森协会集中夏令营项目的一名学生说,有时激烈的讨论会持续到晚饭,"或者如果我们白天没有充足的时间时,我们也会利用业余时间聚集在一起继续进行讨论。但这绝不是因为有人生气了,或者对另一个人有什么不满,而是因为我们想知道每个人是从哪里来的,我们想了解他们的观点"。

4. 帮助学生"跳出协商"进行观察

如果教师能够使学生更加注意自身协商的过程和特征,那么讨论的质量将会得以提升。明确提醒学生既要注意讨论的实际内容,也要注意协商的质量和过程,这将加深他们对有效协商本质的理解,以及对意见交换意义的认知。这可能意味着帮助学生认识到,在一个复杂的互动过程中有着各种不同的修辞手法,也有很多角色需要扮演。例如,可能要教会学生去注意他人努力想表达的观点,去介入其中帮他进行例证,即使这个观点是他们不认可的。学生和教师可以在讨论中故意扮演持反对意见的角色,帮助提升讨论的总体质量。

5. 教会学生调节讨论

设置学生"调停者"有利于保持讨论在正轨上运行。教师已经习惯了观察讨论的进程和质量,采取措施以保持讨论的活力,并且当讨论偏离主题时将其带回正轨,或者当某个参与者超出礼貌的界限时教师会调节气氛。尽管这些对于教师来讲都是十分重要的,但是教师不是仅仅只需要对讨论的质量负责。许多PEP的教师会教授学生如何扮演讨论效果和气氛的"调停者"和"观察员"。正如我们之前提到的,在普罗维登斯学院的每节课堂讨论课程中,里克·巴蒂斯托尼都会安排一名学生做"调停者",安排另一名学生做"气氛观察员"[6],正是这种做法能够让学生更加注意有效协商的过程和特征。

索伦森协会的学生经常会提到,为确保礼貌且有效的意见交换,设置这样的学生"调停者"是非常重要的:"学生'调停者'会介入,会说'你知道,或许你需要从另一个角度来看待这个问题',或者'我们来冷静一下',或者我们休息五分钟,这样每个人都退后、放松,反思自己和他人都说了什么,然后再继续进行讨论。"

一些教师会在课程开始时立即设置学生"调停者",也有一些教师认为逐渐将这一监督责任转移到学生身上效果更好,在这一过程中教师会在开始时提供指导并帮助建构,然后在学生互相了解并且掌握了一定的协商和调节技能后再逐渐退出。

这名索伦森协会的学生感觉,这种渐进的方式对于帮助学生更好地适应这一角色是十分重要的:"我认为项目负责人缓慢地、渐进地帮助我们适应这一角色,比从课程之初我们与他人还比较陌生时就直接扮演这一角色更有帮助。"

另一名学生指出教师在评估学生是否愿意担任"调停者"时非常谨慎,并根据小组的专业水平调整建构的方式。"我认为一开始(项目负责人)更多地参与了政治辩论,但是当他们看到我们在辩论技能上愈加成熟时,他们就逐渐开始退出,允许我们去做'调停者',允许我们彼此制定指导原则"。

6. 在学生对待讨论问题有所了解后再展开讨论

如果学生能够有时间广泛了解待讨论问题,那么在这之后展开的讨论会更加丰富。正如我们提到的,协商可以建立在短篇的普通阅读材料、课堂的案例,或来访的演讲嘉宾的基础上,因此不需要大量准备就可以有效进行。然而,如果学生在参与讨论或其他形式的协商前能够建立起更加深层的知识基础,那么他们将会获得完全不同的协商体验。由于这种基础扎实的协商具有一定的特殊价值,许多教师试图至少在专业课程和机构中包含一些这方面的经验。

索伦森协会通过围绕三个"视角"来构建整个暑期项目:知情的公民、慎思的公民、积极的公民。项目负责人向学生表明,协商既是知情的又是慎思的,所以他们一直将协商活动推迟,直到学生有机会对弗吉尼亚州的一些问题、机构、政策以及资源有更深入的了解。尽管一开始学生是有些排斥的,但最后他们都很认可这种方式。一名学生说道:"最初,每个人都想马上投入辩论,但是他们就是让我们等待,因为他们想从第一个视角——知情的公民开始,让我们了解真正发生着什么。所以他们推迟了辩论,这很好,因为那时我虽然不一定是感到害怕,但是也没有完全适应周围的环境。"

7. 既以班级为整体又具体设置小组来进行协商讨论

170

相较于全班共同协商讨论来说,小组形式的讨论效果更佳。视班级的规模而定,如果能够将其分为几个小组或几个部分来进行协商讨论效果更好,特别是在项目初期,因为那时学生对这一过程还不太熟悉,也有可能不喜欢在较大的团队中发言。那些最开始害怕在较大团队中发言的同学,在小型团队中有几次类似的积极经验后就可以做到这一点了。

8. 组建多样性的讨论小组

将不同背景、不同风格、不同观点的学生很好地融合在一起是有利于讨论的开展的。教师无法控制选择课程的学生的背景和特点,但是如果他们建立讨论小组或者以项目为基础的协商小组,就可以注意保持观点或其他因素的多样性。如克雷格·希恩(Craig Shinn)在波特兰州立大学的课程中所说:"价值观、背景等的异质性是这门课的核心要义。从课堂管理的角度来看,同质化的课堂更容易展开教学,但在协商的教学中正是多样性为协商带来了素材。"

五、政治协商教学的挑战

在与 PEP 教师和项目工作人员的谈话中我们得知,为了能够帮助学生学习高质量政治协商所需的多样技能和素质,他们也面临很多挑战。的确,对于教师来说这些挑战与其他的教学目标和学科主题中遇到的是相似的。

1. 缺少协商技能

新生的协商能力往往非常有限,因此有必要从非常初级的水平开始教起。考虑到大学生认知发展的局限性,这种现象也是十分正常的。根据更广泛的大学生研究数据,摩根发现他的大部分学生在刚参加课程时缺乏一些有效协商基本的先决素质:"课堂中会有一些学生不知道他们的信仰是什么,或者就算他们知道自己的信仰,也无法有说服力地表达出来。如果一个人无法做到这一点,他们就无法参与到政治讨论中。这些学生可能在整个课程中都很难进行协商,在十周课程结束的时候,他们中大部分人的协商能力也没有多大改变。"

即使是在选拔性很强的布朗大学,凯特发现学生也很难学会用一种概念性的方式来就某一问题进行协商。正如他所说的:

"这是一种天然的困难,在上一门导入课时我问学生'你能将它概念化吗?',他们根本不知道我在说什么。这很难让他们达到他们原本能够企及的程度。从具体问题到概念很难,将具体问题放置于更广泛的背景下也很难。"

2. 缺乏对问题的认识

许多学生也缺乏能够支撑有效协商的丰富的知识基础。尽管这是一个普遍存在的问题,但塞米阿廷指出,一个由知识面广泛的学生组成的核心小组能够提高整体的讨论水平:"知识基础是关键。如果有四五名学生具有较强的知识基础时,他们可以带动全班的学生,这就像助教一样。"这对协商的结构和议题的选择都有影响。如果一个核心学生小组能够承担起责任去更好地了解一系列问题的具体知识,然后在小组协商中发挥领导作用,这可以帮助缓解由于普遍缺乏相关知识带来的挑战。让学生参与选择主题也可以提供一些机会,帮助他们获得一些相关的知识或更有动力地去学习。

3. 不均衡的准备程度

由于大多数课堂上学生的准备程度与复杂程度不同,这使得缺乏知识和协商技能的问题更加复杂。正如一些课外课程或学术合作课程,在一些由多个学校学生参与的项目中,这些差异甚至更大。这对于雷塔诺的"模拟联合国"课程来说是一个特别的挑战,该课程吸引了一所高选拔性文理学院的学生和一所开放性社区学院的学生。教师必须高度重视促进来自两种完全不同类型学校学生之间的有益活动,尤其是这一课程需要大量的合作。

4. 时间限制

缺少时间对于高质量的协商来说也是一种挑战。如果协商是在一节课内进行,有时会感到讨论在没有成熟的时候就已经结束了,没有得出明确的解决办法,甚至没有充分讨论不同的观点。正如索伦森协会的一名学生说道:"有时讨论被叫停了,令人沮丧的是大家还没有把他们想说的都表达出来。"然而,这种情况有时可能也是一种潜在的机会,鼓励学生在课堂外的课余时间继续展开讨论。这种溢出效应更有可能发生在全日制项目中,学生们课外的时间也在一起度过。这位学生在表达了自己的沮丧情绪后补充到:"有时下课后,我们会以一种更随意的方式继续讨论,或者在演讲嘉宾走后,我们会在晚餐时边吃边继续讨论:'那么,你对这个演讲的这个或那个部分有什么看法?'"

由于线上讨论是在课堂外进行的,而且通常具有一定的可选择性,忙碌的学生很难找到时间参与。正如摩根说道:"要有足够的时间来做这件事确实是一个阻碍,学生缺乏时间。这是一所城市蓝领大学,其中有很多初代大学生,可能有 60%~70% 的学生在上课的同时还在工作。上网课阅读和写作也需要时间,同样重要的是不能忽视形成一个观点并反复思考是需要花费时间的。这就是观点形成的过程,它是需要时间的。"

线上协商对于教师来说也是很耗时的,因为大多数教师都要积极地参与讨论,跟踪并回应学生的评论。许多运用线上讨论的课程和聊天室也需要一些技术维护,这通常也需要教师来负责。

5. 耐心不足

和协商一样重要的是它本身,如果讨论不能直接转化为行动,一些学生就会表现出耐心不足的问题。正如韦恩州立大学"城市议程"课程的一名学生所说:"这门课利用讨论达成共识,这是我前所未有的经历,这拓宽了我做事的方式。他们教会我们提出各种各样的观点,并尝试将其整合为一种综合的观点。但在那之后,我觉得一旦我形成了这种综合性观点,我该怎么做?"

六、应对挑战

我们在这里概述的、众所周知的挑战是教学活动中特有的,解决这些问题没有简单的答案。所有问题都可以在课程或项目的直接环境中,通过设定现实目标、仔细规划活动、尽可能系统且渐进地完成更高的要求来得以缓和。但退一步说,要认真地解决这些问题就需要从更程序化或制度化的角度来看待这一问题。

例如,当学生由于缺乏进一步的行动而感到挫折时,从长远角度看,如果处理得当这种不耐烦和挫折感可以被视为一种积极的结果。一旦学生的兴趣被唤醒,如果他们由于某门课程没有让其深入参与到政治进程而感到失望,他们就会产生一种动机,这种动机会激励其参加以之前课程为基础的其他课程或项目。

这种想更深入的意愿强调了一种全局性战略的重要性,这种全局性战略的目的在于扩大和深化学生在某一特定课程中必然受限的经历。在较长时间内建立起来的一系列活动,也可以帮助教师去培养那些没有基础知识就进入课程学习的学生,提升他们协商技能的成熟度。杜克大学"领导力服务机会"项目就是一个例子,因为它包括春季预备课程,然后是夏季实习,之后才是其他的课程[8]。这些课程或项目之间互相强化。当然,这样复杂的计划并不总是可行的。在一些情况下,如果有可能与其他教师合作共同帮助学生逐渐提升他们的协商技能,课程将会更好地帮助他们掌握这些重要的能力。

注释:

1 政治协商除了通常使用的意义外,对于政治学家和其他政治学者来说这一专业名词还有更专门的含义。从这个意义上,这个术语指的是一种特殊的政治对话,在这一对话中,人们在相互尊重和平等参与的条件下理性地思考问题的多个方面(Bohman, 1999; Dryzek, 2000; Elster, 1998; Gutmann 和 Thompson, 1996)。一些政治理论家认为,在多元民主国家,政治决策的合法性很大程度上取决于公民是否有能力参与就复杂问题进行的包容而理性的辩论。有关公共协商的研究支持他们的观点,认为这一过程可以帮助参与者获得政治知识,更准确地理解事实,提升政治宽容,并形成不那么极端化的政治观点、更多的政治参与、最佳行动方案的更广泛的共识,以及对政治结果合法性更强烈的感受(Barabas, 2004; Ferejohn, 2006; Fishkin, 1995; Rosenberg, 2007)。

2 有关这些不同策略的具体例子,请参见 PEP 线上资料库的"协商、讨论和辩论"部分,网址是 http://www.carnegiefoundation.org/educating_for_democracy/docs/.

3 有关"城市议程"的更多信息,请参见 PEP 线上资料库的 11 号文件,网址见注释 2。

4 关于一些模拟协商的例子,请参见 PEP 线上资料库的 13、14 号文件。

5 有关社会问题研究组合的各部分描述,请见 PEP 线上资料库的 26、56 号文件。此外,关于阿姆赫斯特马萨诸塞大学的"公民学者"项目中政策导向的写作任务的描述,请见文件 10。

6 有关巴蒂斯托尼自己对"调停者"和"气氛观察员"角色的描述,请参与 PEP 线上资料库的 8 号文件。

7 有关托尼·佩里对这一过程的描述,请参见 PEP 线上资料库 11 号文件。

8 有关"领导力服务机会"项目的三个组成部分的说明,请参见 PEP 线上资料库 21 号文件。

第九章　通过政治研究和行动项目进行学习

在对 PEP 课程及项目的研究中我们发现,有两种教学策略看起来相差甚远,但实际中经常有所交叉,并且渐为一体,即政治研究和政治行动项目。政治行动项目经常包括调研阶段,而政治研究项目通常旨在为未来的行动提供信息并奠定基础。

将两种活动相结合是培养学生进行政治参与的有效途径。负责任的、有效的政治行动取决于最新的信息,对替代方案进行周密探索、计划以及战略考虑,所有这些都需要某种形式的调研和事实调查。为此,PEP 中的政治行动项目通常包括某种类型的常规调研部分,例如撰写立场文件和政策备忘录、战略提案和背景简报等等。同样,我们发现在以政治参与为重点的课程中开展的政治研究项目通常包括政治行动的练习和准备,这些项目通常旨在制定政策或者其他政治决策,确定组织方向和具体环节,或者说服其他人支持他们的建议。

我们坚持用广义"政治"概念指导 PEP 课程和项目,我们探究的政治研究和行动项目包括系统性的社区参与,参与处理社会和公共政策问题的非营利组织的工作,集体努力创造公共价值成果,以及地区、州、国家层面的传统政治。当然,这些政治研究和行动项目是本着学术诚信和开放性探究的精神开展的[1]。在这些广泛的数据中,PEP课程和课外项目涵盖种类繁多的项目。

一、政治研究和行动项目的类型

尽管我们认为,政治研究和行动项目就像某天参加一个市议会那样微不足道,但是我们这里聚焦了一些更高强度的类型,因为这十分有助于加深学生对他们感兴趣或从没思考过的问题的理解。它们可以帮助学生更好地理解政治和公共政策的复杂性,同时培养许多技能和动机。尽管我们在PEP中观察到的一系列政治研究和行动项目没有采用详尽的类型学,但这五种项目类型反映了我们所看到的一系列方法的重要方面:真实的政治行动、模拟的政治行动、政治组织研究、服务于政治组织和社区团体的研究、政治问题和政策研究。

1. 真实的政治行动

许多政治行动项目包括学生校内外参与的一些真实的(与模拟相对应)政治活动形式。真实项目一个非常重要的优势在于努力取得的显著成果可以增加学生对学习所需知识和技能的渴望。

马歇尔·甘兹说到,真实的政治行动是他在哈佛大学一门关于社区组织课程的核心,它很好地为学生提供了学习动机。他说:"学生致力于学习,因为他们致力于实现某个目标。"一个参与"民主关系重大"课外项目的学生也持相似观点,认为这种在参与政治行动的过程中通过"做中学"所产生的动机与仅仅就是学某项东西完全相反。"到州首府的游说之旅显然是一次良好的教育经历,我们也感受到我们在这是为了达成某种目标,而不是在浪费时间,因为我们想要学习,我们确实在做一些事情。当然,我们在经历中学习,但更为重要的是我们确实在为完成某事而努力。"

PEP 教师及项目负责人通过让学生自己设计行动或自己组织项目来创造真实政治活动的机会。

一是学生设计的行动项目。在许多 PEP 的课程和项目中,学生以个人或小组的形式来规划和执行自己的政治行动项目,并且这些项目能够体现课程中的重要思想。例如在普罗维登斯学院里克·巴蒂斯托尼的"民主理论与实践"(Democratic Theory and Practice)的课程上,一个小组的学生选择去解决他们在校园中可感知到的民主缺失问题。他们组织了一个论坛,将教授评议会、学生会、学生事务办公室以及学术管理部门的代表聚集到一起,共同来讨论提升学生在决策制定中的参与度问题。

二是教师组织的行动项目。在其他的课程中,全班同学以教师设计的某种合作活动形式共同参与其中,以此作为课程材料的补充。教师给出一个政治活动的大致轮廓,但是在这个大体的框架下,学生经常可以将自己的兴趣带到任务中。这种方法在韦恩州立大学奥托·范斯坦的"城市议程"课程以及安东尼·佩里的"美国政府导论"课程中被广泛运用。在他们的课程计划中,学生在讨论环节共同协作对当地社区所面临的问题进行讨论,并提出解决问题的策略。小组需要创造并展示 5~10 个政治行动议程,说明他们想解决的问题并说清楚如何解决。在一系列的商议之后,班级中需要对一项政治行动议程达成统一意见。这将会在每年一度的城市议程会议上被展示,届时学校和当地社区的相关人员将会被邀请参加。会议也通常邀请当地的政客[2]。

三是课外行动项目。许多学校提供一定数量的以政治为导向的课外活动机会,例如"青年民主党"、"青年共和党",以及许多致力于解决有关环境、教育、宗教问题,或全球人类权益这些特殊政治问题的校园团体和组织。这些团体经常提供涵盖广泛的框架,学生可以在框架内创设并实施与团体更广泛的政治目标相一致的行动项目。

课外政治活动的一个优点在于它是持续的,而不受季度或学期的限制,能为学生在较长一段时间内的持续参与提供可能。尽管学生能从课外活动机会中提升自治力和领导力,但来自教师的有力指导能够强化他们的学习经历。例如,"民主关系重大"项目有着强有力的指导部分:在民主改革,特别是竞选资金改革的任务中,科尔盖特大学(Colgate University)该项目的核心教职工训练来自不同大学的学生成为校园协调员。这些学生在他们的校园中创建和带头主持"民主关系重大"项目,在这里他们开展项目以提高对于竞选资金改革的认识,并试图影响公共政策[3]。

2. 模拟的政治行动

我们也注意到包含各种模拟或角色扮演政治活动的政治行动计划。这些项目通常由教师和项目工作人员来创建,但由学生负责进一步实施。例如,在索伦森协会的"学院领袖"项目中,学生参与弗吉尼亚立法模拟会议,在此期间他们就之前在小组研究中讨论的政治问题的立法事宜进行谈判。类似的,在模拟联合国课程中学生扮演联合国代表,准备会议报告,意见书,以及解决方案,并在一年一度的模拟联合国大会上为自己的观点立场进行辩论。

在政治学习中,就像其他教育领域一样,模拟学习相较于现实情境的参与学习具有一定的优势。首先,模拟学习能够让学生尽可能地体验政治过程中的方方面面,并尝试他们在当前人生阶段未曾体验过的角色和活动,例如州议员。其次,模拟活动中的学习体验更加能够被预测,使教师能够衡量如何使用他们去更有效地教授那些重要的概念和技能,并更认真地为学生的体验做准备。最后这些项目不受制于行动展开的"真实时间",例如立法会议或市议会的举办周期。

3. 政治组织研究

政治研究的一个模式侧重于帮助学生更深入地理解政府或社区组织是如何运作的。这些项目经常要求学生去选择一个小组或机构,然后对其进行观察、阅读文件、采访工作人员,以便形成一份详尽的组织报告。

例如在迪克·辛普森的"芝加哥的未来"的课堂上,学生开展了一项研究。他们模拟成为新任市长过渡团队中的一员。他们起草了一份报告,告知即将上任的市长他(或她)应该知晓的关于芝加哥或库克县政府的一切事宜,包括其中的工作、与其他团体和机构的关系、优劣势等[4]。(P179)尽管这类项目的主要目的是帮助学生更好地理解政治相关组织是如何运作的,但是像辛普森学生报告的那样,如果他们的研究用于塑造组织机构或当选官员及其职员的理念和决策,那么他们的研究有时会为现实世界的政策结果提供有益帮助。

4. 服务于政治组织或社区团队的研究

一些教师开发了一些项目,其中包括为满足社区团体或政府机构需要而设计的调研,这包括搜集和分析原始实证数据,编译现有资料以便进行二次研究。许多情况下,有时作为实习的一部分(经常被称为研究服务学习、基于社区的研究),学生会与一些组织合作,共同设计他们的研究。例如在布朗大学罗斯·凯特的"儿童和公共政策"项目中,一个学生被安排与"罗德岛州的儿童、青年和家庭部门"项目评估员一起参与。这名学生被要求写一份报告,搜集并总结关于学术成就、出勤率以及青年犯罪者再次犯罪之间关系的数据。这类项目对于组织而言是具有现实价值的,因此那些想在课程结束后继续研究的学生也对这类项目感到满意。

5. 政治问题或政策研究

旨在提升学生政治理解与政治参与的一些课程要求学生以个人或小组的形式通过传统的图书馆或网络数据调研聚焦一个或多个公共政策问题。学生经常形成书面政策介绍文件或论文,或者口头展示他们的研究结果。这类研究项目有时会与实习相结合,加深学生对于相关政策问题的理解,以此将实习经历与学术学习相结合。例如,在杜克大学"领导力服务机会"项目的补充课程中,学生创建"社会问题研究合集",其中有几个组成部分:与学生夏季实习相关的政策问题的调研报告;关于相关政策领域工作从业者的访谈;政策建议备忘录,包括确定主要参与者和基底结构,综合考虑现有政策和政策观点,并根据对可行性观点的分析提出行动建议[5]。

二、开展政治研究和政治活动的价值

由于这两种教学策略是多方面的,并与其他主要的政治学习和教学手段相互影响,所以他们能够深入地调动学生,并且为许多政治发展教育目标助力。我们看到学生在研究和行动项目参与中强化政治知识与理解、提升一系列政治能力,特别是在调研、写作、批判性思维、沟通、战略思维、协作以及领导力方面打下坚实基础。同时,这也强化了他们的政治动机,巩固了整合式学习,并加强了他们核心的学术学习。也许最重要的是,政治行动项目让学生体会到了在行动中进行政治参与的感觉。一名参与"民主关系重大"项目的学生评价道:"我现在对政治是什么越来越有一种真实感,然而之前一直是一种印象,令我震惊的是许多事情比我想象的困难得多。但是从 A 到 B 之间有一条逻辑的路线,和人们讨论禁烟令是如何通过的,或者玻璃瓶回收法案是如何通过的,这些事情花费了很长时间。它们看起来是一些鸡毛蒜皮的小事,但确实参与在了政治生活中,认识到这一点是非常有益的。"

1. 深化政治知识和理解

政治研究项目能够为夯实特定政治问题及相关制度的知识基础提供机会。行动项目帮助学生了解政治内容,让他们对政治过程或制度有更细致的了解。另外,项目通过联系理论和其他专业知识与实践,能够巩固对二者的理解。例如,明尼苏达大学吉姆·法尔的民主教育实践课程中的学生评论称,将课程中学习的民主理论通过"公共成就"项目运用到实践情境中,这使得这门课程成了最有效果的课程之一。

参与"民主关系重大"项目的一名学生也持有相似的观点,他强调了课程学习与课外参与的政治行动项目的知识协同作用,这种贯穿专业学习和日常生活的整合式学习是非常罕见的。"基于政治学专业,我从学术角度审视了许多问题,不只是竞选资金改革的问题……'民主关系重大'项目是一个非常有益的补充,因为它要求你去实践你的信念和想法"。

2. 提升政治技能

学生在 PEP 中肯定能够获得一项好处,就是政治技能的掌握。索伦森协会"学院领袖"项目的一个学生说道:"如果我想参与,我就知道去哪参与、如何参与……而此前我并不知道。"政治研究和行动项目是一种有效学习政治技能的方式,通过在情境中实践,能够获得有效的反馈。如甘兹在谈到他课上所组织的项目时说道:"没有项目,就没有技能学习,实践使得一切成为可能。"

一是调研、写作和批判性思维的锻炼。政治研究项目需要多种智力能力:综述、评估、综合学术成果和实证研究、搜集和分析原始数据、根据问题进行专家访谈,与他人口头或书面沟通成果。在许多情况下,这些学术能力的提升使得高校管理领导者更加支持和认可政治参与的教育工作。例如在杜克大学,校长和系主任都将研究性服务学习确定为跨学科大学生教育的有限事项。

在民主政治中,在实际行动前调查一个问题的能力和意愿是有效的、负责任政治参与的前提。布莱恩·墨菲的"旧金山政治"项目中一名学生强调:政治研究项目通过帮助参与者了解到"关于社区问题自己需要知道什么",以此来提升理性参与能力。

正如他所说,这个课程"让我全面了解如何研究,如何寻找关于社区和社区问题的信息,以及如何从他人角度,而不仅仅是从自己的角度看待问题",这种类型的项目我是第一次参与。

有效的政治研究不仅是写一份 25 页的报告。法尔强调,小规模非正式的寻找事实任务可以源于这样一种认识:"外面有一个更广阔的世界值得我们关注和探究","政治观点是由事实和许多论点决定的。"法尔想让学生通过例如"运用网络、电话访谈等方式"的基础研究学习如何探索更广阔的政治世界。

二是沟通能力。沟通能力是政治研究和行动项目中最常能够得到提升的能力之一。为了开展具体的项目,学生必须要经常运用讨论和协商技能:清晰地表达立场、提出有说服力的论据、用其他方式说服他人、认真倾听他人的观点。这些能力不仅对日常生活很有意义,也对有效的政治参与意义重大。研究和行动项目也可以帮助学生学习策略性技巧,以及一系列的特殊政治技能,例如敲定问题议程、游说、撰写政治简报或演讲稿,吸引媒体的注意。

法尔强调,大学生在行动项目中通过对更低年级的学生进行指导,获得了合作和沟通的能力的交互,这是明尼苏达大学大学生"公共成就"项目的关键组成部分。这个项目的核心目标在于帮助学生通过"在做中学"在实践中运用一系列的协商和行动技能。法尔强调,学生在"公共成就"项目中习得的技能,强化了学生参与有意义的政治行动的能力。协商、倾听、提问、谈判和妥协,这对于任何形式的决策制定来说都是最基本的,因为"我们的所有利益不能像我们所期望地那样实现,但我们必须妥协。这不是放弃自己的真实性,而是谈判的一部分"。

在达成政治目标的过程中谈判和说服是十分重要的,因此公开演讲的能力也很关键。正如法尔所说的"能够根据一个论点发表言论"。公开演讲对于许多人来说是十分困难的,许多人认为这是他们主要恐惧的事情之一,所以法尔尝试着去创造许多机会让学生在小组面前练习演讲。

三是战略思维。除了这些基本的沟通能力外,研究和行动项目可以培养学生策略性思维和形成现实性目标的能力,正如杜克大学的一名学生所说:"能够弄清楚什么是具有政治现实性的,什么不是。"法尔认为策略性思维是其他技能的重要补充,它能够认识到政治的力量,防止组织协商变成一种无意义的"愉快交谈",学生需要看到"目标是怎样一步步实现的",尽管策略性思维可以从理想目标中除去一些"玫瑰色光晕"。

四是协作能力。当学生在他们的项目中与朋辈或者社区成员合作时,他们也可以学习到许多团队合作和小组处理技巧,这对许多形式的政治参与是十分重要的。除了在与班级同学和小组成员共同合作中获得的技能之外,一些PEP帮助学生学习了集体政治行动的方式,包括如何与其他参与共同议程的组织建立联盟。"民主关系重大"项目的学生在形容他们在竞选资金改革问题上建立联盟而运用到的能力时说道:

> 我在小组中付出了大量的努力,也了解了其他组织。例如,我们与一名曼卡多(Mankato)妇女选民联盟的主席联系紧密,并邀请他加入到我们第二阶段的活动中。我们与另一个叫作"明尼苏达进步行动联盟"(Minnesota Alliance for Progressive Action)的组织联系紧密,并认识了其中一位成

员。同时我们让这些在明尼苏达州非常有名的非营利组织成为了我们的赞助商。我认为我们努力通过面对面,或是电话的形式与他们沟通,而不是通过写邮件或者留言的形式,这使得学生组织了解社区组织。我们小组中的许多人能够与妇女选民联盟及其他组织建立联系。我们可以合作,这是令我开心的一件事。

行动项目可以引导学生与那些和他们大相径庭的人合作。鉴于美国日益增加的多样性,全球化的压力,以及选举政治的极端化,学生学会如何合作处理问题能使得民主参与的价值最大化。当学生参与的课程和项目在政治意识形态、民族、阶级或者其他维度上存在多样性的时候,他们都承认,为了能够有效合作他们的确学习到了许多合作和跨越差距的方法。事实上许多学生谈到有机会与政治观点不同的学生合作,特别令人大开眼界,深受启发。"民主关系重大"项目的另一名同学谈到关于竞选资金改革与一个政治上更加保守的组织形成联盟时说道:

> 我们与那些不经常合作的人一起工作,他们都很好。尤其是我们与一个叫作"美国-印度政治行动委员会"(USINPAC)的组织进行合作,该组织在美国是一个右翼组织,旨在改善印度和美国之间的军事关系。和一群关心某些事情的孩子合作,这很特别,是值得珍惜的。在这样的情况下,我们与一个特殊的民族小组(在美印人)一起工作,这引起了我们的兴趣,也是我们能够达成合作的基点所在。我们共同发起了这个活动,我不想与这些具有其他政治目的的人

一起工作,但是就个人层面来讲,他们非常好,非常有趣,非常投入。

学生在 PEP 课程及项目中良好的小组工作经验可以影响他们如何想象在未来政治当中的参与,以及他们是否想象去参与政治。伯里亚学院梅塔·门德尔-雷耶斯的一名学生,她在参加课程前已经有了较强的政治意识,她说她现在更加愿意去参与小组工作,而不是独自行动,她也更愿意成为"核心领导者而不是普通的小组成员"。我们的研究结果证实,许多学生在参加 PEP 之后更加愿意参与到政治小组中展开合作。

五是领导力。参与到政治行动项目中也可以帮助学生学会如何挖掘共同利益,促使他人推动他们所负责的工作,这些技能是很多领域领导力的核心所在。甘兹的组织课程包括了阅读和讨论,在其中学生需要思考政治价值、目标和个人故事在推动他人进行集体政治行动方面的作用:"这需要你表达清楚你个人的道德源起,不仅仅是什么赋予你力量,而是什么让你更清晰地参与到其他事情中去,这释放了大量的能量。上周我们取得了突破性的时刻,大家认识到你打动他人的方式不是依靠普遍的观点,而是要去深入地了解什么才能够打动人。这样人们就有更多的机会接近你,而不是你只说,我是正义的"。

有时帮助学生提升具体的领导力,包括要让学生面对领导力带来的不适:一些年轻人不喜欢尝试去领导他人,或者在朋辈面前使用权力。亚当·温伯格认为,帮助学生理解有时使用领导力是完成政治目标的必须途径:

许多学生来参与"民主关系重大"项目时没有任何的政治技能。他们最不擅长和最纠结的是组织朋辈的任务。我们在一些非常简单的事情上面做出了许多努力,例如教学生如何举办会议。这听起来很蠢,但这是一项他们需要做的非常重要的事情,并且他们也确实不知道该怎么去做。我们这样去做可能有些专制,不是因为我们认为这是唯一正确的方式,而是因为我们的学生真的提出这样的观点,就是"没有任何人应该拥有权力"。但是一些人需要去组织,他们有意愿去将大家组织到一起说你们想聊点什么,但是却没有人发言,所以我们需要　让他们理解组织这个活动是很好的。

3. 增强政治动机

　　政治研究和行动项目,尤其是那些包括了现实世界政治行动及其影响的研究和项目,涉及了从政治兴趣到政治期待再到鼓励激励等这些政治动机中的许多重要方面。杰拉德·申克和戴维·塔卡斯将历史上广为人知的政治项目作为他加州州立大学蒙特利湾分校[6]"加利福尼亚环境史"(the environmental history of California)课程的核心。他们运用这些研究和行动项目去建立学生政治效能和政治参与身份的感知:"让学生将自己看作是政治行动者,这是提升自身政治效能,并帮助他们认识到自己能够从事一些政治活动的最好方式。一旦他们付之行动,他们就会以完全不同的方式看待自己,会将自己看作是参与行动并且是能够有效行动的主体。在行动中审视自身是非常重要的,同时在行动中将自身作为小组的一员来审视也十分必要。"

　　同样的,亚当·温伯格谈到了"民主关系重大"项目对推动学生提升政治动机的影响。年轻人常常在政治上保持不活跃的状态,因为他们不知道什么才是"活跃",没有人给他们展现过,他们也没有在政治上表现活跃的父母等等。或者因为他们愤世嫉俗,他们不相信这将会有所改变。"民主关系重大"项目致力于让他们在切实推动国家民主的进程中感到兴奋。所有你需要做的事情就是让一个人活跃起来,而一旦他参与过第一次政治行动他们就会一点点不断地参与。

对"民主关系重大"项目学生的访谈再次确认了温伯格关于参与政治行动项目可能产生的影响的看法。例如,一个学生说道:"我们越努力,就越想去做得更多。它是一个积极回馈的系统。我们越投入,它就越有趣越令人满足,所以我们就越坚持去做。"

4. 整合式学习

内容范畴、情境以及时间阶段交叉的整合式学习对于深入理解、创造和持续学习来说都是至关重要的,也被普遍认为是高质量高等教育的核心,但如果缺乏指导通常也是非常难进行的(Huber and Hutchings, 2004)。研究和行动项目非常适合在多个组成部分和政治学习目标之间建立联系,许多教师也以此来达到教育目标。杜克大学"领导力服务机会"项目的负责人阿尔玛·布朗特在课程最后运用"社会问题研究合集"来将项目的暑期实习和课程作业结合在一起:"学生必须识别出暑假中出现的一个社会问题,将其归纳为一个连贯的问题且进行调查,并创建一份领导政策备忘录。这样一来,所有的学生都会拥有直接的体验、讨论和调研,这个过程将他们联系在一起。否则,暑期实习就将仅仅是一次社区服务。"

5. 强化核心的专业学习

高质量政治参与教育的一个显著优势在于,它不需要牺牲其他的学习目标,并且还可以提升学生学习动机,为完成学业提供助力。布莱恩·墨菲课程的一个学生介绍了研究和行动项目是如何提升了她在统计学学习上的兴趣:

> 数字分析对我来说是很难的。在项目中与小组成员合作真的帮助了我很多,我喜爱政治理论,但是政治数据统计是很难的。我必须去学习。这就像一种运动,我喜欢击球,但是如果我想参与运动我就必须去学习整个过程。其他人帮助了我很多。在其他课程上,统计数据并不吸引人,但这里却非常吸引我。它们是真实的,而不仅仅只是书中的一个数学问题。克服自身弱点是令人满足的,与我一起工作的人也让一切变得不同。

同样的,塔卡斯和申克课程中的一个学生也谈到了,课程的政治研究和政治行动不仅改变了他关于政治参与的看法,也改变了他对历史研究重要性的认识。过去她从来不喜欢历史,"我上中学的时候很痛恨历史,从来不觉得这有什么价值。这个项目让我认识到了解一个问题的历史在积极参与政治之前是多么的重要,这会提升你的效率,也会知道自己为何而战。"

三、开展有效政治研究和行动项目的策略

尽管在政治参与项目中应用的研究和行动项目是经过慎重考虑的、创造性的、实质性的,我们发现,学生在学习和政治参与中的收获,包括知识、技能、动力和参与,也是教师的教学方法和教学策略的成果。

从我们的访谈和观察中,我们提取出了充分开展研究和行动项目的七个基本规则:

1. 意识清晰。从最开始就告诉学生你们的学习目标、过程、标准和项目中的挑战。

2. 符合实际。帮助学生选择一个既适合他们又可行的项目。

3. 过程检测。提供反馈、指导和故障排除,当学生的项目脱离正轨时,帮助学生改变方向。

4. 鼓励反馈。帮助学生反思项目的过程和实质。

5. 使项目走向公众视野。寻找使项目走向公众视野的方式,走向学生、学校、社区。

6. 提升趣味性。帮助学生在项目中找到兴趣。

7. 增强联合。可能的话,将研究与行动项目和全国性项目联合起来。

1. 意识清晰

当教师或者项目负责人厘清了教学目标,并且澄清他们认为这个项目会如何帮助学生获得这些益处时,学生会从项目中学到

更多。格雷格·沃克海泽是 PEP 的领导者之一,他直接地展现了这样做的价值,而不是将其隐藏起来。他说:"当我们和学生一起做的时候,我们会告诉他们我们在做什么,而不仅仅是告诉学生'这有一个最终的项目,去做吧'。我们会告诉学生该项目适合公民教育计划的地方。我们会讨论我们想让他们从中得到什么,这样他们就会理解,可以在过程中自我考量,而不是关注他们写了多少页论文,而是关注更大局的目标。在课程最开始的一两天,我们就为他们讲清楚了这一切。"

清晰地制定目标,并且将其与教学方法、任务关联起来,这不仅帮助学生了解事情的发展方向,也能使教学更具反思性和目的性。甘兹将他为助教制定训练手册的过程描述为一个重大进步,它让参与课程的每一个同学都更清晰地了解到教学目标。这包括了清晰阐释应用到的教学方法,以及为什么它们这么重要。

在涉及与社区合作的研究和行动项目中,社区组织应该明确这个项目最终会带来什么,学生扮演什么角色,以及从教育角度看这些要素如何与教师和学生认为必不可少的特征交互联结。这些需要清晰的沟通,这可以通过教师和组织之间的持续关系来实现,有时也可以通过双方协议的方式表达对彼此的期望[7]。

2. 切合实际

尽管当教师给出他们认为能够有良好效果的讨论主题时,政治行动和研究项目会取得一定的成功,但是许多课程和项目仍然鼓励学生自己去寻找能够吸引他们或激发自己热情的项目。运用结构化的方式能够帮助学生探索自己的兴趣,并且设计出能够有所帮助的可行性项目。在塔卡斯和申克的课程中,学生慢慢确立起一个历史背景丰富的政治项目,这要求逐渐打磨他们对政治行动概念的理解,并与他们个人关心的问题相结合。最终,正如申克说的那样,"他们能够追求自己所感兴趣的东西,这让学生们非常喜欢"。

甘兹的课程也采用精心设计的过程来帮助学生塑造项目,包括通过讨论帮助学生将项目置于他们的价值观和信念之上(包括他们自己关于这些问题的经历):"当学生进行组织项目选择时,我们强调要他们有意识地去做。宗谱学或考古学出现了,最终会使人们谈论起他们的经历……课程的成功与否取决于我们能够在多大程度上帮助学生将项目与他的价值观结合起来。"

确定小组项目的聚焦点则更为复杂,因为这需要一起寻找共同的目标——一个尽可能多的人关心且相信的项目。一些 PEP 的教师要求学生在设计项目的过程中要有自觉民主,然后在实施项目的同时反思过程[8]。

帮助学生设计具有教育意义项目的另一个重要方面,是与他们一起根据可用时间和资源来定义一个可行的范畴。例如,甘兹帮助学生为社区组织工作确定清晰明确的方法和成果:"在整个学期结束之前有一个完整的过程来判断你可以期待什么——介于召开一个会议和实现世界和平之间。学习的一个重要方面就是理解重要性和可行性的关系。"

温伯格也提出了相同的观点。尽管没有课程项目那么严格的时间限制,但课外项目也必须是可行的:"(竞选资金改革)不是要让奥尔巴尼明年就能获得'干净的资金',而是要改变一两个议员的观点。"

3. 过程监管

当教师、项目领导者,或者有经验的助教能够监管学生项目进程,在过程中为他们持续提供个性化反馈,并且当他们的项目严重偏离正轨时进行调整,学生通常能够在行动和研究中学到更多。温伯格认为,将政治行动与持续反馈相结合的"教育指导"教学法可以发挥良好作用,就像教练训练自己的运动员一样。

在 PEP 课程和项目中通常包括在教师的整体监管下,运用结构化的方式使学生相互之间提供指导和反馈[9]。朋辈间的反馈也是十分有意义的,因为学生在仔细评估彼此的成果中不断学习,也会在自己的项目上发表观点和接收评价时有所收获。

在杜克大学"领导力服务机会"项目的社会问题研究项目中,学生与朋辈之间的相互咨询与展示是学习的重要环节。学生们共同合作完成与主题相关的项目集合,同时每个人也都发展自己的项目。然后,小组围绕该主题进行两小时的课堂讲授,这其中可能涉及创造性展示,例如一个专题讨论会,一系列的演讲,接着是关于跨领域主题的一般性讨论。阿尔玛·布朗特鼓励小组成员去真正地批判同学们的演讲:"我告诉他们,别太过于礼貌了,当其他人观点不明确,或者你不满意他的假设和分析时你需要让他知道。"

甘兹的课程也采用了结构化的过程去帮助学生评估自己的项目。一种方式是要求学生撰写反思性论文,以帮助学生从课程中汲取的概念视角检查自己的行动项目。第二种方式是"中期干预",当项目出现问题时这种方式旨在帮助学生适应或调整方向:"我们以期中论文(以及汇报)作为评判该项目是否有效推进的方式。这非常有效,因为这鞭策学生审视自身进而进行再调整……这让那些在评估中得到指导的学生感觉更像是得到了有用的信息,而不是一个单纯的评判。我们必须解决大家的抵抗心理,而这个汇报真的有效。"

这些或其他类型的小组汇报或反思会议可以促进整合式学习,也为问题解决、鼓舞士气、分享成功运行项目的观点和技巧提供了一个宝贵的机会。正如一个学生说道,这其中存在的风险是如果缺乏仔细关注,汇报会议将会变成"抱怨会议",这对学生没什么帮助。当对话开始恶化成一连串的抱怨时,通常需要教师、助教有技巧的指导,或学生的自我监管,这样才能帮助学生调整对话朝建设性方向发展。在这种情况下,对团队过程本身的认识就变得非常重要。

4. 鼓励反思

鼓励学生在政治行动的过程中进行反思也是重要的学习经验。在法尔的"公共成就"项目中,学生们运用了一种民主过程去建立小组的行为规则。学生们首先参考了理论意义上自由的内涵,即在遵守法律的范围内,你就是自由的。他们建立了自己的规则并落实在材料中,同时互相监督去遵守。法尔认为参与到建立和维持小组规则的民主过程中是加深政治理解和提升政治能力的重要资源。

5. 使项目走向公众视野

使项目走向公众视野可以提升学生继续参加公共生活的动力。这可以采取多种形式,从承认项目的价值和为此付出的努力,到与同学分享项目的实质内容,再到实际执行某个机构或组织的建议。对于教师墨菲来说,公共维度是研究和行动项目的一个基本特征:"所有的项目都应该被看作是一种公共干预措施,都应该是在公共场合中被共享的内容,而不应仅在课堂上。所以,如果他们做一个社区的人口统计分析,他们必须弄清楚如何与该地区竞选公职的政客分享这些,或如何在社区规划进程基础上拟出一份可行的文件。他们拟的是公共文件,而不是简单的学校文件。"

凯特课程上的一名学生对在青少年拘留所的年轻人进行了访谈,这是向该机构提交的完整报告的一部分。就像我们访谈的其他学生一样,这名学生感到高兴的是她感受到自己的研究具有真正的意义:"完成这份报告让我走出班级看到了更乐观的前景,因为这不仅让我看到了现行系统的问题,而且为如何帮助受影响的人改善这一体系提供了真实而具体的建议。"

在其他案例中,我们看到使学生的任务成果走向公众视野更为有益:教师明确的赏识行为可以激发学生的热情。参与索伦森协会暑期项目的一个年轻人描述了项目领导者公开赞美他们小组的项目时让他多么难忘:"在项目最后,当积累性项目结束时,我不是太开心……我还是有一点沮丧……但当第二天我们参加毕业仪式时,项目负责人格雷格·沃克海泽上台讲话,他讲得特别好,我的家人在那里,我真的真的感觉很骄傲。格雷格·沃克海泽描述我们所做过的事情的方式真的很棒,现在我不感到沮丧了。"

6. 增强趣味性

如果操作正确,研究和行动项目对于学生来讲是十分有趣味的,这其中的价值也远超于学生短时间的享受。温迪·拉恩(Wendy Rahn, 2000)等人的研究说明,提升学生政治参与的动力需要强化一种关于政治的趣味和热情:学生关于政治最需要学习的是"对游戏的喜爱和体育精神的感知"。如果能这样做,他们是否对每一项具体行动都有所作为的问题就不那么重要了,他们的政治效能感能够更好地帮助他们避免那些所有参与政治的人都不可避免的失败。学生可以享受深入讨论他们感兴趣的话题,并在朋辈间分享这种热情。阿尔玛·布朗特说到,她的许多学生说他们的研究项目是"他们在杜克大学做过的最有趣的"。她认为这是因为学生选择了他们"真正关心的问题",并且"(从项目)最开始他们就知道,他们需要对其他人讲授这些问题"。

温伯格认为在"民主关系重大"项目中寻找到兴趣是克服学生原生犬儒主义的关键机制:

> 我们尝试通过两种方式克服学生的犬儒主义。一个是让他们了解这样的一个事实——他们是绝对正确的,他们不会在未来六个月内改变所有法律,并推动美国完全民主。这不会发生,也不可能发生,即使是在民权运动中。我们能做的是让他们认识到这是一个缓慢但有趣的过程……而且让他们明白这是一件你做的、有趣的事情。

7. 建立联合

将特定的课程或课外项目嵌入到一个较大的或全国性项目中,可以为参与其中的学生提供架构、资源和参照组,同时还能在完成项目目标的努力中产生一种连续性和稳定性。这些是非常重要的,尤其是像"模拟联合国"这样的项目,其中每一个课程或校内团体都是巨大的"马赛克"中的一部分。成为国家体系的一部分让学生感觉到这种努力是国家性的而不是地方性的,这将提升他们的兴奋感、耐力以及竞争意识。

参与"民主关系重大"项目中的学生提到了他们所参与项目的国民性价值,以及从"成为更广泛联合体的一部分以及所提供的具体利益"中所产生的愉悦感,包括参加年度会议、听取他人观点等。另一个学生十分感谢能够成为组织良好的全国性项目的一员:"我经常想参与到政治中,但是我不知道怎么开始以及从哪里开始。这是已经建立好的平台,我很容易就能参与进去,当我有问题时他们也明确可以提供支持,这里能够得到许多帮助和知识。我被吸引住了,我知道这很好。"

四、开展研究与行动项目面临的挑战

与其他有远略并高标准的政治活动一样,政治研究和行动项目存在一些固有的挑战。其中一些挑战是主动学习教学法的典型特征,其他则特别体现在现实世界的政治参与中。根据 PEP 教师和我们的观察研究认为,学生缺乏准备、责任感不均衡、时间限制、不切实际的期待可能会影响原本设计较好的活动。此外,如果学生们想在失望、沮丧甚至挫败的情况下坚持所学,那么帮助他们在失败后保持兴趣和动力是十分重要的。我们还从参与 PEP 的师生中了解到,幸运的是,如果处理得好,许多挑战可以自己转化为有效的学习经验。

1. 缺乏准备

基于政治参与的政治研究和行动项目与其他学术课程或课外平台不同，所有 PEP 的课程和项目对很多学生来说都是第一次参与。这再次验证了这些机会的重要性，但同时也说明学生为获取所需要的能力及做到有效率需要大量的"脚手架"和指导。甚至政治研究项目要求学生不具备的能力，尤其是如果他们参与到一个或多个小组的信息搜集工作。阿尔玛·布朗特承认在研究项目中学生确实缺少充足的准备，就算在对学生具有高度选择性的高校，例如杜克大学中的学生也如此："社会问题研究合集项目需要他们去发展网络研究能力。当他们刚加入时，学生并没有真正了解如何去做网络研究，但是他们认为他们懂得，所以我们与图书管理员合作来帮助他们。他们在项目中获得了很多关键的反馈，也训练了如何在与其他项目联合时去做政策备忘录。"

2. 责任感不均衡，或是"集体行动问题"

小组项目经常涵盖不同程度的参与。一些学生发现，甚至是找到一个大家都方便能够坐下来商量的时间都是很困难的，而这通常是因为许多参与者并没有重视这个项目造成的。正如一个项目教师叹气道："一些学生就是不努力付出，上学期我有一些学生就不全身心投入，这真的很难解决。"

PEP 教师经常将这类问题作为切入责任与公平这一道德问题探讨的途径。如门德尔-雷耶斯评价自己伯里亚学院的学生："他们意识到他人要依赖他们的努力。"与此相似，法尔提出："在参与中学生之间互相负有责任和义务，他们互相承担责任也对所需要指导的（中级）学生团队负有义务。这就产生了责任感、专注力和对各种观点的开放包容,这些是我们想要培养学生具备的政治和道德素养。'在做中学'的指导中,我们尝试去教授这一点。如果学生缺课,我们需要向他们展示他们做了什么,以及这意味着什么。年轻一点的小孩会记得你做了什么,没做什么。"

对于一些学生来说,他们的伙伴缺乏责任感,尽管令人沮丧,但是却能促使他们更好地扮演领导者角色,这也说明行动项目有时能够以预期不到的方式推动学生领导力的发展。墨菲"旧金山政治"课程中的一个学生说:"大家说他会来,但是并没有,我没有被任命为领导者,但被指定的那个人不能胜任这个挑战,所以我就成了领导者。当大家在遇到困难时就会联系我,我就做了一些力所能及的事情来解决困难。"

一名"民主关系重大"项目的学生描述扮演领导者的角色,并试图以自己的责任感为例去鼓励那些缺少责任感的同学:"有时候我感觉我是少数真正为此感到兴奋的人。当只有你一个人为此努力时,工作会很难进行。他们看到我真的在努力时,这很好。这将展示给他们我真的很投入,下次他们将看到我有多认真。在会议上,我会告诉他们,如果你真的不想做什么就不要参与其中,我不与小孩子合作。"

3. 时间限制

在短期课程和项目中,时间限制使得学生完成有意义的研究和行动项目更具难度。开发、实施和汇报的过程必须被压缩在一个较短的时间周期内。这就是为什么复合型课程项目和课外活动在推动政治参与上有独特贡献的原因。

我们的研究发现,对一些学生来说,他们的研究和行动项目

第九章 通过政治研究和行动项目进行学习

的时间较短,这限制了课程的价值,因为感觉一些项目时间太短而不能深入学习掌握一切。这是在范斯坦"美国政府导论"课堂上的"青年城市议程论坛"(Youth Urban Agenda Forum)的一个案例。如一名学生所说,他感觉他需要更多的经历:"我需要有更多的讨论和更多的问题,这些问题需要我进行分析并对此反馈。"并且他认为整个过程都"应该有辩论政治问题论坛之类的东西"。

为了解决这些挑战,教师尝试去规划和监管项目设计并谨慎地实施,帮助学生制定时间上可行的高质量项目。然而迅速行动的压力也不完全是坏事。在政治现实中,有时可以慢慢地、有意识地进行计划行动,但有时也会出现未曾预料到的情况,人们需要采取快节奏的、不完美的行动。考虑到这些,墨菲试图把给学生设定时间限制这件迫不得已而为的事装成出于好心为之:

> 时间限制在某种程度上起到了有益的破坏性作用。人们必须了解他们自认为熟知的东西的极限。我的意思是去真正地了解。例如,我们中有一些人他们真的了解研究数据管理方面的知识,但他们不能在一个学期内完成这样的项目。就是时间不允许。所以问题是,另一种不那么较真儿的分析方法是什么? 所以我认为对"什么是我能够做的,是实际可行并能够完成的?"这一问题的思考是有益的,它能够促使人们与自己所学知识的适用性和实用性做斗争。这不是鼓励成为怀疑论者,而是要成为现实主义者。"我知道怎么做这些看似花哨的统计……好吧,我该怎么运用它?"

一些教师会安排感兴趣的学生在完成课程后继续他们的项

目,以此来摆脱时间上的限制。事实上,许多与我们交谈过的学生也是这样做的,这也证明了学生在这类实践中发现的价值。

4. 不切实际的期待

我们在关于政治效能的讨论中发现,当学生参加某些包括政治行动项目类型的活动时,他们会变得不知所措、气馁或者失望。他们要尝试去影响的问题对他们来说可能太宏大了,以至于他们很难看到他们做出的有意义的改变。他们对这些事业或候选人的热情可能不会在社区中被广泛分享。政治进程的现实通常令人不快。

有时学生试图通过小规模项目尝试解决的社会问题的范围是巨大的。塔卡斯发现这对于许多加州州立大学蒙特利湾分校中加州社会与环境历史课程的学生来说是一个问题:"我们想把学生诸如对儿童问题等问题的责任与权力体系中的行动和现实联系起来,以此了解是什么样体系的力量使得萨利纳斯的儿童贫困或是造成萨利纳斯的土壤侵蚀。有时他们看到了这个世界有多么不公平,他们对问题挖掘得越深,就越会意识到问题有多严重,这让学生更加气馁和沮丧。"

教师主要运用两种策略来解决学生士气低落的问题,并防止他们放弃。首先要给学生一个符合现实的期待,即关于他们希望在项目范围内完成的目标。其次是帮助学生学会在行动的过程中,在他们逐步取得的进步中获得喜悦和自豪感。朋辈支持、任务报告、经验分享的机会能够帮助学生走出情绪困境,保持热情。

法尔的一个学生说当他和其他同学开始一个项目时,他们都有宏伟的愿景。解决他们最初的失望情绪需要一个渐进的态度调整过程,而不是从某一时刻说:"好的,今天开始我将不再失望。"他把这个过程描述为一个适应的过程,并且就像一个团队在每周汇报会议的帮助下成长一样,在这个过程中学生们可以讨论关于他们想提出的问题、困惑以及失望情绪。这帮助学生了解其他人也在经历类似的挫败感。如果在项目过程中学生能够得到持续的支持和指导,他们可以发现自己缺失专业知识以及失望情绪是更加能够忍受的。

5. 失败的结果

某些时候,问题不在于学生只有有限的时间做出改变,也不在于他们期待更深远的变化。有时项目根本不会带来任何变化。如果立法机构持相反意见;或是市政会有一个更紧迫的议程,这项工作就被搁置了;或是学生支持的候选人落选了。当不可避免的情况发生时,教师需要准备好去帮助学生保持住他们发展的动力,也要巩固住他们好不容易学到的知识和技能。

为了避免令人失望的结果造成的士气低落,范斯坦建议"你需要回到起点与学生共同评估到底发生了什么。你不想放弃他们……你必须向他们证明他们有能力去解决问题,失败了就退后,修正方式方法再继续向前。"

教师可以指导学生以不同的方式定义成功,这样即使他们没有完成最重要的目标,他们也会有成就感。申克谈到了他在加州州立大学蒙特利湾分校解决学生士气低迷的一种方法:"另一名关注萨利纳斯河与径流污染的学生召集利益相关者一起讨论这个问题。学生没有解决径流的问题,但是他为自己所做的努力和取得的进步感到自豪和具有成就感。这说明了很重要的一点。

这个学生没有达到他的最终目标,但是他对自己迈出的成功的第一步感到满意。所有大项目都需要一步步完成。这就是政治,这非常有借鉴意义。"

在看似失败的情况下保持毅力的另一种方法是帮助学生诚实地评估自己的所作所为。申克和塔卡斯尝试将讨论聚焦于分析学生下次能采取的具体策略上,他们也问学生如果他们放弃会有怎样的后果。

一个参与"民主关系重大"项目的学生说这种具体的再审视可以为他们萎靡不振的精神带来新活力:"教师帮助我们了解如何制定有效的策略,就像他们教我们如何制作引人注目的宣传手册以吸引他人注意,即使是像放映政治电影这样的小事。因为有时候,你会说'这很累,感觉好像我们没有取得任何进展,'但你确实取得了进展。想要注意到发生了什么,唯一的方式就是想想自己已经做了什么,然后做一些更有效率、更符合潮流、更有趣的事情。"

注释:

1 比如,想了解"研究/行动项目和模拟"的信息可参见 PEP 线上资料库中的相关部分,网址为:http://www.carnegiefoundation.org/educating_for_democracy/docs/。

2 想了解佩里对"城市议程"项目的介绍,可参见 PEP 线上资料库中的 11 号文件,网址见注释 1。

3 想了解更多关于"民主关系重大"项目和校园协调员所发挥作用的更多信息,可参见 PEP 资料库中的第 27、28 和 29 号文件。

4 想了解更多关于辛普森的报告和模式说明,可参见 PEP 资料库中的第 19、20 号文件。

5 想了解"社会问题研究合集"的更详细描述,以及完整研究集合的摘录,可参见 PEP 资料库中的第 25、26 号文件。

6 想了解更多的关于"历史上广为人知的政治项目",可参见 PEP 资料库中的第 17、18 号文件。

7 想了解更多关于这两种书面协议的示例,可参见 PEP 资料库中的第 30、37 号文件。想了解"领导力服务机会项目"的更多期待,请参阅 34 号文件。

8 想了解更多的计划性民主小组项目,可参见 PEP 资料库中的第 15 号文件。想了解更多在这一项目基础上学生小组报告的示例,可参见第 54 号文件。

9 想了解关于这种朋辈反馈的结构化方式的示例,可参加 PEP 线上资料库第 18 号文件。

第十章　借助政治演讲嘉宾和导师进行学习

如果说项目和课程的一项重要意义是促进学生政治参与,那么在何时、何种情境中与外界演讲嘉宾以及导师的互动能够真正发挥作用? 又该如何选择这些政治实践者或其他与政治相关的人员,他们参与教学又是服务于何种目的? 他们以何种方式来加深政治理解、增强政治动机、提升政治参与技能? 教师应该做些什么来帮助这些政治实践者和学生做好准备,使他们确信那些教学目标将会实现? 这些都是当以某种方式邀请课程和项目的外部人员参与时,教师及工作人员需要解决的问题。

专业课教师以及监管课外项目的教师发现,使学生和一些在政治上具有广博知识、经历丰富、饱有热情的人士建立起联系,这对学生的学习是非常有帮助的,尤其是有利于加深他们的政治理解,增强政治动机,而这些是通过阅读和课堂讨论无法完全实现的。最常见的情况,教师会邀请一些政客走进某一次课堂,讲讲他们的经历或特殊关心的政治问题,并与学生互动交流。有时候教师也会邀请演讲嘉宾和导师多次参与到课程和项目中,与学生进行持续的交流。

在其他情况下,学生也会参观政治实践者的办公场所,去感受其所在工作机构的氛围,从多个直观角度学习一些关于机构、

第十章 借助政治演讲嘉宾和导师进行学习

政府分支部门或其他组织的知识。恩加里捷夫研究所在暑期将学生带到了华盛顿特区,并将这次旅行称之为"现场参观"。学生觉得这些经历非常有趣,并学到了很多知识。一个学生这样评价现场参观活动:"我认为这是项目中最棒的部分之一,因为许多实习生没有机会参加。我们去了白宫以及美联储(the Federal Reserve),我们一起坐在理事会的会议室里,还有一位理事与我们交流。我们也去了国会山,来自五个州的代表与我们进行交谈。在这样的经历中,你可以真正感受到华盛顿的生活,你可以看到政府的每一个部门,这完全与我们的兴趣点相契合。"

在我们研究的21门课程和项目中,除了4门之外,所有课程和项目都至少与一位政治演讲嘉宾进行一次简短互动。三分之一的课程和项目采取了一种较为简单的方式来与政治演讲嘉宾互动,可能是邀请一位政治演讲嘉宾来班级,或是要求学生参加一次校园中的政治演讲。三分之一的教师为学生提供了聆听或是接触政治人物的机会,而不仅仅是听一场政治演讲。3门课程和项目专门将借助演讲嘉宾作为学生学习的主要方式。一些知识丰富、参与积极的政客也在课程和项目中成为学生的短期导师。

演讲嘉宾和导师为他们所参与的课程和项目带来的政治经验范围非常广泛,反映了贯穿这些课程和项目中"政治参与"的广义概念。演讲嘉宾和导师包括当选和任命的官员、社区激进主义分子、非营利组织工作人员,以及地方、州和联邦各级的公务员,还包括在政策对抗中的不同利益党派。

一、政治演讲嘉宾和导师参与的价值

在课程和项目中邀请外界的演讲嘉宾可以让学生了解到关于政治机构、政治进程以及政治问题的具体知识,这些与在阅读中获得的知识和理解存在本质区别。有机会与在政府部门工作的人士直接交谈或互动,会使原本对学生来说似乎遥远的抽象概念变得非常具体和真实。演讲嘉宾经常会边讲自己的故事边分享知识,如果故事能够引人入胜,这种叙述的方式会使知识让人记忆犹新。

邀请演讲嘉宾的课程环节会被设计得十分具有互动性,这样一来,学生的问题和评论就会有助于形成对话,这些对话的主题正是学生感兴趣和关心的。同时,演讲嘉宾通常会以一种个人化的方式来与学生沟通交流。他们会成为榜样,帮助促进激励学生的同时还向他们展示了他们能够成为什么样的人,以及他们未来能做什么。

在一些方面,学生在导师那里学到的东西与在优秀演讲嘉宾身上学到的类似:激励、政治参与和责任的榜样、对环境和进程的理解。但是,导师还能提供不同的指导和支持,因为他们长时间一对一地与学生接触。PEP 的教师和工作人员强调了外界演讲嘉宾和导师能够完成的三项核心教育目标:加深政治理解、增强政治动机、提升协商技能。

1. 加深政治理解

对于教师来说,加深学生多方面的政治知识和理解是一项主

第十章 借助政治演讲嘉宾和导师进行学习

要的教育目标,这也是他们邀请政客走进课堂以及在学生和导师间建立联系的首要目标。教师希望学生能够理解到政治的多个维度,他们也选择那些能够将丰富的知识和经历带到课堂中的嘉宾。外界的演讲嘉宾和导师会从以下四个方面加深学生的政治理解。

一是获得更真实的认知。教师在关于政治理解的教学过程中,一项普遍的教学目标是让学生更好地理解在选举政治、政策制定与实施、基层政治行动中多样的环节过程。刚参加项目的学生经常对政治体制和政治进程带有一种程式化、过于简单的理解,教师更倾向于让他们去了解政治是如何"真正运行"的。

例如,在美利坚大学"华盛顿学期"项目中里克·塞米阿廷在自己的美国政治课上强调,他课程的一项主要目标是帮助学生理解华盛顿的政治是多么混乱。学生无法仅通过阅读材料真正认识到这一点,尽管这些精心挑选的阅读材料能够对这一理解有所帮助,并且为造访演讲嘉宾提供有益的补充。他的学生与众多从事混乱政治事务的人进行交流,这些"万花筒"般的观点充实了其他课程无法教授的内容。政客们讲述了关于华盛顿的政治故事,他们的故事可以帮助学生去理解政治体系中的关键要素,例如分权、实践中的真实工作情况,以及当他们受到威胁时会发生什么。

恩加里捷夫研究所的现场概览活动也让学生对联邦政府的多个部门产生了更具体的了解,也厘清了各个部门在政治进程中的地位作用。正如一名学生所说:"我们去了美国国务院(State Department),这让我这种关注国际问题的人非常感兴趣,去了解我们的政府是怎样开展外交的。我想这是这个项目最棒的一部分。"

受课程性质、学校所在地,以及特定学习目标的影响,一些教师更倾向于邀请基层的政治激进主义分子,而非当选或是任命的政府官员。在阿巴拉契亚(Appalachia)的伯里亚学院,梅塔·门德尔-雷耶斯发现,当地社区激进主义分子在关于有效政治行动方面有十分吸引人的故事分享给学生。在这其中,这些演讲嘉宾展示了政治权力可以自上而下产生,也可以自下而上产生,他们也可以传递一种直观的感觉,即这类政治行动是如何运行的。联邦国家层面上的选举政治与基层社区组织和集体公共事业是完全不同的。如果学生能够生动地体验到民主决策的制定包括许多不同层面同时运作的过程,他们就会开始理解政治体系复杂和动态的本质了。

二是理解多种政治角色。想帮助学生超越对政治机构的体系和运行方式过于简单的、框架性的或者公民教育教科书式的理解,其中一种方法是通过一种富有吸引力的方式向他们展示政客们扮演的多重角色。最好的情况下,学生也可能只是对那些鲜为人知的人所做出的重要贡献有一种较为模糊的认识。当学生与这些角色中的人面对面地交谈,听他们讲述他们的工作实际包含什么,会产生怎样的影响,以及他们如何与其他角色中的人进行交流的时候,学生对促成政治成果的多种不同类型的工作就有了具体的认识。

例如,学生知道白宫的工作人员是总统决策制定的关键要素,但是当亲身听到一名白宫工作人员讲述他(或她)是如何为总统制定一份决策备忘录时,这种认知就会变得非常生动,就像演讲人在塞米阿廷的项目中所做的那样。塞米阿廷谨慎地将当选官员和工作职员都列为特邀演讲嘉宾,这样学生能够理解一些不同却又相互关联的角色。

这种方法让学生接触到了扮演不同角色的政客们,这不仅有助于帮助学生更好地理解政治领域,而且为那些想要考虑从政的学生拓宽了选择。道格·摩根在波特兰州立大学开设的"公民倡议:领导的道德规范"课程中,至少有一半以上的演讲嘉宾都是职业政客。这对学生很有启发,因为正如他所说:"大多数学生不明白,职业管理人员在公共政策制定中做了多少实际的工作。"他指出他的学生中很少有人会去竞选公职,但很多人最终可能会被任命或担任其他工作职务。

格雷格·沃克海泽想将这种观点也传递给他索伦森协会的学生:"你们其中一些人最终会被遴选到政府机构工作,这很好,而也有一部分人则不会,但是你们在个人层面上是一名公民,在决定国家未来方面发挥着极为重要的作用。"为了帮助学生真正理解这一点,理解这一信息,他邀请了许多不同类型的嘉宾——包括民选或委任的公共政策制定者、政治家顾问,以及许多在非营利组织或学术中心试图分析或影响公共政策的工作人员。他们都参与了弗吉尼亚政治的某些方面。这些实践者为学生提供了一种丰富的、结构化的理解,即政治中有许多不同类型的角色,每种角色都包含一系列不同的职责也都需要不同的专业知识,每种角色都有自己独特的机会、标准和需求。

三是获得更深入的知识。受邀演讲嘉宾除了能够向学生讲授政治过程、角色、机构的相关知识,还能够帮助学生对一些重要的实质性问题产生一些更深入、记忆更深刻的理解,既包括对政策问题的理解,也包括对经济、人口、科学、国际问题,以及与这些问题相关内容的理解。受邀的演讲嘉宾可以讲述一些在政治体系不同层面上很重要的政策问题。一些嘉宾会聚焦在地方问题上,而其他人可能关注一些地方社区和国家整体都面对的问题和解决方案。例如,门德尔-雷耶斯的学生告诉我们,他们在受邀嘉宾的演讲中学习到了许多关于他们所在地区的环境危害的相关知识,并且了解到了地方社区工作人员为抵御这些危害扩张所做出的努力。

受邀的公务员演讲嘉宾将大量关于政策实施的知识带入了课堂。罗斯·凯特在布朗大学开设的"儿童和公共政策"课程中邀请的演讲嘉宾展示了他们在所在领域多年积累的深厚的专业知识,以及在处理日常工作中面临的困难决策时所需要的良好的判断能力。一名学生谈到,课堂上邀请过一位"在罗德岛州从事儿童保护服务 15 年"的女士,她了解儿童保护服务的一切,知道什么对儿童是最好的。

一些教师邀请同一领域有丰富经验的演讲嘉宾,除了为了提供多种视角,更是为了能够对问题有更深入、更广泛的理解。例如恩加里捷夫研究所邀请一些演讲嘉宾并组织系列讲座,持续数周。关于国外政策的常规系列讲座吸引了许多华盛顿特区项目的学生。

邀请不同的演讲嘉宾有助于帮助学生理解与自身不同的政治观点和社会文化环境,相同政策对不同职业、不同社会阶级、不同地区人群的不同影响,以及帮助学生去理解在他们不熟悉的情境中较为突出的问题。在政治较为自由的加州州立大学蒙特利湾分校,学生很感激有机会从到访班级的政治保守派演讲嘉宾的不同视角来看待政治问题:"我们邀请过玛丽娜(Marina)市长,她有军队背景,来自南方。她的政治观点与另一位演讲嘉宾的观点大相径庭,聆听她的演讲并去理解她从哪里来,看着她的眼睛说'好的,尽管我不同意,但我可以理解为什么你这样想'是非常有趣的。"

还有一些教师邀请到了一些演讲嘉宾,这些嘉宾能够帮助学生去理解在公共政策中的紧张关系。菲尔·桑德罗(Phil Sandro)在他的四项课程,即在明尼阿波利斯(Minneapolis)开展的服务来自多个学校学生的学期项目(这一项目由城市事务高等教育联盟,即 HECUA 发起)中,他尝试帮助学生理解在公共政策问题内部潜在的多重紧张关系,尤其是与政府行业监管有关的问题。所以,他还邀请了来自企业界的演讲嘉宾。城市事务高等教育联盟的学生喜欢从霍尼韦尔公司(Honeywell)的高层管理者那里了解企业行为的原因,以及企业盈利的必要性。同样,恩加里捷夫研究所的学生也听取了制药业代表对研发成本的观点立场,以及他们对政府监管制药行业的看法。

四是理解伦理问题。学生对政治生活的伦理问题与公共生活中当选官员、公务员以及其他工作人员面对的困境有了更好的理解。更深入地去理解这些问题本身就很重要,同时这还将有助于减少学生幼稚的政治犬儒主义。一些学生解释他们不参与政治的部分原因是,他们通常模糊地感觉到政治是腐败的,政客往往是虚伪不可信的。门德尔-雷耶斯同许多教师一样提到了这一政治参与的障碍:"我认为许多学生他们没有看到政治能够带来的改变,他们仅仅看到了政治的腐败。"

当然,这种质疑的观点不是完全错误的。此外,正如我们讨论过的,政治学研究表明,低社会信任水平并伴随高政治效能感的个体最有可能参与政治。但对许多大学生来说,犬儒主义和对政治体制的不信任是他们不参与政治的借口。此外,他们的质疑态度很少源于哪些伦理问题可能发生在公共生活中的认知,究竟(在特定情况下)什么会被视为道德或不道德的行为,以及个人在公共生活中面临这种两难困境时需要处理什么样的压力和限制。

当演讲嘉宾用一种坦诚的方式来解决他们面对的伦理问题时,这将会形成一种理解,启发学生更加区别对待他们对政治和政客的判断,对可能发生的伦理问题类型(例如利益冲突和政治中涉及金钱的其他问题)更加了解,以及更深入地思考系统现状如何能够导致或减少腐败的发生。例如,加州大学蒙特利湾分校戴维·塔卡斯和杰拉德·申克的课堂上的受邀演讲嘉宾以拥有较高的道德标准而闻名,他讲述了一个人如何在不损害个人诚信的前提下做出妥协让步的可能。这是一个很少有学生在这之前思考过的区别,他们发现这一谈话非常具有启发意义。

尽管当现实问题被真实地呈现时,学生喜欢参与伦理问题,并且经常能很好地回应理想主义,但他们不欢迎说教的信息。塞米阿廷强调了避免嘉宾用严厉的、说教的话语的重要性。他努力防止他的嘉宾"来到课堂上发表'公民义务演讲'。学生已经厌倦(关于他们民主失败)的说教,认为这是一种居高临下的姿态。当演讲嘉宾告诉他们,'我们团结在一起'事情将会大有改观,这只会让学生感到厌烦,他们不想听。"

偶尔,演讲嘉宾背后可能会存在一些伦理问题,并且这些问题在他们到访课堂后才被曝光。与其把这次访问看作是一个错误或让邀请他的教授难堪,还不如把这些(幸运的是罕见的)事件转化为强有力的教学契机。沃克海泽讲述了一次弗吉尼亚州众议院议长来到索伦森协会的暑期项目与学生交流的经历。这位议长已经任职近三十年,当他谈到他的经历时,他强调了公共服务的重要性,以及"真诚"作为公共服务一个部分的重要性。在他到访后不久,《华盛顿邮报》(*Washington Post*)的头版披露,这位议长在众议院外与几名比他年轻很多的女性达成了几项性骚扰指控的和解,且这些女性基本不具有与他"讨价还价"的能力。当这件事情公之于众时,他花费了30年时间打拼出的职业生涯在24小时内轰然倒塌。正如沃克海泽所说:"这给学生上了有趣的一课,那是一个令人惊叹'哇'的时刻。"

2. 增强政治动机

政治演讲嘉宾和导师特别适合培养学生的政治动机。经过精心挑选的政治演讲嘉宾可以激发兴趣、减少犬儒主义,同时唤醒对政治的关心并启发情感反馈。演讲嘉宾和导师能够培养学生政治参与的意愿,并且致力于学生在面对挫折时,仍旧坚持积极参与,而这对于传统的课堂教学来说是很难甚至是无法实现的。他们通过向学生展示其能够认同的政治参与典型人物来实现这一点,让学生觉得他们也可以在自己关心的问题上有所作为。

一是提升政治效能感和政治认同。教师和项目负责人将运用演讲嘉宾和导师看作是一种有力的教学方式来帮助学生相信他们的想法和行为具有政治意义,并且能够产生影响——即带给学生一种强烈的内生政治效能感。演讲嘉宾和导师能够改变学生关于"我是谁"和"我想成为谁"的思考方式——即政治认同。

如果演讲嘉宾和导师非常吸引人,学生就会将对政治感兴趣和积极主动参与视为个人魅力,从而使这些品质更有可能成为心理学家马库斯(Markus)和纽瑞尔斯(Nurius,1986)称之为"理想自我"(desired selves)的核心,即对自己想成为什么样的人的认知。这两个结果(政治参与身份和内生政治效能)紧密相关,如果学生能够认同来到课堂上演讲或担任导师的政治活跃人士,那么他们将会更容易将自己想象成为积极的政治人(政治参与身份),并且相信自己能够有所作为(政治效能感)。

政客和其他政治实践者对于学生来讲是遥远且神秘的,所以有真实的个体走近学生,并讲述他们在政治生活中的日常经历,这会让学生感到很真实,并且感觉到政治参与是"可行的"。尤其是,当演讲嘉宾和导师运用广博的知识储备从个人角度与学生交流时,他们像学生展示了他们是处理这些现实问题的真实的人。他们展现了之前抽象的政治家或政治激进主义分子的角色形象,这使得这些角色看起来少了一些距离感和神秘感,更加容易接近。

当演讲嘉宾在一些重要的方面与学生有相似点时,例如年龄、性别、民族或社会阶层背景,这将会提升学生认同他们的概率,并且会让学生感受到他们自己也可以扮演这样的角色。在米尔斯学院,乔·卡恩(Joe Kahne)希望,他的学生能够将自己想象成为像课堂上邀请到的演讲嘉宾那样的成功人士,这意味着他们认同政治领导身份,并开始考虑"我也能成为这样的人"或"我想成为这样的人"。卡恩邀请到的政治实践者并不是十分出名,但他们为自己所在的社区带来了显著的变化,并以可行的方式推动形成公共策略。他发现,对学生来说认同那些与他们有相似背景,且年龄差在十岁或十岁以内的人更加容易,他在邀请演讲嘉宾时将这些因素也考虑在内。

演讲嘉宾帮助学生认识到政治角色是可以接近的,并帮助他们感知政治效能的另一个重要方式,是向他们讲述自己在长期的政治参与中经历的多种多样的故事。这些故事表明,有许多的入口开端、实施路径和行进轨迹正是从学生已经开始或是想要开始的一小步展开的。芝加哥伊利诺伊大学迪克·辛普森的"芝加哥的未来"的课堂上,一名学生如此评价一名来自基层政府组织的演讲嘉宾:"他让我明白,政治职业生涯是由每一个小环节组成的,并不是一个十分宏伟的计划……我猜这是在给政治领导者面子。我觉得自己更加投入了。"

二是鼓舞学生。演讲嘉宾能够提升学生的情感参与、兴趣并鼓舞学生,因为他们"将其变得真实",学生能够看到政治结果可以真正地影响他们。正如我们所讨论的那样,学生与其他人一样,不仅把政治参与看作是公共利益,更要看作是个人利益,这样才能促进民主进程在美国蓬勃发展。政治实践者作为演讲嘉宾和导师,与学生进行交流的多种方式可以帮助学生将政治参与作为一种私人利益体验。关键是要让学生看到公共政策和其他的政治决策能够影响他们个人。有些演讲嘉宾非常有效地传达这样的信息:纯粹出于个人利益考虑,在地方和国家政治领域发生的事情对学生很重要。梅塔·门德尔-雷耶斯将邀请演讲嘉宾参与他在伯里亚学院的课程作为一种手段,以此为学生展示政治问题和实施如何影响他们,目的在于激励他们参与其中。例如,一个当地激进主义分子向学生描述了他们周围生活环境的危害,以及他们为了应对这些问题所做的努力。演讲嘉宾不仅使这些环境问题立即得到了关注,更让学生明白在直接影响他们个人利益的地区问题中,政治行动能够带来实质的改变。

即便学生的直接利益并没有受到明显影响,演讲嘉宾也能够建立一种积极的情感联结。受到鼓舞被公认为是促进行动的重要动力(Haidt,2000),这显然也是吸引演讲嘉宾的最显著原因之一。几乎所有邀请演讲嘉宾的课程中的学生都认为倍受演讲嘉宾的鼓舞,对发生的问题更感兴趣,也更想做点什么去解决问题。

为了说明公共政策对人们生活的重要性,并使政治问题在情感上更吸引人,桑德罗邀请演讲嘉宾来到了城市事务高等教育联盟项目中,他们讲述了自己在当前政治争论中代表正方或反方的直接经历。例如,学生从一位福利受领人那里了解到,为了争取自身利益她需要与许多机构联络是多么的困难,以及旨在使体系更具灵活性和适应性的项目的重要性。

除了要帮助学生了解政治如何影响生活或在一个问题上去激发他们的热情,另一个帮助学生将政治参与看作是个人利益的方式就是向学生展示,参与到政治行动中是多么的有趣和令人激动。政治学家温迪·拉恩(2000)谈到了让年轻人"爱上政治游戏"的重要性。如果他们在参与中很享受,那么每一次具体行动能否带来改变就显得不是那么重要了。

演讲嘉宾给学生分享了他们在政治中的喜悦,他们在参与候选人竞争和商议政治议程时的兴奋感。布莱恩·墨菲说道:"有许多演讲嘉宾,他们的生活就是在社区服务中度过的。这样的生活是有意义的,这些事情是值得做的⋯⋯也有些人是出于自身原因而选择投身严肃的公共事业,这不无聊不沮丧,反而很酷。"这些描述性的讲述与分析性的讨论形成明显对比,分析性的讨论能够对问题进行一种公正的审视,但有时忽视了政治能够带来的那种兴奋感。

向学生展示政治也可以很有趣的同时,演讲嘉宾可以挑战学生提出的参与政治需要大量的个人牺牲的假设。辛普森说参加他芝加哥政治课程的演讲嘉宾经常用自身的经历证明,一个人可以在参与政治的同时也拥有自己的生活。政治不应该是24小时全天候的工作。

3. 提升协商技能

演讲嘉宾和导师尤其能够锻炼学生的政治协商能力。有技巧的协商包括学习提出探索性问题、倾听多种观点、形成自己的判断。无论是演讲嘉宾在到访期间或是随后的活动中,他们往往能够成为积极协商的出发点。

对于辛普森来说,邀请政治演讲嘉宾是教会学生如何在政治问题上与他人进行持续充分协商的一个重要方式。这意味着学生需要提前去了解被邀请的演讲嘉宾,了解一些可能在课堂上被探讨的问题,形成初步观点。在这样的背景下,他们可以准备好去向演讲嘉宾提问以获取更深入的观点。辛普森邀请的演讲嘉宾也是学生后期持续讨论的催化剂,致力于不断提升学生的协商技能。

实践者还能够促使学生获得其他政治技能,有时甚至可以帮助他们强化这些能力,尽管他们通常只能作为导师而不是演讲嘉宾才能完成这一任务。课堂演讲嘉宾能够使学生明白他们所代表的政治参与需要一系列技能,但客座嘉宾不能很好地帮助学生掌握这些能力。相对于演讲嘉宾,导师能够更好地给予学生关于实践的反馈,因为他们长时间围绕政治行动项目与学生互动。例如,"民主关系重大"项目利用导师有效地帮助学生学习政治技能。前负责人亚当·温伯格强调了学生参与多样政治行动,然后将项目顾问作为导师与学生共同讨论问题、提供建议及反馈的重要性。

二、导师的独特价值

如果政客或实践者不只来一个班级或是几个班级,而是能够长期与学生在一起,他们就能带来一种更加有效的学习体验。一些 PEP 课程及项目吸引了一些合作者以导师或半(准)导师的身份持续联系学生。有时这是项目中一个清晰划定界限的部分——正式的导师项目。有时在其他情况下,这些安排不是严格的结构化导师项目,但具备一些类似的功能。

具体的情况也有所不同。有时学生紧紧跟随导师,有时学生与导师见几次面讨论个人工作以及学生职业兴趣和目标。在一些项目中,导师针对学生的政治研究或行动项目开展指导,当学生计划和实施项目时,他们会与学生紧密合作。

在公民领导力研究院,导师制是一个项目的关键要素,这个项目从全国挑选 15 名女大学生到米尔斯学院度过一个学期。在那里,学生全身心地投入到一个多管齐下的项目中,该项目旨在支持他们作为领导者的发展,其中包括培养技能、知识和其他领导力素质。导师制项目将每一个参与的学生与在公民事务上有丰富经验的领导者联系在一起。导师包括当选官员、非营利组织的领导者、其他的政治实践者。

第十章　借助政治演讲嘉宾和导师进行学习

尽管不是所有学生都能够充分利用与导师学习的经历,但那些能够很好利用导师制度的学生会发现这种关系是很好的成长经历。其中一位学生说:"我的导师太好了……我们两三周见一次面,她对我们正在做什么很感兴趣并会提供支持,会和我讨论社区中发生的事情,这对我来说帮助很大。她经常分享自己的经历,让我能够看到做出改变的不同方式,让自己对发生的事情和如何成为最有用的人的(新想法)保持开放的心态。"

半(准)导师关系也包括那些与学生长期密切接触的项目工作人员。"民主关系重大"项目吸引了许多具有不同政治经历的人作为不同校园项目单元[1]的顾问,专为指导和支持许多校园单元的学生协调员而工作。科尔盖特大学"民主关系重大"项目总部的顾问会通过电话或邮件与学生联络。其他人则是该项目的区域指导者,他们访问校园、召开区域会议,同时也通过电话和邮件进行交流。"民主关系重大"项目鼓励学生积极与顾问和合作者联系,无论是在校内还是校外,学生也认为这些关系对他们来讲意义重大。例如一个学生谈及作为"民主关系重大"项目的一项工作任务,与康涅狄格州纽黑文市(New Haven)市长的幕僚长建立长期关系对他来讲是多么重要。

在旧金山州立大学,布莱恩·墨菲在他的"旧金山政治"课程中运用不同的方式将正式入学的学生与社区激进主义分子联系在一起。有一些社区基础组织和城市机构的中层工作人员也注册入学参与他的课堂(这些学生通过继续教育注册入学,参与课程不拿学位)。对于这些工作人员来说,课程目的在于让其与学生针对地区性的多种政策或政治问题紧密合作。同时在学术问题上在校生对工作人员来说是重要的资源,因为大部分工作人员是没有上过大学的。这种同辈间在各自专业领域相互教与学的方式被看作是另一种"半(准)导师"制度,对两种类型的学生都有较大的教育成效。

布莱恩·墨菲"旧金山政治"项目也将学生与社区领导者联系在一起,这些社区领导不来上课,但是他们不仅愿意在与课程相关的内容上去指导学生,更重要的是有时还能帮助学生解决其职业规划以及未来政治参与的相关问题。在教授课程的几年中,墨菲已经发展了一个不断壮大的愿意指导学生的社区领导者团体。

三、运用政治演讲嘉宾和导师的策略

正如本章开篇时提到的,邀请演讲嘉宾和导师不是随意的。我们发现PEP课程及项目的教师和工作人员在选择策略上付出了巨大努力。尤其是,他们遵循了以下的实践环节:
- 精心选择演讲嘉宾和导师
- 帮助演讲嘉宾精心准备
- 帮助学生做好准备
- 确保互动
- 持续跟踪
- 评估
- 与导师谨慎合作
- 为挑战做好准备

1. 精心选择演讲嘉宾和导师

运用外界演讲嘉宾和导师的必要条件是要精心确定人选。

正如 PEP 的其他教师一样,摩根强调选择演讲嘉宾就像阅读材料需要被精心挑选那样。组织者需要清晰地知道邀请他或她来到课堂上的目的是什么。如果一个人不知道这些,那就会产生和随机挑选阅读材料一样的结果。

当然,寻找合适的演讲嘉宾不像在商品册中挑选产品那么简单。这种选择受限于教师与可能邀请到的不同类型人的熟悉程度,以及教师接触这些人员的范围,还受制于教师是否能够劝说这些"大忙人"来参与到课程中。除了这些挑战,更为重要的不是直接邀请那些能够邀请到的人,而是要在一开始就思考清楚为什么邀请这些政治实践者来参加到课堂中。为了发挥最大的影响,需要在选择演讲嘉宾时进行大量的思考。

一是要具体。尽管提前预设好学生在与特定的演讲嘉宾和导师进行互动时能够获得什么是不可能的,但如果教师能够仔细思考他们为学生设定的具体学习目标,并运用这些目标来指导他们的选择,那么学习经历可能更富有成效。当目标旨在帮助学生更好地理解大量不同角色在政治过程中是十分重要的,邀请的演讲嘉宾就必须是多样的。一系列的演讲可以让学生了解到政府的主要部门以及它们之间的关系,或者民选官员、政府任命官员、立法和行政人员、公务员、说客和非政府政策分析人士之间的相互作用。例如,在联邦政府中,有多种角色的工作人员可以有时间加入到一学期或是暑期项目中。相似的,那些关于州或者是地区性问题的项目也有大量的角色可以选择,学生学什么取决于在系列演讲中选择什么样的角色。

显然,课程和项目的任务、目标以及所在位置都对受邀演讲嘉宾的类型有显著影响。显而易见,在华盛顿学期(或暑期)项目中,通常以关注来自联邦政府的演讲嘉宾为核心。相反,对于门德尔-雷耶斯来说邀请来自伯里亚学院所处的肯塔基州阿巴拉契亚地区的社区激进主义分子到课堂上,来讨论服务、公民以及社区是更有意义的。

  为了最大化提升学生对演讲嘉宾的认同度,这通常是一个关键目标,尽管并非总是如此,教师经常邀请一些与学生年龄相似、背景相近的演讲嘉宾。但是,如果目的是为了向学生展示参与政治生活的多种方式的话,那么演讲嘉宾的个人背景就不那么重要了。拓宽学生对各种选择的思维视野是帮助他们在未来公共生活中找到自己位置的关键。因此,沃克海泽邀请多位演讲嘉宾来到索伦森协会:一些人是全职政治家,他希望一部分学生未来也能成为政治家;他也邀请了一些普通公民,他希望他的学生未来都能成为这样的公民。

  二是带领学生拜访演讲嘉宾。在许多情况下,邀请演讲嘉宾来到课堂上比带学生去演讲嘉宾的工作地点更加容易,因为涉及运送大量学生的保障工作。尽管有时演讲嘉宾更愿意让学生来参观他们的工作地点,或将这作为选择之一。如果实践者的工作地点本身就是一种学习资源,那么参观其工作地点就可以成为一次难忘的学习经历,就像在华盛顿特区恩加里捷夫研究所的学生参观国务院和其他政府办公部门一样。

  三是展示不同的观点。索伦森协会强调了懂得慎思的公民身份的重要性,协会还邀请代表不同方式思考政治及其实践的演讲嘉宾。这些嘉宾包括在州内因提供中庸的解决问题方案而闻名的人士,也包括在一些问题上各自为战的"煽动者"。这有助于使学生认识到在政治生活中,极端立场是不必要的,同时深思

第十章 借助政治演讲嘉宾和导师进行学习

熟虑"并不是要成为一名政治温和派或乏味者"。

当课程或者项目能够邀请到提供不同观点的演讲嘉宾时,学生就能够体会到接触不同观点的意义。迪克·辛普森的芝加哥政治课中的一名学生就是一个恰当的例子:"这很有趣,因为有这么多不同的领导者,他们都有不同的观点。有些是民主党,有些是共和党。我很高兴了解到哪些不同的问题对他们来说是重要的,看他们在与我们观点不同时怎样帮助我们。"

然而,实现这种多样性并不容易。教师自然倾向于认识和赏识志趣相投的人,所以从他们认识的同行者中邀请演讲嘉宾是较容易的。然而,仅展现有限的政治派别并不是没人注意到的,当学生感觉到受邀名单向左派或向右派倾斜时,他们就会抱怨。正如一名学生所说:"我不喜欢教师仅展示事物的一面。他(教授)和演讲嘉宾都是自由派的……我们没有邀请到保守派的演讲嘉宾。'房东-租户'问题就是一个例子。我们没有听到房东的观点,只是听到了那些对租金管制持赞同态度的人的观点。"

恩加里捷夫研究所明确地关注自由市场资本主义的意识形态,学生在选择参与之前就知道这一点。由于这个原因,相较于那些将自身定位为无党派的项目,这个项目提出一些不那么中立或平衡的观点似乎是合理的。尽管如此,一些学生还是表示希望受邀演讲嘉宾在政治上更具多样化。正如一名学生所说:"演讲嘉宾基本上都是保守派。可能有一些是温和的保守主义者,但他们都是保守主义者……我是持有一些保守的观点,但不是全部都是,这要取决于面对什么样的问题。对于我来说很有趣的是,看到一个问题并且说'好吧,尽管我在一些问题上是保守的,但我不同意这个保守观点'。但是我没有听到自由主义者对于这个问题的观点,所以在项目结束后我可能认可现在的这些观点,因为我只了解了其中一个方面。"

四是学生参与选择。马里兰大学的"公民生活-学习"项目中休·布里格斯采取了与大多数 PEP 课程及项目负责人都不同的方式,她让学生在她与同事列出的名单中选择演讲嘉宾。她认为,这能让学生在为演讲嘉宾做准备时更加投入和具有责任感,并有助于确保他们充分利用这次机会。

设有导师和咨询师的项目通常提供大量且多样的人选供学生选择,以便让学生选择他们愿意合作的导师。当学生与实践者进行匹配时,学生的这种角色选择尤为重要,因为相对于一次性的到访课堂,学生与这些实践者在一起的时间更长。在一段长期的关系中,优化学生与导师或半(准)导师的匹配度是非常重要的,在这些课程中允许学生选择也是非常普遍的。

一些教师选择了一种综合的方式,由教授邀请,学生跟进。在这种方式中,教师邀请一系列来自不同的背景和拥有不同政治观点的实践者,目的是让他们指导那些选择与他们合作的学生。在加利福尼亚州立大学蒙特利湾分校,塔卡斯和申克将这个方式运用得非常成功。经过一个学期,五位积极的政治激进主义分子从不同观点视角与同学们开展了全班性的讨论。在本学期剩下的时间里,应学生要求,这些演讲嘉宾指导学生展开政治研究和行动项目。

2. 帮助演讲嘉宾精心准备

让演讲嘉宾提前确切地知道学生对他们有什么期待是十分重要的。这包括讨论他们为什么被邀请,希望学生学到什么,学生会做什么背景阅读(如果有的话),以及演讲怎样融入整个课程或项目。在讨论中确定主题是十分有用的,并且要在讨论后以书面形式确定日期和地点安排。

教师应该尽可能精确地了解演讲嘉宾在他的谈话期间可能涉及的内容,演讲会如何设计,包括他们演讲时长,以及希望采取什么类型的互动。所以例如,教师可以说他希望演讲嘉宾谈论政治过程中的主要方面,讲一讲特定领域的实务知识,以及他们参与到这项活动中的故事,说说他们遇到的困难又是如何解决的,当面对失败时是怎样坚持的,以及其他学生感兴趣的问题。

在波特兰州立大学,道格·摩根强调,他努力确保演讲嘉宾充分了解课堂主旨、课程开展情况,以及他对演讲符合课程目标的期望。为了更加清晰,摩根给他的演讲嘉宾一份概要记录,大致圈定他想讨论的主题范围。这不是为了控制演讲嘉宾的演讲内容,而是旨在帮助形成课堂讨论的主题与问题。他发现演讲嘉宾对此并不反感,反而感谢有这样的指导。

除了与被邀请者沟通讨论的内容和形式外,演讲嘉宾尽可能轻松愉快的体验也很重要。显然,他们需要清楚场地方向、停车信息以及其他后勤保障。在演讲后,不仅要有教师的私人致谢,还要有几个非常享受课程的学生致谢,这是提高演讲嘉宾自身价值感的重要方式,并且会再次同意来到学校。

3. 帮助学生做好准备

在演讲嘉宾到访前,不同课程和项目要求学生所做准备的种类与程度是大不相同的,但如果学生想要参与到一场严肃和持续的对话中,一些准备是必不可少的。学生应该是活动中具有一定知识储备的参与者,与演讲嘉宾积极互动,提出一些好问题,并将演讲嘉宾提出的问题与他们课程或项目中已经讨论过的内容联系起来。

这意味着,学生至少应该充分了解到访者是谁,以及他或她的背景、角色和所在机构这些显著特征。在某些情况下,这意味着学生要提前阅读演讲嘉宾演讲主题的相关材料,或是演讲嘉宾建议的背景阅读材料,或是教师选择的材料。这种准备会帮助学生成为在知识上有所准备的听众,准备好与实践者进行实质性的讨论。

4. 确保互动

当外界政治实践者通过互动模式而不是用冗长的演讲来教育学生时,这种教育通常是最有效的。有客座演讲嘉宾的课堂或是学生拜访演讲嘉宾的现场简报会经常会在相对简短的谈话后展开讨论。当这样组织活动时,会为提问和讨论留出足够的时间,在演讲嘉宾讲得太久时巧妙地控制时间,这一点是十分重要的。

然而,尽管这种方式不普遍,但是一些与来访者的会议一开始就是互动的。索伦森协会采用了后一种方法,正如沃克海泽所指出的:"重要的是,每个人都要明白这不是一个讲座情境。客座演讲嘉宾是处于一种互动模式中,而不是单纯地发表演讲。"要让这两种方法都有效运作,关键是要确保各方的预期是明确的。

在保持礼貌和尊重的前提下,学生能够自由地就任何他们想要探讨的问题进行提问也是十分重要的,或当他们不同意某些事情或认为这不符合事实时甚至可以向演讲嘉宾提出挑战。参加

PEP课程及项目的学生经常提到,他们非常感激能有机会向演讲嘉宾提出他们特别感兴趣的问题,有时他们还说希望能有更多的时间进行这种交流。

5. 持续跟踪

学生不仅需要花时间为政治实践者到访课堂做好准备,还要花时间来反思。在实践者离开后进行有组织的反思讨论,并在期刊或论文中进行书面反思,这是确保学生思考他们学会了什么,并将其与课程其他方面联系起来的关键。演讲后的讨论往往会反映出学生对演讲嘉宾不同的反应,以及所讨论问题的对立观点。当学生有机会与教授或其他同学讨论他们对演讲嘉宾演讲的反思时,他们会逐渐注意到之前错过的一些重要思想、含义以及该演讲与课程的联系,更批判性地思考那些他们太容易就接受的表面价值的论点,或者更认真地思考他们没有认真考虑就错过的建议和观点。

在摩根的课堂上,学生会搜集更多的信息来评估演讲嘉宾的论点和方法,以便写一些关于演讲嘉宾演讲的分析性论文。当到访嘉宾是竞选公职的候选人时,这一点就尤其有意义,因为这为学生决定是否支持竞选和是否为候选人投票提供了评估候选人的机会。

6. 评估

每次政治实践者到访课堂后,都应该根据课程目标对其进行评估。这应该包括学生和教师的判断。有些教师等课堂结束后才要求学生对演讲嘉宾进行评估。这样一来,他们就可以同时评价所有的演讲嘉宾，从而简化流程并使其具有可比性。另一些则要求学生在演讲嘉宾到访后立即对他们进行评估。将能够捕捉即时反馈的快速初始性评估与最后的整体比较性评估相结合是最为理想的。

评估不仅应涉及演讲报告的内容、风格和相关性，而且还应该涉及不同的结构、对演讲嘉宾更清晰的指导方针，或对学生进行更多且不同的准备是否会使演讲受益。对演讲嘉宾进行全面的评估并对其进行清晰记录，可以帮助教师建立一份具有良好记录的邀请嘉宾名册，这些嘉宾可以每年或每隔一年再被邀请回来，从而使得这个过程变得更容易。

7. 与导师谨慎合作

正如我们之前提到的，PEP遵循两个运用导师的基本模式，每个模式都有几个变量。在第一种模式中，每个学生都与一位公民领袖或其他的政治实践者建立持续的个人关系。第二种模式是政治实践者与一个或多个学生合作，通常是在学生开展政治研究和行动项目时对其单独进行指导。当邀请导师时，像邀请演讲嘉宾一样，让他们尽可能地明确预期是至关重要的。

事实上，在与导师合作时，通过书面协议来明确双方的预期是非常好的一个方法[2]。如果潜在导师无法投入足够的时间与精力，那么提前知道这一点并将其排除在外也是十分重要的。像塔卡斯和申克在课堂上所做的那样，一些PEP课程能够为导师提供小额津贴，这种安排可能有助于确保导师的责任感。同样，担任"民主关系重大"项目学生的导师和提供指导的工作人员也会得到相应报酬。

第十章 借助政治演讲嘉宾和导师进行学习

由于在第一种模式中建立人际关系是核心,教师有时会采取积极的措施来增加发展人际关系的机会。实现这一目标的关键原则与有效运用外界演讲嘉宾的指导原则有所交叉,但在几个方面也要有所超越。尽管只有少数 PEP 教师让学生参与选择演讲嘉宾,但大多数培养持续导生关系的项目都强调,学生在寻找自己要建立联络的导师方面发挥积极作用的重要性。当然,学生在这个过程中需要被指导,包括提供考虑的人选或人选类型的建议;潜在导师与项目、机构或教师之间的联系与持续良好关系;行政和后勤方面的支持,例如帮助起草介绍信和学术合作备忘录。学生需要找到一个合作的导师,这个导师的工作能让他们感到有趣和兴奋,和导师在一起他们会感到很舒适。

在米尔斯学院的公民领导力研究院的导师项目中,每一位学生都要与一位公民事务领导者建立持续的关系。在对这一项目进行评述时,卡恩说道:"师生关系很难建立,因为导师往往非常忙,而且人际关系是很难经营的。这不是我们每个人想做就能做得来的,但我们希望能与一定比例的学生一起合作。这其中需要大量的沟通,设定预期,为第一次联络和安排活动以进一步维持发展中的关系留出时间,这样就更容易建立这些联系;直到关系能够一点点建立,学生就能够建立更多的联系。"

在帮助学生和导师做准备时,鼓励他们探索一系列个性化问题是非常有用的,例如工作与家庭的平衡,工作热情与其他动机,如何有效处理困难,以及严格意义上与工作或是内容相关的问题。温伯格从"民主关系重大"项目的经验出发,强调项目教师和工作人员可以以这样的方式担任指导角色:"我们公开地向他们讲述我们倡导的生活和我们所做的选择,这种选择不像活着就是为了赚钱,或者做一个快乐却穷困潦倒的激进主义分子这么极端,要比这些复杂得多。"

在这种关系中,"民主关系重大"项目的导师作为榜样来鼓励学生进行个人探索并对未来充满憧憬,同时他们也提供非常实用的具体细节来指导帮助学生思考他们的竞选资金改革项目,并帮助学生掌握完成这项工作所需要的一系列能力。"民主关系重大"项目的负责人和学生都强调在该项目的指导关系中提出一般性及具体性建议的重要性。

8. 为挑战做好准备

毫无疑问,运用演讲嘉宾来促进政治发展的最大挑战在于寻找政治实践者和其他我们在本章中列出的在许多方面都很有影响力的演讲嘉宾。迪克·辛普森这番话反映了许多运用演讲嘉宾的教师的想法,他说:"最大的问题就是演讲嘉宾的漫不经心,有些人会比其他人好一些,而有些人要比其他人更典型一些。"来访的演讲嘉宾可能主要在以下三个方面令人失望或出现问题。

一是"一稿多用"或过于简单的演讲。尽管有预先沟通,但一些实践者可能会到课堂上进行一段过于简单的竞选演讲或是其他排练得很好的常规活动。有些人讲述他们参与战斗的故事,但除了自我吹嘘之外似乎没有任何意义。辛普森建议给演讲嘉宾一个与课程材料相关的特定主题,以最大限度降低他们重复那些早已失去激情的陈词滥调的风险。鼓励学生成为一个坚定、敏锐、知情的听众也会有所帮助,只要他们尊重他人、谦虚谨慎。正如我们之前所提议的,对每位演讲嘉宾进行仔细评估可以把那些一稿数用的演讲嘉宾列入"不再邀请"的名单中。

有时，即便要求演讲嘉宾与学生互动，他们也会避免直接回答学生的问题，或者给出一个像是公关的回答。例如，在辛普森的一堂课上，伊利诺伊州副州长正在演讲，一个学生问他对白领工作外包到国外的看法。这位副州长说，这是一个很好的问题，但是却回避了这个问题。另一个学生举手并再次引回了这个话题，成功地要求得到更准确的答案。如果学生没有准备好关于演讲嘉宾和这个问题的背景材料，如果没有告诉演讲嘉宾期待他与学生要有真正的互动，这种情况就不会发生。

重要的是学生要准备好挑战那些似乎闪烁其词的演讲嘉宾，因为如果他们感觉到演讲嘉宾不够坦率，他们会变得越来越愤世嫉俗。这一目标是要将合理的怀疑与不合理的怀疑区分开来，防止合理的怀疑成为学生愤世嫉俗或不进行参与的借口，即使他们对某个演讲嘉宾感到不舒适时，积极的分析、批评和礼貌的对抗有助于让学生参与到问题和过程中。

二是攻击型演讲。偶有来访的演讲嘉宾特别固执己见或直言不讳，他们咄咄逼人的辩论可能会冒犯或伤害到一些学生。当演讲嘉宾就种族或宗教等敏感问题发表强硬或具有挑战性的言论时，这种风险尤其高。一个恰当的例子是一位非裔美国教授到访了门德尔-雷耶斯的课堂。这位演讲嘉宾说，非裔美国人在种族问题上始终被迫"走出自己的舒适区"，并向白人伸出援手，但白人通常却不需要也不必伸出援手，他认为这是一个问题。班上的一名白人学生回应说，她和其他白人学生不愿意与非裔美国学生接触，因为如果他们这样做了，那么接下来：

> 非裔美国学生就会想知道我们的动机是什么，例如，如

果我们去餐厅时和一群黑人学生坐在一起,他们会想知道我们为什么这样做。当我这样说时,班级里有很多争议。演讲嘉宾告诉我这不是真的。我真的被驳倒了。黑人学生很能接受他的话,但我不同意。我说什么都无法弥补他们所经历的一切,但我觉得我说的有些道理,但是他们不想承认。我真的很难过,我就哭了。

无论这位女学生是否有理由如此难过,这件事情都凸显了演讲嘉宾到访后召开汇报会议的重要性。在某些情况下,汇报不仅要对演讲嘉宾在课堂上提出的争议性问题进行理智分析,而且还要对那些可能受到冒犯或受伤害的学生给予情感支持。在这种情况下,门德尔-雷耶斯和其他学生,包括一些非裔美国学生,都非常支持这位感到受伤害的学生,她很快就恢复了过来。然而这件事确实说明了一些演讲嘉宾带来的挑战,尤其当他们不愿意接受学生提出的相反意见时。

三是互动不足。大多数演讲嘉宾在课堂上展示了大量的实质性材料和个人轶事,这很容易就占满了整节课,几乎没有时间提问和讨论。学生普遍抱怨说,他们希望有更多时间与演讲嘉宾进行交流。如果有可能,安排比一般上课时间更长的课程是很有必要的。有时,到实践者的工作环境中去参观拜访,有助于摆脱狭窄的教室环境的限制,延长访问时间。如果这做不到,最好的选择就是提前与演讲嘉宾敲定演讲中的焦点问题,这样就不会把时间浪费在与课堂无关的话题上了。

四是后勤保障、时间和日程安排。运用外部演讲嘉宾的最大缺点之一,就是为已经确定好的政治实践者和与课程内容相关的人、与学生积极互动的人以及愿意参与的人提供后勤保障。当要求实践者对学生进行指导时,这一挑战就更大了。如果教师第一次与演讲嘉宾合作,想要确保他们理解课程目标,并尽可能地为实现教育目标努力,这就需要她最大限度地付出时间和精力。尽管 PEP 负责人发现最初他们需要亲自与演讲嘉宾接触联络,但教学助理确实可以提供很大帮助。

有导师参与的项目必须找到那些不仅愿意贡献自己的时间,并愿意为学生提供帮助的实践者。尽管最好将寻找双方都方便的见面时间这样的细节留给学生和导师,但重要的是要意识到在导师参与之前,给定的时间安排是大体可行的。运用导师的主要困难是他们几乎总是非常忙,而且他们很难实现与学生长时间在一起的良好意愿。此外,不能确保这种一对一的化学反应是正确的,因此也不能保证这种指导会发展成为一种有意义的伙伴关系。正如卡恩所指出的,学生和导师都很难把会面作为首要任务,而且这种关系一开始在社交上也很尴尬。

五是积极、有建设性的氛围。尽管尽了最大的努力让演讲嘉宾和学生都做好准备,但有时气氛还是会变得令人不快。对学生来说,要在尖锐的质疑、礼貌和欣赏之间取得恰当的平衡并不容易。一旦紧张局势加剧,教师的干预也无法阻止演讲嘉宾变得具有防御性或攻击性。摩根班上的一名学生描述了一个消极氛围的情况:"(演讲嘉宾)不像我们希望的那样有魅力,我认为这让每一个人都变得很消沉,这使他处于一种防御状态中,在课堂上变得非常敌对。"显然,如果气氛明显变得消极,就需要教师进行干预。

课后的反思汇报也很有用,尤其是当它涉及分析互动的风格以及课堂如何以不同的方式处理讨论时。当然,教师必须要避免利用汇报交流抱怨演讲嘉宾,或将氛围的转变归咎于某一个特定的学生。

注释:

1 有关民主关系重大项目工作人员和校园协调员之间存在的密切师生关系的更多信息,请参见 PEP 线上资料库第 27 号文件,网址为:http://www.carnegiefoundation.org/educating_for_democracy/docs/。

2 有关这两种书面协议的示例,请参见 PEP 线上资料库第 30 和 37 号文件,网址见注释 1。有关"领导力服务机会"项目对社区组织的期待的信息,请参见 PEP 线上资料库第 34 号文件。

第十一章　通过课程实习、就业实习以及服务学习进行学习

约翰·杜威在《民主主义与教育》(Democracy and Education)一书中告诫道,教育不应仅限于"学校中的书本知识,而与生活经验的内容脱节"(1961, p. 10‑11)。对于体验式学习能够增进民主的价值这一观点,杜威是最为直言不讳的学者之一,他认识到将与学生正在学习的书本知识相关的工作体验用于增进学术学习是有价值的。依照这一观点,许多 PEP 教师在课程实习、就业实习及服务学习中安排学生与一些组织开展一段时间的互动,这些组织的组织目标与课程或项目目标相关联,从而将政治和政策议题带入学生的生活。这些经历涵盖了各种各样的时间结构、地点以及学生的职责和活动。

无论什么样的背景或结构,实习都配以互为补充的课堂经历,教师或工作人员明确而有目的地将学术关注点、实践体验以及社区或组织的背景相结合。因此,学生的阅读和其他基础课堂活动有助于他们理解在实习中的所见所闻,他们的实习经历也有助于他们深入理解课程或项目的学术内容。如果实习被有效运用,那么最终结果将实现跨越学术和政治理解、政治技能、政治动机多领域的高效学习。

一、实习的类型

实习地点的大幅度变化取决于课程或项目的特定性质和关注点。[1]在许多情况下,实习地点是社区组织或其他关注社会发展、组织、难民和移民事务、健康、环境以及其他社会福利方面问题的非政府非营利性组织。这些实习地点还可能是提供直接服务的组织,也可能是解决一些特定公共政策问题,对其展开研究,并倡导政策改变的组织。

我们研究的大部分课程和项目中实习地点的选取都旨在解决相对集中的一系列需求或问题。在 PEP 课程中具有代表性的有美国公民自由联盟(the American Civil Liberties Union)、联邦主义者协会(the Federalist Society)、福利工作项目、基于教会的社会艺术项目、工会、新墨西哥州的天主教慈善机构以及代理收养儿童的律师事务所,也有一些当选官员的办公室和执行政策的政府机构。

例如,罗斯·凯特在布朗大学开设的"儿童和公共政策"课程中,学生每周在一个所施政策涉及儿童的州立机构实习几个小时,如家庭法庭或儿童、青年及家庭部门。米尔斯学院的"公民领导力"项目和西格伦·弗莱斯在加州州立大学洛杉矶分校开设的"美国政府"课程的实习地点也相当典型,既包括社区组织,也包括致力于公民领袖教育和发展的政府官员办公室。恩加里捷夫研究所把学生安置在华盛顿各种以政策为基础的组织和政府办公室中。

这些亲身的政治经历,会依据其强度和长度、学生的贡献水平和时间投入而发生变化。有些是全职实习一个月或更长时间,这通常在暑期进行。其他更长时间投入在内的实习往往是一个学期或暑期,但不需要全职。这些投入更长时间的实习可以使学生达成更具有野心的目标。耗时长的实习可能只存在于特殊的暑期项目、包含一个暑期的多学期项目,以及持续一个或多个学期的全职项目中。

显而易见,标准的学术课程与兼职或全职实习并不兼容,所以修习这些课程的学生在实习上花费的时间更少,通常每周只有几个小时。即便如此,仍有证据表明,只要学生每周至少三小时亲身体验实习,就可以为有效学习提供支持。另一限制条件是,在学术课程中,实习几乎总被安排在结尾,至少严格意义上,会设置在季度末或学期末。许多教师安排感兴趣的学生在实习结束后继续留在实习地点工作,为了抓住这样的机会,即使课程结束后,实习活动便不再与课堂经历相关联,学生也常常变得非常忙碌和投入。

二、实习中的学生活动

据我们观察,学生实习经历中的多样性源于他们活动和职责的广泛性,以及学生投入时间的多少和实习组织的类型。许多教师认为学生在实习中所做的工作一定要对组织做出真正的贡献,因此关键在于明确工作职责,使其既符合挑战性的学习体验要求,又能满足组织的需求。然而在一些就业实习中,学生实际上并没有为组织做任何有意义的工作,而主要通过跟随一名分配的导师或其他核心工作人员,作为一名观察者参加会议和其他活动,或与导师谈论其职业道路、目前的工作,以及他们自己的职业理想。

学生工作的确切性质会因地点的不同而有所区别,因此即使学生在同一课程或项目中,如果这一项目像大多数项目一样采用多个实习地点,那么学生也会有十分不同的经历。对于教师所提出的给学生安排具有挑战性的、有意义的工作这一要求,不同实习地点也会给出不同的回应,所以尽管教师尽力阻止,有些学生依旧在行政工作上花费时间。

三、实习和其他有效的教学法

在许多情况下,实习与其他有效的教学法相结合。事实上,实习几乎一直伴随着对经历的结构性反思,常常会使用到几种不同的反思方式。政治研究和行动项目也常常与实习相关联。[2] 实习监管者有时会在正在开展的研究项目中给学生分配任务,或要求学生设计和指挥一个小研究。另一种情况下,学生带着自己的研究想法参与实习。这两种情况中,研究通常围绕服务实习组织的需求而开展。在杜克大学的"领导力服务机会"项目中,许多学生进行了阿尔玛·布朗特主任所称的"研究式服务学习"[3],参与项目的所有学生都在实习后的课程中开展了研究项目。这些后续项目旨在加深学生对实习活动引发的问题的认识。[4] 在社区组织实习中,相比于政治研究,项目可能更多地涉及政治行动,尽管有些二者兼具。

四、政治实习与服务学习的区别

也许在将学术课程或项目与公民或政治体验相联系的教学

法中,最为人熟知的就是社区服务学习。事实上,有些人甚至认为服务学习是教导大学生进行公民或政治参与的唯一方法。一般来说,在社区服务学习中,学生每周在一个组织内工作几小时,或通过其他安排满足组织需求,或直接服务于社区。要被认定为服务学习,这种志愿工作必须直接与学术课程的内容和目标相关,同时能够服务于学生学习和社区需求,也包括结构性反思,将服务和余下课程连接在一起。

在一些PEP课程及项目中,实习明确代表着服务学习,教师也这样认为。而在其他项目中,显而易见,实习不是明显以服务为中心的,教师也不把实习看作是服务学习经历。例如,当学生主要观察组织的运行情况,与导师讨论他们的职业前景等,而不是以一种严肃认真的方式服务于组织的需求时,实习就不代表服务学习。

正如一些用于政治性教育的实习不是服务学习一样,服务学习并不一直是为了促进学生的政治发展而设计的。当然,无论支持政治学习的实习是否被正确理解为服务学习,我们对其都很感兴趣。事实上,服务学习和其他类型的实习之间的界限很模糊,对我们的目标来说,这种区别并不是决定性的。无论如何,服务学习的文献对如何有效利用实习有丰富的见解和例证,我们在对有效利用实习的建议中也引用了这些文献。

五、政治实习经历的价值

很多研究表明,对一般民众来说,参与社区和政治团体、志愿服务以及其他种类的亲身实践经历,在促进其社区和政治参与方面具有重要作用（Putnam, 2000; Verba, Schlozman, and Brady, 1995）。研究也证明了亲身实践对高中生和大学生有积极影响，如社区服务的学习经历（Barber, 1991; Eyler and Giles, 1999; Glanvile, 1999; Niemi, Hepburn, and Chapman, 2000）。然而,这些经历通常不包括明确的政治学习机会,因此如果要支持政治学习,强化经历中的政治维度是很重要的。在政治参与项目中,我们看到亲身实践的政治经历收获的具体知识有助于加深政治理解、提升政治动机和技能。此外,这些经历也激励了个人成长。

1. 政治理解

我们看到学生在实习中对政治进程和问题有了更明确和具体的理解,增进理解的一些方面尤为重要。

政策问题的实质性知识。学生通过在组织工作中处理问题,获得了许多相关知识。仅是较长一段时间投入到工作中,就几乎确定实习可以加深他们对诸如公民自由、社会福利、司法体制和移民等问题的理解。此外,基于这些问题的复杂性和丰富性,学生在某一特定领域的素养得以加强,并且常伴随着对相关问题、背景因素以及其他领域社会和公共政策影响的认识的增进。

更好地理解政治进程。在当选官员或其工作人员办公室工作的学生以及那些在从事其他形式政治行动的组织中工作的学生都能学习到许多不同类型的政治进程实际上是如何运转的。这种对进程更加实际和具体的理解与学生能从阅读、讲座和学术研讨中获得的抽象或图式化的理解形成对比。

有时这些经历表明,对大多数年轻人而言,政治进程的构成要素并不是显而易见的。一个恩加里捷夫研究所的学生对她暑期在参议员爱德华·肯尼迪(Edward Kennedy)新闻办公室的实习充满热情,如:"在新闻办公室工作最酷的事情就是每一件事、每一个政策问题都必须从那里筛选,从而得到启发。我从未处于这样一个快节奏、高压的环境中,也从未见过他们坚持的这种团队意识。"

政策执行的实质。涉及直接服务或政策执行的实习地点为学生提供一种经历,这种经历让他们看到政策问题是如何以具体方式"落在实处"的。学生学习到政策在实践中如何真正实施,也意识到政策应用的复杂性和在学术研究中可能很少出现的意外结果。学生在帮助执行社会政策的项目中实习,如"家庭法庭",认识到将一项已出台的政策应用于混乱的现实情况时以及当"基层行政人员"(政策的基层执行者)没有考虑到可能出现的问题时,为何政治判断至关重要。这种经历往往具体解释了课堂上讨论过的一般性原则,使这些原则更为实际。

例如,罗斯·凯特同其他人教授的一个一般性原则是:政策的制定和执行需要在一组理想目标与另一组中做出艰难的权衡。在实习中,学生看到了在个别情况下这些权衡是多么艰难和摇摆不定,有时看起来甚至是在操作性原则上误入歧途。例如,课堂讨论中可能要求学生假设参与处理应如何权衡父母利益和孩子福利之间的冲突。在实习中,例如,在青少年拘留所中,学生会看到多种艰难困境是如何被解决的。正如一名学生在课堂上所言:"我们研究的许多东西看起来那么遥远,直到你亲眼看到孩子们经历这些。"

理解组织的动态性和复杂性。学生们了解了组织的运行。若非亲身经历,却也很难生动地捕捉到。正如克丽丝蒂·舒特杰尔-曼斯对米尔斯学院"中学生就业实习"项目的评论:"这些就业实习为学生提供了机会,使他们得以看到组织成功地变革。学生开始了解组织的结构是如何建立起来的,如何开展变革进程,以及哪些社会体制会对其产生影响。"

在一些实习中,学生对组织和情境的复杂性、制度动态性对组织构成结果的影响有了更深入的理解。在青少年拘留所工作期间,凯特的一个学生敏锐地意识到狱警工会在这种机构中的作用,他评论了同盟、幕后联盟以及发生的权力斗争,似乎催生了这些动力并且暗示学生进入这样一个复杂体系。但学生们也从狱警的角度看待这些问题:"有时,少管所的工作人员看起来像是在建造这一奇怪的网络,这更像是一个游戏,一个他们在玩的脑力游戏。从某种意义上讲,他们是被迫的,因为他们缺少工作所需的资源,来确保他们可以有效开展工作。"

跨背景整合学习。通过整合学习将性质不同的知识背景变成更深层次和更实用的理解,这比将所有部分汇总到一起更好,并经常被认为是通识教育的重要目标——事实上,也是任何高质量本科教育的重要目标。然而我们知道这往往难以达成,即使学生成功地做到跨背景整合学习,也通常只得到了教师的少量帮助。但与学术课程真正相关联的实习似乎是个例外。

当被问及在 PEP 课程中最看重什么时,学生经常提及他们学会了跨背景整合,并在理论与实践之间建立起联系。实习经历不仅能帮助学生更好地理解课堂上的理论概念,并且将这些概念框架引入实习经历中,有助于他们在情境中看到原本几乎看不到的东西。凯特提出了一个在学生身上发生的整合机制:"社会工作者可能会说:'我愿意去做,但我做不到。'学生们回来问我,为什么他们做不到。我知道,当他们想针对产生的问题寻求答案时,服务实习就发挥作用了。他们遇到的微观小事引发了他们对宏观问题的思考。当他们在抚育院实习时,他们回来的时候就对寄养政策十分感兴趣,否则他们不会产生这样的兴趣。"

2. 政治动机

我们发现学生通过亲身经历还培养了更强烈的政治积极性。众所周知,当今大部分大学生认为直接参与志愿服务工作比进行政治参与带来的参与感更强。阿尔玛·布朗特认为,实习最适合利用这种热情使学生更加充分地参与政治。她指出,她的暑期实习项目能激发参与活力的部分原因是为有需要的个人提供直接服务,这种活力使学生渴望了解服务实习中所面临问题的政治因素。

许多学生刚参加 PEP 项目和课程时,对政治几乎没有什么兴趣,但参与其中后,他们的政治动机得到了显著提升。由于西格伦·弗莱斯的美国政府课程能够达成大学的选课要求,所以尽管许多学生最初对政治的兴趣相对较低,但依旧选择了这门课。课程中,一个在妇女选民联盟(the League of Women Voters)实习的年轻女士发现,与她一起工作的女性的奉献和投入激起了她的好奇和兴趣,所以她决定在课程结束后继续帮助她们对潜在选民进行调查。

政治效能感。对于教师而言,几乎所有 PEP 项目和课程的中心目标都是提升学生的政治效能感,尤其注重内部效能感,即学生在政治问题上怎么想和怎么做,认为自己能够解决复杂的政治问题,也可以在政治进程中发挥作用。这对弗莱斯尤为重要,因为她的学生中有许多是来自低收入者和移民家庭,他们感到与政治进程是脱离的。弗莱斯谈到实习是如何帮助改变这一现状时指出:"实习增强了学生的信念,他们可以通过政治参与影响政治体系——在某种意义上,这一体系并非封闭,而是开放的,他们可以参与进来并且可以影响它……服务学习是带动他们的关键步骤。"

在我们与这门课的学生交流时发现,弗莱斯的观点得到了验证。正如一名学生指出的:"我从未意识到我可以发挥什么作用,现在我知道了……我了解到,如果这个问题足够大,你可以加入一个兴趣小组或组成选民小组,或是做一些能够引起你的代表注意的事情,这样他/她就会采取行动。"

政治认同。有几位教师谈到,学生在实习中获得的新体验是如何特别有效地帮助他们拓宽对自己是什么样的人、想成为什么样的人的理解,并建立一种政治参与的自我意识。正如其中一人所说:"很难想象你自己成为从未见过的那种人,然而如果你参与政治,你就更倾向于把自己看作是一名政治人士或有政治能力的人。如果你看到自己在组织会议,就可能因此把自己想象成可以主持会议的人。"

实习也有助于学生思考在多种方式中政治贡献与他们自己的才能和兴趣之间的最佳匹配方式是什么。这种自我认知是政治认同的另一方面,它可以带来更持久的政治参与动机。这既可以在积极的体验中产生,也可能由不尽如人意的实习导致。正如乔·卡恩说明米尔斯学院项目时所言,即使消极的经历也能引导学生进行更符合他们兴趣才能的政治参与:"我们的一个学生非常清楚,她的实习经历告诉她不想做哪一种工作,我认为她是对的。她有真实的经历,并通过此经历意识到她想要以其他方式做出政治贡献,通过政策工作而不是基层工作。"

同情、谦逊以及团结。在一次有关政治效能感是许多PEP课程及项目的核心目标的讨论中,凯特指出,其布朗大学的学生具有超高的成就感,比起效能感和能动性不足,他往往更关注谦逊和同情心的缺乏。这一言论很具说服力,因为其突显了PEP的各种机构和学生表现出的巨大差异。弗莱斯的许多学生恰好表现出与凯特的学生相反的模式——太顺从、缺乏效能感。

与这种对比如出一辙的是,布朗特也在这方面对其杜克大学的学生费了一番功夫,他的这些学生许多都是亨有特权的。

> 因为杜克大学的学生充满贵族责任感的行为方式,学生们与所在实习地的弱势群体形成真正意义上的团结和互惠是很难的。他们很难意识到这点,也不认为他们着实如此,但他们身上有许多贵族责任感和家长式作风,这需要我们去剥离。许多学生具有特权阶层背景,即使不是,身在杜克大学也会让他们获得这种感受。当他们加入某一群体之前,他们需要学会倾听群体成员的意义所在。他们需要理解,我们需要每一个人,我们是一体的。

弗莱斯在描述课程时并没有提到这一目标,这并不让人意外:她的学生大多数来自布朗特提及的弱势群体。

布朗特有关团结和互惠的言论说明,尤其是对来自特权阶层的学生而言,实习带来的一个核心好处是对待与自己不同的人时,变得更具同情心和同理心。这常关乎改变学生对机构和人的偏见,打破刻板印象。例如,在凯特的课程中,有过青少年拘留所实习经历的学生身上体现得十分明显。不止一人发表类似的言论:"我不知道在那里会发生什么。当你去到那的时候,他们真的看起来还是孩子。很难相信他们犯了这样[严重的罪行]。我去采访他们的时候,他们很害羞,不知道说些什么。他们总是喜欢向下看,环顾四周,也不知道想要过什么样的生活,他们真的还是孩子。同样令人难过的是,由于你进行了采访,你可以知道哪些孩子可能还会回到这里来。"

有人可能认为谦逊与政治效能感之间是成反比关系的,增强学生的谦逊品质会带来更多减弱他们政治自信的风险。但正确的理解是,成熟的谦逊关乎一个人在世界上相对于他人的位置,实际上对于领导力来说,即使远非普遍,但却是非常可贵的一种品质。与来自多种背景的人们沟通合作的能力对政治效力十分重要。真正的领导力需要专注于手头的任务,通过集体的努力来完成,而不是得益于某个人自己的狂妄自大。这种谦逊才是教师着重视为目标的品质。事实上,一些学生指出,他们通过课程和项目学到的最有价值的事情之一就是变得更加谦逊。一名杜克大学的学生谈到她在南非的实习工作,并表示那些在种族隔离制度下遭受苦难的人们十分坚韧,心怀希望,这使她印象深刻:"看到他们依旧相信人性的善良,真是不可名状,令我感到羞愧……无论未来我担任什么样的领导职位,谦逊对我而言都是重要的……因为这不仅关乎我一人。"

政治动机源于对政治体系信心的增减。学生实习的经历有时会增加或降低他们对政治体系或体系中部分制度的信心,这并不令人吃惊。当然,会产生哪种反应大部分取决于实习环境的性质。事实上,政治制度和政治进程中的某些方面会使理性的人既绝望又庆幸。如果学生通过实习学会更清楚地看待政治现实,并更好地加以理解,那么他们就会看到消极和积极两面。也许更令人惊讶的是,正如学生们言论中揭示的那样,无论是二者之间的哪一种反应,只要处理得当,就会提升他们进行和持续政治参与的动机。

恩加里捷夫研究所的一名学生在离开肯尼迪参议员的新闻办公室时,对政治持有乐观的态度:"肯尼迪做的许多事,都是我全心全意支持的,能成为这个办公室核心机构的一个部分,我感到非常兴奋……我本以为政治体系会让我感到沮丧和格格不入,但是看到有人致力于我所支持和关心的问题,这真的让人兴奋。在这方面,我对政治体系有了更多的信心,也找到了我得以发声的地方。"

给出消极评价的学生往往认为,他们所花费时间的学习经历之所以有价值,不过是因为实习有助于消除他们简单的理想主义和幼稚想法。当他们更好地理解了组织或体系的动态性之后,就意味着在某些情况下,他们开始看到体系中严重的结构性问题。从某种意义上讲,他们实现了一种对政治现实更系统的理解。当体验足够强烈时,就会使学生感到挫败和幻灭。但对于他们长期的政治毅力或政治参与来说,这并不见得是一件坏事。源于理想主义的政治动机是基于对现实的误解产生的,它们可能是脆弱的,因为政治参与常要面对不那么美好的现实,而不基于过分理想主义产生的政治动机可能更加坚定有力。

亚当·赖克起初是凯特课堂上的一名学生,后来成了他的助教。赖克指出当学生变得更加悲观和愤世嫉俗的时候,灵感反而增加了:"人们对社会变革和与社会正义相关工作的理想主义可能[在实习中]变得更加温和。在组织中实习是很难的,令人感到沮丧……另一方面,这些人也受到了更多的鼓舞,去付出努力,致力于这些问题。这是一个有趣的矛盾。"

这一看法得到了这门课学生的证实。一名学生描述了他感受到的挫败感和无力感,然后提到他和朋友计划在课程结束后继续实习。本质上讲,学生提到了他较低的外部效能(有时被称之为对政府回应力的期望),但是他的低外部效能伴随着高水平的政治关注和政治自信。政治行动研究表明这种结合将为政治行动带来强大的动力(Levi and Stoker, 2012)。

3. 政治技能

技能的习得需要在有益地反馈指导下进行实践。这意味着,如果学生在实习中获得了相关政治技能的经验,并获得了如何有效使用这些技能的指导,那么实习就有助于培养学生的政治技能。让学生完成对实习组织而言很重要的任务的好处之一是员工会尽力确保他们能正确完成任务,因此更有可能提供指导。当然,学生会学到哪些技能取决于他们在实习中具体做了什么。

政治行动技能。把政治技能视为核心实习成果的学生往往在实习环境中展开了某种政治行动。正如参与米尔斯学院"公民领导力"项目的一名年轻女性所言:"在美国公民自由联盟(ACLU)的实习是一段很棒的经历。我花了很多时间给银行打电话、分发传单和保险杠贴纸、站在街角与人们交谈。这些对培养基层竞选技能十分有益,比如以令人舒适的方式与人接近,并询问他们是否想要一张传单。很高兴看到基层竞选运作——尽管我们在两场竞选中都筋疲力尽,但好在最后还是获胜了。当时我们思考了这样的问题:'这就是成功的方法,我们要如何在未来复制它呢?'"

政治研究技能。同样十分常见的是,在实习期间进行某种研究的学生也认为他们获得了有价值的技能。此外,在一些实习中分配的更加常规的工作往往构成了一种参与性观察研究,即使学生并未真正加入一项正式的研究项目。

跨文化技能。随着人口结构的变化和全球化的深入,学生需要学会应对日渐增长的美国文化多样性和国际化背景,这一问题在通识教育和专业教育中都得到了重点关注。由于实习地点常常使学生们接触到与自己背景差异很大的同事和客户,这些经历往往有助于学生在不熟悉的文化背景下,更加有技巧地工作。许多情况下,这涉及中产阶级,往往是白人学生,与低收入者或更多多样的种族人群打交道。如果处理得当,这种经历可以成为服务学习的一大益处。相反,在主要吸纳了初代大学生的大学中,许多学生都是移民或少数族裔,学生们可能第一次体验在以白人、中产阶级或专业人士为主的环境中工作。弗莱斯为她加州州立大学洛杉矶分校的学生强调了服务学习的这一特点。

行政技能。许多实习包含了一系列有助于实现组织使命的行政工作。这对从未在组织中工作过的学生来说,是一种全新的体验,他们同样珍惜获取这些技能的机会,无论是在政治方面还是其他方面,这些技能都很有价值。例如,乔·卡恩提到,学生学会很多,比如如何组织会议。在实习中学生获得的管理经验也有助于提升制定行动计划的能力,这将确保政治目标的实现。

尽管一些管理经历带来了正向价值,教师仍需谨慎确保学生不被排外地分配到那些几乎不可能提高学习能力的常规的办公室文书工作中。当然,这样的文书工作对任何组织来说都很重要,但它们不应该在学生的实习中占据主要地位。

4. 个人成长

参加 PEP 课程及项目的学生不仅汇报了重要的学术和政治学习成果,而且他们也常常感到自己变得更加成熟和富有责任感,所收获的理解和技能加强了直接或间接地促进了他们未来事业的成功,同时也强化了其作为一名公民做贡献的能力。高质量的实习特别适用于实现这一目标构成。

成熟、责任感、自信心。学生们普遍反映实习经历带来了更强的责任感和自信心。凯特的一名学生说:"第一次来布朗大学时,我十分害羞,很难融入新环境。因此我尽力参加有社区参与的课程,因为这可以让我超越极限。在监狱的实习的确做到了这一点。我认为每一次这样[强迫自己],我都会变得更好一点,更舒适一点,即便需要把自己置于紧张的情境中……我认为,正因如此,现在我在更多情况下都更加自在。"

职业准备。当今大学生都知道就业实习是职业准备的一部分,虽然相比学生所在的 PEP 中的公共服务组织,学生更可能去那些毕业后想留下工作的企业或组织。即便如此,对 PEP 的学生和教师来说,课程实习对学生未来职业生涯的价值也非同寻常。弗莱斯非常用心地帮助学生利用课程实习经历为未来工作做好准备。

第一天,我就告诉他们要把课程实习看作一次就业。因此,他们必须撰写一份简历,同时我邀请一名学校职业规划和就业中心的顾问来讲了半小时提供讲义的简历写作课。然后,学生草拟了他们的简历,我和就业中心的顾问看了看,随后将简历传真给学生希望进行服务学习项目的组织。某些组织,例如参议员博克瑟(Boxer)的办公室,在选择学生之前,想看看学生的简历并组织面试。这对学生而言是一个很好的学习经历,能够帮助他们了解到,如果组织中的员工缺乏积极性或缺乏培训,那么他们的委托人或选民就会注意到并留下坏印象。因此我在公民教育中结合了一小部分职业培训。

就业实习为职业准备和个人发展带来的另一方面影响是有机会与导师交流那些忙碌的人是如何协调个人和家庭生活需要与他们的职业义务之间的关系的。虽然当今大部分年轻女性希望兼顾事业和家庭,大多数年轻男性也希望妻子工作,但很少有大学生,至少那些高中毕业刚进入大学的学生,会认真考虑如何处理潜在的责任冲突。卡恩在米尔斯学院"公民领导力"项目中,强调了这一经历对年轻女性的重要性——这是一种附加的益处,因为这并不是项目本身的明确目标。

六、应用政治实习和就业实习的策略

阿尔玛·布朗特在总结有效实习的观点时讲到:"这就是实习的意义所在:学生拥有一次强化学习的经历。这于她而言非力所能及,但是却依旧可以做一些益事和贡献。有效实习必须包括与客户面对面交流的直接服务经历,也必须与监管者保持良好关系,并如实反馈。必要时监管者可以对学生进行约束。学生们回来时往往处于混沌状态。"虽然并不是所有教师都同意这样的描述,但在执行过程中的一些关键点上,几乎达成了共识:

1. 建立明确的学习目标
2. 精心挑选实习地点
3. 设立明确预期,达成明确共识
4. 关注所选实习地点的后勤工作
5. 考虑学生的安全
6. 让学生们为这次经历做好准备
7. 建立强有力的反思机制,让学生反思经历
8. 定期评估实习地点和学生的体验
9. 为课程实习和就业实习中的特殊挑战做好准备

1. 建立明确的学习目标

所有的教学都得益于,对于希望学生从课程和每一个部分中学到什么,教师都有明确的预先设计。在大多数情况下,让学生了解学习目标也同样富有价值。因此重要的是,教师在课堂上向自己和学生明确而有力地表达出开展校外实习或其他亲身实践学习经历的原因:他们特别希望学生通过参与实习获得什么,实习目标如何融入课程或项目的一系列更大的整体目标。[5]除非目标能被清晰表达,否则很难知道相应的优质实习地点由何构成,如何将学生们的实习活动与其他课程作业有效地联结在一起。

2. 精心挑选实习地点

一旦课程和实习目标明确了,关键就在于挑选出能够提供有

效学习经历、与课程目标一致的实习地点。一些挑选实习地点的重点考虑因素适用于任何课程,另外一些考虑因素与实习地点和课程特定目标的一致性有关。

学习和服务。为选出优质实习地点,很重要的一点是尽可能准确地预测出学生要做什么工作,去选择那些能安排学生从事具有挑战性活动的实习地点,这些挑战性活动代表着重要学习经历。正如前文提到的,一些实习地点,特别是被称为就业实习而不是服务学习的那些,提供的支撑学生学习的活动并没有以严肃认真的方式为组织做出贡献,但大部分教师认为学生应该完成的是服务于组织真正需求的工作任务。

菲尔·桑德罗强调"与社区合作伙伴保持诚信互惠的关系非常重要"。作为检验学习经历质量的一个线索,他建议采用"知识在员工中共享——如通过定期的全体员工大会"的组织形式,这样"学生就更可能获取这些知识分享"。他也追问自己,实习是否可以帮助学生更广泛地了解社区组织,而不仅限于某个组织的特殊生态。这种对学生给组织的贡献以及对实习带来的学习价值的双重评估非常重要,因为有些文书工作或非常简单的直接服务活动,可以为组织提供帮助,但对学生的学习帮助并不大。

负责任的监管。挑选实习地点的另一个重要考量因素是在实习期间是否有人可以对学生进行监管。理想状态下,监管者应该理解课程或项目目标,并努力确保实习成为一次丰富的学习经历,从而推动这些目标的实现。

政治、政治体系和政策维度。除了提供挑战性的实习经历和持续的监管之外,实习必须包括支持课程或项目特定目标的经历。在 PEP 课程及项目中,这意味着在实习经历中必须有一些政治或政策维度，或至少通过一些方式可以将实习经历有效地与政治或政策考量加以联系。这要求教职工或项目负责人精心挑选实习地点，创设反思机制，从而支撑政治理解、政治动机以及政治技能的发展。

最直接的达成方式就是选择那些让学生参与政治实践或旨在影响或执行公共政策的活动的实习地点。许多 PEP 实习地点的情况是：当选官员办公室、政府办事处、政策研究所，诸如此类。但是综观这些不同的实习地点，我们看到了政治或政策焦点的明确程度有所不同。

实习地点除了那些明确关注政治或政策的地方，也包括一些在本质上政治性不太明显的组织，那就需要找到方法在实习经历中构建政治体系或政策焦点，或通过某些方式与余下的课程相关联。在这些环境中，监管者引导学生关注组织的优先任务和面临的挑战，也关注与组织任务相关的政策问题。因此，即使实习地点本身不被看作是一个直接服务组织，也同样可以将政策焦点内置在实习经历中。正如戴维·舒密尔（David Schimmel）谈到马萨诸塞大学的"公民学者"项目时所言：

> 如果学生在救济站实习，我们希望他们[不仅是提供食物，也能]与主管一起了解在这里工作的志愿者、客户，了解资助人和获得补助金的过程，了解这些他们本来不会理解的事情。同样十分重要的是让学生参与到政策维度中，同时做研究，去发掘其他社区是如何面对这些问题的，现有立法已经涉及什么，对此有什么研究，并且给出政策建议，表明立场，成为一个倡导者。

第十一章 通过课程实习、就业实习以及服务学习进行学习

在其他情况下,政策维度的引入大多数是通过教师采取的策略,而不是实习地点监管者的行动。这是将学生的实习经历与余下的课程或项目联系在一起的桥梁,为实习增添了政治或政策色彩。阿尔玛·布朗特和布莱恩·墨菲都将他们的学生实习描述为直接服务,然后通过他们的教学、安排的阅读以及其他课程作业作为支撑,将实习与政治体系问题相结合。

就像布朗特所说:"[训练、指导、讨论、研究等]过程建立了实习与政治体系层面的联系。否则暑期实习本身可能只是社区服务。"政治焦点的明确性表明了一个事实,如果教师能够考虑周全,精心策划,使一个政治/政策焦点能够与实习结合,那么许多实习地点都可以用来进行政治学习。一旦没有,那么许多实习经历就只是在提供社区服务,而非政治学习。

符合特定的课程目标。当然,与政治体系维度的结合并不是PEP课程及项目中的唯一首要目标。每一个课程和项目都有自己独特且实质的目标。许多教师提到精心挑选实习地点就是为了能支持这些目标。在评估潜在的实习地点时,凯特极其认真地进行筛选。实习地点不仅需要是受欢迎的、贴合学生兴趣的、通常与课程的主题"儿童和公共政策"相关的,也需要确保产生的问题与凯特希望学生学到的对关键政策的关注点保持一致。如果实习地点没有使学生们参与到对那些问题的认真思考中,那么他会把它从名册里去除。

满足学生兴趣。许多教师和项目负责人也将实习地点与每一名学生兴趣和目标的匹配放在较高优先级上考虑。布朗特在过去几年中,安排了大批实习机会。[6]"事情的关键在于"她说"实

习是定制的,我们不采用千篇一律的实习。如果我们想要学生的领导力快速提升,那么我们需要付出很多努力去寻找适合他们的好地方。"

不同的课程和项目选择设计实习地点与学生的各种兴趣相匹配的程度不同。对一些人来说,实习在广泛的主题中取材,但是其他的课程,例如凯特的课程是关注特定的实际问题。显然,在关注主题确定的课程中,只有在主题的约束条件被满足的前提下,实习地点满足学生兴趣才具有意义。

克丽丝蒂·舒特杰尔-曼斯谈到米尔斯学院的"公民领导力"项目为学生们安排就业实习的过程,强调需要进行大量的前期规划以确保就业实习顺利进行。米尔斯学院学生表达了被安置在符合其个人兴趣的环境中对他们有多重要。一名学生说道:"对学校设计的就业实习,我感到非常兴奋,因为这完全满足了我的全部兴趣——艺术和社会变迁、社会艺术进程。我被安排在一个教堂的社会艺术项目中,这太棒了,因为我对基于信仰的非营利组织也十分感兴趣。这让我兴奋……真正充满活力。"

3. 澄清预期和共识

实习地点监管者和学生的明确预期是达成互相满意的实习经历的基础。[7]在城市事务高等教育联盟(HECUA),一旦某个实习地点被选中,每一名学生都要签订一份得到实习地点监管者和城市事务高等教育联盟实习协调员认可的学习协议。协议可以在目标更加明晰或情况发生变化时修改,学生在协议中对目标描述的准确度也是评估他们的一部分。一名城市事务高等教育联盟的学生在评论时强调了采用学习协议的重要性,它不仅规划了实习活动,也对指导和评估整个学期的学习有重要意义。协议在制定后并没有被搁置,而仍然成了动态过程中的一个关键要素,旨在使学生的学习一直处于正轨:

> 我们开始实习之前,需要签订一份学习协议,协议中我们根据个人发展、技能、知识水平、业务水平列出了本学期的学习目标,我们时常对照协议检查实习是否符合目标要求以使自己处于正轨。例如,我讨厌公开演讲,因此我把它作为我的学习目标之一。整个学期监管者都会确保我能在高中发言,并不断提高我的技能……学习协议是非常重要的。我签订协议,我的监管者和城市事务高等教育联盟实习协调员先后进行了确认。实习过程中我们进行了一次中期评估和最终评估。

4. 确定合适的实习地点

鉴于这些考虑因素,征募合适的实习地点是一项重要的工作。幸运的是,大多数认真鼓励学生参与社区活动的大学,尤其是社区服务学习课程和项目,都设有旨在促成这一目标的中心或机构。第一步通常是审查可能提供实习机会,并且是与课程或项目目标相关的组织。中心在提供各种存在可能性的信息上往往大有助益。接下来,中心的工作人员或教职员工与组织取得联系,以确定(a)该组织是否感兴趣,(b)实习是否可以为参与实习的学生安排有挑战性的工作,(c)是否可以为每一名学生安排监管者,(d)在实习中对学生的定期评估是否可以实现。

在一些大学中,中心及其工作人员带头联系被纳入实习地点考虑的组织,开启对话,讲明需求。另外,教师有责任与组织进行联系,制定必要的安排,学生、教师以及实习地点监管者之间的学习安排也涵盖在内。在某些情况下,即使服务学习中心可以负责协调,教师也更愿意自己建立最初的联系。例如,弗莱斯说她这样做是因为当她直接与组织的高层或权威人士联络并建立合作时,实习会开展得更加顺利。

服务学习中心也可以在许多实际问题上提供帮助,例如去往实习地点的交通问题、责任问题、规定与实习地点的合作形式问题等等。无论是否可以获得帮助,教师都需要考虑后勤问题,例如学生如何抵达实习地点,是否有公共交通或停车场,停车费用问题等等。对于部分学生而言,即使是很少的开销也会使他们望而却步,所以这一点也需要考虑。

许多教师和项目负责人强调与实习地点建立长期的合作关系并多次反复使用这一实习地点的价值。与实习地点保持长期合作关系有许多好处。首先,教师可以确信实习地点理解课程或项目的目标和要求,使学生承担具有挑战性的工作,并提供高质量的监管。此外,随着时间推移,保持一组核心的实习地点意味着在第一年或第二年后,确定和评估地点的艰难过程不必再全面重复。

5. 考虑安全因素

当然,教师和项目负责人要注意不能使学生处于危险之中,待选的实习地点在被评估时也需要考虑这一点。[8] 但这些评估不完全是简单直观的。人们很容易把低收入社区设想得远比实际上危险得多,这种偏见本身就传递着一个重要的信息。

第十一章　通过课程实习、就业实习以及服务学习进行学习

弗莱斯讲述了一个故事,这个故事展现了她对一个看似危险的社区的设想,差点冒犯了她的一个学生:"当一名学生向我描述他在洛杉矶的一个以高犯罪率闻名的地区分发传单时,我十分担心,正要告诉他不应该进入这样危险的区域时,他提到这是他居住的社区,他就住在距离实习中心三个街区的地方。"

区分哪些社区真正有风险,哪些可能只是让住在富人区的学生感到不适是很重要的。事实上,许多学生从实习中学到的一件事就是学会适应过去看似危险的环境。

6. 做好行动准备

大学提供、甚至要求在学生参与服务学习前上"入门课程",使学生做好社区参与准备,这已经变得相当普遍。例如,斯坦福大学就提供了一门名为"公共服务中的道德和政治"(The Ethics and Politics of Public Service)的课程。我们在《公民教育》(*Educating Citizens*, Colby, Ehrlich, Beaumont, and Stephens, 2003)一书中描述了这一目标,就是使学生为负责任的和周到的服务做好准备,帮助他们学会如何整合自己的服务经历和学术生活。带着相似的目标,杜克大学的"领导力服务机会"项目要求学生在暑期就业实习前的春季学期上一门0.5学分的课,名为"公民参与和社区领导力"(Civic Participation and Community Leadership)。[9]

当这种大量的准备工作行不通时,教师可以在服务学习的课程中让学生为实习做准备。作为旧金山州立大学城市学院的前任院长,布莱恩·墨菲每年处理大约三千个社区实习,借助这一优势,他强调了准备活动的重要性:"在与一个接一个的教授交谈

后,我们了解到,如果我们没有对学生即将进入的环境进行定位,那么学生会感到迷茫和不知所措。"

通常准备工作会考虑伦理问题,尤其是在实习地点的适当行为。例如,凯特这样描述他的方法:"我要求他们在第二天或第三天写一篇短文,去思考社区服务中伦理的含义。在这些实习中伴随着一些主要道德内涵的显现。例如,关于离开的道德观:孩子们是否为离开做好了准备?这些孩子的生活中已经有许多人来了又走。我们在他们去实习前的课堂上讨论这一问题……我想让学生面对这个问题:'你是在利用这些人吗?'"

弗莱斯也让她的学生为实习面临的道德挑战做好准备。她将这种挑战视为学生提升专业素质的一个机会。

合乎道德的行为是他们服务学习经历中必需的。我告诉他们必须始终保持专业态度。这不仅是要求穿着得体、注意谈吐,也包括不要说闲话。他们大多数都是18岁,刚高中毕业,在这样的年纪,他们只想分享他们所观察到的一切。我必须帮助他们理解一名专业人士意味着什么——必须将个人观察与专业角色区分开来。因此我必须提醒他们在汇报中要谨慎,从一般性观察角度呈现事物,例如不指名道姓。对这个年龄段的人来说,适应专业人士的角色,考虑职业道德是非常具有挑战性的。

7. 建立反思机制

学生的实习经历是非常有价值的,但这也意味着必定会产生一系列特定的问题。这既是优势,也是局限。这种特殊性意味着教师需要找到方法确保学生对实习中的特殊经历可以提出更多的问题,吸取更多的教训。

这就提出了一个问题,教师如何才能帮助学生将这种特殊经历看作是更大问题的"一个案例"。学生的实习经历往往引向某些其他问题,但在很大程度上,这些经历的价值在于作为一个能激发兴趣,以生动形式呈现出来的案例,而不是这些特殊经历本身。为确保这一点,教师帮助学生在更宽泛的理解框架下,理解他们正在经历的东西,将实习中具体的微观事件与宏观原则联系起来,理解他们所见证和参与的特定事件具有的更加广泛的意义。有许多方法可以应用于此,包括多种形式的口头分享和书面写作。

通过讨论或汇报来分享经历,学生不仅可以在自己的实习中有所收获,也可以从同学的实习中学到东西。正如一名"城市事务高等教育联盟"的学生所言:"我认为我学到的有关政治进程的许多知识,都来自于观察班级其他同学在社区实习地点的经历,这些实习地点有时更直接地参与了组织工作……我们讨论到如何才能建立或夺取权力,这也是我所学到的政治参与技能之一。它来自于我的个人经历,也来自于课堂其他人的经历。"

8. 评估

作为学生的学习场所,社区和其他实习地点应该由实习学生、实习地点监管者、课程或项目的负责教师定期进行评估。为达到最佳效果,评估应该在整个实习期间持续进行,或至少定期进行。例如,弗莱斯定期与学生的特定导师联系。借助这一过程,她每一季度对学生的实习经历进行评估,而不是等到实习结束再进行。通过了解实习进展,她就可以及时帮助学生在进展不顺的时候做出改变,或变更目标来更好地匹配现有的体验。只有实习尽早得到评估,将那些有无法解决的问题的学生转移到其他实习地点才不会太迟。

为了说明定期沟通和评估的重要性,凯特讲述了有一次一名学生在实习开始时出现了情绪问题,但没有让她或助教知道的事。学生没有告诉任何人,只是停止了实习。这不仅对学生的学习和健康不利,也破坏了课程与有价值的实习地点维持合作关系的桥梁。凯特在课堂上讲述了这个故事,强调要针对出现的问题进行沟通,并且对实习地点和课程负责任是很重要的。

不过,这只是个案。凯特一般都密切了解学生的实习体验。首先,学生撰写实习日记,记录他们的活动和对这些活动的反应。实习日记不仅是作为加深学生理解的教学工具,也使凯特可以监控学生如何开展实习、他们正在学什么以及每一个实习地点产生的多种问题。[10]对实习进行定期讨论同样具有多重功能。此外,课程结束时,学生还要填写一份常规课程评估表和一份针对实习的特殊表格。[11]

实习日记和其他反思活动,与实习地点监管者的评估也为课堂背景下的学生评估提供了基础。凯特在一份介绍性说明中给学生写道:"实习日记为你提供了一个将理论与实践联系起来,将你所看到的和体验到的结合起来的机会……由于没有期末考试,实习日记就是对你在实习中所做工作的一个非常真实和实际的展示。阅读你的想法,理解你的体验,跟随你对正在进行的工作的反应,我们将有机会看到你是如何参与实习的,你对经历与课程的关系是如何进行思考和认识的。"

9. 为挑战做准备

这些强有力的学习机会也面临一系列特定的挑战，从最实际的时间和交通问题，到复杂的对体验的紧张情绪，都包括在内。

时间投入问题。对于学生和教师而言，校外的政治实习需要大量的时间投入。这样的时间投入对某些学生来说可能是难以承受的。在尽力应对学校课业的同时投入时间应付实习，对于那些还需要工作养活自己或承担家庭责任的学生来说，是特别困难的。

采用实习对于教师来说也代表着大量的时间投入，至少在招募实习地点和安置学生的过程中是如此。服务学习中心在这个过程中也提供了很大帮助。此外，一些项目雇佣了自己的实习协调员，不仅负责安置学生，也负责监控实习并解决实习过程中的纷争。幸而，一旦安排好实习，并成功满足课程或项目以及组织的需要，那么这种合作关系应该会逐年稳步增进。采用实习，特别是长期使用同一实习地点，这一经历对教师和实习地点监管者都很有帮助，也有利于后来的学生从之前的实习经验中获益。

后勤问题。特别是缺乏便捷公共交通的地区和大多数学生没有汽车的学校，往返实习地点的交通和其他看似简单的后勤问题都能成为真正的绊脚石。即使没有办法完全解决这类挑战，但是提前做好计划和创设性的日程安排会有所帮助。服务学习中心在帮助教师解决后勤问题上也非常重要。

实习地点质量参差不齐，学生与实习地点匹配不成功。遗憾的是精心筛选实习地点也不能完全保证具有高质量的实习体验。有些组织没有履行承诺，有些学生不负责任或无法充分利用实习的潜力,有时候只是发生了错误的化学反应。许多组织在努力以有限的资金和不足的人力来解决非常困难问题,这种体制上的挑战使得实习经历无法完全预测或控制。例如,卡恩告诉我们米尔斯学院的一个实习地点在开学几个月后破产了。在某些实习地点,没有足够多的工作交给学生来做。某些实习地点监管者认为很难非常信任学生,让他们承担真正的职责。有时学生抱怨监管者不力,工作也不具挑战性。正如凯特所说:"如果你用这种方法教学,你就从一开始就必须认识到有一些实习效果是不尽如人意的。当你意识到这一点时,可能把学生安置到其他地方已经太迟了。这一直是一个挑战。"

这类问题再一次强调为什么在实习期间进行评估是如此重要,特别是在有机会把学生转移到其他实习地点的早期。正如卡恩所说:"需要一直平衡让学生自行解决问题和插手干预之间的关系。这就是实习研讨会的关键所在。它必须提供良好的沟通渠道。理想状态下,你希望学生自己解决问题,但有时你不得不进行干预,希望你能尽快解决问题以免浪费时间。"

有时没办法让学生的实习达到预期的效果,同时也无法更改实习地点。这时问题就变成了如何在一个令人失望的实习中挽救学生的学习。幸而,如果教师们注意到并解决这一问题,通常能够确保做到这一点。学生在整个课程或项目中深入地分享彼此的实习经历时,即使他们从自己的经历中学到的低于预期,也能够从其他人的实习中有所收获。

此外,在学生灵活地找办法从有限的实习中学习时,他们不仅可以学到实质性知识,也能获得解决困难情况的对策。弗莱斯的一名学生汇报了这样的经历:"虽然一开始我认为我做的类似剪切报纸文章之类的工作并不重要,但我转换了思路,通过提问为什么要做这项工作,它对社区有什么影响以及我做的这类工作应该如何完成,从而使工作变得重要。"

情绪紧张问题。校外的政治实习作为一种学习体验,其力量是源于它同时调动了学生的情绪和智力。当然,实习地点在引发潜在不安问题的程度上有所不同。那些提供直接服务的实习更有可能使学生接触到令人高度紧张的问题,这些问题远远超出其已有的生活经验。在这种实习中,学生们需要得到帮助,管理他们对接触到的事产生的情绪反应。例如,凯特的一名学生说,他还没有为进入拘留所实习产生的紧张感做好心理准备,非常需要从导师和同伴那里获得支持。

有时学生不仅会对机构客户的遭遇感到不安,也会对机构工作人员的观点感到不适。正如凯特承认的那样,"在案例讨论时,有些老练的专业人士[医生、社会工作者、警察]会开一些玩笑。学生对此感到十分困扰……他们讲述了这些人开过的虐童玩笑。这让学生感觉他们看起来如此冷酷无情。当学生在一起讨论这种现象时,他们能更好地理解这件事。有些学生说这是这些专业人士不得已而为之。这是一种他们所需要的机制,从而能够忍受周而复始的工作,即使这很令人不快。"

关于实习经历的良好并持续的沟通可以使教师处于帮助学生解释所见所闻的角色。例如,凯特告诉我们当学生与虐童案件的公设辩护律师一起工作时,"他们与被捕的人交谈。这些人会说到他们曾遭受了怎样的不公待遇,学生很容易相信这样的说法。他们回来和我说:'你一定不会相信这家伙被如何对待过!'我说:'你说的对,我并不相信。你也大可不必相信。'"当然,教师能够给出建议来解释实习中的事件,是建立在教师熟知相关背景的前提下的。教师无法轻易预言学生们的直接体验;这种建议只能源自于对实习地点和实习产生问题的长期积累的资深经验。

悲观主义、犬儒主义以及挫败感的增加。学生和教师都指出,一些实习经历使他们对实习机构、机构工作人员或政治体系的其他方面产生了负面印象。几乎在每一个项目里,都至少有一小部分学生在实习结束时感到自己不适合实习时所承担的工作。正如克丽丝蒂·卡奇吉安(Kristy Khachigian)谈到与恩加里捷夫研究相关的实习时所说:"实习有时使学生更加愤世嫉俗。如果他们在联邦机构实习,那么他们能够体验到一个庞大的官僚机构充斥着懒惰的官僚。有时他们结束学习是因为他们不想做这种工作。"

如果这种体会使学生们追求另一种适合自己的政治参与方式,那么实习就意味着在可选择性与个人兴趣爱好之间的良好结合。事实上,选择一个最佳选项的过程就是实习经历的重要收获,尤其是针对是否在主流政治体系内工作。此外,大多数情况下,还有很多策略可以用来帮助转化学生的消极反应,重建兴趣,并使其受到鼓舞。

在我们讨论实习经历可达到的学习目标时,我们指出,增加的犬儒主义和挫败感对有些学生产生了一些看似矛盾的激励作用。如果消极经历可以促使学生思考,那么它就是有用的。正如凯特的一名学生所言:"在培训学校的实习使我受到了很大鼓舞,我所看到的消极事情激励我思考如何改变现状,如何建设性地利用我所看到的东西。"那么问题是如何在面对挫败感和幻灭感时,依旧保持高涨的动机。邀请不同观点的演讲嘉宾、与同学讨论、教师分享自己关于实习经历的学识等许多策略都可以解决这一问题。

注释：

1 比如，可参见 PEP 线上资料库中的"课程实习（服务学习和就业实习）"单元，网址为 http://www.carnegiefoundation.org/educating_for_democracy/docs/。想了解更多 PEP 学生实习地点列表可参见 PEP 线上资料库中的第 32 号和第 36 号文件。

2 可参见 PEP 线上资料库中的"反思和日志"单元，网址见注释 1。

3 想了解更多研究式服务学习的信息，以及它是如何整体融入 SOL 项目中的，可参见 PEP 线上资料库中的第 21 号、第 22 号、第 23 号、第 24 号文件。

4 想了解更多项目信息，可参见 PEP 线上资料库中的第 26 号文件。

5 想了解更多杜克大学的"领导力服务机会"项目（SOL）里，阿尔玛·布朗特如何阐明暑期实习目标的例子，可参见 PEP 线上资料库中的第 21 号和第 33 号文件。想了解更多菲尔·桑德罗在城市事务高等教育联盟（HECUA）中如何阐明实习目标的例子，可参见第 31 号文件。

6 想了解更多这些实习机会的例子，可参见 PEP 线上资料库中的第 36 号文件。

7 想了解更多 PEP 教师如何使用书面协议来澄清目标和预期的例子，可参见 PEP 线上资料库中的第 30 号和第 37 号文件。

8 想了解更多项目为暑期实习设计的安全策略示例，可参见

PEP 线上资料库中的第 35 号文件。

9 想了解更多入门课程的信息和它与 SOL 项目其他活动的关系,可参见 PEP 线上资料库中的第 21 号文件。

10 想了解更多凯特对日记目标的概述和对日记的预期,可参见 PEP 线上资料库中的第 39 号文件。

11 想了解更多罗斯·凯特在课程中使用的学生对实习经历的评估表格,可参见 PEP 线上资料库中的第 51 号文件。

第十二章　通过结构性反思进行学习

　　反思被公认为是高等教育尤其是通识教育的核心。反思曾被戏谑地描述为教导学生以马克思主义视角分析弗洛伊德，或以弗洛伊德式视角分析马克思。本章的核心问题是如何使用结构性反思帮助学生通过聚焦政治维度的视角思考自己的经历。这种反思对帮助学生理解和驾驭现实政治世界的可能性、冲突和不确定性具有关键作用。

　　结构性反思要求学生从他们即时性的体验中抽离出来，以新的方式去理解。他们的反思对象可以是报纸上的一个故事或一篇学术文章、他们在政府办公室或私人非营利性组织工作时的观察、某种政治行动或是这些经历与其他经历的结合。将经历转化为反思对象意味着强化了经历产生的影响，同时这也是一种尝试，通过与其他事物建立联系，来加深对经历的影响。这些事物包括产生于课程其他组成部分的概念、问题或经历，一个人过去的学术研究或个人经历，一个人的价值观、假设和信念，理论的或其他概念的、分析的视角，等等。在这个过程中，学生从多个角度观察、分析、审视和思考自己的政治经历。

　　当然，可想而知，通过无限的框架、视角或滤镜来反思选定的经历时，对框架的选择可以界定反思意义的特征，从而使经历的不同方面凸显成型。考虑一种新的解释方案,这种解释方案需要一定的感知和认知能力,这要求教师帮助学生从有利于课程或项目的总体目标的角度思考他们的政治经历,这很重要。

反思能够以新方式重组经历和事件。因此,即使一些课程或项目经历不带有明确的政治性质,比如进行直接服务,受指导的反思能够帮助学生将他们的直接服务与相关政策环境或对组织解决问题需要的系统分析联系起来,从而得以从政治角度重铸经历。例如,一名杜克大学的学生谈到她对自己在新墨西哥州天主教慈善机构难民安置处的实习经历进行了结构性反思,这种反思引导她对移民政策和寻求难民身份的过程进行了研究。

对结构性反思的一个普遍误解是认为它只需要简单地分享感受或表达观点。许多人将反思错误地看成一个"自我感觉良好"的经历,这可能有利于打造团队,但对智力发展并无助益。事实上,质量不佳的反思活动有时的确符合这种描述。反之,在策划周密的反思活动中,情绪反应和最初的观点可能是起点,但却不是终点。高质量的反思需要发达的智力技能和基于丰富知识和专业技能的洞察力。尽管相对于正在学习的书本知识来说,本科生还不擅长反思,但策划周密、结构合理的作业任务可以帮助他们在反思、分析和解释的思维过程中增进更多专业技能,正如他们致力于的许多学科问题和专业知识一样。

结构性反思的重要性不仅只是一个信条。有关社区服务学习的大量研究表明,反思的数量与质量始终与学术学习和公民学习相关。定期进行结构性反思使学生能够更深入地理解和应用学科知识,增进对社会机构的了解,提高问题和解决方案分析的复杂性,将书本知识更好地应用于分析问题之中(Eyler and Giles,

1999)。课堂上的反思性练习也被证明有助于学习者将过去的经历与新知识联系起来,从而更好地理解新的学习材料(Lee and Sabatino, 1998)。

一、结构性反思教学法

教师开发了许多不同的方法用于支持和组织学生对教育经历的关键方面进行反思。[1]这些方法包括开展口头和书面的活动,以及混合口头和书面形式的线上日记和讨论。许多教师将这些反思形式结合起来,例如,要求学生完成书面反思或作业,并在与同学们的讨论中展示成果。

很少有本科生了解如何以一种复杂而有效的方式对自己的经历进行反思,掌握这项技能需要在教师指导下的实践以及教师的支持、示范和反馈。因此,在整个课程或项目进程中,采用结构性反思的教师定期这样做。教师在课程和项目中囊括定期反思的另一个目的是要创造一种"反思文化",旨在使学生形成系统自觉地反思个人经历的持久习惯。这似乎奏效了,许多学生认为习惯性反思和整合性思维是他们希望通过参加课程或项目而带入未来的品质。

1. 反思性讨论

所有教授我们所学课程的教师都会抽出时间对关键文本和其他学习经历进行反思性讨论,比如社区服务实习和政治行动项目。他们利用一些方法来构建以讨论为基础的反思。在一些课程中,教师带领全班在整堂课中进行反思。在另一些课程中,多组学生与助教共同开展反思性讨论。还有一种方法是,项目小组的学生聚在一起反思在政治行动、研究项目或其他小组活动中共同完成的事。许多教师采用了其中不止一种方法。

反思性讨论常被用作学生社区服务或其他实习完成后的汇报方式。这让他们分享见解、提出问题、表达和理解情绪反应,同时非常重要的是将他们在实习中的所见所学与课程阅读和讲座中强调的关键问题和主题联系起来。定期汇报让学生探索多种观点并产生新的见解,这有助于小组成员解决他们在实习、政治行动项目以及其他经历中遇到的复杂性和不确定性。

有时课堂讨论包括讨论参与者最近完成的书面反思。例如,在伯里亚学院,梅塔·门德尔-雷耶斯每节课都会用一部分时间评论学生对阅读和活动的书面反思,这些反思涉及了她想要确保学生理解的要点。此外,她每周都会安排一个不同的学生通读同学们的书面反思并观察他们。"这些是我所注意到的——很多人都有这种感觉,但有些人……"据其中一名学生所说,全班都觉得"这是一个引发讨论的好方法,因为接下来另一名学生会说'实际上,我也这样感觉,而且……'等等。这意味着每名学生都需要阅读他人的书面反思,并至少主导一次讨论。"

2. 书面反思

书面反思通常包括经常性的短篇写作任务,比如日记、日志或短文。虽然教师经常使用不止一种书面反思形式,但他们几乎总是要求学生对每种形式都反复使用,以熟练掌握并积累知识。

日记和学习日志。教师采用大量周期性或不间断的写作练习,学生在练习中记录想法、问题,评论所学内容,制定未来工作计划,并给予指导教师反馈。对多种资源的整合性学习是城市事务高等教育联盟"都会城市研究学期"项目的核心要点,因此负责人菲尔·桑德罗要求学生每三周写一篇日记,记录他们的实习、阅读以及与受邀演讲者的互动。[2]

日记或学习日志的格式因课程或项目的目标而异。许多教师采用了以下的一种或多种方法:

- **将理论或概念框架应用于体验式学习中**。什么理论或其他学术知识能够帮助我理解这一体验或事件?我如何理解观察到的事物背后更广阔的背景?如何把这次的经历与我所学习或经历过的其他事物联系起来?
- **直接反思经历本身**。我从这次经历或活动中学到的关键是什么?它产生了什么问题?它引发了什么反应——具有挑战性的、令人惊讶的、令人愉悦的、令人沮丧的反应是什么?为什么会引发这些反应?
- **反思学生自己的学习和发展**。我还需要学习或做什么?我取得进步的策略是什么?如何提升我的知识与技能?未来我可以在何处有所处理?

组织学生回答这些问题的另一种方法是要求他们以信件形式定期撰写简短的报告(例如,给父母、朋友或同学),描述他们正在体验的事情以及对其的理解。在暑期实习期间,杜克大学"领导力服务机会"项目的学生每周都要针对他们的社区实习给项目负责人阿尔玛·布朗特写一篇反思性"随笔信",称之为"家书",随后布朗特会给他们回信。[3]

反思性短文。短文作为一种支持系统化反思的机制而被频繁使用,它是对不同类型的提示和问题的反应。这种形式通常要求学生将他们所学的内容与课程的两个或两个以上的组成部分联系起来。在杜克大学暑期实习结束后的整个学期课程中,学生会每周写一篇反思性短文,每个人聚焦于一个不同的关键概念。这些概念是以阅读作业为基础的,它们共同涵盖了在政治理解和政治参与的发展中被布朗特视为关键的核心问题。在我们研究这一项目的一年时间里,我们关注到这样一些主题:"在两极化的政治舞台中穿梭——自由主义观点、保守主义观点""建立跨种族、跨阶级、跨政党的基层组织力量。""领导力的内部运转。"每周布朗特选取一到两篇学生短文在课堂上朗读,这些短文"不一定是最好的",却频频引发热烈讨论。事实上,正如布朗特所说,一篇文章在多大程度上开启了对主题全面而充分的讨论,就在多大程度上构成了对短文作者文章深度和洞察力富有价值的反馈。

3. 线上反思

一些教师采用基于网络或线上的日记和讨论形式,这既有利也有弊。在某堂课上,学生写作线上日记,并穿插着讨论,学生可以在线看到彼此贡献的观点,并在线回复,也可以课上进行激烈讨论。教授报告说,线上法"一开始并不奏效,因为学生们需要更多的技术训练,因此我们不得不提供培训",但后来成为一种有效的方法。一个学生发现,线上对话比课上讨论更有吸引力,因为"身处反思性讨论中很难进行思考,特别是当你在听别人说话的时候"。而线上阅读和回答使学生们有时间思考他们的回应。线上对话的另一个好处是可以在课外时间进行,不需要占用有限的课上时间。

二、结构性反思的目标和成效

反思本身就是政治发展的一个目标,也是一套学习活动或教学策略。作为民主公民权的目标之一,反思包括明确的智力技能——各种反思性和批判性思维,这也是一种思维习惯或倾向,去思考、花时间斟酌、解释和整合自己的个人经历。结构性反思活动对反思性思考及其他许多政治学习的关键方面都有重要作用。反思是一个增进对政治概念、问题和进程的深层理解的机会。它能够增强学生的政治认同感和政治效能感,帮助他们获取和应用政治技能。反思能帮助学生批判地、有目的地思考他们的政治学习,评判他们达成目标的进程,计划当下或设想未来的政治参与。也许最重要的是,反思能够支持跨多背景的知识整合。

1. 政治理解

教师使用结构性反思的首要原因是帮助学生更好地理解课程或项目的实质内容。与大多数教师一样,那些教授政治学习的教师常常观察到,学生难以抓住阅读材料或课程资料的主要观点,在论文或讨论中无法清楚地、深思熟虑地分析问题,需要教师不断地提示他们去系统地、创造性地思考课程材料。我们从学生身上发现,当所组织的反思有助于他们更加密切接触课程材料——当他们被鼓励投入更多的智力和精力时——他们对学习的文本和主题就会变得更加好奇,学习也更加积极。正如一名学生所言:"这使我比在其他课堂思考得更多。"

教导学生成为更加成熟的政治思想家和作家需要帮助他们掌握政治舞台、政治问题以及政治进程的复杂性。对我们访谈过的许多学生来说,反思过程是一个重要的影响因素,使他们在接触社会和政治问题时不那么简单化:"非常明确的是,[结构性反思]使我在思考社会问题时,比过去更加深入了。过去,我会试着将问题拆解为非常简单的因果关系,比如问题的一个原因和一个结果。但是现在我倾向于更多关注潜在的问题、恶化的因素以及实施变革的政治障碍,如意识形态障碍。"结构性反思可以引导学生接触更多具体的理解和知识形式,比如识别自己和其他人潜在的假设,在体验式学习活动中深化学习,以及跨课程或项目的不同组成部分进行整合性学习。

识别潜在的假设。批判性反思也能够帮助学生识别那些塑造他们思维的、未经核实的假设,找到这些假设的源起,并对它们进行批判性分析(Cranton, 1996)。许多教师使用反思来帮助学生识别和重新考量他们带入政治参与中的刻板印象和陈旧判断,以便他们能开始考虑更加广泛的解释。桑德罗致力于帮助参与"都会城市研究学期"项目的学生"意识到他们正在采用的视角——这些视角是如何被社会性地建构起来的,[它们多么]片面,代表着哪些人的特权等等。他们需要把握他们正在使用的这些视角……没有观点是直接得出的。学生们透过这些视角看世界,他们从多大程度上意识到这一点,他们就能从多大程度上在现实世界中对自己的视角加以检验。"

理解体验式学习活动。反思被广泛认为是所有形式的体验式学习的关键组成部分,包括用于支持政治理解和参与的体验式学习在内:如社区服务学习和实习、学生与政治领导者或导师的互动,以及他们在政治行动项目和模拟中的参与等。许多学生表示,尽管反思练习耗时且困难,但是努力的收益很好,因为这些练习对理解他们的就业实习、服务实习以及政治行动项目显然至关重要。

缺乏对这些经历的系统反思,学生往往就不知道如何利用这些行动经历,他们会发现这些经历并不能累积成未来可以应用与发展的东西。约翰·杜威认为反思是体验式学习的关键组成部分,是提出假说并以实践检验这一智力工作的关键部分(Dewey,[1910]1933)。现代体验式学习理论也强调,在将经历转化为概念的过程中反思能够发挥作用,转化后的概念可以在参与新体验时发挥指引作用。

当学生试着理解他们的体验式学习时,伦理问题是他们碰到的最引人关注的问题。米尔斯学院"公民领导力"项目的克丽丝蒂·舒特杰尔-曼斯注意到伦理问题与已发生的具体事件相关,常与权力冲突和机密事件相关。在与米尔斯学院学生的就业实习研讨会上,"学生将实习中发生的案例带入研讨会,采用角色扮演的方式,聚焦于以道德方法回应,存在什么选择,哪一个是最优选项,原因是什么等等"[4]。

结构性反思还能够使非政治经历或直接服务经历获得政治的、系统的或政策的维度。采用政治实习这一方式的教师并不是一直使用明确带有政治性质的实习地点,比如立法机关。一些学生在直接性服务组织实习,面临着如何将政治或政策维度从服务性经历中分离出来的问题。专门为建立这些联系而设计的结构性反思对于确保这种实习有助于政治学习至关重要。一名伯里亚学院的学生谈到,她非常感谢课程的结构性反思训练为其社区服务工作提供更加广阔、更多与政策相关的背景:"这给我机会去反思——造成这个问题的原因是什么,为什么我们需要做这项服务工作? 在课堂上,我们开展了一个应急食品的项目,这着实打开了我的眼界——一项针对应急食品系统的分析。我一直试图通过我所做的事情进行思考,但作为任务的一部分,这让我欣慰。"

促进整合式学习。学生们常常难以将新知识与先前所学和正在学习的其他社会问题或学科主题以及这些知识的实际应用联系起来。这是一个问题,因为相比将知识联结集合在一个更为复杂、有力的整体之中,碎片化的知识和孤立的信息作用甚微。

结构性反思是一种重要的方法,可以帮助学生跨越时间和不同背景,跨越课程的不同组成部分将知识整合起来,特别是将体验式学习与阅读和讲座联系起来。一名 PEP 的学生提到,对他而言,项目最鲜明的特点是其将批判性提问结合起来,将普通视角应用于其他分段的体验中,并最终通过结构性反思将其全部组织在一起。

教师频繁使用结构性反思去帮助学生将他们的体验式学习与课程或项目的其他主要组成部分联系在一起,尤其是阅读作业和课程讲座,目的是使多种学习资源以一种可靠的方式互相启发——而不是强制的、虚假的或肤浅的。当它实现时,反思就成了一种支持不同形式知识和经历整合在一起的连接件。

反思对帮助学生在政治理论和政治实践或行动之间的转换十分有效。教师常常将整合的过程描述为一个政治微观和宏观层面之间或具象与抽象表达之间的转换过程。他们指出这是一条双行道,从实践走向理论,也从理论通往实践。简单的"将理论应用于实践"并不是一个真正的整合,因为它没有重视现实实践情况中的动态性与复杂性。

理论一定是从实践的不确定性、特殊性和复杂性中抽象出的形式模型。在不破坏理论有效性的前提下,判定哪些特性可以被抽象出来作为发展和完善理论的关键因素。出于这一原因,反思政治行动项目或社区实习所涉及的各种生活经历的过程常意味着政治场域的复杂性对理论学习的挑战,政治场域内资源的有限、组织的动态性、两个或多个价值观之间不可避免的矛盾冲突造成的痛苦困境,以及面对无法解决的不确定性时需要做出的判定,都造成了挑战。反思不能一直为那些问题和困境给出答案,但它确实增加了学生意识到这些问题并认真进行对待的可能性。

2. 政治技能

在精心的设计和引导下,结构性反思帮助学生发展了一些重要的政治技能、锻炼了良好的判断力、掌握了政治策略技巧,并开始承担从经验中学习的责任。

良好的判断力。教师经常使用反思来帮助学生批判性思考他们的选择和行动,目的是培养更好的判断力和决策力。对于菲尔·桑德罗来说,每一次反思练习都是有意地"指向……更明智的行动和思维习惯。"他希望"城市事务高等教育联盟"的学生追求深思熟虑的、明智的政治行动,并相信"反思可以有助于避免学生误入歧途"。

当学生被教导自觉地思考其政治行动的进展,思考他们处理困难挑战时的决策,思考他们所在小组的动态性和进程,包括他们在小组中的角色——当他们被鼓励习惯性使用这种反思时——他们就开始从行动中习得批判性反思技能。布朗特认为这是一项决定性的领导力技能,"领导力服务机会"项目的核心目标之一就是提升这一技能。她对这种能力给出了一个有趣的比喻:

> 批判性反思是在行动中形成反思立场的能力。这是与小组进行的"阳台-舞池"技能——置身于紧张、苛刻、可能是混乱的体验中(在舞池中),同时退一步看小组经历的大模式和轮廓(去阳台)。阳台-舞池可以帮助你看得更清楚,理清混乱,巧妙规划下一步的前进方向……看到工作的大背景并选择有效的行动。

和布朗特一样,马歇尔·甘兹教导学生与他们即时的政治行动保持距离,以便观察自己的行为,并获得对这项工作的看法。正如甘兹所言,他们是"从自觉意识走向自我察觉"。这种反思立场为更明智的、更加深思熟虑的判断提供了基础,当身处一个以不确定性、矛盾冲突和创造性机遇为特征的公共舞台时,这十分重要。

政治策略技巧。行动中批判性反思的一个重要部分是对学生在同时进行的政治活动中使用的政治策略技巧进行评价性反思。这种反思包括分享有关成功方法的信息,解决无效行动的问题并提高政治技能,特别是学生在政治行动项目中进行的定期汇报,正如吉姆·法尔在明尼苏达大学要求学生每周在公共成就实习课中所做的那样。反思小组通过对行动有效性的反复推敲,基于自己的经历给彼此提出建议,进一步提出提高重要技能的方法。通过分享他们在不同情况下使用同一政治技能的经历,小组反思提升了学生将技能应用于新问题或新环境的能力。

从经历中学习。研究表明,涉及学习心理学家所说的"元认知过程"的反思,即学生对自身学习进行的反思,可以促使学生更好地理解和掌握一门学科。例如,数学专业的学生在解题时,被频繁要求暂停,问自己类似"我现在在做什么"这样的问题,相比未反思的学习者而言,他们在解决问题时更具技巧、表现得更好(Garner and Alexander, 1989; Schoenfeld, 1985, 1987)。

反思也可以鼓励学生建立自己的学习目标,监督自己进步,并在未达成目标时求助。从这个意义上讲,学生是对自己的学习负责。正如我们在第十一章中指出的,一些PEP,尤其是使用实习的项目,要求学生签定学习协议,在协议中明确表述想要学习的内容。[5] 通过针对性的反思练习,学生对自己达标的进度进行评估,并在必要地方做出改变。

对于一些PEP教师而言,教导学生如何从多种政治实践经历中学习是一个教学驱动力。比如,甘兹很清楚他的学生经过一学期的课程并不会变成社区组织方面的专家,因为他们的技能在课程结束时仍处于初级阶段。甘兹很注重引导学生从自己的实践或经历中学习,而有意识地使用针对性反思是这一工作的基础。

3. 政治动机

随着对政治问题和政治概念理解的加深和政治技能的强化,学生在课后或项目结束后积极进行政治参与变得更为可能。结构性反思能够帮助他们意识到并阐明他们想要参与的原因。在反思课程中，他们可以表达自己在思考或经历中找到的个人意义，理解政治参与中的自己，并加强自身的效能感，尤其是面对挑战时的效能感。

个人意义。与其他大学课程一样，PEP课程中的学生既学习主题知识，也培养写作和分析性思维等技能。在大多数PEP课程及项目中，对学生来说，以一种认真的方式思考材料对自己意味着什么，并在政治或政策问题以及更广泛的问题上，比如民主体制的本质，阐明（至少是初步表述）自己的概念、看法和观点，也是非常重要的。

普罗维登斯学院的里克·巴蒂斯托尼在他的政治学课程"古代与现代：民主理论与实践"（Ancients and Moderns: Democratic Theory and Practice）中，要求学生持续记录"民主理论日志"时，就明确考虑了这一目标。在日记中，学生借助阅读、讲座和其他课程活动，在上课的整个学期，积累并建立自己的民主理论。[6]巴蒂斯托尼认为日记使学生对课程材料有一种主人翁意识，使其更具个人意义，因此对他们个人的公民生活也更有用。他的学生欣赏这门课程的个人层面"能够写下我所相信的和我的理论，而不是写一篇有关他人观点的研究报告"。

政治参与认同。许多PEP教师通过反思帮助学生更清楚地认识其政治价值观和政治认同，并在多数情况下，根据他们当下的体验进行再评估。这些旨在加深自我理解的努力关注以下问题："我是谁？何种力量塑造了现在的我？我的前进方向是什么？对我而言什么比较重要？"在这些反思中突出的线索是学生对自己作为公民的角色、在民主制度中的责任感及其政治经历、价值观和抱负的信念。例如，巴蒂斯托尼的"民主理论日志"促使学生更加普遍地思考自己的政治承诺、责任感以及政治理论。

在许多PEP课程及项目中,这种自我反省目的是在都是直接指向个人经历的,例如个人的才能和兴趣、根深蒂固的政治和社会价值观、个人的政治目标与行动等某些自身的重要方面之间的结合。某种程度上,这种结合能够实现,意味着学生的政治行动将基于他们个人的、文化的和宗教的背景,他们对个人长处和志趣,稳定、根深蒂固的价值观的认识,也基于对新的、正在进行的学习以及对可选择内容的开放性考量。戴维·塔卡斯评论他在加州州立大学蒙特利湾分校的环境史课程时解释说,他把反思作为自我意识和行动循环的一个组成部分,通过这个循环,学生"理解和探索个人价值观",更加留心生活中的政治和历史背景,并"在现实世界的政治行动中应用所学"。

当反思促使学生注意到新的目标和信念与原本的理念相适应时,就会促使学生去解决二者之间的紧张与冲突(Boud, Keogh, and Walker, 1985)。探究这些在价值观与信念或价值观与行动之间的紧张和冲突,是朝向一种"经过审视的生活",达成将自身视为公民和政治人士的完整身份意识的重要一步。许多PEP学生提及写作反思日记帮助他们将理解、价值观和行动结合起来,尤其是在他们阅读和回应彼此的日记时。正如一名伯里亚学院的学生所言,反思过程促使她"分析我的想法、行动、信念、价值观,以确保它们保持一致"。

同样,学生学习将自己的政治价值观和政治承诺融入他们对自我的身份意识之中,从而形成强烈的政治参与感。在法尔的明尼苏达大学的课程中,学生对实习经历的主要反思目标之一就是"反思自己作为公民的角色——建立'公民自我意识'"。

我们在该课程和其他课程的学生身上都看到了这一目标的达成。比如,杜克大学的一名学生告诉我们,参加"领导力服务机会"项目创造了一种"无论以后从事什么职业,我都会克尽其责"。这很大程度通过反思过程而发生,该反思过程涉及"学期里关于我应该如何生活、如何选择职业的一系列问题……我并未得到任何确切的答案,但我认为我得到的答案是无论结果如何,我都要为周围的世界做出积极的贡献"。

所有这一切是由个人反思带来的自我反省和群体反思的社会的、集体的过程支持着的。当学生们私下阐明自己的公民或政治目标时,这种行为就促成了强烈的使命感。当他们分享个人的政治抱负时,他们的发展目标和承诺常能获得社会支持。米尔斯学院"公民领导力"项目的一名年轻女士告诉我们反思练习对于"坚定她的承诺",即实现创办一个促进涵盖各年龄段非裔美国人的自助及互助的非营利组织的目标十分关键。

增强效能感。正如我们在关于实习的讨论中所观察到的,在体验式学习中情绪或其他的个人挑战既令人振奋,也能令人意志消沉。尽管面临挑战,结构性反思过程依然能够增强效能感。

体验式学习——尤其是实习和政治行动项目——经常遭遇失败、挫折、失望和幻灭。结构性反思发挥的一个关键作用是在学生面临挑战时予以支持,在某种程度上帮助他们理解所看到的和所经历的。在定期的反思性讨论中,学生们描述自己面对的挑战,并分享应对策略,这能够使学生对参与保持一种积极的、充满希望的态度,而不是变得愤世嫉俗,以至于退缩或被失败打倒。例如,布朗大学罗斯·凯特的学生们在青少年拘留所工作了一个学期,他们沮丧地发现,体系十分失常,在家庭法庭实习的学生则对他们听闻的可怕的虐童事件感到心神不安。在凯特看来,使他们面对一切,依旧保持参与动机的是有机会在课程中和其他学生一起,通过定期反思会,来修复他们的知觉和感受。

舒特杰尔-曼斯认为,在米尔斯学院的"公民领导力"项目中,对学生达成目标的最大阻碍是他们"对政治制度是否要遵循正确路径感到失望和质疑,或是对小组内或实习组织中人们的冲突感到失望,或是对他们的非营利性组织或政府办公室实习地点的政治活动感到失望。但是由于项目实习研讨课提供了反思这些让人不抱幻想的经历、策略以及从机构教师领导者那里获得的反馈,这些障碍得以克服,并被处理得很好。"

帮助学生战胜他们存在的挫败感和失望是如此重要,原因之一在于如果它们没有被解决,这些感受就会渐渐破坏学生的自信,削弱他们在面对挫折时保持政治效能感的能力。当学生从令人沮丧的经历中学习时,谈论他们遇到的挑战和困难,分享他们的成就与成功,他们就会学到如何处理意料之外的问题,并获得未来克服困难的自信,从而获得较强的政治效能感。

三、培养结构性反思的策略

正如我们在本章开篇所提到的,如果缺乏计划,反思练习和活动只能比"自我感觉良好"的经历好上一点,但对智力发展却没有多大帮助。政治参与项目的教师和工作人员注重努力设计和使用多种方式的结构性反思,以使之对学生有效、有意义。

- **明确反思目的**。确保学生理解反思任务的目的和具体目标。

- **教授反思过程**。教导学生如何进行结构性反思。
- **综合运用多种反思策略**。采用多样化的反思策略。
- **评估反思工作**。评估学生正式或非正式的反思。
- **从反思中学习**。使用学生的反思来评估和加强反思任务，改进课程或项目。
- **做好应急准备**。预测使用结构性反思的挑战。

1. 明确反思目的

为有指导的、有计划的反思创造机会只是第一步。使学生清楚反思任务背后的原因也很重要。结构性反思可以用于许多不同的目的，其目的应该是塑造反思过程的特性的。这意味着教师和学生都需要明确"为了什么反思？反思目标是什么？反思从什么角度进行？"之类问题的答案。学生经常误解反思的目的，将其看作是一种生搬硬套的练习或一个分享感受的机会。例如，一名学生说她曾认为反思的目的只是简单地"让[教授]知道我们阅读了这一章的内容，或参与了本次事件。"毫不意外，她没有感到从反思中收获良多："我的感受是如果我要去[阅读文本、参与事件]，我会做的。不得不开展的反思并没有什么效果。"

2. 教授反思过程

向学生精准地解释反思练习将如何开展，将这种特定反思的确切性质和打算遵循的目标密切联系起来，也都是很重要的。对于课堂上的反思性讨论而言，在一开始就向学生展示预期是重要的。这包括制定指导方针、帮助学生彼此交流、在适当之处展开探究、提供这种反思的范例。这也有助于解释和展示如何使用一个启发式或分析式的框架，这一框架帮助学生理解自身的反思应该包括哪种学习、学习过程中什么样的事物可以作为证据为学习服务。

为帮助学生理解教师希望在他们的书面反思中看到什么，许多教师为这些反思练习制定和下发了明确的指导方针。[7]比如，指导方针可能会指出，指导教师会寻找学生将行动经历和从阅读及其他课堂材料中获取的想法联系起来的证据，而不是滔滔不绝的意识流式反思，或提出没有概念基础的个人观点。教师也强调无法接受完全对个人感受的关注（"我对……感到非常不安"），或简单描述事件而不评论它们的意义，或不把它们与课程中的关键问题进行有意义的联系。

如前所述，很少有学生在刚进入大学时就已经知道如何以一种深思熟虑、卓有成效的方式反思和整合他们的多个课程经历。教导学生如何去做是有效应用反思教学法的组成部分之一。PEP教师指出了这一过程的几个方面。

为反思设定高预期。教导学生进行系统化反思非常关键的第一步是对反思涉及的内容设定一个高预期——在一开始就传达和引出知识的严谨性。教师经常从选择反思作业的术语开始，以此传达他们向来所寻求的对知识的严谨性，教师将作业称之为实地观察报告、个人观察报告、反思论文、批判性反思论文等等。例如，法尔将学生写的日记称为"思想集"，一个出自汉娜·阿伦特（Hannah Arendt）的术语。

也可以通过对部分或所有的反思作业打分来体现高标准，突出或分享优秀的例子，确立学生反思中的关键观点或问题，并应用于未来的讲座、讨论或作业中。这些实践表明学生们在反思性讨论和写作中得出的观点是被认真对待的。

为学生提供范例。举例子是另一种有力方法,它能够设定高预期并帮助学生理解你想要他们进行的反思,包括理解将反思与课程材料和其他学术学习联系起来的意义何在。马萨诸塞大学"公民学者"项目的约翰·赖夫(John Reiff)首先给学生讲了他自己在南方大学(college in the South)经历的种族觉醒的故事,然后要求学生将课堂上学过的一个框架应用于他的故事中。他们完成分析后,他告诉学生"我希望你们在理解自己的故事和经历时,使用同样的过程"。其他人提供了往年精心撰写的书面反思示例,帮助学生理解预期要求。在杜克大学学生进行暑期实习前,他们阅读了许多范例,特别是以前同学写过并发布在网上的有思想的、写得好的"家书"。[8]

提供即时有益的反馈。确保学生学会如何开展清晰并具有洞察力的反思的一个最好的方法就是不仅在一开始,而是在他们练习反思技能的过程中持续进行指导。PEP 教师对学生的反思提供即时真实的反馈,指出他们忽略的联系之处,为今后有效的反思提出建议。他们也为辩论和汇报提供反馈:学生们的结论真的是从分析中得出的吗?这些观察是否组成了一个相互关联的整体?

一些教师甚至花时间跟进学生如何理解他们给出的反馈。他们针对日记或反思论文提出问题、发表评论——建议学生从方法上对正在进行的反思做出一些改变——然后要求他们回应这一反馈。因为这一过程十分耗时,一些教师只对学生日记记录的一部分提供反馈。

检查学生的书面反思时,教师会认真回答学生们的评论和疑问,经常与学生讨论频频出现的问题。如果学生经过反思,提出实习或项目的问题或挑战,教师会想办法单独解决这些问题,或在特殊的有问题的小组中解决。学生反复告诉我们,让他们知道教师正在阅读他们的反思并给予有益的反馈,这对他们来说是非常重要的。一名学生告诉我们,对她在日记里记录的实习中的矛盾,教授给出的答复是多么有帮助,即使教授的评论并没有提供解决问题的具体方法。"教授回信告诉我'我理解你,我知道你为什么这么做。你的做法很好。'我真的很感激她对我的肯定。"

3. 综合运用多种反思策略

为了达到结构性反思所能达到的全部效果,在一个课程或项目中使用几种不同的反思策略、变换反思形式和媒介是很有帮助的。最普遍的方法之一是要求学生定期写学习日志或日记,随着体验式学习的开展,批判性地进行观察,但这远非结构性反思的唯一方法。许多教师综合运用书面和口头反思、个人和小组活动,以及能够提高分析、表达、整合、评估、沟通等多种技能和策略能力的作业。

开展多个时点的反思。与体验式学习同步开展的结构性反思,布置反思任务的时机取决于它们的目标。学习活动前的反思帮助学生为项目或实习做准备,引入已有的知识支撑,有策略地规划并确定他们下一步需要的技能。学生们认为,针对即将进行的任务讨论假设和期望,明确表述他们的期待和能够在任务中调动的资源是十分有益的。

活动中的反思被用于从多种角度理解体验,思考实践活动中产生的种种问题之间的关系,这些实践活动要么先于学术学习,要么于学术学习同步进行。持续性的反思也能帮助学生监控自己的进度和学习,解决问题和挑战,庆贺不断累积的成果。

活动后的反思,无论是个人反思还是小组反思,都能帮助学生处理所学的内容,审视新的学习与原有的理解之间的关系,评估自己的表现并设立新的目标。达到此效果的一种方法是借助某种形式的反思报告——总结政治研究或行动项目的课堂报告或向实习地点提交的与组织分享学生见解的报告。[9]

开展结构性程度不同的反思。反思任务变换的另一个重要维度是高度结构性或更开放的程度。每一种都各有利弊,许多教师使用这两种类型的任务,在课程或项目的早期经常使用更加结构性的形式,后期学生逐渐适应,转向结构性较低的形式。

几乎所有使用反思的PEP教师都要求学生(在讨论或写作中)回答特定的问题或议题[10],而不是对他们的阅读或应用经历进行自由的回应。有时学生从一些可选择的提示中进行选择。[11]尤其是在一开始,要求学生回应特定的具体问题可以帮助他们明确结构性反思需要什么。当从未进行过反思的学生被要求开展高度抽象或理论性的反思时,这尤为重要。即使学生非常有经验,一些高结构性反思任务依旧对特定目标十分有益。

另一种许多教师认为有效的结构性反思任务是补充句子练习,它既可以以书面形式完成,也可以作为讨论的触发点。题干设计为用于弄清楚在课程、项目的特定阶段存在的重要问题。例如:"最重要的任务是……""如果……我们就知道我们的行动项目成功了""我的项目中最大的挑战是……""迄今为止,研究选举的过程中最有趣的事情是……"另一种方法是要求学生列出他

第十二章　通过结构性反思进行学习

们对一个主题的五个或十个问题:"对现行教育政策或竞选经费改革或利益集团在政治中扮演的角色,写出五个你认为最重要的问题"等等。让学生写下他们本人的问题,并参与到对同学所列问题的小组讨论会很有用。

关键事件分析是另一个有效的半结构性反思任务。学生从实习或行动项目中选取关键的事件或经历,写下事件发生的详实细节,也描述事件的"过程、原因、内容、时间"。这涵盖着他们对事件的想法和感受,以及与其他课程或项目材料的重要联系。[12]

除了使用预结构性任务,大多数教师也布置更开放式的反思任务。[13]学生们通常喜欢有选择自己反思主题的自由,根据他们认为最引人注意的、最有趣的或最困扰的内容进行选择。一名学生早期抱怨过所布置的反思日记方向模糊,但也指出她真的很喜欢开放式的任务:"另一方面,我喜欢这种松散状态,因为我有机会进行自由思考。"学生在他们喜欢的不同结构性程度中变化,一些人想要指导教师非常精确地界定任务,另一些人认为低结构性更自由,这与他们在其他课程的大多数任务形成了可喜的对比。

开展主题集中程度不同的反思。教师在使用结构性反思时,需要做出另一个选择,即布置的作业是否集中——是反复对同一主题进行反思,还是集合多个分散主题进行反思,或是以应用同样的形式每次针对一个新的主题进行反思。巴蒂斯托尼使用的"民主理论日志"就是集中法的一个最好案例。[14]在本学期的课程中,学生通过回答问题,充分利用课程阅读、讲座和讨论,把所有这些内容与自己的价值观和信仰相联系来发展、重新深思以及完善其对民主的思考。课程结束时,他们建立了自己的民主工作范例库,大概七十到一百页,巴蒂斯托尼希望这一成果可以在课程过程中和结束后告知并塑造学生作为一个公民的经历。

除了这种集中法,几乎所有使用反思的课程都布置了多样的反思任务,这些任务涵盖了广泛的形式和内容,而不是像集中任务那样,长时间进行一套问题的同一形式反思。这种多样性帮助学生提升了许多技能,促进其灵活地以不同方式应用反思思维。不变的是,有效反思的关键是将反思形式与反思目标相匹配。

4. 评估反思工作

在课程中使用书面反思的教师往往会纠结是否以及如何给反思任务打分。他们想要传达这样一个信息,即反思构成了严肃的智力工作,是课程的重要组成部分。要实现这一目标,对学生的反思进行打分是一种有效方法。

毫不意外,无论反思任务是否评分,以及这些分数在整个课程的分数中占比多少都会对学生的努力程度造成影响,并由此影响到他们从这些反思中学到的内容。当我们问到一名学生在反思中付出多少努力时,她这样说道:"并没有我该付出的那么多……我只是做了在课程中占比更重的事。"

同时,教师也意识到许多反思任务涉及强烈的个人因素,这使评分看起来像对学生的个人性格进行判定。教师当然不愿这种评判对学生的课程成绩产生影响。他们也担心,这种对更加个人化的反思的正式评估会阻碍学生直率的回应。另一个阻碍评分的因素是教师的工作量,有些教师要求学生在课程中频繁写日常记录或完成其他反思任务,可见对所有的任务都进行评分并不可行。

教师有许多方法解决上述紧张关系,这通常取决于反思任务的性质。一般情况下,反思的主观性越强,得到的分数越低。像那些解决在阅读和讲座的实际问题,并将这些与体验式学习中产生的问题相整合的反思论文通常会被打分。超过半数的 PEP 教师会对学生完成的书面反思部分或全部打分。大多数教师对日记采取通过-不通过机制,对那些完成所有日记或学习日志任务的给予"通过"。这些教师经常把对部分日记的书面评论作为对通过-不通过机制的补充,提出探究性问题,给出学生提高反思分析和写作的方法建议。

凯特要求学生对实习经历持续记录反思日记,将实习经历与课程阅读和讲座中的问题相联系。日记包括三篇反思短文。[15] 尽管凯特没有对每个日记记录进行打分,但是他对每一篇短文进行单独评分,并将三篇短文的总分和其他日记记录分数设置为占课程总分的 40%。杜克大学学生在暑期实习中写的"家书"则不评分,但是秋季学期后续课程的每周反思短文是要评分的,这总共七篇短文的分数占据课程总分的 25%。

5. 从反思中学习

对于大多数教师来说,结构性反思不只是一个支撑学生进行多方面学习的教学策略,也是一个发现学生对课程材料的理解程度,如何对课程或项目的特定部分做出反应,从课程或项目各种各样的组成部分中学到了什么方式。例如,凯特定期与学生进行实习经历的讨论,以监控这些经历的丰富程度以及他们提出课程所解决的关键问题的程度。这种评估性反思可以成为一种极其有效的方法,去发现学生是否背离了教师布置作业的意图。如果看起来偏离了轨道,那么就借助这种方法做出调整或解决问题。

教师也利用学生对反思练习的回应去评估和强化他们的教学。一些教师明确了反思的课程评估功能。甘兹在每堂课的最后,都让课程中在社区组织实习的学生用大约十分钟时间做一个名为"增加与改变"的练习。这涉及在课堂讨论中什么发挥了作用(即增加),他们建议课程做出什么改变(即改变)。这一练习可用于鉴别课程整体或特定部分比如学生项目中什么发挥了作用或什么需要调整。

6. 做好应急准备

正如其他教学策略一样,对特定挑战有所准备能够确保反思的效力。最大的挑战是学生努力效果不佳、过程中对老师和学生的时间要求,以及学生分享想法和经历时的不适。

反思质量不佳。使用这些教学法的关键挑战是需要高质量的反思以支持真正的学习。教职工经常表达对学生反思质量不佳的沮丧。一名教师告诉我们"我常常无法从学生身上得到我想要的……我们经常看到'亲爱的日记,今天我做了 X、Y、Z。'"学生也有同样的担心。一名普罗维登斯学院的学生能够意识到她的理论日记并不达标:"有些时候,我发现我说的漫无边际,不管我读了什么想了什么。"

有时这种质量不佳的反思是教师布置任务不明确的结果。学生经常抱怨反思练习方向模糊。教师可能没有意识到其对新生的反思能力所给予的重视程度是多么想当然的不足,所以才会导致分配的任务对他们来说看似清楚、一目了然,但是对学生而言却是含糊和令人费解的。

质量不佳的另一个原因是缺乏积极性。让学生在活动中竭尽所能是具有挑战性的。一些学生并不被反思任务所吸引,因为他们不理解任务的价值,或者如果不评分他们就认为不重要,或是因为他们没有时间去做好要求的每一件事。当他们不得不做出艰难选择时,这就需要认真考虑反思的开展。

在反思中提高专业知识需要时间,但学生在获得经验的同时取得了进步。巴蒂斯托尼不是唯一一个看到随着课程开展,学生的反思越来越复杂的人:"许多学生在一开始对民主给出狭隘的定义——'它是美国实现的事'——但是在课程结束时,变成了对不同形式的民主有不同微妙差别的观点('直接参与'同'代议制'的对比等等)。"

为更多持续经历提供反思的一个很好的长期策略,是在整个大学期间的课程中,让教授不同课程的教师共同帮助学生不间断地提升反思技能。通过协同努力,教师能够确定彼此的任务,这样学生在后续的学年每次被要求进行结构性反思时,都不再从头开始。

时间有限。教师的另一个担忧是结构性反思需要投入大量时间——这些时间可用于额外的阅读、作业或活动。同样,即使学生们了解反思的价值,并享受这一过程,有时也会抱怨花费在书面反思上的时间和工作量。保证反思任务让学生感到易控和愉快的关键已经在我们的有效使用反思指南中进行了描述:将一些结构化更高、更快捷但更有效的任务,与耗时较多的任务一起布置下去;穿插书面反思往往要求较高,在课堂上进行基于讨论的反思这样就不会增加学生的工作量;要明确使定期日记具有说服力和洞察力比追求过长篇幅更重要;确保学生理解反思任务的价值并在行动中提升技能,使得反思的时间很有价值。

教师也担心反思任务耗费了他们多少时间。尽管没有解决这一问题的理想方法,教师还是找到了一些办法确保工作量控制在合理范围内。在各种策略中,包括大量启用受过良好训练的助教;建立学生将收到对部分日记和其他频繁书面反思的反馈的期望,而不是每一篇都反馈;当决定分享书面反思时,要求学生彼此给出回应;用反思短文取代其他课程论文,而不是只把它们作为附加材料。

学生感到不适。学生们习惯在课堂上进行讨论,所以使用这种形式的反思通常不会产生特殊的问题。事实上,大多数学生喜欢分享他们对课堂阅读和其他经历的反应,并从同学的反应和想法中学习。反思性讨论有时会比之前学生进行过的各类课堂讨论更加个人化,然而对那些害羞或认为自己观点可能不符合标准的学生来说,这些讨论会引起焦虑。为了这些学生和其他人,营造一个信任和彼此尊重的氛围非常重要。

在一些课程中,教师建议学生彼此分享至少一部分书面反思,余下那些课程的书面反思由指导教师单独阅读。当课程涉及分享书面反思时,学生的反应有所不同。毫不意外,相比在小组讨论中表达自己的想法,一些学生对分享自己的书面反思略感不适——无论是以线上公开的形式还是在课堂讨论公开的形式。

还有一些学生则完全乐于分享自己写的内容,欢迎来自同学们的反馈,也渴望阅读同学们的观点。一名学生评论道,反思过程中最好的事情就是有机会阅读并诚恳地回应其他同学的观点。这名学生感到这一过程展露了多种新颖且富有启发性的观点,她的同学对彼此的回应是"非常机智和专业的,而非刻薄。我以一种方式阅读和回应,然后会看到另一种视角,这样就扩展了我们所有人的视角。"事实上,一些没有被要求分享日记和其他反思活动的学生为错失机会而感到后悔。

这种观点并不是所有人都有。就像几乎所有写作一样,书面反思都或多或少地考虑到了特定读者。一些学生是写给自己和指导教师的,即便他们知道内容最终将被广泛分享。当他们的日记或其他回答公开时,这些学生有时会感到强烈不适。

当学生知道自己的书面反思最终会被公开时,一些人一开始就会以写给整个班级的方式进行写作。这种方法使他们写作的内容更易分享,但也有一个公认的缺陷。学生们认为当他们从这种想法出发进行写作时,因为强烈意识到其他人会阅读自己的反思,所以就无法做到完全坦诚。

在学习婉转且诚实地对彼此的反思给出无论是口头还是书面评论时,学生常常需要指导。鼓励学生挑战彼此的理解和争论也很重要。一名学生提到反思后在线上发表评论可以是一种"非对抗性分享观点"的方式,但也认为缺乏对抗性是一种缺陷,认为学会机智地应对他人立场是一个有价值的技能。

这些挑战与培养高质量的协商所面临的挑战非常相似。这两种情况下,鼓励坦率的交流,同时保持开放和互相尊重的态度非常重要。学生在这样做时需要指导和实践,同时也需要能够重视并支持这些目标的课堂氛围。

注释:

1 可参见 PEP 线上资料库中的"反思和日志"单元,网址为 http://www. carnegie foundation. org/educating _ for _ democracy/

docs/。

2 想参考这些反思实践,可参见 PEP 线上资料库中的第 44 号文件,网址见注释 1。想了解更多 HECUA 项目中其他有关实习的反思任务例子,可参见第 45、46、47、48 号文件。

3 想参考这些家书和示例,可参见 PEP 线上资料库中的第 49 号和第 50 号文件。

4 想参考这些周记,可参见 PEP 线上资料库中的第 43 号文件。

5 想了解更多学习协议的示例,可参见 PEP 线上资料库中的第 30 号文件。

6 想了解更多巴蒂斯托尼日记的描述,可参见 PEP 线上资料库中的第 38 号文件。

7 可参见 PEP 线上资料库中的第 38、39、43、44、49、50 号文件。

8 可参见 PEP 线上资料库中的第 58 号文件。

9 想了解有关反思报告的信息和学生示例,可参见 PEP 线上资料库中的第 15 号和第 54 号文件。

10 想了解更多这种高结构性反思方法的示例,可参见 PEP 线上资料库中的第 38、40、42、46 号文件。

11 想了解更多这种中间方法的信息,可参见 PEP 线上资料库中的第 43 号和第 50 号文件。

12 想了解更多这种关键事件法的信息,可参见 PEP 线上资料库中的第 44 号文件。

13 想了解更多这种更加开放反思方式的信息,可参见 PEP 线上资料库中的第 39、41、49 号文件。

14 同上,有关"民主理论日志"的描述,可参见 PEP 线上资料库中的第 38 号文件。

15 想了解更多日记和三篇反思短文的描述,可参见 PEP 线上资料库中的第 39、40、41、42 号文件。

第十三章 总结

高等教育能够也应该在培养大学生进行负责任的民主参与方面付出更多努力。促进青年人积极参与政治不仅有利于美国社会及民主,也有利于青年人自身,能够帮助他们实现诸多发展性目标,并成为自己政治兴趣和价值观的有技能、有见识的捍卫者。

正如本书开篇所言,我们不期待也不希望把每个人都变成超级活动家、纸上谈兵的权威或专业的政治家。我们对政治的概念很宽泛,参与模式丰富多样,包含许多非传统意义上的政治活动。这种负责任的政治参与广义上既适用于知情的、惯于投票的选民,也适用于社区组织成员,或批判政治政策、领导人或政治制度的社会运动参与者。

一、培养学生进行政治参与

对大多数成年人来说,以某种方式为"社会善"(social good)做贡献是很重要的(Rossi, 2001; Seligman, 2002),但有许多正式途径可以采用。人们的政治兴趣和积极参与的意愿各不相同,即便对有社会责任感的人来说,政治参与的重要程度也有很大差异。但尽管如此,我们仍认为一个人至少应掌握其所处政治世界的一些基本知识,否则其所受教育就是有缺陷的。

知情参与的公民要对政治制度、政治进程及政治议题有基本了解,也应有长期兴趣、习惯以及至少支撑基本的政治知识和政治参与的承诺,还应具备获取及评估政治信息的能力,对重要政治问题形成并表达观点的能力,以及围绕这些问题与他人交流合作的能力,包括持不同意见者。虽然这些能力不仅可以通过上学来培养,在校外也同样能够获得提升,但欠缺这些能力却很难说是受过良好教育。

在我们看来,政治参与的质量至少和政治参与的频率同等重要。当然,政治参与质量如何是一个主观问题,从易被误导到政治知识丰富、能够智慧参与,呈现多种状态。参与门槛不应设置得过高,还是要覆盖到对政治了解不多的公民,不过高质量参与当然更好。无论学生的起点如何,本科教育都应不断推动提高学生的政治参与质量。

政治参与质量意味着什么?理想状态下,政治参与应当反映出基于政治知识和政治理解的明智判断、熟悉并乐于运用广泛的政治技能、何时利用以及如何利用这些技能的强烈策略意识,加之坚定的动机,其中包括承受挫折和失望的能力以及对诸如平等、人权、多数裁定等基本民主原则的认同。让政治参与在情感上吸引人也同样重要,包括引起强烈的情感共鸣、令人激动、富有吸引力、让人有兴趣参与并能对个人产生影响。对大部分人来说,政治至多是一项业余爱好而非事业。为确保政治参与的可持续性,需要使人们感到自己是自发地想要通过政治参与保障个人及他人利益。本科教育只能创造向这些目标进发的起点,却不可能达成目标,但对目标的多维性质具有清晰的认识将有助于确保人们在朝正确方向努力。正如下文所述,本科教育将引导人们持续性地学习。[1]

1. 持续性学习

即使本科教育能推动学生在政治发展的多个维度取得进步,但也不能保证学生在毕业多年后还能持续进行政治参与并不断成长。大部分人都会面临为"共同善"(common good)做贡献的意愿与其他意愿和需求相冲突的情况,每个人的选择都不同,且取决于所处的人生阶段和生活环境。这一严酷现实提出了这样一个问题:大学的教育者既要培养学生的相关素质,还要确保其足够强大且稳定,从而能在时间变迁和需求较量中得以存续。

基于发展性理论研究和常识,我们认为 PEP 的学习目标如果达成,就能够为大学之外持续的政治参与和学习奠定基础。并不是说参加某个课程或项目能够培育终身的政治学习和参与,但如果我们多维架构政治发展,包括深层理解、个人转型、专业知识等,那么大学期间的变化和提升将初步建立起一个轨道,在这个轨道上,随着时间积累,学生会与成年初期未曾经历这些改变的学生越来越不一样。

包括政治学习在内,学习的某些方面目标一旦实现就会相当稳定。比如智力上的成熟:包括批判性思维能力、缜密论述能力、证据整理及评估能力,这些能力一旦获得就不会显著退化,至少不会出现明显异变(Mentkowski and Associates, 2000)。这是在政治领域强调反思性判断和相关认知过程的原因之一,而反思性判断和相关认知过程被公认为高等教育的核心目标(参见 King and

第十三章 总结

Kitchener, 1994, 2002)。

如果学生通过深入体验的方式领会了政治制度及进程的核心概念,那么这些也会延续下去。比如学生在课程之初可能狭隘地认为民主参与就是选举政治,但当接触到以选举或竞选之外的方式积极参与政治的人,或者直接参与此类活动时,他们对政治参与范围的理解就会发生改变,而这种理解一旦形成就不会消失。同样,如果学生直接体验到政策制定与执行过程中相互博弈的复杂价值观,那对政治进程的认识就几乎不会回到简单、教条的概念中去。

实质性知识对明智判断现实问题非常必要,但仍会在记忆中褪色或过时。高质量的政治参与需要对时事及所涉科学、社会及经济背景认识保持了解,需要持续的关注和参与。只有养成习惯、抱有兴趣、具备意愿,内化为品性的人才能一直对当今时事保持了解。

为什么大学阶段培养的公民和政治习惯有些人会保持下去,而有些人不会,一个重要的决定因素是这些变化在多大程度上融入了个人的政治认同。许多研究表明,进行有组织的政治参与经历之所以能够对个人日后的政治参与产生长期影响,是由"作为关心社会和政治负责的人"的自我意识持续发展所促成的。而这种政治参与认同反过来又激发了与自我意识相一致的持续行动(Colby and Damon, 1992; McAdam, 1988; Piliavin and Callero, 1991; Youniss and Yates, 1997)。

深植于个人自我认同之中的习惯、兴趣、意愿可能由于多种原因持续。首先需要说明的是,行为会以某种方式与根深蒂固的价值观和信念保持一致,是为了避免知行不一的矛盾(A. Blasi,

1995; Colby, Ehrlich, Beaumont, and Stephens, 2003）。比如,如果一个人认为选举投票对负责任的公民来说必不可少,且是其作为负责任公民的自我认同的核心特征,那么他就更可能会在大选期间参与投票,无论方便与否。

其次,个人核心特征(自我意识的中心特征)会影响其选择参与的活动和环境,反过来这些活动和环境也会强化甚至放大影响其做出选择的特征。所以,人们根深蒂固的兴趣和价值观往往会引导他们参与能够进一步深化这些品质的活动。因此,举例来说,如果保持政治知情是个人自我认同的关键部分,那么他可能会养成关注喜欢的政治博客、开车时听公共广播,或者一边做饭一边看电视新闻的习惯。这些经历会使其更知情,并在关于时事问题的谈话中感到自信,同时也会进一步增强其作为知情参与者的自我意识。

政治参与认同只是若干发展目标之一,这些目标一旦达成,将为后续的政治学习和参与打下坚实基础。强烈的政治效能感也能促进积极参与,从而进一步增加个人实际的专业知识和效能感。

许多政治技能一旦获得也可能会保持下去。比如一旦学会如何在群体决策中进行谈判并达成一致,或如何组织会议,人们就不太可能完全忘记。某些情况下他们可能选择不妥协或不协商;或者长期未使用这些技能的情况下可能会感到有些生疏;或者可能遇到更有挑战性的环境,以目前的专业水平尚不足以应对,但他们的能力基本不会退回到未经训练的水平。

2. 为促进持续性学习而教

PEP 所使用的各种积极的、反思的教学法特别适合完成深入并持续的学习,能够让学生同时在不同层面进行参与:智力层面、情感层面、社会层面以及个人层面,并让学生展现出自己的理解。学生把在学术环境中学到的观点应用于复杂和不确定的真实政治行动中,而行动领域的影响又会反过来促进学生对课堂材料的领悟。此外,这些教学法有效是因为其能够提供持续的评估、指导及反馈,并能够培养学生自我评估的能力和积极寻求指导的意识。

最后,这些关键教学法的特殊优势在于不仅将学生与观点联结,也将学生与他人联结。学生会与教师、项目工作人员、同伴、导师、发言人、实习地点工作人员、实习组织成员或客户进行互动,这些人会吸引学生进行新的政治参与,通过对他们提出要求,激励他们,将问题变得个人化并十分生动,并将他们团结在共同的追求中,引导其形成新的身份认同,从而改变他们对我是谁、我想成为谁的看法,不断促使其深度参与(Colby and Damon, 1992; Youniss and Yates, 1997)。

3. 对政治参与保持开放

近来一些调查显示,大学生对社会和政治的关注有所增加,政治参与水平也有所提高。比如,加州大学洛杉矶分校高等教育研究所(HERI)2005 年对大学新生的调查报告对年轻人在政治领域日益增长的兴趣持乐观态度。该调查显示大学新生的社会和公民责任感处于 25 年来的最高水平:49.7%的人在高中参加过有组织的游行示威,超过三分之一(36.4%)的人认为"了解政治动态"很重要或必要,创 1994 年以来的新高(Pryor and others, 2005;另见 Harvard University Institute of Politics, 2005; Lopez and others, 2006)。

在这次以及近来的其他调查中,调查人员经常将学生政治兴趣提升和政治参与增加的原因归结为对重大事件的反应,如"9·11"恐怖袭击、伊拉克战争以及卡特里娜飓风之类的自然灾害。在这一点上,无法得知人们的这种社会关注的反弹是对重大事件的暂时性反应,还是象征更持久的态度转变。然而,除非通过其他经历加以强化,否则学生对社会团结和人文关怀必要性的高度认知很可能不会持续。

同样值得注意的是,所谓"千禧一代"的政治兴趣水平,仍有三分之二的学生认为了解政治动态并不重要,其他政治指标从绝对值上看也相当低,即使其政治兴趣水平比过去多年来的同龄人都高(Pryor and others, 2005)。另一研究显示,在2004年的总统大选中,25岁以下选民的投票人数较2000年上升了11个百分点,但该年龄段选民仍落后于高年龄段(25—34岁)选民9个百分点,落后于更高年龄段(35—44岁)选民17个百分点(Lopez, Kirby, Sagoff, and Herbst, 2005)。

总体来说,我们认为这些数据和近来的其他调查结果表明,年轻人对政治、公民学习及参与的确具有开放性,但也表明,如果教育者没有利用这种开放性,许多年轻人可能就不会形成长期的民主承诺。

引发年轻人关注的重大事件和问题可能不会引起广泛改变,但确实提供了宝贵的学习机会。即便只是社会和政治兴趣的适度和暂时性增长,也是让学生通过活动和体验建立持久的社会和政治关注意识的好机会。但如果没有教育方面的跟进,这些问题和事件引发的年轻人的直接关注可能就会消退。

第十三章 总结

PEP为大学生政治发展的开放性和潜力提供了同样乐观的图景。PEP调查数据表明,推动提高学生的政治参与质量是可能的,或者更确切地说,在代表更多具体目标的三个维度——理解、技能及动机上(参见附录B"测评量表和结果")是能够使学生获得提升的。这些数据清晰表明,即使只有一个暑假或一个学期,学生也可以在这些方面获得显著提高,同时他们对未来参与的期望也明显提升。

从数据上看,参加项目的学生在基本政治知识和时事知识上都有明显收获。他们的政治影响技能、政治行动技能以及政治分析技能有所提高,其他与沟通合作有关的技能也得到了提升。此外,他们的政治兴趣、政治效能感、政治参与认同以及未来参与选举、表达"政治声音"的意愿都得到了显著增强。

但PEP所呈现的状况是否过于乐观?毕竟学生之所以参加这些课程和项目是出于主动选择。从这个意义上来讲,他们可能并不能代表广大大学生群体。但许多人选择参与的原因并非出于政治兴趣,而正如我们在本书中说明的那样,许多人一开始对政治并没有什么兴趣。比如,有些学生之所以选择参加,是因为其符合自己的时间表或满足毕业要求。然而,这些初始兴趣不高的学生,正是受课程和项目影响最大的人。

所有大学应当明确,即便不能为校园中的所有本科生提供激发兴趣的教育体验来促进政治参与,也依旧可以吸引比现在更多的学生。学生尚未得到精心设计的机会参与政治领域并进行政治学习,而更多是受到鼓励和帮助参与非政治性的公民志愿服务。我们相信,学生会对有吸引力的政治参与机会做出回应,因为我们已经在全国各高校中看到了这种情况。

二、政治参与之外的收获

高等教育研究所在 2005 年的新生调查报告中指出,公民责任感和政治参与度的提升与实践技能和智力技能的提高有关。

1. 促进智力发展

在该研究中,愿意为社会做贡献的学生在标准化测试中取得了更高的分数,测试内容包括批判性思维中、以他人视角看世界的能力以及以复杂的方式来思考他人行为的意愿(Pryor and others, 2005)。这并不奇怪,因为政治学习需要且有助于培养认识成熟度、反思性判断、批判性思维、研究技能、口头沟通技能以及写作技能。

大学学习评估(Collegiate Learning Assessement, CLA)是备受好评的大学生学习评估工具,证实了政治学习和普遍智力发展的交叉,而后者正是高等教育中有效学习的标志(Klein and others, 2005; Shavelson and Huang, 2003)。2005 年"美国高等教育未来委员会"(Secretary of Education's Commission on the Future of Higher Education)认为大学学习评估是最有前途的大学评估新方法之一,它利用多种表现性评价任务,来评估学生的批判性思维、分析推理、问题解决、写作等能力。

为评估学生解决问题的能力,CLA 向学生提供某问题的多种信息源,要求他们对信息进行分析及评估,得出结论并自圆其说。这些问题往往与制度或公共政策有关,与 PEP 涉及的问题有明显的相似之处。比如,学生须整合来自报纸文章、联邦调查报告、科学研究、内部备忘录以及其他文件的信息为组织制定政策提出建议。

CLA通过布置任务对学生的分析性写作能力进行评估,任务要求学生针对复杂问题表明立场,提出证据,并通过有效写作为自己的观点提供有说服力的案例。许多写作任务同样涉及公共生活或争议性公共政策中产生的问题。比如要求学生表明是否同意下列说法,"媒体中不存在'真相',唯一的真相是媒体只为娱乐存在",并进行论述。

尽管一些教育工作者对CLA的可行性、成本以及合理使用提出了质疑,但据我们所知,没有人质疑其设计的评估对本科教育评估结果的重要性和相关性。因为显然这些结果也是政治发展的核心,政治学习和普遍智力学习之间的兼容是无可争辩的。

2. 为工作而学

促进智力发展是高等教育公认的重要目标之一,但并不是唯一目标。正如本书开篇所言,至少在许多大学生的认知中,大学教育最突出的目的和价值是为有偿工作做准备。2005年HERI对新生的调查中,大多数受访者(73%的女性、65%的男性)表示,他们上大学是为了获得特定职业的培训。72%的受访者说他们上大学是为了找到更好的工作(Pryor and others, 2005)。这些发现与许多其他研究结果相一致,这就提出了一个问题,即政治学习目标与工作准备之间兼容性如何。

我们认为这个问题和智力发展的问题一样,答案很明确。每一种职业都会影响其所处的政治、经济及政策环境,并反受其影响。专业许可和评定的问题、工作制度设置及相关规章、劳动力和报酬问题、影响客户或其他服务对象的复杂因素,只是政治领域话题的一个小样本,广义地理解,学习也能够让学生为特定职业做准备。

此外,几乎每种职业都有为"公共善"(public good)服务的潜力。一项跟进学生大学期间及毕业后的跟踪研究发现,大学毕业六年后,毕业生参与的与工作无关的公民志愿服务明显下降,但他们越来越相信自己的工作给社会带来了更大的贡献:"三分之二(66.2%)的受访者表示,对通过工作为社会做出贡献的机会感到满意或非常满意,半数以上(57.7%)表示通过雇主参与了志愿服务。"(参见 Higher Education Research Institute, 2005)科恩公司的一项调查也发现"年轻人正在把他们的社会意识延伸到工作场合。在28%的全职工作的年轻人(13—25岁)中,有79%的人表示想为注重社会影响并回报社会的公司工作"(Jayson, 2006)。

如果个人在择业时能够借助强有力的知识背景思考其公共目的以及与制度和职业社会影响相关的广泛问题,就能够使其对社会贡献的渴望或看法不至于一厢情愿或过于理性的。这样的择业结果将使个人受益,并能为更大的"善"做贡献。一项以美国成年人为样本的针对有偿工作的研究发现,体验到工作是对"社会善"有贡献的人,对工作的满意度比仅限于个人满足感(如社交挑战或智力挑战)的人更高。报告显示,那些谈及通过工作作出社会贡献(通常伴随着个人满足感)的人,其心理健康水平更高,对生活的总体认可度也更高。

三、追求开放性探究和政治宽容

有关学生与学生之间、学生与教师之间存在尖锐的政治意见不和的各色新闻报道清楚表明,学院并不是两极分化和狭隘的避难所,这是学院之外的政治特征。深入参与政治行动的人对政治问题充满热情,所以常常情绪高涨,这不足为奇。此外,对许多政治上活跃的人来说,不只是正在上大学的人,(甚至像更特殊的)在越战期间入学的人,对反对派的不宽容和中伤被认为是政治承诺、政治诚信及纯洁度的标志,即指坚决抵制为权宜之计而妥协自己原则的行为。持此观点的人根本就不想形成对政治分歧的开放态度和人文理解。这种"试金石"现象已经存在良久,不可能轻易屈服于反暗示,根深蒂固的文化价值观很难改变。

总体来说,政治热情是一件好事,我们也无意把它变成冷酷而疏远的算计。但PEP让我们看到鼓励大学生热情地关注和投入政治并对不同观点保持开放态度,二者可以并行。许多学生从内心深处理解了持对立观点的人是真实的人,而不是邪恶的漫画人物。他们逐渐认识到利益相冲的人团结在一起是基于一些共同兴趣点的,而围绕着共同目标合作可以使双方获益。这些课程和项目不断给我们留下深刻的印象,能促使明确而坚定的政治立场与人文理解、包容、开放的心态和超越意识形态差异的共同体意识结合起来。

我们认为大学校园里的课程和课外项目即便广泛存在,也不能迅速或轻易地在更大范围内改变公共事务的基调。从地方到国际各个层面的政治动态都极为复杂,充满着不可调和的结构性力量。但如果我们能够在道德和实践层面上,向大量年轻人展示一种更为合作的方式所具有的吸引力,或许就有可能消除大学校园内外政治中经常出现的两极分化和狭隘心态。

正是校园和课堂里令人不安的政治偏见问题推动着PEP,跳出PEP,我们也完全同意学界批评者的观点,对学生的政治灌输的确无法接受。同时,我们认为"一些教授对某些政治或社会观点缺乏宽容"的调查分析引述,代表了保守派"美国受托人与校友委员会"(American Council of Trustees and Alumni)的观点(Center for Survey Research & Analysis, 2006,未标注出版商)。有理由认为少数教师政治容忍度低,且有意无意地把这种低容忍度带到了课堂上。但保守派和自由派都有容忍度低的情况,而且双方对学生政治观点的影响看起来并无太大差异(Astin and Denson,未注明出版日期; Beaumont, Colby, Ehrlich, and Torney-Purta, 2006)。

我们也相信,绝大多数教师都能够认真对待学生的政治学习,他们能够认识到自己的责任是为学生提供思考问题的多个合理视角、找出学生的观点分歧、帮助学生对证据和主张进行批判性思考,哪怕是教师提出的主张。学生在这些课程中享受不同的观点和多样的价值观视角。近距离观察PEP课程及项目就会清楚地看到,有许多可行的方法可以教授学生进行负责任的民主参与,而不施加任何特定的意识形态。

四、重视教学质量

在本书中我们描绘了高等教育促进政治参与的美好愿景,这种参与既具有包容性也具有反思性、思想性和开放性,既具有评判性也具有自我批判行,同时也是坚定、有力的、积极的。但我们的乐观是有条件的,能否取得这些成果取决于各所大学的努力,取决于他们提供的政治学习机会,以及课程内容和教学质量。

从许多方面来看,为学生政治发展的良好教学只是一般性良好教学的变体。我们从 PEP 教师那里学到的许多内容都与教学研究和其他体现实践智慧的研究中发现的内容相呼应。

1. 教授你想让学生学到的内容

我们一次又一次地听到这句最重要的格言:教授你想让学生学到的内容。出人意料的是,教师并不充分考虑他们到底想让学生学什么,而是考虑其他因素,如该领域的结构和全貌、他们自己的兴趣和专业知识、已有的教材等等。他们认为学生会从广泛的材料中自己选取和保留对自己最重要的内容。

教授你想让学生学到的内容的重要性同样适用于对概念的深刻理解和对复杂实践技能的学习。充分掌握一个概念意味着学生可以用自己的话解释它、举例说明它的含义、将它用于新的语境当中并用多种方式来表现它。教师对于通过多种方式构成和深入理解这一概念运用的教导越直接,学生就越有可能实现对它的理解。同样,如果想让学生发展熟练的专门技能,也需要给予他们直接的指导,精心设计能够应用技能的任务,并在学生实践技能时给予指导。

这个简单的想法对旨在支持政治发展的教育有许多含义。比如,教育者通常认为,提供非政治性公民参与的机会能够帮助学生为复杂而有效的政治参与做准备。这种转移的确时有发生,但我们不能指望它。如果想让学生学习政治政策概念、与社区经历或学术主题相关的问题,那么明确这些联系是很重要的。

同样重要的是要为学生提供使用所学政治概念的实践机会,帮助他们深化理解,并对其表现给予反馈。我们在一些 PEP 课程及项目中看到了这样的策略——比如要求学生记理论日记,通过阅读经典政治理论,让学生思考能够指导自己进行民主参与的操作性理论。当学生尝试整合所学的抽象理论思想并将其应用于当下的实践时,他们就能更充分地理解这些思想、更好地记住它们并在未来更好地应用。

其他一般性准则都是第一个准则的变体。最重要的是:要清楚地告诉学生你所追求的目标是什么,你对课堂整体和每一项任务的期望是什么。如果教师清楚自己的授课目标,并有意识地教授想让学生学到的内容,那么教师就自然会认为这门课程的框架对学生来说一样清晰。但事实往往并非如此。学生本身带着长期的受教育经验来上课,很可能会将新方法与过去的经验同化。特别是在使用不熟悉的教学法时,比如模拟、真实的政治行动、政治协商和辩论、政策研究和分析、在政府或非营利机构实习,教师应尽可能充分讲清楚对学生的要求、他们的工作会被如何评估,以及为什么任务是结构化的,这些对学生来说非常有益。

而另一变体则更进一步:要明确教授学生所需的智力技能,即使这些技能看上去太过基础,以至于不会引起注意。比如,在别人讲话时如何认真倾听以便准确复述;理性公共话语的基本规则,以及为何存在这些规则;当复杂问题存在合理意见分歧时如何与他人进行协商,即使是与专家之间产生分歧;如何确定哪些信息能够最好地阐明当前问题;如何查找信息并评估其质量;如何以一种受过训练的、结构化的方式对阅读材料、课堂活动以及其他书面或讨论经历进行反思。这些智力技能往往被教师本能地排在次位,因为对他们来说这些太过容易。但大学生往往缺乏这种专业知识,或因本身的技能水平太低而无法进行复杂的政治论述或有效的政治行动。如果要让他们获得这种专业知识,就需要明确的指导、反复的实践以及有益的反馈。

无论是课堂协商、小组项目还是民主决策,教学生如何执行任务并反思任务过程都非常有效。比如即使学生身在其中,也让其注意观察协商过程,可以让学生学到政治协商的逻辑、修辞和社交过程。当学生反思协商过程时,就会了解协商的关键要素,这有助于他们巩固所学并运用到新情境中。同样,在学生共同计划和执行政治研究或行动项目的过程中,教他们一起回顾和反思学习过程,能够确保他们从多个层面思考所为,会大大增加教授政治技能和实用知识的价值。

最后,直接教授我们希望学生学习的内容需要注意对课程或项目中不同部分的学习进行整合。包括将行动项目或实习与课程阅读和讲座结合起来,对暑期实习中产生的政策问题进行更深入地研究,或将政治理论与对政治行动的观察结合起来。一些课程和项目之所以设置多形式的任务,其目的都在于使各组成部分能够有机融合,使学习更深刻、更难忘、更有用,但这种融合不会自动发生。如果只靠学生自己去建立联系,通常只有一部分人能够实现(通常是隐性的)目标。他们不知道实习活动与所读的书和论文有什么联系,经常有学生表示无法建立这种联系。

大多数 PEP 课程及项目都直接解决了整合问题。如果能有效应用定期的结构性反思,无论通过书面形式还是课堂讨论,都可以达到这一目的。为实现这一目标,反思必须被结构化。也就是说,需要帮助学生将概念和分析视角自觉应用到经历中,使用普遍的视角来观察不同的经历,从而识别和阐明一致性与矛盾性。通过这种方式,以讨论和日记为基础,受过训练的、结构化的反思可以帮助学生在课程或项目的不同组成部分之间实现整合。

一种常用策略是让学生通过写短文的方式将课程中多部分的主题结合起来,这实际上是书面反思的一种形式。尤其当学生在反思过程中写过几篇短文时,这种策略可以有效确保他们对不同情境中以不同形式出现的想法和问题进行认识和思考。在不同背景下,以不同方式对同一个问题进行深入研究,重塑并赋予其新的意义,是加深对复杂概念的理解并提升判断敏锐度的理想方法。

2. 做好准备应对挑战

正如政治发展教学采用了许多教学内容、教学方法、教学语境的一般性原则,它也与其他教学一样,无论是在学科知识还是教学方法上都面临着一些共同的挑战。这些挑战不是政治教学所独有的,是有规律可循的,值得我们关注和思考。

学生缺乏背景知识和技能。在谈到政治发展教学面临的困难时,PEP教师和负责人最常提到的是学生对所做的事缺乏背景知识和准备。本科生通常缺乏有效参与这类教学所需的基本知识、技能以及认知能力,如参与政治协商、研究和行动项目、结构性反思等,或者说这些并不能从他们之前的本科学习经历自然发展而来。同样,充分利用实习和演讲嘉宾也要求学生具备相应的智力、性格和人际能力,这在大多数课堂上也都不均衡,且通常远低于理想水平。当然,这些问题不只针对高等教育,其他学段教师也同样面临这样的问题。

学生缺乏必要的背景知识和技能,那么教师就需要直接教授这些技能,正如我们所建议的那样。而当学生参与不熟悉的教学法时,教师则需要持续给予支持。虽然为学生提供详细反馈对教师来说是密集型劳动,但在课程后期收获会很大,而且启动越早收获越大。

然而,从根本上讲,每门课程都从头开始并不是优化学生学习的最佳方式。无论在政治领域还是学术研究的其他领域,都应该让学生在本科阶段定期学习同样的基础技能和能力,这样他们的专业知识也会随着他们的进步而增进。

时间有限。几乎所有课程以及许多使用参与教学法(如项目和实习)的项目都面临着另一个共同的挑战,那就是缺乏足够时间来完成雄心勃勃的项目计划或将实习收获最大化。对学术课程来说这个问题很严重,因为用一季度或一学期来计划和实施一个项目或实习用时太短。对于暑期项目和学期项目来说,时间有限也是一个问题,因为他们的时间表是固定的。

针对这一问题我们已经看到许多解决方法。一些教授服务学习课程或其他实习课程的教师在课程结束后会安排有兴趣的学生继续实习,以实现更大的连续性。学生通常会充分利用这些机会。此外,一些项目为了延续与项目和实习相关的参与,将时长设计得更长。而大多数课外项目都没有预先设定的时间限制,所以如果学生愿意可以在几年内持续参与,有时他们会一直想要做之前在项目中的工作。有些项目既包括课程又包括课外部分,会提供为期一个学期或更长时间的参与体验,同时还有其他正常的课业时间投入。

然而,对于许多学生来说,参加为期一年或两年的项目还是太困难。而且即便学生能够持续参与一季度或一学期,教师也很难在实习、项目工作和课程阅读、讲座、讨论之间的时间分配上达到平衡,更不用说学生根本无法持续参与了。教师会根据以往的经验来确定项目所需的合理时间,并考虑学生要花多长时间实习才能达到学习目标。这种经验有助于教师为学生的实习设立可达成的学习目标,或最大化利用有限时间来设置一个合适的项目——正如一位教师所说:达到举行会议和拯救世界之间的平衡。当然,选择有益的实习地点、认真界定学生角色、积极对实习经历开展结构性反思以使学习效率最大化,都是在有限时间内使学生实现高效学习的主要因素。

小组项目。小组项目代表了前两项挑战(缺乏基本技能和存在时间限制)的一个特殊情况,代表着学生自己面临的特殊挑战。学生们经常发现一起工作很困难,他们很难协调过于密集的日程安排,不知道如何处理不负责任的小组成员,也不知道什么是不公正的分工,而且也几乎没有协商不同意见并达成共识的经验。然而困难越多意味着学习机会也越多,项目也就越有成效。教学生同时关注工作本身和团队协作中的重要方面有助于提高教学有效性。

不确定的教学法。李·舒尔曼将项目式学习和服务学习等教学策略称为"不确定的教学法"(2005)。他的意思是,教师在使用这些教学方法时放弃了一定程度的控制权,其结果难以预测。与讲座和阅读作业不同,不确定教学法通常依赖于学术机构之外的合作伙伴。教师必须依靠演讲嘉宾、社区学习和实习机构的伙伴以及一部分校外导师来完成他们的任务,同时学生体验的质量取决于这些合作伙伴的承诺、技能以及与课程主题的相关性。

然而,在与社区和其他合作伙伴共事时,教师并非完全无法控制。重要的时间节点在于参与前、参与过程中以及参与后。在建立合作伙伴关系时，尽可能明确预期和角色，就能大大降低使用演讲嘉宾、导师及社区伙伴这种方式的风险。而在参与过程中，故障排除和快速干预有时可以使问题重回正轨。最后，同样重要的是，在合作关系结束后都要将学生和教师的评估记录下来，一旦有些合作关系效果不佳，以后就需要寻找其他合作关系。

可能引发失望。当学生接触到真实的政治世界时，无论是在学校内外，教学法的不确定性往往会体现出来。正如我们所提到的，我们从一开始就很清楚政治世界并不总是与教育主题相契合的。一些政治行动会带来失败的结果，正如一些实习也会让学生看到令人不安的制度现状。政治参与往往会增加学生的犬儒主义，起码是暂时增加。

在这种情况下，由于政治制度和进程固有的不确定性和道德复杂性，项目和实习往往会令人失望。理解这一点并知道如何应对是政治学习的一个重要方面——这是对政治参与含义进行更坚定、更具现实意义的理解的一部分。在课程或项目中应对这类挑战的最好方法是通过调查、深入思考以及诚实的反思，把政治项目、实习、导师以及演讲嘉宾与过程中每一步的深入反思联系起来，就能把一段令人困扰或沮丧的经历变成一次有效的学习机会。当深刻的反思能够提供一个新视角时，强烈的负面情绪就会转化为激情燃烧的动力，而不会让学生不想再参与。

在另一些情况下，一些实习或项目令人沮丧不是因为暴露了复杂和无法控制的政治现实，而是因为它本身开展得不顺利，可能由于考虑不周或项目执行不力，导师或实习监管者缺失或合作不畅等。将这些问题的负面影响降至最低的最佳方法是密切关注学生的项目、实习以及其他课程相关活动的进展,以便尽早发现他们是否误入歧途。教师要经常检查学生的学习进度,特别是在项目之初,这样可以在中途及时纠正。

有时,这种纠正意味着需要进行彻底改变——比如更换新的项目关注点或实习地点。而某些情况下,彻底改变可能无法实现,此时将失败的项目或实习安排转化为丰富学习经验的创造性策略甚至可以拯救毫无希望的情况。一种策略是在实习中转移关注点,这样只被分配了低级任务的学生就可以对组织进行参与式的观察和分析。另一种方法是让学生在某种意义上充当自己项目的顾问,对失败的行动项目进行详细调查,列出阻碍其成功的因素,并为未来的工作提出建议。

五、履行学校职责

几乎所有政治发展教学所面临的挑战和问题都指向一种日积月累的、体系化的整合方法所具有的价值。学生缺乏政治论述和研究、团队合作项目、积极的政治参与、结构性反思所要求的素质,这些都表明了通过多种经历累积学习的巨大价值。在缺乏累积性学习的情况下,教师实际在每门课上都要重新开始。

如果把这些参与公民活动的基本能力作为综合性本科教育的首要目标,不仅有益于学生的政治学习,也会使他们掌握反思性判断和分析性思维、有说服力的写作和演讲、团队合作以及通过多重视角对系列经历进行结构性反思。这些对学术能力、工作能力以及政治能力都至关重要。

1. 课程

课程只是整个本科经历的一部分,但却是学术的基石,因此在整合层面要特别强调。政治项目和实习中严重的时间有限问题虽不能完全通过整合性课程解决,但能够大大减轻。受过基本政治能力训练或具备相关经历的学生要做的基础工作更少,因此可以更高效地进入政治参与活动。此外,一些学校按课程范围设定服务学习各部分的主题,这样学生就可以在两年或更长时间内保持统一的发展路径,而不是每次开始另一个服务学习项目时都要在陌生的领域重新开始。同样的方法也可以用在聚焦政治的服务学习和其他与政治学习相关的参与教学法中。

体系化方法也可以用于为社区合作项目及实习寻找可靠、有效的实习地点。利用同一社区组织进行多种课程体验,可以为学生提供考察和理解政治参与的多重视角。许多学校设有社区学习或服务学习办公室,这些办公室能够提供当地非营利组织和其他合作伙伴的可靠信息,并为使用这些教学法的教师提供许多后勤帮助。即使没有正式的社区学习中心,从事这项工作的教师彼此进行非正式的信息共享也非常有帮助。

我们意识到,创造追求交叉性长期目标的累积性课程会带来挑战——无论课程聚焦于通识教育、专业课程还是选修课程。然而大多数学校已经在努力制定课程的基本共同目标,至少理论上如此,这些目标在很大程度上与学生政治发展的核心目标相交叉。可能只需要在关注点上适度转变,就能既确保制定主要课程目标,也能支持高质量的民主参与。

理想状态下,可以多层面同时努力为本科生带来累积性的、协作性更强的学习经历。通识教育项目显然是其中之一。为确保项目能使政治学习更具系统性和发展性,对影响学习成果的课程目标和任务进行详细回顾非常有帮助。

此外,一些学术部门可能会考虑在本专业中开设知识与技能基础课,将该学科与政治政策问题联系起来。如果构思得当,这些联系将会丰富学生对该学科及其内涵的理解。某些情况下,教授基本能力(如协商和结构性反思)的课程,可能会成为后续系列课程的先决课程。

然而,将智力技能、实践技能以及政治学习的基本内容更广泛地贯穿于课程中,只是整合方法的一部分,即便在课程领域也是如此。众所周知,学生很难把许多课程中学到的东西整合成一个连贯的整体,即使在课程内部进行整合也很困难(DeZure, Babb, and Waldmann, 2005; Huber, Hutchings, and Gale, 2005)。许多机构正在试验能够有助于直接进行整合的策略。最有效的方法之一是将学生的学习内容纳入特定的整合任务。另一个许多大学采用的策略是让大四学生在毕业项目中明确地进行专业学习的整合。

在大学本科阶段,课程中累积性、整合性的学习可以在很大程度上增强教育经历对学生政治发展的影响力。但课程并不是教与学的唯一来源。我们在《公民教育》(Colby, Ehrlich, Beaumont, and Stephens, 2003)中描述了一些关于利用高等教育机构的三个主要学习场所来培养学生道德和公民发展的重要性。课程、课外活动和校园文化在促进政治学习方面都有很大潜力。与远程教育相比,校园教育有一个明显优势,那就是学生的学习体验会比单纯的课堂学习丰富得多。当三个场合的教育潜力得到充分发挥,能够共同、动态地相互联系时,这种学习是最有效的。

2. 课外活动

学生同时参与课内和课外的政治学习活动才能实现最丰富的政治学习。通过设立完全配套的课内-课外项目,或者由学生自行选择能够对课程内容进行补充的课外活动(反之亦然)都能够实现。

幸运的是,几乎每所大学都有许多支持政治学习的课外活动,学生可以选择他们最感兴趣的。一些活动本身就具有明显的政治性质,而其他如电影协会、环保组织、一些社区服务项目以及许多其他俱乐部和组织,也将其关注点与政治问题明确联系起来,促进广泛理解。特别是如果给予学生一定的指导和鼓励,学生的生活领域可以成为非常有效的政治学习场所,尤其是对学习政治技能、培养政治认同、效能感以及其他方面的动机而言。

许多大学鼓励教师担任课外项目顾问。这往往能在学生课内外的经历之间建立起自然的联系,如果这些经历都涉及加强政治参与,学生的学习机会就会比单一领域要更加深入丰富。

3. 校园氛围

学生学习的第三个重要场合是校园氛围或文化——事件、惯例、显性和隐性的文化信息、共享的想法、图片和故事,以及校园里具有象征意义的重要空间和物理标志(参见《公民教育》中关于校园文化的更多论述)。一些学校的校园氛围明显与政治毫无关联,这种政治关注的缺失本身就发出了一个有力的不参与信号。

还有一些学校,其政治氛围对许多学生和教师可能是其机构认同的关键要素,但同样也是同质性和约束性的。其政治文化甚至可能被不认同主流观点的人视作具有压迫性。而另一些学校的特点则是,参与其中的观点明显具有多样性,这可能会(也可能不会)导致引人注目的政治冲突,引起学术界内外人士的注意。教育者应与学生一起对学校的政治氛围进行思考,并一起讨论这种氛围是否有助于培养更多的政治激情,从而产生更开放的观点或朝着更礼貌的方向前进——在当前规范过于刻板而导致学生不愿参与的情况下,甚至要将礼貌程度调整得低一些。

政治参与教育的目标应由大学管理者和教师直接向学生说明。如果希望学生获得理解和技能以成为合格的社区参与公民的相关论述能够出现在新生入学前收到的材料中,并能在新生入学培训中再一次进行强化,那么这些期望实现的可能性就会增加。而如果学生在课堂内外的校园活动中经常接触政治参与榜样,这种可能性就会变得更明确,这些内容都需要一再进行重申。同样,在开放性探究氛围中深入讨论棘手的公共政策问题也非常有价值。简而言之,没有任何一种干预是绝对必要的,也没有任何一种干预在没有持续强化的情况下能提供所需的学习。相反,在本科教育中加强多种学习体验是培养政治参与的最佳方式。

* * *

大多数学校的使命宣言中都包括要培养学生成为其所在社区中负责任的、积极参与的公民。但完成这一使命的学校却寥寥无几。我们认为,迎接这一挑战既是高等教育所面临的机遇,也是高等教育应承担的义务。民主教育是一项艰难而费力的工作,但毋庸置疑,如果我们的政治机构和政治进程要发挥应有作用,如果我们的学生要为成为民主公民做好充分准备,那么民主教育必不可少。

注释:

1 下面的小标题呼应了马西娅·门特科夫斯基(Marcia Mentkowski)有关大学学习的长期影响的重要跟踪研究著作《持续性学习》(*Learning That Lasts*)(Mentkowski and Associates, 2000)。

附录　课程和项目概要

PEP 包含的 21 门课程和项目(按课程导师或项目负责人姓氏首字母排序):

里克·巴蒂斯托尼:古代与现代:民主理论与实践
普罗维登斯学院(位于罗德岛州普罗维登斯市)

概况:一门时长一学期的政治理论课。招收 20 至 25 名学生,主要为大二、大三年级政治学专业学生。

详情:巴蒂斯托尼的课程将民主理论与民主实践相结合,横跨课堂内外。他使用一些"民主教学法"帮助学生"在民主实践中学习民主",包括让学生以小组方式创建完全民主课堂和完全不民主课堂的模型、写作"民主理论日志"以及应用多种不同民主决策方式的练习(如抽签选择、直接民主和代议制民主)。学生还要完成"理论到实践"的项目单元,其中包括两个可选项目。一个是"民主组织传记"项目,学生在社区组织中独立工作,从事参与性研究并对主要利益相关者进行访谈。另一个选择是"行动中的民主"项目,学生分成小组,以民主的方式进行自我组织,并制定和执行民主行动计划。

阿尔玛·布朗特:领导力服务机会项目(SOL)哈特领导力项目

杜克大学(位于北卡罗莱纳州达勒姆市)

概况:一个为期两学期的跨学科项目,包括一个半学期的课程以及一个暑期实习。招收22至30名不同专业的大一、大二和大三年级学生。

详情:该跨学科项目的目标是帮助学生"成为参与民主社会的公民"。SOL项目包含一个半学期的课程以及一个涉及学术研究、社区服务、指导、领导力培训的实习。首先要在春季学期修读半学分的名为"服务性领导力与社会变革"的预备性"学院课程"(house course),学生探索服务的概念、学习基本的反思工具(包含文书写作等)并参与服务项目。课程结束后,学生会在暑期实习中参加国内及国际组织的社会或政治变革项目。在秋季返回杜克大学后,SOL项目的实习生会参加公共政策研讨会,通过分析与实习相关的社会和政治问题并提出解决策略,从而反思并整合他们在实习中的所学。每名学生会完成一份"社会问题调查作品集",其中包括一篇关于暑期实习中的议题或问题的论文、一份相关从业人员的访谈报告以及一份政策建议。

休·布里格斯:公民生活-学习项目(CIVICUS)

马里兰大学帕克分校

概况:一个为期两年的跨学科的生活-学习项目,包括五门课程和定期的宿舍参与活动。每年招收60名大一学生,社科类专业优先。

详情:这个为期两年的生活-学习项目涉及行为与社会科学

学院、住宿生活部、本科学习与学校图书馆之间的合作。项目主题为"创建公民社会",强调公民身份、领导力、社区服务以及多元社会中的社区建设。学生(或所谓的"CIVICUS项目伙伴")共同生活、学习并策划服务活动,每个人都在"CIVICUS"项目的管理中发挥积极作用。五门必修课程包括:项目导论,介绍个人、团体以及社会机构在公民社会中的作用;聚焦当代问题的社会学课程;涉及多种议题的选修课;"多元文化社会中的领导力"课程,学生审视多元化与多样性问题并为其面临的领导力挑战做准备;总结性课程,学生需完成一项实习或一个名为"发现"的研究项目。

罗斯·凯特:儿童和公共政策
布朗大学(位于罗德岛州普罗维登斯市)

概况:一门为期一学期的公共政策课程,涉及与处理有关儿童和家庭政策问题的州立机构合作。招收25到30名不同专业的学生,主要为大二和大三年级学生。

详情:这是一门政治学和公共政策服务学习课程,要求学生每周在处理儿童问题的州立机构(家庭法院,儿童、青年及家庭部或罗德岛培训学校)工作几小时。凯特帮助学生将他们在工作中的经历与阅读和讨论关于儿童的法律和政策问题联系起来,这些法律和政策问题包括青少年司法、学生权利、儿童权利、投票、国家在儿童政策制定中的作用。学生会在日志中反思自己的工作经历并回答有关具体政策的问题。比如:"在考虑了父母权益组织的立场后(从阅读材料中),请概述你自己对父母权利的看法并进行说明。"学生还需完成一项与工作相关的研究项目,就其经历面向全班做口头报告,并将自己的实习经历与课程中提供的材料联系起来写几篇论文。

吉姆·法尔和罗伯特·希尔德雷思：实践民主教育与公共成就项目

明尼苏达大学双城分校

概况:一门为期两学期的政治理论课,包括一学期的课程作业和两学期的民主教育实践。招生20左右,主要为大三、大四年级政治学专业学生。

详情:这门高年级政治理论课授课时长为一学期,其中民主教育实习时长为两学期。学生首先要学习西方政治思想史中有关公民概念和政治教育的主要文献,然后通过在当地中学担任"公共成就"项目的"辅导教师"将所学付诸实践。其目标是帮助中学生根据他们自己对学校内外社会问题的关注研究和制定行动计划。项目所涉范围很广,从致力于改变有关校服的校规,到组织和平游行,再到为附近操场铺设地基。在"公共成就"项目中,年轻人学习如何使自己成为知情参与"公共事务"的公民。

安东尼·佩里和奥托·范斯坦：美国政府导论课程与城市议程—公民素养项目

韦恩州立大学(位于密歇根州底特律市)

概况:一门为期一学期的政治必修课。课程吸引了300名覆盖所有专业的学生,主要来自大二、大三年级。

详情:范斯坦设计该课程的目的是让学生参与到"城市议程—公民素养"项目中来,项目包括公民素养的理论构建、城市议程创建以及公民参与(包括选民登记与政治教育)。针对公民素养和公民技能部分,学生以小组为单位,讨论当地社区面临的政治问题,制定5到10条政治行动议程,并在课上进行汇报,然后全班通过讨论达成统一的政治行动议程。这份议程会在一年一度的城市议程会议上呈现,学校和社区都会应邀参加。这种制定议程的方式旨在培养学生成为民主社会的参与者。该课程还包括公民行动部分,涉及个人和小团体在校园和底特律社区进行选民登记的一系列内容。该项目与社区组织、教育领导人、市县政治家和公务员、社区和宗教领导人、教师以及学生都建立了强有力的伙伴关系。

西格伦·弗莱斯:政府与美国社会项目
加州州立大学洛杉矶分校

概况:一门半学期的政治学入门课程,满足通识教育需要,其中包括在政治组织中的服务学习。限25名学生,主要来自大一、大二年级的不同专业。

详情:该入门课程共有十个部分,弗莱斯负责教授其中之一,这也是唯一包含服务学习内容的部分,学生需在政治宣传组织或选举工作办公室工作18小时,记录自己的活动和学习情况。在课堂上,他们学习美国及加州政府、政治方面的基础知识,并共同反思政治体系和公民文化背景下宣传工作和选民服务的意义。她的课程吸引了一些学生,他们大都对政治缺乏初步的了解和兴趣,许多来自洛杉矶周边,他们在社区的政治组织工作,接受政治组织的服务并受其影响,他们往往第一次看到政治进程和问题是如何影响自己的社区和家庭的。

马歇尔·甘兹：组织：人、权力与变革

哈佛大学（位于马萨诸塞州剑桥市）

概况：一门时长一学期的研究生课程，包括一个主修组织项目。招收约 60 至 70 名学生，包括来自肯尼迪政府学院、神学院和教育学院的研究生及本科生。

详情：甘兹的课程重点在于托克维尔称之为"如何进行联合的知识"，即人们如何组织起来，将个体的价值观转化为行动。他运用基于对权力理解的反思性实践，以此为工具教导学生发展领导能力、建立关系、激励参与、制定策略以及调动资源。学生平均每周投入 6 小时参加为期一学期的组织项目，该项目需要通过与他人联动在学期结束前取得明确成果。有些学生参与社区或校园小组的在研项目，有些则着手启动自己的项目。利用课堂上提供的分析框架，并通过阅读社会学、历史和实践的资料加以强化，学生们学习在每周的反思论文、课堂汇报和讨论中分析自己的经验。他们开始形成自己的组织实践方法，并开始理解组织的传统及其与社会运动和政治机构的联系。

乔·卡恩，阿居安·曼斯（Ajuan Mance）和克丽丝蒂·舒特杰尔-曼斯：公民领导力研究院

米尔斯学院（位于加利福尼亚州奥克兰市）

概况：一个为期一学期的跨学科项目，包括四门课程、一项实习和一个导师项目。每学期招收 15 名女生，大多是大三年级的学生，来自不同学院的不同专业。

详情：公民领导力研究院是一个为期一学期的项目，面向米尔斯学院和其他学院的女性。该项目结合了基于学科的公民领导力和社会公平分析以及每周10小时的实习,学生在实习中致力于公共政策及社会变革的相关项目。该项目包括四门课程:"公民领导力与社会文本",着眼于小说、散文以及探讨民主社会领导力问题的其他文学作品;"社会科学、公民参与及民主变革"探索将公民参与与政治制度的优势和效能联系在一起的研究和理论;"社区实习与研讨会:理论与实践"让学生参与实习、反思实习工作、比较不同的领导方式并思考社会变革的可能性;第四门课程是学生所在专业的高级研讨班,学生需提交一份将实习内容与其所学专业的相关问题联系起来的学期论文。参加该项目的所有学生都配有在公民事务中有丰富经验的领导作为导师。

305 **阿瑟·基恩(Arthur Keene),约翰·赖夫(John Reife)和戴维·舒密尔:公民学者项目**

马萨诸塞大学安姆斯特分校

概况:一个为期两年的跨学科项目,包括五门课程和每学期至少60小时的社区服务。每年最多有20名大二或大三年级不同专业的学生参与。

详情:该项目是由荣誉学院(Honors College)开展的为期两年的跨学科项目,旨在培养学生成为具有社会行动优势、积极参与公共生活的公民。学生依次修读注重服务学习的五门课(每学期一门课,外加一门选修课)。课程包括:"美好社会",审视对美好社会的愿景并探讨有关共同利益的问题;"变革方式",探索实现结构性变革的方式,包括公共政策、政治动员和参与性行动研究;

"组织变革",学生通过在社区工作开展研究,找出问题并针对结构性变革拿出提案;"公共政策与公民行动",学生实施在组织课程中的提案;以及一门选修的服务学习课程。

克丽丝蒂·卡奇吉安:恩加里捷夫比较政治与经济制度研究所美国研究基金会

乔治城大学(位于华盛顿特区)

概况: 一个为期七周的暑期项目,包括两门课程和一项公共政策实习。每年夏天,来自不同学院的约100名学生参与到该研究所中,大多是刚升入大三和大四年级的学生,大部分来自政治学或经济学专业。

详情: 恩加里捷夫研究所是由美国研究基金会资助的为期七周的集中暑期项目。美国研究基金会是一个非营利性教育组织,旨在"在理论、实践以及自由社会的裨益中培养年轻人具备令人敬佩的领导能力。"恩加里捷夫研究所吸引了来自美国各大学的本科生。其目标是为未来的学生领袖提供国内和国际政策工作方面的实践经验,并通过在乔治城大学的实习和课程学习向他们传授资本主义的价值观和美国的民主理想。学生需在华盛顿特区的政治、政府、经济或国际事务组织中进行实习,每周30小时。另外还需完成两门3学分的课程:"比较经济制度"课程旨在探索自由市场经济,"美国政治转型"课程则关注美国政治思想史。学生每周都与外交政策和经济领域的领导人进行对话,还会参加由政府机构(包括白宫、众议院、国务院和美联储等)举行的简报会。

梅塔·门德尔-雷耶斯:服务、公民和社区导论

伯里亚学院(位于肯塔基州伯里亚)

概况:一门为期一学期的通识课程,包括服务项目和实习。招收 8 至 12 名学生,主要来自大二年级的不同专业。

详情:伯里亚学院由废奴主义者创立,长期致力于跨种族教育,并为阿巴拉契亚的低收入学生提供服务。这所大学的所有学生都来自低收入家庭,在完成学业的同时还要工作。门德尔-雷耶斯教授的这一服务与公民的入门课程,着重关注阿巴拉契亚地区的问题与社区。所涉主题包括:民主公民身份,种族、性别和经济不平等,不同的服务方式以及服务、公民与社区之间的关系,其中重点强调地方基层的民主。每名学生需完成一项个人或小组的服务项目,并对自己的工作进行持续反思。比如,"9·11恐怖袭击事件"后,学生们为 75 名五年级学生组织了一场关于解决冲突问题的研讨会,并在当地图书馆就阿富汗妇女所面临的问题发表了演讲。

道格拉斯·摩根和克雷格·希恩:公民倡议:领导的道德规范;公民参与:社会制度的作用

波特兰州立大学(位于俄勒冈州波特兰市)

概况:这两门半学期的课程都安排在波特兰州立大学"领导力变革"系列课程的后期,吸引着来自不同专业的大二和大三年级学生,每门课通常招收 20 至 25 人。

详情:这两门课是波特兰州立大学的跨学科"领导力变革"系列课程的组成部分,该系列课程是该校通识教育要求的 25 个系列课程之一,共包括 20 多门课。学生需在所选系列课程中选修四门课,大部分在大二和大三年级完成。在摩根的"领导力伦理"课程中,学生学习如何运用有效领导的道德框架与标准为公共事业领导者制定道德标准。该课程还包括一系列演讲,演讲者由来自整个州和地区的政治和行政领导组成。希恩的"公民参与"课程则以公民对话为主题向学生介绍在历史上服务于公共利益的两种政治模式:以民选官员和政府的正式流程为依据的代议制民主模式,以及以面对面交流为基础的直接民主模式,如社区团体、志愿协会和宣传小组。学生通过实地项目评估这些方法的相对优势。

布莱恩·墨菲:旧金山政治
旧金山州立大学旧金山城市研究所(位于加利福尼亚州旧金山市)

概况:一门为期一学期的课程,包括在社区组织和城市机构实习。招收35至50名学生,其中一半是正式入学的大学生,大多为政治学专业的大三学生。其余则是社区机构和组织的工作人员,通过学校的继续教育学院注册入学。

详情:该课程由一位前旧金山市副市长、三位长期参与社区活动的活动家以及一位大学讲师(墨菲)以导师组教学的方式共同开展。学生学习旧金山市的近代经济史和政治史,并在非营利性的社会和经济发展机构实习。学生以小组形式参加旨在帮助旧金山社区进行公共对话的研究行动项目,这些项目整合了与当前规划或政治问题有关的普查数据、公众意见调查以及经济发展分析,每组学生都要撰写一篇分析报告并进行公开汇报。这是由两个社区组织和旧金山州立大学合作的"城市课程计划"所提供的若干课程之一。

理查德·雷塔诺：模拟联合国

达切斯社区学院与瓦萨学院（位于纽约州波基普西市）

概况：一门时长一学期的课程，包括准备并参加在纽约举行的为期一周的全国模拟联合国年度大会。招收来自达切斯社区学院和瓦萨学院的20至30名学生。达切斯社区学院主要是人文科学专业大二年级的学生；瓦萨学院则主要是政治学或国际研究专业大二至大四年级的学生。

详情：雷塔诺多年来一直在教授这门课，课程旨在培养参加全国模拟联合国大会及其他地区性会议的学生团体"哈德孙河小组"，成员为来自达切斯社区学院和瓦萨尔学院的学生。课程前半部分引导学生深入了解联合国和课堂中规定代表的特定国家。后半部分则训练学生参加全国模拟联合国年度大会，这一为期五天的会议作为"为期一周的期末考"在春假期间举行。学生的准备工作包括对他们所代表国家的历史和外交政策进行广泛研究，就与该国有关的每个委员会和理事会所分配的主题撰写建议书，制定他们将在大会期间介绍的决议并举行模拟委员会会议。全国模拟联合国大会是美国最大的学生会议，每年吸引着来自200多个大学的2 000多名学生参加，其中还包括13所国外大学。

菲尔·桑德罗：都会城市研究学期

城市事务高等教育联盟（HECUA）（位于明尼苏达州圣保罗市）

概况：一个时长一学期的项目，包含四门课程，提供学分，由城市事务高等教育联盟(由 15 所中西部大学组成)赞助。项目包括三个研讨会和每周 20 小时的实习。每学期招收 20 到 25 名来自联盟学校大二到大四年级的学生。

详情:"都会城市研究学期"项目关注的是城市贫困和不平等以及影响这些问题的基本结构和行为,尤其是经济、教育和福利方面。该项目由理论和实践相结合的四部分组成。其中每周三天的实习侧重于社会和政治变革。读书研讨会注重探讨有关城市不平等、贫困和社会变革根源及动力的不同理论观点。实地研讨则将研讨会上所进行的理论工作直接与同社区组织者、工会组织者、社区活动家、决策者、城市规划倡导者、教育工作者、居民和企业高管的会议联系起来。最后一部分为整合研讨,通过小组讨论、结构化写作、小组研究项目、论文和作品集的方式将学生的阅读与实地研讨的实习经验整合在一起。该项目通过鼓励学生将自己的社会分析和行动与其对世界的应然状态以及自身在创造世界中所发挥作用的思考相结合,为学生提供了一种全面的体验。

理查德·塞米阿廷:华盛顿学期项目
美利坚大学(位于华盛顿)

概况:一个时长一学期的项目,包括一门"双倍学分制"美国政治课(相当于两门课程的学分)以及在华盛顿特区政治政策部门的实习。每学期吸引来自不同学院的 20 至 30 名学生,主要是政治学专业的大三学生。

详情:在美利坚大学"华盛顿学期"项目包含的几门课程中,塞米阿廷教授其中一门美国政治课。项目学生来自不同大学,经常还有一些来自海外。他们每周有三天的时间上塞米阿廷的"双倍学分制"课程,还有两天在华盛顿特区的政治机构或政策组织实习。课程前半部分侧重选举和政府决策机构,后半部分则侧重各种政策的政治、法律和社会影响。项目邀请约 50 位客座嘉宾,其演讲与学生在课堂上阅读和学习的内容直接相关。约一半的学生还会选择完成一个定向研究的研讨课,期间他们会根据深入的个人访谈和二手资料撰写研究论文。

杰拉德·申克和戴维·塔卡斯:加州社会与环境历史
加州州立大学蒙特利湾分校

概况:一门时长一学期的跨学科课程,吸引了 40 名不同年龄不同专业的学生。

详情:这门跨学科课程着眼于加州的种族社区是如何对加州的多元化图景产生影响以及反之受其影响的。申克和塔卡斯教授学生运用行动-反思循环,帮助他们成为"知情、有道德、能够在社区公共生活中进行有效参与"的人。历史知情政治项目(HIPP)是该课程的核心单元,这是一个关注加州社会和环境问题的政治研究与行动项目。根据项目要求,学生需开展历史研究,花费至少 10 小时进行与项目相关的政治行动。然后对其最初参与项目时的价值观和假设及其变化进行反思,并基于他们的历史研究与社区经历制定一系列的政策建议。最后在学期末向全班展示他们的项目成果。

迪克·辛普森:芝加哥的未来
伊利诺斯大学芝加哥分校

概况:一门时长一学期的课程,包括一个考察地方政府机构的项目。招收 50 至 60 名学生,主要来自大二和大三年级的不同专业。

详情:辛普森一直积极参与芝加哥的政治活动,并一度亲自负责当地的选举办公室。他的"芝加哥的未来"课程邀请约十五位演讲嘉宾——从学者到活动家,再到各级政府的政客——他们就芝加哥所面临的问题和挑战提出不同观点。课程包含这样一个研究项目,学生要将自己想象成新市长"过渡小组"的一名成员,需要给新市长写一份报告,向其汇报芝加哥市或库克县某一政府机构的基本情况。学生可以选择自己感兴趣的机构,通过文献研究、查阅公开文件和年度报告对组织运作有基本了解后,对领导者和其他人员进行访谈。而已有 60 多份学生报告被真的收录到"过渡小组"在市长或其他政治领导人更替时所使用的出版物中。

亚当·温伯格:民主关系重大
科尔盖特大学(位于纽约州汉密尔顿市)等校

概况:这门为期一年的无学分课程是为在校园里创建和领导"民主关系重大"分会的学生开设的。其中的培训项目每年吸引约 70 名学生,他们来自不同的年级、专业和学校。全年共有八百至一千名学生参加校园分会。

详情:"民主关系重大"是一个致力于民主改革,尤其是竞选资金改革的无党派、非营利组织,由科尔盖特大学的几位教授负责运营。项目培训学生成为校园协调员,然后在各自学校创建和领导"民主关系重大"分会。该项目由四个阶段组成。首先是"了解议题与获得政治技能",学生通过包含阅读、练习和反思部分的网络教程进行学习,这是一门交互式的函授课程,包括回答问题、分享答案和提供反思。第二阶段是"生成校园政治",学生在各自校园创建"民主关系重大"分会,实现运行校园组织的策略。第三阶段为"反思与策略",校园协调员要在学期末完成一份学期工作总结,并在冬季学期初举行的为期两天的"学生峰会"上进行汇报,校外教师也会受邀来开展讲座与研讨。最后阶段是春季学期的"参与社区政治",校园分会着重联系社区和其他分会。每个校园分会都会在年末发布一份评估其工作并概述明年计划的报告。

312 **格雷格·沃克海泽:学院领袖项目**
索伦森协会(原弗吉尼亚州公民协会)
弗吉尼亚大学夏洛茨维尔分校

  概况:一个为期30天的项目,每年夏天举办,提供住宿。项目为30名弗吉尼亚州各学院和大学的学生提供公民领导培训。

  详情:"学院领袖"项目(CLP)汇集了来自弗吉尼亚州各地的30名学生,他们在一个月的时间内集中学习该州的政治和公共政策。索伦森协会是致力于公民教育的无党派、非营利组织,为该项目提供赞助。项目课程以"三维视角"为核心。第一维是"知情公民视角",通过了解弗吉尼亚州的政治形势(制度、机构、利益集团等)以及了解弗吉尼亚人认同和争论问题的方式,获得有关该州政治和公共政策的基本知识。第二维是"深思熟虑的公民视角",思考政府的意图和目标以及价值观在公共政策中的作用等相关问题。最后是"积极公民视角",获取政治参与的-实践知识与技能。此外,项目还包括体验性学习内容,包括客座演讲、辩论、专家小组讨论以及工作坊等。在项目接近尾声时会组织模拟州议会,学生以小组合作的方式尝试通过立法。学生还会以十人一组的方式共同完成期末项目,对弗吉尼亚公共政策中的一个领域进行研究,并做30分钟的政策简报。他们需要形成综合性报告,详细说明关键问题、可能的改进措施、成本效益分析以及与通过政策建议有关的政治背景和动员问题。

参考文献

Abramson, P. R. *The Political Socialization of Black Americans: A Critical Evaluation of Research on Efficacy and Trust.* New York: Free Press, 1977.

Aldrich, J. H. "Rational Choice and Turnout." *American Journal of Political Science*, 1993, 37(1), 246–278.

Almond, G. A., and Verba, S. *The Civic Culture: Political Attitudes and Democracy in Five Nations.* Princeton, N. J.: Princeton University Press, 1963.

Althaus, S. L. "Information Effects in Collective Preferences." *American Political Science Review*, 1998, 92(3), 545–558.

Amadeo, J., and others. *Civic Knowledge and Engagement: An IEA Study of Upper Secondary Students in Sixteen Countries.* Amsterdam: International Association for the Evaluation of Educational Attainment, 2002.

American Association of University Professors. "On Freedom of Expression and Campus Speech Codes," 1994. Retrieved Sept. 2006, from http://www.aaup.org/AAUP/pubsres/policydocs/speechcodes.htm?wbc_purpose = Basic&WBCMODE = PresentationUnpublished.

American Council of Trustees and Alumni. "Survey Reveals Pervasive Political Pressure in the Classroom," Nov. 30, 2004. Retrieved Jan. 2005, from http://www. goacta. org/press/Press% 20Releases/11-30-04PR. htm.

American Council on Education. "Statement on Academic Rights and Responsibilities," June 23, 2005. Retrieved Dec. 2005, from http.//www. acenet. edu/ AM/Template. cfm? Section = Search&; template = /CM/ContentDisplay. cfm& ContentID = 10672.

American Council on Education and others. " Addressing the Challenges Facing American Undergraduate Education: A Letter to Our Members," Sept. 21, 2006. Retrieved Sept. 2006, from http://www. nasulgc. org/six. nextsteps. letter. 0906. pdf.

Anaya, G. "College Impact on Student Learning: Comparing the Use of Self-Reported Gains, Standardized Test Scores, and College Grades." *Research in Higher Education*, 1999, 40(5), 499 – 526.

Anderson, L. E, Jenkins, L. B., Leming, J., MacDonald, W. B., Mullis, I. V. S., Turner, M. J., and Wooster, J. S. *The Civics Report Card: Trends in Achievement from 1976 to 1988 at Ages 13 and 17;* Achievement in 1988 at Grades 4, 8, and 12. Princeton, N. J.: Educational Testing Service, 1990.

Applebaum, B. "Social Justice, Democratic Education, and the Silencing of the Words That Wound." *Journal of Moral Education*, 2003, 32(2), 151 – 162.

Associated Press. "Anti-War Protesters Go Digital," Mar. 27, 2003.

Retrieved June 2006, from http://www.cnn.com/2003/TECH/ptech/03/27/digital.protesters.ap/index.html.

Association of American Colleges and Universities. "Academic Freedom and Educational Responsibility," Jan? 6, 2006. Retrieved Mar. 2006, from http://www.aacu.org/about/statements/academic_freedom.cfm.

Astin, A. W, and Denson, N. "Long-Term Effects of College on Students' Political Orientation." Los Angeles: Higher Education Research Institute, University of California, unpublished research paper under review 2007.

Astin, A. W, Vogelgesang, L. J., Ikeda, E. K., and Yee, J. A. How Service Learning Affects Students. Los Angeles: Higher Education Research Institute, University of California, 2000.

Bahr, A. M. "The Right to Tell the Truth," May 6, 2005. Retrieved May 2005, from http://chronicle.com/weekly/v51/i35/35b00501.htm.

Bandura, A. *Self-Efficacy: The Exercise of Control*. New York: Freeman, 1997.

Barabas, J. "How Deliberation Affects Policy Opinions." *American Political Science Review*, 2004, 98(4), 687–701.

Barber, B. R. *Strong Democracy: Participatory Politics for a New Age*. Berkeley: University of California Press, 1984.

Barber, B. R. "A Mandate for Liberty: Requiring Education-Based Community Service." *The Responsive Community*, 1991, 1(2), 46–55.

Barry, B. Sociologists, *Economists, and Democracy: Themes and Issues in Modern Sociology*. London: Collier-Macmillan, 1970.

Bartels, L. M. "Uninformed Votes: Information Effects in Presidential Elections." *American Journal of Political Science*, 1996, 40, 194–230.

Bartels, L. M. "Partisanship and Voting Behavior, 1952–1996." *American Journal of Political Science*, 2000, 44(1), 35–50.

Battistoni, R. M. "Service Learning and Democratic Citizenship." *Theory into Practice*, 1997, 36(3), 150–156.

Baxter Magolda, M. *Knowing and Reasoning in College: Gender-Related Patterns in Students' Intellectual Development*. San Francisco: Jossey-Bass, 1992.

Beaumont, E., Colby, A., Ehrlich, T., and Torney-Purta, J. "Promoting Political Competence and Engagement in College Students: An Empirical Study." *Journal of Political Science Education*, 2006, 2(3), 249–270.

Beaumont, E., Greene, J., and Torney-Purta, J. "The Nexus of Political Efficacy and Political Learning: An HLM Analysis of the Development of Political Engagement." Paper presented at the Midwest Political Science Association annual conference, Chicago, Apr. 2007.

Bennett, S. E. "The Persian Gulf War's Impact on Americans' Political Information." *Political Behavior*, 1994, 16 (2), 179–201.

Bennett, S. E., and Bennett, L. L. M. "Reassessing Higher

Education's Effects on Young Americans' Civic Virtue." Paper presented at the International Conference for Civic Education Research, New Orleans, Nov. 2003.

Berelson, B. R., Lazarsfeld, P. E, and McPhee, W. N. Voting: *A Study of Opinion Formation in a Presidential Campaign*. Chicago: University of Chicago Press, 1954.

Berry, J- M., Portney, K. R, and Thompson, K. *The Rebirth of Urban Democracy*. Washington, D. C.: Brookings Institution Press, 1993.

Blasi, A. "Moral Understanding and the Moral Personality; The Process of Moral Integration." In W. Kurtines and J. Gewirtz (eds.). Moral Development: An Introduction (pp. 229 – 253). Needham Heights, Mass.: Allyn and Bacon, 1995.

Blasi, G. L. "What Lawyers Know: Lawyering Expertise, Cognitive Science, and the Functions oi Theory." *Journal of Legal Education*, 1995, 45(3), 313 – 397.

Bohman, J. Public Deliberation: Pluralism, *Complexity, and Democracy*. Cambridge, Mass.: MIT Press, 1999.

Bohman, J., and Rehg, W. (eds.). *Deliberative Democracy: Essays on Reason and Politics*. Cambridge, Mass.: MIT Press, 1997.

Bollinger, L. C. "Cardozo Lecture on Academic Freedom," Mar. 24, 2005. Retrieved Mar. 2005, from http://www.columbia.edu/cu/news/05/03/cardozo_lecture.html.

Bond, D., Keogh, R., and Walker, D. "Promoting Reflection in Learning: A Model." In D. Bond, R. Keogh, and D. Walker (eds.). Reflection: Turning Experience into Learning (pp. 18 – 40). London: Kogan Page, 1985.

Bowen, W. G. (1988). "The Politics of the Faculty." In *Ever the Teacher*: William G. Bowen's *Writings as President of Princeton* (pp. 323 – 336). Princeton, N. J.: Princeton University Press.

Boyte, H. C. *The Backyard Revolution: Understanding the New Citizen Movement.* Philadelphia: Temple University Press, 1980.

Boyte, H. C. "The Citizen Politics of Public Work," 2001a. Retrieved Mar. 2006, from http://www.publicwork.org/pdf/speeches/Wisconsin_2001.pdf.

Boyte, H. C. "A Tale of Two Playgrounds: Young People and Politics," 2001b. Retrieved Mar. 2006, from http://www.publicwork.org/pdf/speeches/TaleofTw.pdf.

Boyte, H. C. *Everyday Politics: Reconnecting Citizens and Public Life.* Philadelphia: University of Pennsylvania Press, 2004.

Brady, H. E. "Political Participation." In J. P. Robinson, P. R. Shaver, and L. W. Wrightsman (eds.). *Measures of Political Attitudes* (pp. 737 – 801). Orlando: Academic Press, 1999.

Bransford, J. D., Brown, A. L., and Cocking, R. R. *How People Learn: Brain, Mind, Experience, and School.* Washington, D. C.: National Academies Press, 2000.

Brehm, J., and Rahn, W. M. "Individual-Level Evidence for the Causes and Consequences of Social Capital." American Journal of Political Science, 1997, 41(3), 999 – 1023.

Brickhouse, T. C., and Smith, N. D. *Plato's Socrates.* New York:

Oxford University Press, 1994.

California Campaign for the Civic Mission of Schools. "The California Survey of Civic Education," 2005. Retrieved July 2006, from http://www.cms-ca.org/civic_survey_final.pdf.

Campbell, A., Converse, P. E., Miller, W. E., and Stokes, D. E. *The American Voter*. Hoboken, N. J.: Wiley, 1960.

Campbell, A. L. *How Policies Make Citizens: Senior Political Activism and the American Welfare State*. Princeton, N. J.: Princeton University Press, 2003.

Center for Civic Education. "National Standards for Civics and Government," 1994. Retrieved June 2006, from http://www.civiced.org/index.php?page=stds.

Center for Information and Research on Civic Learning and Engagement. "National Youth Survey 2002," Mar. 4, 2002. Retrieved Oct. 2002, from http://www.civicyouth.org/research/products/national_youth_survey.htm.

Center for Survey Research & Analysis. "Politics in the Classroom: A Survey of Students at the Top 50 Colleges & Universities," Feb. 2006. Retrieved May 2006, from http://www.atr.org/content/pdf/2006/Feb/020206Politics%20 in%20the%20Classroom.pdf.

Chickering, A. W., and Gamson, Z. F. "Seven Principles for Good Practice in Undergraduate Education." *American Association for Higher Education Bulletin*, 1987, 39(7), 3-7.

Chong, D. *Collective Action and the Civil Rights Movement*. Chicago: University of Chicago Press, 1991.

Cohen, J. 1988. *Statistical Power Analysis for the Behavioral Sciences (2nd ed.)*. Mahwah, N. J. : Erlbaum, 1988.

Colby, A. , and Damon, W. *Some Do Care: Contemporary Lives of Moral Commitment*. New York: Free Press, 1992.

Colby, A. , Ehrlich, T, Beaumont, E. , and Stephens, J. *Educating Citizens: Preparing America's Undergraduates for Lives of Moral and Civic Responsibility*. San Francisco: Jossey-Bass, 2003.

Colby, A. , Sippola, L. , and Phelps, E. "Social Responsibility and Paid Work in Contemporary American Life. " In A. S. Rossi (ed.). *Caring and Doing for Others: Social Responsibility in the Domains of Family, Work, and Community* (pp. 463 – 501). Chicago: University of Chicago Press, 2001.

Conover, P. J. , and Searing, D. D. " A Political Socialization Perspective. " In L. M. McDonnell, P. M. Timpane, and R. Benjamin (eds.). *Rediscovering the Democratic Purposes of Education* (pp. 91 – 124). Lawrence: University Press of Kansas, 2000.

Converse, P. E. "The Nature of Belief Systems in Mass Publics. " In D. E. Apter (ed.). *Ideology and Discontent* (pp. 206 – 261). New York: Free Press, 1964.

Craig, S. C. , Niemi, R. G. , and Silver, G. E. "Political Efficacy and Trust: A Report on the NES Pilot Study Items. " *Political Behavior*, 1990, 12(3), 289 – 314.

Cranton, P. *Professional Development as Transformative Learning: New Perspectives for Teachers of Adults*. San Francisco: Jossey-

Bass, 1996.

Creighton, J. A., and Harwood, R. C. *College Students Talk Politics.* Dayton, Ohio: Kettering Foundation, 1993.

Dahl, R. *Who Governs? Democracy and Power in an American City.* New Haven, Conn.: Yale University Press, 1961.

Dahl, R. *Democracy and Its Critics.* New Haven, Conn.: Yale University Press, 1989.

Delli Carpini, M. X., and Keeter, S. *What Americans Know About Politics and Why It Matters.* New Haven, Conn.: Yale University Press, 1996.

Dewey, J. *How We Think: A Restatement of the Relation of Reflective Thinking to the Educative Process.* Lexington, Mass.: Heath, 1933. (Originally published 1910)

Dewey, J. *Democracy and Education: An Introduction to the Philosophy of Education.* New York: Macmillan, 1961. (Originally published 1916)

Dewey, J. *The Public and Its Problems.* Athens, Ohio: Swallow Press, 1988. (Originally published 1927)

Dewey, J. "Creative Democracy: The Task Before Us." In J. A. Boydston (ed.). *The Later Works of John Dewey,* 1925 – 1953 (Vol. 14; pp. 224 – 230). Carbondale: Southern Illinois University Press, 1988. (Originally published 1939)

DeZure, D., Babb, M., and Waldmann, S. "Integrative Learning Nationwide: Emerging Themes and Practices." *Peer Review,* 2005, 7(4), 24 – 28.

Dryzek, J. *Deliberative Democracy and Beyond: Liberals, Critics, Contestations*. New York: Oxford University Press, 2000.

Dumont, R. G., and Troelstrup, R. L. "Exploring Relationships between Objective and Subjective Measures of Instructional Outcomes." *Research in Higher Education*, 1980, 12, 37–51.

Dye, T. R., and Ziegler, L. H. *The Irony of Democracy: An Uncommon Introduction to American Politics*. Belmont, Calif.: Wadsworth, 1970.

Easton, D. "A Reassessment of the Concept of Political Support." *British Journal of Political Science*, 1975, 5(4), 435–457.

Easton, D., and Dennis, J. "The Child's Acquisition of Regime Norms: Political Efficacy." *American Political Science Review*, 1967, 61(1), 25–38.

Ehman, L. "The American School in the Political Socialization Process." *Review of Educational Research*, 1980, 50, 99–119.

Elster, J. (ed.). *Deliberative Democracy*. Cambridge, U. K.: Cambridge University Press, 1998.

Ericsson, K. A. (ed.). *The Road to Excellence: The Acquisition of Expert Performance in the Arts and Sciences, Sports, and Games*. Mahwah, N. J.: Erlbaum, 1996.

Ericsson, K. A. "Exceptional Memorizers: Made, Not Born." *Trends in Cognitive Sciences*, 2003, 7(6), 233–235.

Ericsson, K. A., and Charness, N. "Expert Performance: Its Structure and Acquisition." *American Psychologist*, 1994, 49(8), 725–747.

Ericsson, K. A., Krampe, R. T, and Tesch-Romer, C. "The Role of Deliberate Practice in the Acquisition of Expert Performance." *Psychological Review*, 1993, 100(3), 363–406.

Euben, J. P. Corrupting Youth; *Political Education, Democratic Culture, and Political Theory*. Princeton, N. J.: Princeton University Press, 1997.

Eyler, J., and Giles, D. E. *Where's the Learning in Service-Learning?* San Francisco: Jossey-Bass, 1999.

Ferejohn, J. "The Citizens' Assembly Model," Feb. 2006. Retrieved June 2006, from http://www.hhh.umn.edu/img/assets/1978 1/ citizens%20assembly% 20model.pdf.

Finkel, S. E. "Can Democracy Be Taught?" *Journal of Democracy*, 2003, 14(4), 137–151.

Fiorina, M. P. "Extreme Voices: A Dark Side of Civic Engagement." In T. Skocpol and M. P. Fiorina (eds.). *Civic Engagement in American Democracy* (pp. 395–425). Washington, D. C.: Brookings Institution Press, 1999.

Fisher, R., Ury, W, and Patton, B. Getting to Yes: *Negotiating Agreement Without Giving In*. New York: Penguin Books, 1991.

Fishkin, J. S. *The Voice of the People: Public Opinion and Democracy*. New Haven, Conn.: Yale University Press, 1995.

Fiske, S. T, Kinder, D. R., and Carter, W. M. "The Novice and the Expert: Knowledge-Based Strategies in Political Cognition." *Journal of Experimental Social Psychology*, 1983, 19(4), 381–400.

Flanagan, C. A., and Sherrod, L. R. "Youth Political

Development: An Introduction." *Journal of Social Issues*, 1998, 54(3), 447-456.

Free Exchange on Campus. "Facts Count: An Analysis of David Horowitz's 'The Professors'," Sept. 5, 2006. Retrieved Sept. 2006, from http://www.freeexchangeoncampus.org/index.php?option=com_docman&task=cat_view&gid=12&Itemid=25.

Galston, W. "Political Knowledge, Political Engagement, and Civic Education." *Annual Review of Political Science*, 2001, 4, 217-234.

Gamson, W. *Power and Disc6ntent*. Homewood, Ill: Dorsey Press, 1968.

Garner, R., and Alexander, P. A. "Metacognition: Answered and Unanswered Questions." *Educational Psychologist*, 1989, 24(2), 143-158.

Gerber, A. S., Green, D. R, and Shachar, R. "Voting May Be Habit Forming: Evidence from a Randomized Field Experiment." *American Journal of Political Science*, 2003, 47(3), 540-550.

Gilens, M. "Political Ignorance and Collective Policy Preferences." *American Political Science Review*, 2001, 95(2), 379-396.

Glanville, J. L. "Political Socialization or Selection? Adolescent Extracurricular Participation and Political Activity in Early Adulthood." *Social Science Quarterly*, 1999, 80(2), 279-290.

Gorney, C. *Articles of Faith: A Frontline History of the Abortion Wars*. New York: Simon & Schuster, 1998.

Gould, J. B. *Speak No Evil: The Triumph of Hate Speech Regulation*. Chicago: University of Chicago Press, 2005.

Gray, M. J., Campbell, N. E, Ondaatje, E. H., Rosenblatt, K., Geschwind, S., Fricker, R. D., Goldman, C. A., Kaganoff, T, Robyn, A., Sundt, M., Vogelgesang, L., and Klein, S. P. *Combining Service and Learning in Higher Education: Evaluation of the Learn and Serve America Higher Education Program.* Santa Monica, Calif.: Rand Education, 1999.

Green, D. R, Gerber, A. S., and Nickerson, D. W. "Getting Out the Youth Vote in Local Elections: Results from Six Door-to-Door Canvassing Experiments," June 25, 2004. Retrieved Oct. 2006, from http://www.youthvote.org/infoA"outhVote2001YaleReport.pdf.

Grossman, P. L., and Compton, C. M. "The Anatomy of Professions: The Decomposition of Practice." Paper presented at the American Educational Research Association annual meeting, Montreal, Quebec, Canada, Apr. 2005.

Gutmann, A. "Democratic Citizenship." In J. Cohen (ed.). *For Love of Country: Debating the Limits of Patriotism* (pp. 66 – 71). Boston: Beacon Press, 1996.

Gutmann, A., and Thompson, D. *Democracy and Disagreement: Why Moral Conflict Cannot Be Avoided in Politics, and What Can Be Done About It.* Cambridge, Mass.: Belknap Press, 1996.

Gutmann, A., and Thompson, D. *Why Deliberative Democracy?* Princeton, N.J.: Princeton University Press, 2004.

Haidt, J. "The Positive Emotion of Elevation," Mar. 2000. Retrieved Jan. 2002, from http://content.apa.org/journals/pre/3/1/3.

Hanson, R. L. , and Marcus, G. E. "Introduction: The Practice of Democratic Theory. " In G. E. Marcus and R. L. Hanson (eds.). *Reconsidering the Democratic Public* (pp. 1 – 32). University Park: The Pennsylvania State University Press, 1993.

Harvard University Institute of Politics. "October 2003 Survey, " Oct. 2003. Retrieved Jan. 2004, from http: //www. iop. harvard. edu/ pdfs/survey/ fall_2003_tophne. pdf.

Harvard University Institute of Politics. "Redefining Political Attitudes and Activism: A Poll by Harvard's Institute of Politics, " Nov. 16, 2005. Retrieved Feb. 2006, from http: //www. iop. harvard. edu/ pdfs/survey/ fall_2005_execsumm. pdf.

Harwood Group. *Citizens and Politics: A View from Main Street America*. Dayton, Ohio: Kettering Foundation, 1991.

Hess, R. D. , and Torney, J. V. *The Development of Political Attitudes in Childhood*. Hawthorne, N. Y. : Aldine de Gruyter, 1967.

Higher Education Research Institute (HERI). "Volunteering and Community Involvement Declines After Students Leave College, " 2005. Retrieved Dec. 2006, from http: //www. gseis. ucla. edu/ heri/PDFs/Atlantic_PR. pdf.

Hitlin, S. "Values as the Core of Personal Identity: Drawing Links Between the Two Theories of Self. " *Social Psychology Quarterly*, 2003, 6(2), 118 – 137.

Hoffman, M. "Is Altruism Part of Human Nature?" *Journal of Personality and Social Psychology*, 1981, 40, 121 – 137.

Horowitz, D. "Academic Bill of Rights, " July 1, 2006a. Retrieved July 2006, from http://www.studentsforacademicfreedom.org/abor.html.

Horowitz, D. "In Defense of Intellectual Diversity, " Eeb. 13, 2004a. Retrieved Apr. 2006, from http://chronicle.eom/weekly/v50/i23/23b01201.htm. Horowitz, D. "It's Time for Fairness and Inclusion in Our Universities, " Dec. 14, 2004b. Retrieved Apr. 2006, from http://www.frontpagemag.com/ Articles/ReadArticle.asp? ID = 16301.

Horowitz, D. *The Professors: The 101 Most Dangerous Academics in America*. Washington, D. C.: Regnery Publishing, 2006b.

Hu, L., and Bentler, P. M. "Cutoff Criteria for Fit Indices in Covariance Structure Analysis: Conventional Criteria Versus New Alternatives. " *Structural Equation Modeling*, 1999, 6, 1-55.

Huber, M. T, and Hutchings, P. Integrative Learning: Mapping the Terrain. Washington, D. C.: Association of American Colleges and Universities, 2004.

Huber, M. T, Hutchings, R, and Gale, R. "Integrative Learning for Liberal Education. " Peer Review, 2005, 7(4), 4-7.

Huckfeldt, R., and Sprague, J. *Citizens, Politics, and Social Communication: Information and Influence in an Election Campaign*. New York: Cambridge University Press, 1987.

Huckfeldt, R., and Sprague, J. "Political Parties and Electoral Mobilization: Political Structure, Social Structure, and the Party Canvass. " *American Political Science Review*, 1992, 86(1), 70-86.

Huntington, S. P. "The United States." In M. Crozier, S. P. Huntington, and J. Watanuki (eds.). *The Crisis of Democracy: Report on the Governability of Democracies to the Trilateral Commission* (pp. 59 – 118). New York: New York University Press, 1975.

Huntington, S. P. *American Politics: The Promise of Disharmony*. Cambridge, Mass.: Belknap Press, 1981.

Hurtado, S., Engberg, M. E., Ponjuan, L., and Landreman, L. "Students' Precollege Preparation for Participation in a Diverse Democracy." *Research in Higher Education*, 2002, 43(2), 163–186.

Iyengar, S. "Subjective Political Efficacy as a Measure of Diffuse Support." Public Opinion Quarterly, 1980, 44(2), 249–256.

Jacobson, J. "Penn State Reverses Intolerance Policies," June 2, 2006. Retrieved Dec. 2006, from http://chronicle.com/weekly/v52/i39/39a02003.htm.

Jamieson, K. H. *Everything You Think You Know About Politics… And Why You're Wrong*. New York: Basic Books, 2000.

Jaschik, S. "Fact-Checking David Horowitz," May 9, 2006. Retrieved May 2006, from http://insidehighered.com/news/2006/05/09/report.

Jayson, S. "Generation Y Gets Involved," Oct. 23, 2006. Retrieved Nov. 2006, from http://www.usatoday.com/news/nation/2006-10-23-gen-next-cover_x.htm.

Jennings, M. K. "Education and Political Development Among Young Adults." *Politics and the Individual*, 1993, 3(2), 1–23.

Jennings, M. K. "Political Knowledge Over Time and Across Generations." *Public Opinion Quarterly*, 1996, 60(2), 228–252.

Jennings, M. K., and Niemi, R. G. *The Political Character of Adolescence: The Influence of Families and Schools*. Princeton, N. J.: Princeton University Press, 1974.

Jennings, M. K., and Niemi, R. G. *Generations and Politics: A Panel Study of Young Adults and Their Parents*. Princeton, N. J.: Princeton University Press, 1981.

Jennings, M. K., and Stoker, L. "Dynamics of Social Capital: A Longitudinal Multiple-Generation Analysis." Paper presented at the annual meeting of the American Political Science Association, San Francisco, August-September 2001.

Jones, A. "The One-Sided University (Part One): UCLA Employee Donations," Jan. 5, 2006a. Retrieved May 2006, from http://www.uclaprofs.com/articles/contributions.html.

Jones, A. "The One-Sided University (Part Two): UCLA Professor Political Party Affiliation," Jan. 5, 2006b. Retrieved May 2006, from http://www.uclaprofs.com/articles/affiliation.html.

Keeter, S., Zukin, C., Andolina, M., and Jenkins, K. "The Civic and Political Health of the Nation: A Generational Portrait," Sept. 19, 2002. Retrieved Feb. 2003, from http://www.civicyouth.org/research/products/Civic_Political_Health.pdf.

Kelly-Woessner, A., and Woessner, M. "My Professor Is a Partisan Hack: How Perceptions of a Professor's Political Views Affect Student Course Evaluations." *PS: Political Science & Politics*,

2006, 39(3), 495 - 501.

Keohane, N. O. "President Keohane Resjionds to Ad Placed by Duke Conservative Union, " Feb. 11, 2004. Retrieved Feb. 2004, from http://news. duke. edu/2004/02/ad_0204. html.

King, D. C. "The Polarization of American Parties and Mistrust of Government. " In J. S. Nye Jr. , P. D. Zelikow, and D. C. King (eds.). *Why People Don't Trust Government* (pp. 155 - 178). Cambridge, Mass. : Harvard University Press, 1997.

King, R, and Kitchener, K. Developing Reflective Judgment: *Understanding and Promoting Intellectual Growth and Critical Thinking in Adolescents and Adults.* San Francisco: Jossey-Bass, 1994.

King, R, and Kitchener, K. "The Reflective Judgment Model: Twenty Years of Research on Epistemic Cognition. " In B. Hofer and P. Pintrich (eds.). *Personal Epistemology: The Psychology of Beliefs About Knowledge and Knowing* (pp. 37 - 61). Mahwah, N. J. : Erlbaum, 2002.

Klein, D. B. , and Stern, C. "How Politically Diverse Are the Social Sciences and Humanities? Survey Evidence from Six Fields, " Nov. 18, 2004. Retrieved Jan. 2006, from http:// swopec. hhs. se/ ratioi/abs/ratioi0053. htm.

Klein, D. B. , and Western, A. "How Many Democrats per Republican at UC-Berkeley and Stanford? Voter Registration Data Across 23 Academic Departments, " Nov. 18, 2004. Retrieved Jan. 2006, from http://swopec. hhs. se/ratioi/abs/ratioi0054. htm.

Klein, S. R, and others. "An Approach to Measuring Cognitive Outcomes Across Higher Education Institutions." *Research in Higher Education*, 2005, 46(3), 251–276.

Knefelkamp, L. *Developmental Instruction: Fostering Intellectual and Personal Growth in College Students. Unpublished doctoral dissertation.* University of Minnesota, 1974.

Kolb, D. A. *Experiential Learning: Experience as the Source of Learning and Development.* Upper Saddle River, N. J.: Prentice Hall, 1984.

Kuh, G. D. "In Their Own Words: What Students Team Outside the Classroom." *American Educational Research Journal*, 1993, 30 (2), 277–304.

Kuh, G. D. "The National Survey of Student Engagement: Conceptual Framework and Overview of Psychometric Properties," Nov. 8, 2003. Retrieved Oct. 2005, from http://nsse.iub.edu/pdf/conceptual_framework_2003.pdf.

Kuh, G. D. "Imagine Asking the Client: Using Student and Alumni Surveys for Accountability in Higher Education." In J. C. Burke and Associates (eds.). *Achieving Accountability in Higher Education: Balancing Public, Academic, and Market Demands* (pp. 148–172). San Francisco: Jossey-Bass, 2005.

Kuh, G. D., and others. *Involving Colleges: Successful Approaches to Fostering Student Learning and Development Outside the Classroom.* San Francisco: Jossey-Bass, 1991.

Langton, K. R, and Jennings, M. K. "Political Socialization and the

High School Civics Curriculum in the United States." *American Political Science Review*, 1968, 62(3), 852–867.

Langton, K. P., and Karns, D. A. "The Relative Influence of the Family, Peer Group, and School in the Development of Political Efficacy." *Western Political Quarterly*, 1969, 22(4), 813–826.

Lee, D., and Sabatino, K. "Evaluating Guided Reflection: A U. S. Case Study." *International Journal of Training and Development*, 1998, 2(3), 162–170.

Leighley, J. "Group Membership and the Mobilization of Political Participation." *Journal of Politics*, 1996, 58(2), 447M63.

Levi, M., and Stoker, L. "Political Trust and Trustworthiness." *Annual Review of Political Science*, 2002, 3, 475–507.

Lindholm, J. A., Szelenyi, K., Hurtado, S., and Korn, W. S. *The American College Teacher: National Norms for the 2004–2005 HERI Faculty Survey*. Los Angeles: Higher Education Research Institute, University of California, 2005.

Lipset, S. M. "Introduction." In R. Michels (ed.). *Political Parties: A Sociological Study of the Oligarchical Tendencies of Modern Democracy* (pp. 15–39). New York: Collier, 1962.

Long, S. E. "The New Student Politics: The Wingspread Statement on Student Civic Engagement" (2nd ed.), 2002. Retrieved May 2006, from http://www.compact.org/wingspread/wingspread-web.pdf.

Longo, N. V., and Meyer, R. P. "College Students and Politics: A Literature Review," May 2006. Retrieved June 2006, from http://

www. civicyouth. org/ PopUps/WorkingPapers/ WP46LongoMeyer. pdf.

Lopez, M. H., Kirby, E., Sagoff, J., and Herbst, C. "The Youth Vote 2004 (with a Historical Look at Youth Voting Patterns, 1972 - 2004), " July 2005. Retrieved Dec. 2005, from http://www. civicyouth. org/PopUps/Working Papers/WP35CIRCLE. pdf.

Lopez, M. H., and others. "The 2006 Civic and Political Health of the Nation: A Detailed Look at How Youth Participate in Politics and Communities, " Oct. 2006. Retrieved Oct. 2006, from http:// www. civicyouth. org/ PopUps/2006_CPHS_Report_update. pdf.

Lord, C. G., Ross, L., and Leeper, M. R. "Biased Assimilation and Attitude Polarization: The Effects of Prior Theories on Subsequently Considered Evidence. " *Journal of Personality and Social Psychology*, 1979, 37(11), 2098 - 2109.

Lummis, C. D. *Radical Democracy*. Ithaca, N. Y.: Cornell University Press, 1996.

Lupia, A., and McCubbins, M. D. *The Democratic Dilemma: Can Citizens Learn What They Need to Know?* Cambridge, U. K.: Cambridge University Press, 1998.

Luskin, R. C. " Explaining Political Sophistication. " *Political Behavior*, 1990, 12(4), 331 - 361.

Lutkus, A. D., Weiss, A. R., Campbell, ' J. R., Mazzeo, J., and Lazer, S. *NAEP 1998 Civics Report Card for the Nation*. Washington, D. C.: U. S. Department of Education, 1999.

Madsen, D. " Political Self-Efficacy Tested. " *American Political*

Science Review, 1987, 81(2), 571–582.

Makdisi, S. "Witch Hunt at UCLA," Jan. 22, 2006. Retrieved Jan. 2006, from http://www.latimes.com/news/opinion/sunday/commentary/la-op-makdisi22jan22, 0, 2020503. story? coll = la-home-sunday-opinion.

Mann, S., and Patrick, J. J. (eds.). *Education for Civic Engagement in Democracy: Service Learning and Other Promising Practices*. Bloomington, Ind.: ERIC Clearinghouse for Social Studies/Social Science Education, 2000.

Mansbridge, J. J. *Beyond Adversary Democracy*. Chicago: University of Chicago Press, 1983.

Mansbridge, J. J. "On the Idea That Participation Makes Better Citizens." In S. L. Elkin and K. E. Soltan (eds.). *Citizen Competence and Democratic Institutions* (pp. 291–325). University Park: The Pennsylvania State University Press, 1999.

Markus, H., and Nurius, P. "Possible Selves." *American Psychologist*, 1986, 41(9), 954–969.

Mason, J. L., and Nelson, M. "Selling Students on the Elections of 2000." *Chronicle of Higher Education*, Sept. 22, 2000, p. B16.

McAdam, D. *Freedom Summer*. New York: Oxford University Press, 1988.

McAdam, D., and Paulsen, R. "Specifying the Relationship Between Social Ties and Activism." *American Journal of Sociology*, 1993, 58(3), 640–667.

Mentkowski, M., and Associates. *Learning That Lasts: Integrating*

Learning, Development, and Performance in College and Beyond. San Francisco: Jossey-Bass, 2000.

Mill, J. S. *Considerations on Representative Government*. New York: Harper and Brothers, 1862. Retrieved Sept. 2004, from http://www.gutenberg.org/etext/5669.

Mill, J. S. "On Liberty." In J. B. Schneewind (ed.). *The Basic Writings of John Stuart Mill* (pp. 1 – 119). New York: Modern Library, 2002. (Originally published 1859)

Miller, W. E., and Shanks, M. *The New American Voter*. Cambridge, Mass.: Harvard University Press, 1996.

Moats, D. *Civil Wars: A Battle for Gay Marriage*. Orlando: Harcourt Brace, 2004.

Murphy, J. B. "Against Civic Schooling." *Social Philosophy and Policy*, 2004, 21(1), 221 – 265.

Mutz, D. "Cross-Cutting Social Networks: Testing Democratic Theory in Practice." *American Political Science Review*, 2002, 96, 111 – 126.

Mutz, D., and Mondak, J. J. "The Workplace as a Context for Cross-Cutting Political Discourse." *Journal of Politics*, 2006, 68 (1), 140 – 155.

National Association of Secretaries of State. *New Millennium Project-Phase I: A Nationwide Study of 15 – 24 Year Old Youth*. Alexandria, Va.: The Tarrance Group, 1999.

Neuman, W. R. *The Paradox of Mass Politics: Knowledge and Opinion in the American Electorate*. Cambridge, Mass.: Harvard

University Press, 1986.

Newton Jr. , R. D. "Academic Advocacy: Appeals and Abuses." *Teaching Ethics*, 2003, 3(2), 1 – 25.

Nie, N. H. , and Hillygus, D. S. (2001). "Education and Democratic Citizenship." In D. Ravitch and J. P. Viteritti (eds.). *Making Good Citizens: Education and Civil Society* (pp. 30 – 57). New Haven, Conn.: Yale University Press.

Nie, N. H. , Junn, J. , and Stehlik-Barry, K. *Education and Democratic Citizenship in America*. Chicago: University of Chicago Press, 1996.

Niemi, R. G. , Craig, S. C. , and Mattei, F. "Measuring Internal Political Efficacy in the 1988 National Election Study." *American Political Science Review*, 1991, 85(4), 1407 – 1413.

Niemi, R. G. , Hepburn, M. A. , and Chapman, C. "Community Service by High School Students: A Cure for Civic Ills?" *Political Behavior*, 2000, 22(1), 45 – 69.

Niemi, R. G. , and Junn, J. *Civic Education: What Makes Students Learn*. New Haven, Conn.: Yale University Press, 1998.

Ober, J. *Political Dissent in Democratic Athens: Intellectual Critics of Popular Rule*. Princeton, N. J.: Princeton University Press, 1998.

Pascarella, E. T, and Terenzini, P. T. *How College Affects Students: Findings and Insights from Twenty Years of Research*. San Francisco: Jossey-Bass, 1991.

Pascarella, E. T, and Terenzini, P. T. *How College Affects Students: A Third Decade of Research*. Vol. 2. San Francisco: Jossey-

Bass, 2005.

Pateman, C. *Participation and Democratic Theory*. Cambridge, U. K. : Cambridge University Press, 1970.

Perry, J. L. , and Jones, S. G. *Quick Hits for Educating Citizens: Successful Strategies by Award-Winning Teachers*. Indianapolis: Indiana University Press, 2006.

Perry, W. *Forms of Intellectual and Ethical Development in the College Years: A Scheme*. San Francisco: Jossey-Bass, 1970.

Peter D. Hart Research Associates. "Making a Difference, Not a Statement: College Students and Politics, Volunteering, and an Agenda for America," April 2001. Retrieved July 2006, from http://www.panettainstitute.org/hart_research.html.

Petrovic, J. E. "Can We Forget to Censor Silence? A Rejoinder to Applebaum." *Journal of Moral Education*, 2003, 32 (2), 163 – 166.

Piliavin, J. A. , and Callero, P. L. *Giving Blood: The Development of an Altruistic Identity*. Baltimore: Johns Hopkins University Press, 1991.

Plutzer, E. "Becoming a Habitual Voter: Inertia, Resources, and Growing in Young Adulthood." *American Political Science Review*, 2002, 96(1), 41 – 56.

Pollock III, P. H. "The Participatory Consequences of Internal and External Political Efficacy: A Research Note." *The Western Political Quarterly*, 1983, 36(3), 400 – 409.

Popkin, S. L. , and Dimock, M. "Political Knowledge and Citizen

Competence." In S. Elkin and K. Soltan (eds.). *Citizen Competence and Democratic Institutions* (pp. 117–146). University Park: The Pennsylvania State University Press, 1999.

Pryor, J. H., and others. *The American Freshman: National Norms for Fall* 2005. Los Angeles: Higher Education Research Institute, University of California, 2005.

Putnam, R. D. Making Democracy *Work: Civic Tradition in Modern Italy*. Princeton, N.J.: Princeton University Press, 1993.

Putnam, R. D. Bowling Alone: *The Collapse and Revival of American Community*. New York: Simon & Schuster, 2000.

Rahn, W. M. "The Decline of National Identity Among Young Americans: Diffuse Emotion, Commitment, and Social Trust." Unpublished manuscript. University of Minnesota, 1992.

Rahn, W. M. Panel discussion at the advisory board meeting of the Civic Identity Project, Grand Cayman, Bahamas, 2000.

Rahn, W. M., Aldrich, J. H., and Borgida, E. "Individual and Contextual Variations in Political Candidate Appraisal." *American Political Science Review*, 1994, 88, 193–199.

Ricks, V. "Introduction: How Not to Teach Moral Relativism." Paper presented at the Teach-In on Moral Relativism, Stanford University, Stanford, Calif., May 1999.

Riker, W, and Ordeshook, P. "A Theory of the Calculus of Voting." *American Political Science Review*, 1968, 62(1), 25–42.

Rimmerman, C. A. "Teaching American Politics Through Service: Reflections on a Pedagogical Strategy." In G. Reeher and J.

Cammarano (eds.). *Education for Citizenship: Ideas and Innovations in Political Teaming* (pp. 17 – 29). Lanham, Md.: Rowman & Littlefield, 1997.

Robinson, T. "Dare the School Build a New Social Order?" *Michigan Journal of Community Service-Learning*, 2000, 7, 142 – 157.

Rosenberg, S. W. (ed.). *Can the People Decide? Theory and Empirical Research on Democratic Deliberation*. London: Palgrave Macmillan, 2007.

Rosnow, R. L., and Rosenthal, R. "Computing Contrasts, Effect Sizes, and Counternulls on Other People's Published Data: General Procedures for Research Consumers." *Psychological Methods*, 1996, 1, 331 – 340.

Rossi, A. S. (ed.). *Caring and Doing for Others: Social Responsibility in the Domains of Family, Work, and Community. Chicago*: University of Chicago Press, 2001.

Rothman, S., Lichter, S. R., and Nevitte, N. "Politics and Professional Advancement Among College Faculty," Jan. 2005. Retrieved Jan. 2006, from http://www.bepress.com/cgi/viewcontent.cgi?article=10678<:context=forum.

Sax, L. J. "Citizenship Development and the American College Student." In T. Ehrlich (ed.). *Civic Responsibility and Higher Education* (pp. 3 – 18). Phoenix: Oryx Press, 1999.

Sax, L. J. "Citizenship Development and the American College Student." *New Directions for Institutional Research*, 2004, 122, 65 – 80.

Sax, L. J., and others. *The American Freshman: National Norms for Fall 2003*. Los Angeles: Higher Education Research Institute, University of California, 2003.

Schachter, H. L. "Civic Education: Three Early American Political Science Association Committees and Their Relevance for Our Times." PS: *Political Science & Politics*, 1998, 32(3), 631–635.

Schlozman, K. L. "Citizen Participation in America: What Do We Know? Why Do We Care?" In 1. Katznelson and H. Milner (eds.). *Political Science: The State of the Discipline* (pp. 433–61). New York: Norton, 2002.

Schlozman, K. L., Verba, S., and Brady, H. E. "Civic Participation and the Equality Problem." In T. Skocpol and M. P. Fiorina (eds.). *Civic Engagement in American Democracy* (pp. 427–459). Washington, D. C.: Brookings Institution, 1999.

Schneider, B. "Netroots Activism Arrives," Aug. 5, 2005. Retrieved Aug. 2005, from http://www.cnn.eom/2005/POLITICS/08/05/bloggers/.

Schoenfeld, A. H. *Mathematical Problem Solving*. Orlando: Academic Press, 1985. Schoenfeld, A. H. "What's All the Fuss About Metacognition?" In A. H. Schoenfeld (ed.). *Cognitive Science and Mathematics Education* (pp. 189–216). Mahwah, N. J.: Erlbaum, 1987.

Seligman, M. E. P. *Authentic Happiness: Using the New Positive Psychology to Realize Your Potential for Lasting Fulfillment*. New York: Free Press, 2002.

Shapiro, R., and Bloch-Elkon, Y. "Political Polarization and the Rational Public." Paper presented at the Annual Conference of the American Association for Public Opinion Research, Montreal, Quebec, Canada, May 2006.

Shavelson, R. J., and Huang, L. "Collegiate Learning Assessment Conceptual Framework," 2003. Retrieved Nov. 2006, from http://www.cae.org/content/pdf/CLA.ConceptualFramework.pdf.

Shulman, L. S. "Pedagogies of Uncertainty." *Liberal Education*, 2005, 91(2), 18–25.

Smith, E. "The Effects of Investments in Social Capital of Youth on Political and Civic Behavior in Young Adulthood: A Longitudinal Analysis." Political Psychology, 1999, 20(3), 553–580.

Snyder, R. C. "Should Political Science Have a Civic Mission? An Overview of the Historical Evidence." PS: *Political Science & Politics*, 2001, 34(2), 301–305.

Somin, I. "Knowledge About Ignorance: New Directions in the Study of Political Information." *Critical Review*, 2006, 18(1–3) 255–278.

Stewart, J. H. "Letter to the Hamilton Community: President Discusses Kirkland Project/Ward Churchill Event," Feb. 9, 2005. Retrieved Nov. 2005, from http://www.hamilton.edu/news/more_news/display.cfm?ID=9073.

Student PIRGs' New Voters Project. "Student PIRGs' New Voters Project Posts Huge Vote Increases," Nov. 8, 2006. Retrieved Dec. 2006, from http://www.newvotersproject.org/new-voters-projectposts.

Talcott, W. "Modern Universities, Absent Citizenship? Historical Perspectives," Sept. 2005. Retrieved Oct. 2005, from http://www.civicyouth.org/PopUps/WorkingPapers/WP39Talcott.pdf.

Thompson, D. E. *The Democratic Citizen: Social Science and Democratic Theory in the Twentieth Century*. Cambridge: Cambridge University Press, 1970.

Torney-Purta, J. "Evaluating Programs Designed to Teach International Content and Negotiation Skills." *International Negotiation*, 1998, 3, 77–97.

Torney-Purta, J., Barber, C., and Wilkenfeld, B. "Differences in the Civic Knowledge and Attitudes of U. S. Adolescents by Immigrant Status and Hispanic Background." *Prospects*, 2006, 56 (3), 343–354.

Torney-Purta, J., Lehmann, R., Oswald, H., and Schulz, W. *Citizenship and Education in Twenty-Eight Countries: Civic Knowledge and Engagement at Age Fourteen*. Amsterdam: International Association for the Evaluation of Educational Achievement, 2001.

Torney-Purta, J., Oppenheim, A. N., and Farnen, R. F. *Civic Education in Ten Countries: An Empirical Study*. Hoboken, N. J.: Wiley, 1975.

Trosset, C. "Obstacles to Open Discussion and Critical Thinking: The Grinnell College Study." *Change*, 1998, 50(5), 44–49.

Truman, D. B. *The Congressional Party: A Case Study*. Hoboken,

N. J. : Wiley, 1959.

Truman, D. B. *The Governmental Process: Political Interests and Public Opinion*. New York: Knopf, 1971.

U. S. Department of Education, National Center for Educational Statistics. "Fast Facts; Postsecondary Enrollment," 2006. Retrieved Aug. 2006, from http://165.224.221.98/fastfacts/display.asp?id=98.

Uslaner, E. M. *The Decline of Comity in Congress*. Ann Arbor: University of Michigan Press, 1993.

Verba, S. , Schlozman, K. L. , and Brady, H. E. *Voice and Equality: Civic Voluntarism in American Politics*. Cambridge, Mass. : Harvard University Press, 1995.

Walker, T. "The Service/Politics Split; Rethinking Service to Teach Political Engagement." PS: *Political Science & Politics*, 2000, 33 (3), 646–649.

Wolfe, A. *Does American Democracy Still Work?* New Haven, Conn. : Yale University Press, 2006.

Yates, M. , and Youniss, J. "Community Service and Political Identity Development in Adolescence." *Journal of Social Issues*, 1998, 54(3), 495–512.

Young, I. M. "Communication and the Other: Beyond Deliberative Democracy." In S. Benhabib (ed.). *Democracy and Difference: Contesting the Boundaries of the Political* (pp. 120–136). Princeton, N. J. : Princeton University Press, 1996.

Young, I. M. *Inclusion and Democracy*. Oxford, U. K. : Oxford

University Press, 2000.

Youniss, J., McLellan, J. A., Su, J., and Yates, M. "The Role of Community Service in Identity Development." *Journal of Adolescent Research*, 1999, 14(2), 248–261.

Youniss, J., McLellan, J. A., and Yates, M. "What We Know About Engendering Civic Identity." *American Behavioral Scientist*, 1997, 40(5), 620–631.

Youniss, J., and Yates, M. *Community Service and Social Responsibility in Youth*. Chicago: University of Chicago Press, 1997.

Zaller, J. *The Nature and Origins of Mass Opinion*. Cambridge, U. K.: Cambridge University Press, 1992.

Zinsmeister, K. "Diversity on Campus? There Is None," 2005. Retrieved Nov. 2005, from http://www.taemag.com/issues/articleID.18346/article_detail.asp.

Zukin, C., and others. *A New Engagement?: Political Participation, Civic Life, and the Changing American Citizen*. Oxford: Oxford University Press, 2006.

人名索引

A

艾布拉姆森(Abramson, R. R.), 142
奥尔德里奇(Aldrich, J. H.), 48,57
亚历山大(Alexander, R A.), 260
阿尔蒙德(Almond, G. A.), 142
奥尔索斯(Althaus, S. L.), 13,108
阿纳亚(Anaya, G.), 124
安德琳娜(Andolina, M.), 3,124
芭芭拉·艾普尔鲍姆(Applebaum, B.), 70,71
亚里士多德(Aristotle), 58
阿斯廷(Astin, A. W.), 3,53,79, 81,82,286

B

安·巴尔(Bahr, A.), 66,88
班杜拉(Bandura, A.), 142
巴拉巴斯(Barabas, J.), 27,162
巴伯(Barber, B. R.), 7, 29, 58,226

巴伯(Barber, C.), 50
巴里(Barry, B.), 139
巴特尔斯(Bartels, L. M.), 13,27
里克·巴蒂斯托尼(Battistoni, R. M.), 36,168,261,269
巴克斯特·迈功达(Baxter Magolda, M.), 54
伊丽莎白·博蒙特(Beaumont, E.), 2,145,242,279,286,295
贝内特(Bennett, L. L. M.), 4,52
贝内特(Bennett, S. E.), 4, 52,108
贝里(Berry, J. M.), 58
布拉西(Blasi, A.), 279
布拉西(Blasi, G. L.), 135
布洛克-爱尔康 Bloch-Elkon, Y., 27,48
阿尔玛·布朗特(Blount, A.), 99, 114, 135 – 136, 146, 189, 191, 225, 230 – 231, 236, 238, 239,254
波曼(Bohman, J.), 30
李·博林杰(Bollinger, L.), 89,

91,94

博尔吉道(Borgida, E.), 48

鲍德(Boud, D.), 262

威廉·鲍恩(Bowen, W.), 91

哈里·博伊特(Boyte, H. C.), 7, 29,30,97,106,114

布雷迪(Brady, H. E.), 7,27,29, 30,36,37,47,50,58,59,123, 143,226

布兰斯福德(Bransford, J. D.), 132,135

布雷姆(Brehm, J.), 141

布里克豪斯(Brickhouse, T. C.), 1

休·布里格斯(Briggs, S.), 102, 160,213

布朗(Brown, A. L.), 132,135

布什(Bush, G. W.), 47

C

卡列罗(Callero, R L.), 279

坎贝尔(Campbell, A. L.), 26, 29,58

查普曼(Chapman, C.), 226

查尼斯(Charness, N.), 124

罗斯·凯特(Cheit, R.), 39,112, 117, 153, 171, 191, 202, 223, 227, 228, 230, 231, 232, 239, 242,244,246,247,248,263,270

宗(Chong, D.), 31

沃德·丘吉尔(Churchill, W.), 97

克林顿(Clinton, B.), 47

科金(Cocking, R. R.), 132,135

安·科尔比(Colby, A.), 2,89, 242,279,280,285,286

康普顿(Compton, C. M.), 136

康弗斯(Converse, R E.), 26,29

克雷格(Craig, S. C.), 142, 143,144

克兰顿(Cranton, R.), 256

克赖顿(Creighton, J. A.), 32,34, 41

D

达尔(Dahl, R.), 7,140

戴蒙(Damon, W), 89,279,280

德利·卡尔皮尼(Delli Carpini, M. X.), 16, 47, 49, 51, 52, 57, 108,109

丹尼斯(Dennis, J.), 141

登桑(Denson, N.), 79, 81, 82,286

约翰·杜威(Dewey, J.), 25,30, 222,257

德祖尔(DeZure, D.), 295

迪莫克(Dimock, M.), 48,108

菲尔·多纳休(Donahue, P.), 49

德莱兹克(Dryzek, J.), 30

杜蒙特(Dumont, R. G.), 124

戴伊(Dye, T. R.), 26

E

伊斯顿(Easton, D.), 141,142

托马斯·欧利希(Ehrlich, T.), 2,242,279,286,295

埃尔斯特(Elster, J.), 30

恩伯格(Engberg, M. E.), 126
埃里克森(Ericsson, K. A.), 124
尤本(Euben, J. R.), 1
艾勒(Eyler, J.), 3, 53, 223, 226, 251

F

吉姆·法尔(Farr, J.), 106, 114, 128-129, 181, 190, 196, 259, 265
奥托·范斯坦(Feinstein, O.), 104, 113, 116, 117, 146, 153, 160, 177, 194
费内中(Ferejohn, J.,) 27 Finkel, S. E., 141
莫里斯·菲奥丽娜(Fiorina, M. R.), 27, 28
费舍尔(Fisher, R.), 135
菲什金(Fishkin, J. S.), 7
菲什金(Fishkin, S. E.), 27
菲斯克(Fiske, S. X.), 108
西格伦·弗莱斯(Freyss, S.), 24, 153, 223, 229, 230, 234, 242-243, 244, 246

G

比尔·高尔斯顿(Galston, W.), 34
加姆森(Gamson, W.), 139, 153
马歇尔·甘兹(Ganz, M.), 42, 72, 75, 102, 131, 132, 137, 176, 181, 187, 188, 189-190, 259
加纳(Garner, R.), 260

格贝尔(Gerber, A. S.), 140, 141
吉伦斯(Gilens, M.), 109
吉尔斯(Giles, D. E.), 3, 53, 224, 226, 251
格兰维尔(Glanville, J. L.), 123, 226
阿尔·戈尔(Gore, A.), 35
戈尼(Gorney, C.), 31
古德(Gould, J. B.), 69, 70
格雷(Gray, M. J.), 38
格林(Green, D. R.), 140, 141
杰夫·格林(Greene, J.), 145
特里·格罗斯(Gross, T.), 96
格罗斯曼(Grossman, R L.), 136
古特曼(Gutmann, A.), 7, 27, 30, 153

H

海特(Haidt, J.), 207
汉森(Hanson, R. L.), 27
哈伍德(Harwood, R. C.), 32, 34, 41
奥林·哈奇(Hatch, O.), 96
赫本(Hepburn, M. A.), 226
赫布斯特(Herbst, C.), 281
赫斯(Hess, R. D.), 141
杰米·希尔伯特(Hilbert, J.), 113
鲁迪·希尔德雷思(Hildreth, R.), 114-115
希莱格斯(Hillygus, D. S.), 2, 3
希特林(Hitlin, S.), 144
霍夫曼(Hoffman, M.), 140
霍洛维茨(Horowitz, D.), 73, 91

黄(Huang, L.), 283
哈克费尔特(Huckfeldt, R.), 140,162
多洛蕾丝·休尔塔(Huerta, D.), 148
赫尔达多(Hurtado, S.), 78,126

I

池田(Ikeda, E. K.), 3,53
延加(Iyengar, S.), 142

J

雅各布森(Jacobson, J.), 70
杰梅森(Jamieson, K. H.), 48^
雅索克(Jaschik, S.), 73
杰森(Jayson, S.), 284
詹金斯(Jenkins, K.), 3,124
詹宁斯(Jennings, M. K.), 3,46, 50,108,141
琼斯(Jones, A.), 73
琼(Junn, J.), 49,51,116

K

乔·卡恩(Kahne, J.), 206,217 - 218,221,230,234,235,246
卡尔斯 Karns, D. A., 142
斯科特·基特(Keeter, S.), 3,16, 47,49,51,52,57,108,109,124
阿普里尔·凯莉-韦斯纳(Kelly-Woessner, A.), 80
泰德·肯尼迪(Kennedy, T.), 96,232
基奥(Keogh, R.), 262

纳恩·基奥恩(Keohane, N.), 66 - 67,79,94
克丽丝蒂·卡奇吉安(Khachigian, K.), 247
金德(Kinder, D. R.), 108
金(King, D. C.), 27
帕特里西娅·金(King, P.), 54, 55,278
科尔比(Kirby, E.), 281
卡伦·基奇纳(Kitchener, K.), 54,56,278
克莱因(Klein, D. B.), 78,283
奈费尔坎普(Knefelkamp, L.), 54
科尔布(Kolb, D. A.), 257
科恩(Korn, W. S.), 78
克兰佩(Krampe, R. T.), 124
库(Kuh, G. D.), 2,3,124

L

兰德尔曼(Landreman, L.), 126
兰顿(Langton, K. R.), 46,142
拉尔特(Larter, W. M.), 108
芭芭拉·李(Lee, B.), 148
李(Lee, D.), 251
利珀(Leeper, M. R.), 76
莱曼(Lehmann, R.), 122
莱利(Leighley, J.), 140
利维(Levi, M.), 140,233
利希特尔(Lichter, S. R.), 78
鲁什·林博(Limbaugh, R.), 59
亚伯拉罕·林肯(Lincoln, A.), 25
林霍尔姆(Lindholm, J. A.), 78

隆(Long, S. E.), 34
隆哥(Longo, N. V.), 32,44
洛佩兹(Lopez, M. H.), 13,281
罗德(Lord, C. G.), 76
拉米斯(Lummis, C. D.), 7
卢皮亚(Lupia, A.), 49,109
卢斯金(Luskin, R. C.), 109
勒特卡斯(Lurtkas, A. D.), 46

M

马德森(Madsen, D.), 142
马克迪西(Makdisi, S.), 73
曼(Mann, S.), 36
曼斯布里奇(Mansbridge, J. J.), 7,27,29,58
马库斯(Marcus, G. E.), 27
黑兹尔·马库斯(Markus, H.), 147,205
梅森(Mason, J. L.), 38
玛蒂(Mattei, L.), 142,143
麦克亚当(McAdam, D.), 140,279
麦凯恩(McCain, J.), 96
麦克库宾斯(McCubbins, M. D.), 49,109
迪伊·麦金尼(McKinney, D.), 148
麦克莱伦(McLellan, J. A.), 37,42
梅塔·门德尔-雷耶斯(Mendel-Reyes, M.), 113, 117, 184, 193, 201, 202, 204, 207, 212, 219,220

马西娅·门特科夫斯基(Mentkowski, M.), 278
迈耶(Meyer, R. R.), 32,44
约翰·斯图亚特·米尔(Mill, J. S.), 58,61-62
米勒(Miller, W. E.), 26,29,141
莫茨(Moats, D.), 31
蒙代克(Mondak, J. J.), 27
道格·摩根(Morgan, D.), 118, 157, 167, 171, 202, 211, 214, 216,221
布莱恩·墨菲(Murphy, B.), 181,207-208,210,238,242
墨菲(Murphy, J. B.), 53, 186, 190,193-195
穆茨(Mutz, D.), 27,162

N

纳尔逊(Nelson, M.), 38
纽曼(Neuman, W. R.), 26
内维特(Nevitte, N.), 78
小罗伯特·牛顿(Newton, R., Jr.), 74
尼克森(Nickerson, D. W.), 140
尼(Nie, N. H.), 2,3,49,51
尼米(Niemi, R. G.), 46,50,116, 142,143,144,226
纽瑞尔斯(Nurius, R.), 147,205

O

奥伯(Ober, J.), 1
德舒克(Ordeshook, R.), 139
奥斯瓦尔德(Oswald, H.), 122

P

帕斯卡雷拉(Pascarella, E. T.), 3,49,54,55,56

佩特曼(Pateman, C.), 7, 26, 29,58

帕特里克(Patrick, J. J.), 36

巴顿(Patton, B.), 135

保尔森(Paulsen, R.), 140

托尼·佩里(Perry, T.), 103, 104-105,113,177

佩里(Perry, W.), 54

约翰·彼得洛维奇(Petrovic, J.), 71

菲尔普斯 Phelps, E., 285

普莱文(Piliavin, J. A.), 279

柏拉图(Plato), 1,58

普拉泽(Plutzer, E.), 141

波洛克(Pollock, P. H.), 111, 143

庞胡安(Ponjuan, L.), 126

波普金(Popkin, S. L.), 48,108

波特尼(Portney, K. R.), 58

普赖尔(Pryor, J. H.), 52, 281,283

普特南(Putnam, R. D.), 33, 36,226

Q

迈克·奎格利(Quigley, M.), 147

R

温迪·拉恩(Rahn, W. M.), 48, 141,153,191,207

赖格(Rehg, W.), 30

赖克(Reich, A.), 112,232

约翰·赖夫(Reiff, J.), 266

迪克·雷塔诺(Reitano, D.), 40, 116-117,133,159,161,171

赖克(Riker, W.), 139

克雷格·里默曼(Rimmerman, C. A.), 32

罗森堡(Rosenberg, S. W.), 27

罗斯(Ross, L.), 76

罗西(Rossi, A. S.), 276

罗斯曼(Rothman, S.), 78

S

萨巴蒂诺 Sabatino, K., 251

塞格夫 Sagoff, J., 281

菲尔·桑德罗(Sandro, P.), 237, 256,259

萨克斯(Sax, L. J.), 3, 33, 34, 39,41,42,48,52,140

沙赫特(Schachter, H. L.), 4

戴维·舒密尔(Schimmel, D.), 238

施洛茨曼(Schlozman, K. L.), 7, 27, 30, 36, 37, 47, 50, 58, 59, 123,143,226

施耐德(Schneider, B.), 32

舍恩菲尔德(Schoenfeld, A. H.), 260

舒尔茨(Schulz, W.), 122

克丽丝蒂·舒特杰尔-曼斯(Schutjer-Mance, K.), 146, 227,239,257,263

塞利格曼(Seligman, M. E.

R.), 276
里克·塞米阿廷(Semiatin, R.), 118, 165, 200
沙哈尔(Shachar, R.), 141
尚克斯(Shanks, M.), 141
夏皮罗(Shapiro, R.), 27, 48
莎沃森(Shavelson, R. J.), 283
杰拉德·申克(Shenk, G.), 103-104, 150, 185, 186, 188, 197, 204, 214
克雷格·希恩(Shinn, C.), 170
李·舒尔曼(Shulman, L.), 292
西尔弗(Silver, G. E.), 144
艾伦·辛普森(Simpson, A.), 96
迪克·辛普森(Simpson, D.), 105, 112, 147, 159, 164, 178, 20^, 212
西波拉(Sippola, L.), 285
史密斯(Smith, E.), 37
史密斯(Smith, N. D.), 1
斯奈德(Snyder, R. C.), 4
索明(Somin, I.), 48
斯普拉格(Sprague, J.), 140, 162
斯特利克-巴里(Stehlik-Barry, K.), 49, 51
詹森·斯蒂芬斯(Stephens, J.), 2, 242, 279, 295
斯特恩(Stern, C.), 78
琼·H. 斯图尔特(Stewart, J. H.), 48, 94, 97, 98
劳拉·斯托克(Stoker, L.), 3, 140, 141, 233
斯托克斯(Stokes, D. E.), 26, 29

苏(Su, J.), 37
西兰尼(Szelenyi, K.), 78

T
戴维·塔卡斯(Takacs, D.), 185, 186, 188, 195, 197, 204, 214, 262
塔尔科特(Talcott, W.), 4
特伦齐尼(Terenzini, P. T.), 3, 49, 54, 55, 56
特施-罗默 Tesch-Romer, C., 124
汤普森(Thompson, D.), 7, 27, 30
汤普森(Thompson, D. K.), 58
汤普森(Thompson, K.), 58
托尼(Torney, J. V.), 141
朱迪思·托尼-普尔塔(Torney-Purta, J.), 50, 122, 145, 286
特罗尔斯特拉普(Troelstrup, R. L.), 124
特罗塞特(Trosset, C.), 72
杜鲁门(Truman, D. B.), 26

U
尤里(Ury, W.), 135
尤西拉纳(Uslaner, E. M.), 27

V
韦尔巴(Verba, S.), 7, 27, 30, 36, 37, 47, 50, 58, 59, 123, 142, 143, 226
沃格尔格桑(Vogelgesang, L. J.), 3, 53

W

沃克(Walker, D.), 262
沃克(Walker, T.), 33
亚当·温伯格(Weinberg, A.), 38, 99, 118, 129-130, 154, 184-185, 185, 189, 191-192, 208
格雷格·沃克海泽(Werkheiser, G.), 104, 133, 152, 187, 202, 205
韦斯腾(Western, A.), 78
威尔肯菲尔德(Wilkenfeld, B.), 50
马修·韦斯纳(Woessner, M.), 80
沃尔夫(Wolfe, A.), 27

Y

耶茨(Yates, M.), 36, 37, 42, 279, 280
伊(Yee, J. A.), 3, 53
扬(Young, I. M.), 162
扬尼斯(Youniss, J.), 36, 37, 42, 279, 280

Z

扎勒(Zaller, J.), 109
齐格勒(Ziegler, E. H.), 26
津斯梅斯特(Zinsmeister, K.), 73
佐金(Zukin, C.), 3, 32, 35, 46, 48, 124

主题索引

A

《学术权利法案》(Academic Bill of Rights),91-92

学术表达(Academic discourse):在学术表达中保持文明礼貌(maintaining civility during),67-73;学术表达规范(standards of),63-67

学术自由(Academic Freedom):学术自由的定义(definition of),62-63;划定学术自由的边界(setting limits for),65;对学生进行约束(setting limits for students),65-67;学术表达规范(standards of academic discourse),63-65

"学术自由和教育责任"("Academic Freedom and Educational Responsibility"(AACU)),64

学术价值观(Academic values):学术自由(academic freedom),62-63;文明礼貌(civility),67-73;隐含于专业学科中(implicit in academic discipline),83-85;文化多元和观点多样(intellectual pluralism and diversity of perspective),61-62,78;学术表达规范(standards of academic discourse),63-67,97-98

开展行动项目的策略(Action project strategies):意识清晰(be clear),187-188;符合实际(be realistic),188-189;增强联合(connect),192;鼓励反馈(encourage reflection),190;使项目走向公众视野(go public),190-191;提升趣味性(make it enjoyable),191-192;过程检测(monitor progress),189-190

开展行动项目(Action projects):开展行动项目面临的挑战(challenges of using),192-197;通过开展行动项目参与到政治行动项目当中(political engagement through),150-152;真实的政治行动(real-world type of），176－178；政治组织研究（research type of），178－180；开展政治活动的价值（rewards of），180－186；模拟的政治行动（simulated），178；开展有效行动项目的策略（strategies for effective），186－192

积极地倾听（Active listening），158

行政技能（Administrative skills），234

表达（Advocacy）：教学中表达政治主张的方式（forms of teaching-based），74；政治参与项目教师表达政治主张的经验（PEP faculty experience with），74－75

美国大学教授协会（American Association of University Professors），69

美国公民自由联盟（American Civil Liberties Union (ACLU)），223,233

美国受托人和校友理事会（American Council of Trustees and Alumni (ACTA)），79,286

美国教育委员会（American Council on Education (ACE)），3,76,91

美国国旗所引发的强烈情感问题的讨论（American flag issue），103－104

美国服务队（AmeriCorps），124

柏拉图《申辩篇》（Apology (Plato)），1

美国联合通讯社（Associated Press），32

美国高校协会（Association of American Colleges and Universities），64,91

B

伯里亚学院（Berea College），152,184,193,201,207,212,262

《权利法案》（Bill of rights），109

布朗大学（Brown University），171,202,223

C

加州学校公民使命运动（California Campaign for the Civic Mission of Schools (2005)），46

加州州立大学洛杉矶分校（California State University, Los Angeles），223,234

加州州立大学蒙特利湾分校（California State University, Monterey Bay），195,196,203,204,214,261－262

校园氛围（Campus climate），296－297

职业准备问题（Career preparation issues），235

新墨西哥州的天主教慈善机构（Charities of New Mexico），223

公民教育中心（Center for Civic Education），29

公民学习和参与信息与研究中心（Center for Information and

Research on Civic Learning and Engagement), 45

调查研究与分析中心 (Center for Survey Research & Analysis (ACTA)), 79,80,286

"雏鸡性别鉴定员"("Chicken sexers"), 135

儿童和公共政策(布朗大学)(Children and Public Policy program (Brown University)), 39,112,117,163–164

《高等教育纪事》(Chronicle of Higher Education), 66,69–70

公民学者项目(马萨诸塞大学)(Citizen Scholars Program (University of Massachusetts)), 146,266

公民(Citizens):知情的、负责任的公民(informed and responsible), 16,28–29;高等教育在公民培养中的作用(role of higher education in preparing), 44–45. 参见政治教育;政治参与;政治参与 (See also Political education; Political engagement; Political participation)

公民学者项目(马萨诸塞大学)(Citizens Scholars Program (University of Massachusetts)), 238

公民(Citizenship):公民内涵的基本假设(basic assumptions of), 6–8;在培养学生成为公民方面履行学校职责(institution's responsibility in preparing students fro), 293–297;追求政治参与之外的收获(moving beyond political engagement), 282–285;追求开放性探究和政治宽容(moving toward open inquiry and political tolerance), 285–286;培养学生成为公民(preparing students for), 276–282;负责任的公民(responsible), 16,28–29. 参见政治参与 (See also Political engagement)

芝加哥市课程(City of Chicago course). 参见"芝加哥的未来"课堂(芝加哥伊利诺伊大学)(See Future of Chicago (University of Illinois at Chicago))

发展公民能力(Civic capacity development), 36–37. 参见政治能力 See also Political capacity

公民教育(Civic education):公民教育与政治参与之间没有相关性(disconnect between political engagement and), 4–6;机构在公民教育中的责任(institutions' responsibilities for), 294–297;服务学习项目——这一公民教育形式(service-learning programs form of), 5. 参见高等教育;政治参与项目(See also Higher education; Political Engagement Project (PEP))

公民倡议（波特兰州立大学）（Civic Initiative (Portland State University)），202

公民领导力（米尔斯学院）（Civic Leadership program (Mills College)），223

公民参与（Civic participation）：（参与）非政治性活动的兴趣比政治性活动更高（as apolitical alternative to politics），33‐35；使学生参与行动项目（engaging students in action projects），150‐152；政治参与项目教师对政治参与和公民参与的几点反思（PEP faculty reflections on political and），38‐39；政治参与项目学生对政治参与和公民参与的理解（PEP study understanding of political and），39‐41；公民参与和政治参与的关系（relationship between political and），34‐38；民主需要公民参与（required for democracy），26‐28. 参见政治参与；志愿服务（See also Political participation; Voluntarism）

公民参与和社区领导力（杜克大学）（Civic Participation and Community Leadership (Duke University)），242

"全国教育进展评估"的公民课程评估（Civics Assessment of the National Assessment of Educational Progress (1998)），46

"公民生活‐学习"项目（马里兰大学）（CIVICUS Living-Learning Program (University of Maryland)），55‐56, 102, 160, 213

公民自由（Civil liberties），109‐110

公民社会（Civil society）：公民社会认知的理解（cognitive understanding of），56；公民社会中政治活动嵌入性（embeddedness of political activity in），36. 参见志愿服务（See also Voluntarism）

文明礼貌（Civility）：以礼貌的态度对待不同的观点（engaging difference perspectives with），160；建立文明氛围（establishing atmosphere of），101‐104；保持文明礼貌的重要性（importance of maintaining），67‐68；邀请持不同观点的文明礼貌的典范（inviting diverse views while modeling），95‐98；演讲嘉宾与文明礼貌问题（public speakers and issue of），221；约束课堂中的言论保持文明礼貌（restricting classroom speech to maintain），70‐73；文明礼貌及其风险（risks of），92‐93；为了文明礼貌的言论准则（speech codes for），68‐70；讨论存在较大分歧的话题时的文明礼貌（when addressing controversial topics），

103-104

情境中的课堂(科罗拉多大学)(Class in Context (Hamilton College)),97

课堂(Classrooms):在课堂组建多样性的讨论小组(creating diverse discussion groups in),170;应用于课堂的讨论(discussions used in),163-165,168-170;课堂上教师政治态度的影响(influence of faculty political attitudes in),79-81;约束课堂中的言论 restricting speech in the,70-73

课外活动问题(Cocurriculum issues),296

群体差异(Cohort differences).参见代际差异(See Generational differences)

科尔盖特大学(Colgate University),209

合作学习(Collaborative work):小组项目和合作代表的挑战(challenges presented by group projects and),291-292;模拟联合国项目需要合作(Model United Nations program use of),161;研究和行动项目需要合作(research and action projects use of),182-184

大学学习评估(Collegiate Learning Assessment (CLA)),283

哥伦比亚大学(Columbia University),89

美国高等教育未来委员会(Commission on the Future of Higher Education (2005)),283

沟通能力(Communication skills):倾听技能作为沟通能力(listening as),127-128,158;政治参与项目课程对沟通技能获取的影响(PEP impact on acquisition of),126;研究和行动项目可以提升沟通能力(research and action projects to increase),182

团队意识(Community sense),167-168

同情(Compassion),230-231

科恩公司的一项调查(Cone, Inc. survey),284

内在政治效能感(Contextual political efficacy),18

批判性表达(Critical advocacy),74

批判性思维(Critical thinking),55-56,181

跨文化技能(Cross-cultural skills),233-234

实事知识(Current events knowledge),109-111

课程问题(Curriculum issues),294-295

D

每日秀(电视新闻节目)(The Daily Show (TV news program)),48

决策（Decision making）.参见政治决策（See Political decision making）

实践的分解（Decomposition of practice），136

协商（Deliberation）.参见政治协商（See Political deliberation）

民主（Democracy）：将《申辩篇》作为过度民主的理解（Apology dialogue on excesses of），1，民主是一项尚未完成的创造性工作（defined as creative work in progress），25；对民主概念的界定的暗含（implications of definition used for），29

民主主义与教育（杜威）（Democracy and Education (Dewey)），222

"民主关系重大"项目（科尔盖特大学和其他学校）（Democracy Matters program (Colgate University and other campuses)）；通过"民主关系重大"项目参与行动项目（action projects participation through），151；竞选资金改革问题（campaign finance reform/related issues of），112；"民主关系重大"项目中的合作（collaborative work used in），183－184，通过"民主关系重大"项目与学生建立联合（connecting with students through），192；确立充满希望的基调（establishing hopeful tone in），154；"民主关系重大"项目教师领导者角色（faculty leadership role in），194；教师对"民主关系重大"项目的反思（faculty reflections on），38；进行多方反馈（feedback from multiple sources used in），129－132；民主进程"真正运作"的方式（on how the democratic process "really works"），118；进行制度化整合（institutionally integrated approach used by），137－138；增强项目趣味性（making projects enjoyable at），191－192；"民主关系重大"项目的强有力的指导部分（mentoring component of），177－178，208，209－210，217，218，221n.1；"民主关系重大"项目的无党派性方式（nonpartisan approach of），98－99；通过"民主重大项目"增强政治认同（political identity developed through），146；通过"民主重大项目"转变政治理解（political understanding shift through），150；通过"民主重大项目"开展真实的政治行动（real-world political action through），176；通过"民主重大项目"完成政治研究和行动项目（research and action projects done through），180－181，185

民主国家的要求(Democracy requirements):公民参与(citizen participation),26-28;知情的、负责任的公民(informed and responsible citizens),28-29

民主参与(Democratic participation).参见政治参与(See Political participation)

民主党(Democratic Party):对民主党的教师取向和学生认同(faculty orientation and student identification with),81-83;邀请民主党的演讲嘉宾(getting speakers from),212-213

"民主公众"怀疑("Democratic public" skepticism),26

民主技能(Democratic skills):为民主技能获取必要技能(acquiring essential tools for),122-124;进一步分解复杂技能(breaking down complex skills into components),136-137;对民主技能表现做出反馈(getting feedback on performance of),129-132;民主技能的教学目标(goals for teaching),127-133;PEP课程对技能获取的影响(impact of PEP courses on acquisition of),124-126;进行制度化整合(institutionally integrated approach to teaching),137-138;创造机会去实践(opportunities for practicing),128-129;提供机会去发展民主技能(providing opportunities to develop),121;在具体情景中培养民主技能(put into context),133-137;研究项目提升民主技能(research projects to develop stronger),181-182;元认知培养民主技能的价值(value of metacognition for developing),132-133.参见政治的专门技能(See also Political expertise)

妖魔化(Demonization),104-105

理想自我(Desired selves),205

对话性表达(Dialogical advocacy),74

讨论(Discussions):组建多样性的讨论小组(creating diverse groups for),170;在学生对待讨论问题准备好后再展开讨论(delayed until students are prepared for),169;面对面的讨论(face-to-face),163-164;反思性讨论(reflective),252-253;既以班级为整体又具体设置小组来进行协商讨论(using small groups/whole class for),170;教会学生调节讨论(teaching students to moderate),168-169;模拟类的讨论(via simulations),164-165;线上的讨论(Web-based),165.参见政治协商;政治协商的多重技能(See also Political deliberation; Political deliberation skills)

失望(Disillusionment), 292-293

网络一代(Dot-Net Generation), 32

路过式志愿活动(Drive-by voluntarism), 38

杜克大学(Duke University), 66, 135, 146, 181, 182, 193, 225, 230, 270

达切斯社区学院(Dutchess Community College), 133

E

《公民教育》(Educating Citizens (Colby, Ehrlich, Beaumont, and Stephens)), 2, 242, 295, 296

《美国教育法》(Education America Act (1994)), 29

恩加里捷夫研究所(Engalitcheff Institute), 198-199, 201, 203, 212, 213, 223, 232, 247

开放性探究环境(Environments of open inquiry):制定《学术权力法案》创设开放性探究环境(academic bill of rights to create), 91-92;为开放性探究环境奠定基础(building on foundation of, 106-107);极端化的政治环境与开放性探究环境(climates of political polarization and), 90-91;对开放性探究环境的政治同质化影响(impact of political homogeneity on), 78-85;创设开放性探究环境的策略(strategies for creating), 92-106;学生的发展局限(students' development within), 85-90

伦理问题(Ethical issues):以体验式学习反思伦理问题(experiential learning reflections on), 257;理解伦理问题(gaining understanding of), 203-205

公共服务中的道德和政治(斯坦福大学)(The Ethics and Politics of Public Service (Stanford University)), 242

领导的道德规范(波特兰州立大学)(The Ethics of Leadership (Portland State University)), 157

体验式学习活动(Experiential learning activities), 256-257

外在政治效能感(External political efficacy), 142-143, 232

课外行动项目(Extracurricular action projects), 177-178

课外项目(Extracurricular programs), 98-99

F

面对面的讨论(Face-to-face discussion), 163-164

教师(Faculty):学术自由受教师重视(academic freedom valued by), 62-67;教师表达政治主张(advocacy by), 74-75;对教

431

师中政治同质化的质疑（allegations of political homogeneity among），78-85；公平问题（fairness issue and），75-76；教师政治取向的影响（impact of political orientation by），81-83；教师政治态度的影响（influence of political attitudes held by），79-81；教师尊重知识多元（intellectual pluralism respected by），61-62，78；教师的多重角色（multiple roles of），73-75.参见政治项目参与教师；专业精神（See also PEP faculty；Professionalism）

教师组织的行动项目（Faculty-organized action projects），177

公平问题（Fairness issue），75-76

家庭法庭（Family Court），227，263

联邦主义者协会（Federalist Society），223

反馈（Feedback）：进行多方反馈（using multiple sources），129-132；提供有益的反馈（providing reflective structure），266-267

校园免费交流（Free Exchange on Campus（2006）），73

《新鲜空气》（广播电台节目）（Fresh Air（radio show）），96

"芝加哥的未来"课堂（芝加哥伊利诺伊大学）（Future of Chicago（University of Illinois at Chicago）），114，118，147-148，159，164，178，206

G

M一代（Generation M），32

代际差别（Generational differences）：政治观念的代际差别（in conception of politics），32-34，281；政治知识水平方面的代际差别（in political knowledge），52

《走向成功》（Getting to Yes [Fisher，Ury，and Patton]），135

葛底斯堡演讲（林肯）（Gettysburg Address（Lincoln）），25

2000年目标（Goals 2000），29

小组项目（Group projects）.参见协作能力（See Collaborative work）

H

汉密尔顿学院（Hamilton College），97

哈佛大学政治研究所（Harvard Institute of Politics Poll（2005）），34

哈佛大学政治研究所（Harvard University Institute of Politics），48，122，281

哈伍德集团（Harwood Group），34

高等教育研究所2005年的报告（HERI report（2005）），282-285

高等教育（Higher education）：对高

等教育政治同质化的质疑（allegations of political homogeneity in），78-85；学术核心价值观（core academic values of），61-73；当前对政治发展教育的忽视（current inattention to political development by），4-6；高等教育中的开放性探究环境（environment of open inquiry in），77-107；高等教育中的教师角色和专业精神（faculty roles and professionalism in），73-76；契合高等教育学习目标（meeting learning goals of），3-4；当代高等教育政治教育（political education in contemporary），49-51；高等教育的公共与民主目标（public and democratic purposes of），2-3；高等教育在公民培养中的作用（role in preparing citizens by），44-45,276. 参见公民教育（See also Civic education）

城市事务高等教育联盟（Higher Education Consortium for Urban Affairs（HECUA）），119,203,207,239-240,243,253,259

高等教育学校（Higher education institutions）：高等教育学校的校园氛围（campus climate of），296-297；高等教育学校的课外活动（cocurriculum of），296；高等教育学校的课程（curriculum of），294-295

高等教育研究所（Higher Education Research Institute（HERI）），34,42,78,280,282,284

高等教育研究所2005年的报告（Higher Education Research Institute report（2005）），282-285

谦逊（Humility），230-231

卡特里娜飓风（Hurricane Katrina），281

I

《难以忽视的真相》（An Inconvenient Truth（film）），35

工业区基金会（Industrial Areas Foundation），136

鼓舞学生（Inspiring students），206-208

"公民领导力研究院"项目（米尔斯学院）（Institute for Civic Leadership（Mills College）），115,146,209,217

机构（Institutions）. 参见高等教育机构（See Higher education institutions）

知识多元（Intellectual pluralism），61-62,78

内在政治效能感（Internal political efficacy），142,144-145,148-149

实习（Internships/placements）：实习的挑战（challenges of），245-248；确定合适的实习地点

(choosing appropriate sites for),240－241;政治实习与服务学习的区别(differences between service learning and political),225;实习的情绪问题(emotional issues of),246－248;评估(evaluating),244－245;实习和其他有效的教学法(integrated with other active pedagogies),224－225;实习经历反思机制(mechanisms for reflecting on experience of),243,257;实习的价值(rewards of),226－236;实习的安全因素(safety issue of),241－242;应用实习的策略(strategies for using),236－243;实习中的学生活动(student activities in),224;学生做好实习准备(student preparation for),242－243;实习的类型(types of),223－224

美国政府导论课程(韦恩州立大学)(Introduction to Government course (Wayne State University)),13

伊拉克战争(Iraq War),281

K

凯特林基金会研究(Kettering Foundation study (1990s)),32

知识(Knowledge).参见政治知识(*See* Political knowledge)

L

提升领导力(Leadership skills development),184－185

妇女选民联盟(League of Women Voters),229

学习(Learning):道德和公民学习的重要性(importance of moral and civic),2－3;跨背景整合学习(integrating across different contexts),228;契合大学阶段学习目标(meeting college-level goals of),3－4;苏格拉底式的实践(Socratic practice for),1;为工作而学(for work),284－285.参见政治学习;学生;教学策略(*See also* Political learning; Students; Teaching strategies)

倾听技能(Listening skills),127－128,158

"大学对学生政治取向的长期影响"研究("Long-Term Effects of College on Students' Political Orientation" study),81

《苍蝇王》(Lord of the Flies (film)),164

M

思想市场(Marketplace of ideas),62

媒体政治报道(Media political coverage),48－49

导师(Mentors):精心选择导师(carefully choosing),211－214;

"民主关系重大"项目需要指导(Democracy Matters use of),177-178,208,209-210,217,218,221n.1;后勤保障,时间,和日程安排(logistics, time, and scheduling interaction with),220-221;导师培养政治认同(political identity fostered by),147-148;导师参与的价值(rewards of involving),199-209;导师的独特价值(special benefits of using),209-210;运用导师的策略(strategies for using),210-221;与导师谨慎合作(working carefully to incorporate),217-218

元认知(Metacognition):反思和元认知之间的关联(association between reflection and),260;利用元认知获得民主技能(democratic skills acquisition using),132-133;元认知能力(skills of),115

"都会城市研究学期"项目(城市事务高等教育联盟)(Metro Urban Studies Term (HECUA))119,149,253,256

千禧一代(Millennial Generation),32,281

米尔斯学院(Mills College),115,146,206,209,217,223,230,246

米尔斯学院"公民领导力"项目(Mill's Institute for Civic Leadership),233,235,239,262-263

模拟联合国项目(达切斯社区学院与瓦萨学院)(Model United Nations program (Dutchess Community College and Vassar College)):在模拟联合国项目中合作学习(collaborative work during),161;运用模拟联合国项目与学生建立联合方式(connecting with students approach used by),192;通过模拟联合国项目培养协商技能(deliberative skills increased through),115,133-134;在模拟联合国项目中为观点寻找知识基础(grounding opinions in knowledge during),159;通过模拟联合国项目强化反馈(intensive feedback given through),130;模拟联合国项目非对抗性的参与方法(nondivisive engagement approach by),105-106;通过模拟联合国项目增长政治知识(political knowledge increased through),113;通过模拟联合国项目的政治理解(political understanding through),40,116-117;角色扮演政治活动在模拟联合国项目中的应用(role-play political action used in),178;模拟协商在模拟联合国项

435

目中的应用（simulated deliberation used in），164-165,166;模拟联合国项目中学生不均衡的准备程度的挑战（uneven levels of student readiness challenge in），171;在模拟联合国项目中使用的书面协商（written deliberations used in），166

建立联系（Modeling）:政治认同（political identity），147-148;反思性思考（reflective thinking），266

激励参与（Motivating participation）.参见政治动机（See Political motivation）

N

全国国务卿协会（National Association of Secretaries of State），38,40

国家公共广播电台（National Public Radio），96

全国步枪协会（National Rifle Association），37

"网根"活动家（"Netroots" activists），32

"新学生政治"声明（"The New Student Politics" statement），34

新选民项目（New Voters Project (2006)），43

9·11恐怖袭击事件（9/11 attack），97,281

非对抗性的政治参与（Nondivisive political engagement），105-106

O

"关于言论自由和校园言论准则"（美国大学教授协会）（"On Freedom of Expression and Campus Speech Codes"（AAUP）），69

"论自由"（米尔）（"On Liberty"（Mill）），61-62

线上反思（Online reflection），254-255

开放性探究（Open inquiry）:创建环境（creating environment），78-92,106-107;让学生追求开放性探究（moving students toward），285-286

开放思想（Open-mindedness），161

P

参与性的教学法（"Pedagogies of engagement"），18-19,23n.2

不确定的教学法（"Pedagogies of uncertainty"），292

政治项目参与教师（PEP faculty）:由政治项目参与教师组织的行动项目（action projects organized by），177;避免对学生不切实际的期待（avoiding unrealistic expectations of students），195-196;开展研究与行动项目面临的挑战（challenges of research and action projects for), 192 – 197; 政治项目参与教师强调礼貌和尊重(civility and respect stressed by), 160; 使学生参与行动项目(engaging students in action projects), 150 – 153; 政治项目参与教师表达政治主张的经验(experience with advocacy by), 74 – 75; 政治项目参与教师制定基本规则(ground rules set by), 166 – 167; 政治参与项目教师举办讲座和小型讲座(mini-lectures and lectures used by), 113; 对政治和公民参与的反思(reflections on political/civic participation by), 38 – 39; 政治参与项目教师使用的结构性反思策略(structured reflection strategies used by), 264 – 274; 缓和犬儒主义(tempering student cynicism/maintaining hope), 153 – 154. 参见教师;政治参与项目;教学策略(See also Faculty; Political Engagement Project (PEP); Teaching strategies)

个人成长问题(Personal growth issues): 职业准备作为个人成长问题(career preparation as), 235; 提高成熟度,责任感,自信心(increased maturity, responsibility, self-confidence), 234 – 235

彼得哈特研究协会(Peter D. Hart Research Associates), 33

实习(Placements). 参见实习(See Internships/placements)

政治行动技能(Political action skills), 233

政治能力(Political capacity): 批判性思维(critical thinking), 55 – 56; 政治能力认知发展教育(education for cognitive development of), 53 – 57; 政治能力发展的必要条件(necessary conditions for developing), 37 – 38; 反思性判断(reflective judgment), 54 – 55; 培养协商和反思的政治能力(teaching deliberative and reflective), 115 – 116. 参见公民能力发展(See also Civic capacity development)

政治决策(Political decision making): 理解政治决策的复杂性(appreciating complexity of), 116 – 117; 政治参与项目对政治决策技能的影响(PEP impact on skills for), 126; 认识到需要权衡政治决策(recognizing trade-offs required for), 117

政治协商(Political deliberation): 教学的挑战(challenges in teaching), 170 – 173; 定义政治协商(definition of), 173n. 1 – 174n. 1; 面对面政治协商(face-to-face), 163 – 164; 在政治协商

中准确凝练他人观点（representing other views accurately in），167；强技术型（technology-enhanced），165，172；模拟类的政治协商（via simulations），164－165；政治协商的书面写作任务（writing assignments used for），165－166. 参见论述（See also Discussions）

政治协商的技能（Political deliberation skills）：积极地倾听是政治协商的技能（active listening），158；在充满热情的开放思想与责任感之间寻求平衡（balancing open-mindedness with passion and commitment），161；真诚开放地（being genuinely open），161；教学挑战（challenges in teaching），170－173；审视对立观点（considering competing claims），159；以礼貌尊重的态度对待不同观点（engaging difference perspectives with civility），160；评估潜在的假设（evaluating underlying assumptions），159－160；为观点寻找知识基础/证据（grounding opinions in knowledge/evidence），159；政治参与项目的经验总结（lessons from the PEP program），166－170；寻找共识（looking for common ground），160－161；加强反思（reflections to enhance），258－259；培养政治协商技能的价值（rewards of building），161－163；演讲嘉宾和导师能够锻炼政治协商能力（speakers and mentors to enhance），208；教学讨论与协商（teaching discussion and deliberation），163－166；理解他人论证（understanding argument），157－158

政治发展（Political development）：教育者的政治发展目标（educators goals for），13－18；助力政治发展的教学策略（pedagogical strategies supporting），18－19,23m. 2

政治发展的目标（Political development goals）：政治动机作为政治发展目标（political motivation as），16－18；政治技能作为政治发展目标（political skills as），14－15；政治理解作为政治发展目标（political understanding as），13－14

政治教育（Political education）：通过政治教育促进认知发展（cognitive development of engagement through），53－57；在当代高等教育中（in contemporary higher education），49－51；政治教育的伦理合法性（ethical legitimacy of），59；工作

场所的间接影响（indirect effects of workplace），50－51；政治知识和政治参与的间接影响（indirect effects on knowledge and engagement），51－53；终身学习的支撑（scaffolding lifelong informal），46－49；中学公民课（secondary school civics for），45－46．参见公民；政治学习（See also Citizens；Political learning）

政治效能感（Political efficacy）：政治效能感区别于"实际的专门技能"（actual expertise compared to sense of），145；政治效能感的定义（definition of），142；外在政治效能感（external），142－143，232；内在政治效能感（internal），142，144－145，148－149；通过实习增加政治效能感（internships/placements to increase），229；政治效能感作为政治动机因素（as political motivation factor），142－143；通过反思增强政治效能感（reflections to enhance），263－264；运用演讲嘉宾和导师提升政治效能感（speakers and mentors to enhance），205－206

政治参与（Political engagement）：政治参与行动项目（in action projects），150－152；创造政治参与的途径（creating pathways to），43；政治参与的定义（definition of），43n.1；公民教育与政治参与没有相关性（disconnect between Civic education and），4-6；政治参与促进教育与认知发展（education and cognitive development of），53－57；政治参与教育的伦理合法性（ethical legitimacy of educating for），59；政治教育对政治参与的间接影响（indirect effects of political education on），51－53；政治参与之外的收获（moving beyond），282－285；对政治参与保持开放（openness to），280－282；作为政治参与的目标（as PEP objective），4－6；政治参与的个人回报（personal rewards of），58－59；政治知识是政治参与的关键要素（political knowledge as linchpin of），108－109；政治参与项目中设想的政治参与（political participation conceived as project of），31－32；政治参与的路径（routes to），41－43；提倡非对抗性的政治参与（supporting nondivisive），105－106；什么是政治参与（what counts as），29－30．参见公民；公民身份（See also Citizens；Citizenship）

政治参与项目（Political Engagement Project（PEP））：政治参与项目设想的政治参与（conception of political participation focus of),31‐32;描述政治参与项目(described),3‐4,8;教育者的政治发展目标(on educators' goals for political development),13‐18;关于学生政治学习的相关发现(findings about student learning in),10‐13;政治参与项目对技能获取的影响(impact on democratic skills acquisition by),124‐126;政治参与项目对政治动机的影响(impact on political motivation by),143‐145;政治学习的主要场所(on key sites of political learning),19‐21;政治参与项目教学讨论的经验总结(lessons on teaching deliberation skills from),166‐170;研究方法(methodology used to study),10,24n.5;政治参与项目提供了乐观的图景(optimistic picture offered by),281‐282;参与课程和项目(participating courses and programs),8‐10;助力政治发展的教学策略(on pedagogical strategies supporting political development),18‐19,23n.2;政治参与项目中学生对政治参与和公民参与的理解(political and civic participation understanding by students of),39‐41;政治参与项目的政治参与目标(political engagement objective of),4‐6;政治参与项目教师的反思(reflections by faculty of),38‐39;政治参与项目的线上资料库(supplementary documents of),22‐23. 参见公民教育;政治参与项目教师;特定程序(See also Civic education; PEP faculty; specific programs)

政治专门技能(Political expertise):相比于政治效能(compared to political efficacy),145;帮助学生获得政治专门技能(helping student gain),152. 参见民主技能(See also Democratic skills)

政治认同(Political identity):政治认同的定义(definition of),17,141,154n.1;通过实习提高政治认同(internships/placements to enhance),229‐230;使参与成为政治认同的核心(making participation central to),146;作为政治动机因素(as political motivation factor);141‐142;政治参与认同感(politically engaged),144;通过反思提高政治认同(reflection to enhance),261‐263;演讲嘉宾和导师提高政治认同(speakers and mentors to enhance),205‐206;教学培养政治认同(teaching in order to foster),145‐146

政治意识形态(Political ideology):

民主党政治意识形态（Democratic Party），81-83，212-213；教师对于政治意识形态的影响（impact of faculty），81-83；缺少政治学习的影响（lack of impact of political learning on），11；克服极端化环境（overcoming climates of polarized），90-91；共和党（Republican Party），81-83，212-213

政治问题（Political issues）：帮助学生认识到政治问题需要权衡（helping student recognize trade-offs required for），117；帮助学生认识到政治问题的复杂性（helping students appreciate complexity of），116-117；在实习中去理解政治问题（internship/placements to understand），226；政治问题研究项目（research projects on），179

政治知识（Political knowledge）：增加局限性的自我意识（increasing self-awareness of limited），119；教育对政治知识的间接影响（indirect effects of education on），51-53；政治知识作为政治参与的关键要素（as political engagement linchpin），108-109；研究项目要更加深入（research projects to gain deeper），180-181；教授时事以增加政治知识（teaching current events to increase），109-111；教学是为了自我探索政治知识（teaching in order to self-explore），146-147；通过教学去培养政治知识（teaching to foster），146-147；教学增加政治知识的深度和广度（teaching to increase depth/breadth of），112-114；人口分布不均（uneven distribution across populations），52

政治学习（Political learning）：没有初始政治兴趣的也获得了显著的成果（gains made even without initial interest），11-13；政治学习的主要场地（key sites of），19-21；缺少关于意识形态的影响（lack of impact on ideology by），11；学生政治参与项目的发现（PEP findings on student），10-13；政治学习带给社会和个人的益处（public and private benefits of），57-59；从反思中学习（reflections to assess），270-271；帮助促进整合式学习的反思（reflections to help integrate），257-258；强化核心研究和行为项目（research and action projects for enhanced core），186；整合研究和行为项目（research and action projects for integrative），185-186；终身支撑（scaffolding lifelong），46-

49;认知发展和政治学习的协同作用(synergy between cognitive development and),56-57;为促进持续性政治学习而教学(teaching for enduring),280;持续性政治学习(teaching for lasting),277-280.参见教学;政治教育(See also Learning; Political education)

政治动机(Political motivation):政治动机的影响因素(factors influencing),140-141;教学目标(goals for teaching),145-154;公共参与课程对政治动机的影响(impact of PEP courses on),143-145;实习提高政治动力(internships/placements to enhance),228-233;政治动机作为政治认同的关键维度(political identity component of),141-142,144;政治动机影响政治兴趣与关注(political interest and attentiveness aspects of),143-144;通过反思提高政治动机(reflection to enhance),260-264;增加研究和行动项目(research and action projects for stronger),185;政治效能感和政治动机(sense of political efficacy and),142-143;增加演讲嘉宾和导师(using speakers and mentors to increase),205-208;源于对体系信心的增减(stemming from increased/decreased faith in system),231-233;政治动机的不同类型(varied types of),139-140;

政治动机教学(Political motivation teaching):使学生参与政治动机教学的行动项目(engaging students in action projects for),150-152;进行政治的自我探索(to foster political self-exploration),146-147;通过政治动机教学培养政治认同(fostering political identity through),145-146;培养内在政治效能感(for fostering sense of internal political efficacy),148-149;帮助学生获得政治的专门技能(for helping students gain political expertise),152;使政治参与成为自我认同的核心(for making participation central to self-identity),146;利用榜样和导师进行政治动机教学(using models and mentors for),147-148;通过政治动机教学转变政治理解(for shifting political understanding),149-150;缓和犬儒主义并使学生对政治参与抱有希望(for tempering cynicism and maintaining hope),153-154

政治倾向(Political orientation).参见政治认同(See Political ideology)

政治参与(Political participation): 广义的政治参与(broad definition of),30-31;改变形式和降低比率(changing forms/lower rates of),33;设想的政治参与(conceived as political engagement project),31-32;履行教学职责(institution's responsibility in teaching),293-297;政治参与动机(motivation for),139-154;政治参与项目教师对政治参与和公民参与的反思(PEP faculty reflections on civic and),38-39;政治参与项目学生对政治参与和公民参与的理解(PEP study understanding of civic and),39-41;培养学生政治参与(preparing students for),276-282;公民参与和政治参与的关系(relationship between civic and),34-38;政治参与的教学广义概念(teaching broader conception of),114-115;政治参与教授民主技能(teaching democratic skills for),121-138;转变学生对政治参与的理解(teaching to shift understanding of),149-150;志愿主义有助于政治参与(voluntarism leading to),35-37.参见公民;公民参与(See also Citizens; Civic participation)

政治实习(Political placements).参见实习(See Internships/placements)

极端化的政治环境(Political polarization climates),90-91

政治宽容(Political tolerance),285-286

政治理解(Political understanding):通过政治理解认识问题和社会关注的复杂性(for appreciating complexity of issues/social concerns),116-117;教授政治理解的目标(goals for teaching),111-116;民主进程是如何"真正运作"的(on how democratic process really works),117-118;通过实习提升政治理解(internship/placements to enhance),226-228;政治理解作为政治参与的关键(as political engagement linchpin),108-109;深入研究项目(research projects to gain deeper),180-181;有限的自我意识(self-awareness of limited),119;运用演讲嘉宾和导师提高政治理解(using speakers and mentors to enhance),200-205;政治理解作为结构化反思目标(as structured reflection goal),255-256;转变学生的政治理解(teaching in order to shift),149-150;对教学有更现实的理解(teaching more realistic),116

政治参与身份(Politically engaged identity),17.参见政治身份(See also Political identity)

政治(Politics):公民参与作为一种非政治的替代选择(civic engagement as apolitical alternative to),33-35;政治观念的代际变化(generational shifts in concepts of),32-34;媒体对政治的肤浅报道(superficial media coverage of),48-49;教授更现实的政治理解(teaching a more realistic understanding of),116

"课堂上的政治"(美国受托人和校友理事会研究)("Politics in the Classroom"(ACTA study)),79,80

旧金山政治(旧金山州立大学)(Politics of San Francisco(San Francisco State University)),210

波特兰州立大学(Portland State University),157,202,214

实践民主教育(明尼苏达大学)(Practicing Democratic Education(University of Minnesota)),114

反思水平(Prereflective level),54

专业精神(Professionalism):学术核心价值观与专业精神相关(academic values related to),61-73;公平和专业精神的外在形式(appearance of fairness and),75-76.参见教师(See also Faculty)

言论准则禁令(Prohibited speech codes),68-70

普罗维登斯学院(Providence College),261

公共成就项目(明尼苏达大学)(Public Achievement Program(University of Minnesota)),128-129,182,190,259

公共政策(Public policy):通过实习理解如何实施公共政策(internship/placement to understand implementation of),227;做政治决策(political decision making for),116-117,126;"领导力服务机会"项目问题文件集(Service Opportunities in Leadership program portfolios on issues of),166

演讲嘉宾(Public speakers):精心选择演讲嘉宾(carefully choosing),211-214;应对演讲嘉宾"一稿多用"或过于简单的演讲(dealing with "canned" or pat presentations by),218-219;确保演讲嘉宾与学生的互动(ensuring interaction between students and),215-216;持续跟踪和评估演讲嘉宾(following up and evaluating),216-217;应对与演讲嘉宾互动不足的问题(handling insufficient interaction with),220;后勤保障、时间和日

程安排(logistics, time, and scheduling),220-221;与演讲嘉宾保持礼貌(maintaining civility with),221;演讲嘉宾的攻击型演讲(offensive presentations by),219-220;帮助演讲嘉宾(preparing),214-215;演讲嘉宾参与的价值(rewards of involving),199-209;运用演讲嘉宾的策略(strategies for using),210-221

R

R. A. V. 诉圣保罗市(R. A. V. v. St. Paul),69

真实的政治行动项目(Real-world political action projects),176-178

真实政治(Realpolitik),118

反思:在行动项目中(Reflections: on action project),190;by Democracy Matters faculty,38-39;体验式学习活动(on experiential learning activities),256-257;使用高等教育(higher education use of),250. 参见结构性反思(See also Structured reflection)

反思性讨论(Reflective discussions),252-253

反思性短文(Reflective essays),254

反思日记和学习日志(Reflective journals/learning Logs),253-254

共和党(Republican Party):教师政治取向与学生认同(faculty orientation and student identification with),81-83;邀请来自共和党的演讲嘉宾(getting speakers from),212-213

研究项目策略(Research project strategies):意识清晰(be clear),187-188;切合实际(be realistic),188-189;建立联合(connect),192;鼓励反思(encourage reflection),190;使项目走向公众视野(go public),190-191;增强趣味性(make it enjoyable),191-192;过程监管(monitor progress),189-190

研究项目(Research projects):研究项目面临的挑战(challenges of using),192-197;服务政治组织的研究(done for political organizations),179;通过研究项目提高参与技能(increasing ability to participation in),233;研究项目的政治问题或政策(on political issues and policies),179;政治组织研究(on political organizations),178-179;开展研究项目的价值(rewards of),180-186;开展有效的研究的策略(strategies for effective),186-192

负责任的公民(Responsible

citizenship），16，28－29

S

旧金山州立大学（San Francisco State University），210，242

中学公民课（Secondary school civics），45－46

团队意识（Sense of community），167－168

2001年9月11日（September 11th, 2001），97，281

服务学习（Service learning）. 参见志愿主义（See Voluntarism）

"领导力服务机会"项目（杜克大学）（Service Opportunities in Leadership program (Duke University)）："以社区为基"的专题研究（community-based research projects used by），114；发展公共自我目标（developing public self goal of），146；在"领导力服务机会"项目中结合实习经历展开讨论（internship/placement approach used by），135－136，225，242；"领导力服务机会"项目中监管学生的方法（monitoring students approach used in），189；在"领导力服务机会"项目中准备政策问题文件集（public issue portfolios prepared in），166；在"领导力服务机会"项目中反思（reflections in the），259，262；通过"领导力服务机会"项目研究政治问题（research on political issues through），179；一系列活动方法被用于"领导力服务机会"项目（series of engagements approach used by），173；关于对立观点的价值（on value of considering competing claims），159

塞拉俱乐部（Sierra Club），37

模拟的行动项目（Simulated action projects），178

模拟讨论（Simulation discussions），164－165

"歌颂世界的存在"（希尔伯特）（"Singing the World into Existence"(Hilbert)），113

"现场参观"（"Site briefings"），198－199

加州社会与环境历史（加利福尼亚州立大学）（Social and Environmental History of California (California State University)），195

社会资本（Social capital），56

"社会公正、民主教育，使人受伤的话语沉默"（艾普尔鲍姆）（"Social Justice, Democratic Education, and the Silencing of Words That Wound"(Applebaum)），70

苏格拉底的审判（Socrates' trial），1，3

团结（Solidarity），230－231

索伦森政治领导力协会(Sorensen Institute for Political Leadership), 112, 134, 160, 167, 168, 172, 178, 191, 212

言论准则(Speech codes):对于学术话语的言论准则(for academic discourse), 68-70;言论准则约束课堂中的言论(restricting classroom speech), 70-72

R. A. V 诉圣保罗市(St. Paul, R. A. V. Us.), 69

斯坦福大学(Stanford University), 242

"学术权力和责任声明"(美国教育委员会)("Statement on Academic Rights and Responsibilities" (ACE)), 76

刻板印象(Stereotypes), 104-105

战略思维(Strategic thinking), 182

结构性反思(Structured reflection):结构性反思的理解和重要性(description and importance of), 250-251;结构性反思的目标和成效(goals and benefits of), 255-264;实习和进行结构性反思(internships/placements and use of), 243;结构性反思教学法(pedagogies of), 252-255;培养结构性反思策略(strategies for fostering), 264-274;学生对于结构性反思感到不适(students discomfort with), 272-274;书面的结构性反思(written), 253-254, 269-270. 参见反思(See also Reflections)

学生学习(Student learning). 参见学习;政治学习(See Learning; Political learning)

学生设计的行动项目(Student-formulated action projects), 177

学生(Students):帮助克服过度分析带来的阻碍(aiding in overcoming analysis paralysis), 89-90;学生参与的认知发展(cognitive development for engagement by), 53-57;学生不理解老师的评分标准(complaints about faculty bias by), 75-76;建立团队意识(creating sense of community among), 167-168;学生批判性思维的发展(critical thinking developed by), 55-56;学生对结构性反思的不适(discomfort with structured reflection by), 272-274;便于阐明他们的立场(facilitating articulation of their positions), 87-88;教师政治取向对学生的影响(impact of faculty political orientation on), 81-83;学生对教师政治态度的影响(impact of faculty's political attitudes on), 79-81;鼓舞学生(inspiring), 206-208;学生实习准备(internship preparation by),242-243;追求开放性探究和政治包容(open inquiry/political tolerance development by),285-286;学生个人成长(personal growth by),234-235;公共调查环境下的政治发展(political development within Environments of open inquiry),85-90;为政治参与作准备(preparing for political participation),276-282;处于前反思阶段(at prereflective level),54;学生的反思性判断(reflective judgment developed by),54-55;划定学术自由的边界(setting limits for academic freedom for),65-67;关注新社交(socialization of new),94-95;学会理解政治问题的复杂性(taught to appreciate complexity of political issues),116-117;认识到政治选择需要权衡(taught to recognize trade-offs of political choices),117;教会准确凝练他人观点(taught to represent views of others accurately),167;教授学生民主技能(teaching democratic skills to),121-138;学生不切实际的期待(unrealistic expectations of),195-196.参见学习;教学策略(See also Learning; Teaching strategies)

T

教学挑战(Teaching challenges):小组项目(group projects),291-292;不确定的教学法(pedagogies of uncertainty),292;可能引发失望(potential for disillusionment),292-293;学生缺乏背景知识和技能(students' lack of back-ground),290;时间有限(time constrains),290-291

教学质量(Teaching quality):考虑想让学生学到的内容(considering what you want students to learn),287-290;重视教学质量(importance of),286-287;做好准备应对挑战(preparing for the challenges),290-293

教学策略(Teaching strategies):教学策略中表达政治主张的角色(advocacy role in),74-75;民主技能的教学策略(for democratic skills),127-133,137-138;提供讨论与协商指导的教学策略(for discussion and deliberation instruction),163-166,170-173;以教学策略来培养政治认同(to foster political identity),145-146;公民自由的历史背景的教学策略(for historical context of civil liberties),109-110;应用于课

程实习、就业实习及服务学习的教学策略(using placements, internships, and service learning),222-248;政治能力的教学策略(for political capacity),115-116;政治知识的教学策略(for political knowledge),109-114,146-147;政治动机的教学策略(for political motivation),145-154;政治参与的教学策略(for political participation),114-115,121-138,149-150;政治理解的教学策略(for political understanding),111-116,149-150;研究和行动项目的教学策略(for research and action projects),186-192;利用演讲嘉宾和导师的教学策略(using speakers and mentors for),147-148,177-178,198-221;教学策略利用结构性反思(using structured reflection),250-274.参见学习;政治项目参与教师;学生(See also Learning; PEP faculty; Students)

强技术型协商(Technology-enhanced deliberations),165,172

U

加利福尼亚大学,洛杉矶(University of California, Los Angeles),34,280

伊利诺伊大学(University of Illinois),112,178,206

马里兰大学(University of Maryland),55-56,102,213

马萨诸塞大学(University of Massachusetts),146,238,266

密歇根大学(University of Michigan),68-69

明尼苏达大学(University of Minnesota),106,114,182,259,262

城市议程项目(韦恩州立大学)(Urban Agenda Project (Wayne State University)),104-105,106,164,177,194

城市研究所(旧金山州立大学)(Urban Institute (San Francisco State University)),142

美国宪法,受保护的公民自由(U.S. Constitution, civil liberties protected by),109-110

美国教育部(U.S. Department of Education),44

美国新闻和世界报道(U.S. News & World Report),79

美国高等教育未来委员会(U.S. Secretary of Education's Commission on the Future of Higher Education),283

V

瓦萨学院(Vassar College),133

"气氛观察员"("Vibeswatcher"),168

美国志愿服务队(VISTA),124

志愿主义(Voluntarism):实习与服务学习的区别(differences between placements and service learning),225;路过式志愿活动(drive-by),38;使学生参与志愿主义行动项目(engaging students in action projects of),150-152;公民课程要求的原因(justification for civics courses requiring),124;导致政治参与(leading to political participation),35-37.参见公民参与;公民社会(See also Civic participation;Civil society)

W

《华盛顿邮报》(Washington Post),205

华盛顿学期项目(政治参与项目)(Washington Semester Program(PEP)),118,165

韦恩州立大学(Wayne State University),104-105,106,146,177

线上协商(Web-based deliberations),165,172

职场政治教育(Workplace political education),50-51

世贸中心恐怖袭击事件(World Trade Center attacks),97,281

书面写作任务(Writing assignments),165-166

书面反思(Written reflection):不同类型的书面反思(different forms of),253-254;教师的书面评估(faculty assessment of),269-270